十三经锦言录

钟基 编著

中华书局

图书在版编目(CIP)数据

十三经锦言录/钟基编著. —北京：中华书局,2021.1(2021.3重印)
ISBN 978-7-101-14946-3

Ⅰ.十… Ⅱ.钟… Ⅲ.①十三经-格言-汇编②十三经-警句-汇编 Ⅳ.①Z126.1②H136.33

中国版本图书馆CIP数据核字(2020)第253469号

书　　名	十三经锦言录
编著者	钟　基
责任编辑	熊瑞敏　周梓翔　胡香玉
出版发行	中华书局 (北京市丰台区太平桥西里38号　100073) http://www.zhbc.com.cn E-mail:zhbc@zhbc.com.cn
印　　刷	北京瑞古冠中印刷厂
版　　次	2021年1月北京第1版 2021年3月北京第2次印刷
规　　格	开本/920×1250毫米　1/32 印张25½　插页2　字数400千字
印　　数	8001-16000册
国际书号	ISBN 978-7-101-14946-3
定　　价	62.00元

出版说明

"十三经"指《周易》《尚书》《诗经》《周礼》《仪礼》《礼记》《左传》《春秋公羊传》《春秋穀梁传》《论语》《孝经》《尔雅》《孟子》等十三部儒家经典著作。

"十三经"这一经典体系的形成，经历了一个比较长的历史时段。先秦时期《庄子》等文献中就有"六经"的说法，指《诗》《书》《礼》《乐》《易》《春秋》六经。后来《乐经》亡佚，便成了"五经"。到了唐代，又有"九经"之说。据《唐六典》记载，"九经"指《易》《书》《诗》《周礼》《仪礼》《礼记》《左传》《春秋公羊传》《春秋穀梁传》。唐文宗开成二年（837）刊成的石经，则在"九经"之外，还刻了《论语》《孝经》《尔雅》三种。至北宋王安石变法时，《孟子》被作为"兼经"纳入科举考试。宋徽宗宣和年间，成都文翁石室在原有十二石经的基础上，加刻《孟子》，形成了"石室十三经"，算是"十三经"的第一次完整结集。宋明以来，又有《十三经注疏》的编集刊刻，使得"十三经"最终形成了一个稳定的儒家经典体系。

正如《四库全书总目》所云，"经秉圣裁，垂型万世"，"十三经"在中国文化史上的地位无与伦比，影响深远。西周以来，《诗》《书》《礼》《乐》等就广泛影响着当时的社会政治生活，后来又成为战国时期"百家争鸣"的思想源泉。至西汉"罢黜百家，独尊儒术"之后，以"十三经"为代表的儒家经典对国家政治、社会生活、文化艺术、学术思想等方面的影响更为全面深入，渗透积淀于中华文化的各个层面。例如我们日常生活中用到的自强不息、克勤克俭、投桃报李、礼尚往来、有备无患、举一反三、舍生取义等成语，就源自"十三经"，只不过我们日用而不知罢了。"十三经"中的许多思想智慧，在治国理政、为人处世、修身养性等诸多方面，对于当代仍有指导借鉴意义。一言以蔽之,不读"十三经",就不足以知文化之源,亦难以应当世之事。

为了满足广大读者快速精准地汲取"十三经"思想精华的需要,我们组织编写了这部《十三经锦言录》。全书以"中华经典名著全本全注全译"丛书(简称"三全")所收的"十三经"为底本(《孝经》据三全本"十三经"套装本中的《孝经》),选录原文二千余条。为了帮助读者理解选文,我们做了翻译和必要的注释。书末还编制了《主题分类索引》,将全书选文分到不同的主题之下,括注出处,标明页码,以便读者能够较快地找到涉及相关主题的选文。当然,"十三经"中的思想观念不免有其历史局限性,这就需要读者在学习借鉴时灵活辩证地加以理解运用了。

参与本书编写的人员(按姓名音序排列):

陈晓芬　程小青　方　勇　管锡华　郭　丹　胡平生
胡香玉　李彬源　彭　林　王翠叶　王世舜　王秀梅
熊瑞敏　徐正英　杨天才　曾　奕　周梓翔

我们致力于为广大读者提供一本内容可靠、使用方便的"十三经"精要语句读本。但限于水平,我们的工作中一定存在不少不足,敬祈读者方家不吝赐教,以便我们进一步修订完善。

中华书局编辑部

2020年12月

目　录

周　易……………………………………… 1

尚　书……………………………………… 74

诗　经……………………………………… 162

周　礼……………………………………… 251

仪　礼……………………………………… 263

礼　记……………………………………… 268

左　传……………………………………… 369

春秋公羊传………………………………… 480

春秋穀梁传………………………………… 484

论　语……………………………………… 493

孝　经……………………………………… 595

尔　雅……………………………………… 617

孟　子……………………………………… 622

主题分类索引……………………………… 1

周易

《周易》是我国上古时期的一部占筮用书。古人用阴爻（—）、阳爻（- -）象征世界上相互对立的种种事物，每三爻叠成一卦，即所谓八卦：乾（☰）、坤（☷）、震（☳）、巽（☴）、坎（☵）、离（☲）、艮（☶）、兑（☱），象征天、地、雷、风、水、火、山、泽。八卦两两相重，就形成了六十四卦。每卦有卦辞，每一爻有爻辞，卦形及解说其所寓哲理的卦爻辞即构成《周易》的经文部分，前三十卦为上经，后三十四卦为下经；又有解说《周易》大义的《文言》《彖》《象》《系辞》《说卦》《序卦》《杂卦》七种，《彖》《象》《系辞》均分上下篇，称"十翼"，这就构成《周易》的传文部分。《周易》经传的成书年代及作者聚讼纷纭，大抵卦爻辞作于殷周之际，易传与孔子关系密切。

《周易》也是一部富于哲学思维和人生智慧的上古奇书，它所体现的普遍联系和对立统一的思想方法，所包含的"穷则变，变则通，通则久"的发展变化思想，所蕴含的"自强不息""厚德载物"的精神气质，对中国文化的发展产生了深远影响，在当今时代也有重要启示意义。

本书选文据中华书局三全本《周易》。

乾（☰）

乾①：元，亨，利，贞②。

①乾：卦名，下、上皆为阳，象征着"天"象的阳刚之气和刚健之行。
②元：开始。亨：亨通。利：和谐。贞：正直。

【译文】

《乾》卦象征着天：是万物的开始，有亨通的力量，能和谐而有利于物，有光明正大的品格。

初九①，**潜龙**②，**勿用**③。

①初九：《周易》六十四卦均由初、二、三、四、五、上六个爻位组成，此处因爻位处于一卦中的开始，所以叫"初"。古人用《周易》占筮时，用"九"代表阳，用"六"代表阴。本爻为阳爻，故称"初九"。
②潜龙：初九以潜伏在深水中的龙象征一个人的力量和道德还没有成长到足以发挥自己的作用。
③勿用：龙在深水中潜伏时，因为尚未等到腾飞的时机，故宜于潜伏在下，以等待时机。

【译文】

初九，当龙意识到自己的力量还没有生成壮大时，就应该潜伏在深水中，不要因为有所作为而暴露自己的弱点。

君子终日乾乾①，**夕惕若厉**②，**无咎**③。

①君子:贵族男子的通称,后来泛指一切有才有德的人。终日:就是一整天。乾乾:勤勉而刚健。

②惕:警惕。若:像,如。厉:危险。

③咎:小的灾难。

【译文】

君子整天勤勉健进,直到夜静更深时还像遇到危险一样保持着警惕,这样,就会免于灾祸。

九五,飞龙在天①,利见大人②。

①九五,飞龙在天:九五在爻位上象征着君王,古人以龙比君,九为阳,为高,故以"飞龙在天"象征君王处于大有作为之时。

②利见(xiàn)大人:见,出现。九五所应之爻在九二,九二在下,不能理解为"大人",但是,应爻在九五,本身为九五之尊,所以宜解为"出现大人"。

【译文】

九五,当飞龙在天空自由飞腾时,此时利于出现有道德并居于高位的人。

上九,亢龙①,有悔②。

①亢龙:亢,过分,极度,过高。上九位于《乾》之极高之处,故曰"亢龙"。

②悔:悔恨,这里指不幸、懊悔的事情。

【译文】

上九,龙飞至极高之处,就会出现悔恨之事。

用九①,见群龙无首②,吉。

---

①用九:《乾》卦特有之爻题。依古筮法,筮遇《乾》卦,六爻皆七,则以卦辞断事,六爻皆九,则以"用九"爻辞断事,用九犹言"通九",是六爻皆九之意。九,纯阳之数,象征着天。

②群龙:《乾》卦,六爻皆为纯阳,犹群龙相聚。

【译文】

用九,群龙相聚而没有一个以首领自居,吉利。

《象》曰①:天行健②,君子以自强不息③。

---

①象:即形象、象征之意。在《周易》中,象有二义:一是指卦形和卦爻辞,故《系辞下》曰:"《易》者,象也。"二是指"十翼"中的《象传》,旨在阐释卦象、爻象的象征意义。在这里是指第二义。《象传》又有《大象传》《小象传》之分,前者每卦一则,释上下卦象;后者每卦六则,释六爻爻象。

②行:指天道,在这里指天体的运行。

③君子以自强不息:指君子效法《乾》卦之"健行"之象,其立身、行事始终保持奋发图强的精神。以,介词,词后省略"之"字,可释为"依此""像这样"(后之六十三卦《象传》中的"以"字均同此义)。

【译文】

《象传》说:天体以劲健刚强的方式运行,君子也应当像天体的运行一样自强不息。

《文言》曰①:"元"者,善之长也②;"亨"者,嘉之会也③;"利"者,义之和也④;"贞"者,事之干也⑤。君子体仁足以长人⑥,嘉会足以合礼⑦,利物足以和义⑧,贞固足以干事⑨。君子行此四德者,故曰"乾:元、亨、利、贞"。

---

①《文言》:又称《文言传》,为"十翼"之一,旨在文饰《乾》《坤》两卦之言辞。孔颖达《周易正义》(以下简称"《正义》")引庄氏曰:"以《乾》《坤》德大,故特文饰以为《文言》。"

②"元"者,善之长也:"元"是开初的生长,是生命的开始,如朱熹《周易本义》(以下简称"《本义》")所言:"天地之德莫先于此,故于时为春,于人则为仁,而众善之长也。"

③"亨"者,嘉之会也:《本义》曰:"亨者,生物之通,物至于此,莫不嘉美,故于时为夏,于人则为礼,而众美之会也。"嘉,嘉美。会,会合。嘉之会,即美好之聚合。

④义:宜,适宜。

⑤干:主干,犹言"根本"。

⑥体:读为履,践行。

⑦礼:礼节。李鼎祚《周易集解》(以下简称"《集解》")引何妥曰:"礼,是交接会通之道,故以配'通'。'五礼'有吉、凶、宾、军、嘉,故以'嘉'合于'礼'也。"

⑧义:正义,情义,善。

⑨贞固:《本义》曰:"知正之所在,而固守之。"就是坚定地守持正义。贞,正,正义,正道。

【译文】

《文言》说:开初的生长,是众善之长;亨通,是美好事物的集合;有利,是"义"的和谐体;正直,是做事的根本。君子实践仁德之本,就足以为人们的尊长;会聚美好的事物,就符合"礼";有利于物,有利于人,则足以和谐"正义";坚守正义、正直的品德就能做成事情。君子就是能够实行这四种美德的人,所以说他们就像《乾》卦的卦象所蕴含的哲理一样,具有"元始,亨通,利人,正直"的品德。

乐则行之①,忧则违之,确乎其不可拔②,"潜龙"也。

①之:指示代词,这里指所乐之事,后"之"字同。

②确乎其不可拔:初九虽潜居下位,然阳刚之德与君子之行则坚定不移。确,坚定。拔,犹言"移"。

【译文】

所乐于做的事就去实行,所忧愁的事就避开不去做,具有坚韧不拔的意志,这就是"潜龙"。

庸言之信,庸行之谨①,闲邪存其诚②,善世而不伐③,德博而化④。

①庸言之信,庸行之谨:《正义》:"从始至末,常言之信实,常行之谨慎。"庸,平常。信,真实可信。

②闲邪:防止邪恶。闲,防,犹言"防止"。

③善世:以美德利天下。善,美德。世,世间,天下。不伐:即不夸耀自己的好处。伐,夸耀。

④德:道德。博:广大。

【译文】

平常所言必讲信用,平常的行为也很谨慎,防止邪恶而内心保持真诚,有功于人、有惠于民而从不自我夸耀,道德广大而能感化人心。

君子进德修业①。忠信②,所以进德也。修辞立其诚③,所以居业也④。

①进德:增进、提高道德修养。《正义》曰:"推忠于人,以信待物,人则亲而尊之,其德日进,是进德也。"修业:修美事业。

②忠信:对朋友忠实不欺,与人言而有信。

③修辞立其诚:修饰言辞,不妄语,不虚言。

④居业:尚秉和《周易尚氏学》(以下简称"《尚氏学》")曰:"居者,蓄也,积也,业以积而高大也。"居,蓄积,累积。

【译文】

君子要不断地增进自己的道德修养、发展事业。忠诚待人,言而有信,从而增进道德。修饰自己的言辞树立诚实可靠的形象,用以蓄积功业。

知至至之①,可与言几也②。知终终之③,可与存义也④。

①知至:知道事业所能达到的目标。至,达到。至之:就是达到某种地步。

②几:事发前的征兆。《系辞下》曰:"几者,动之微也,吉凶之先见者也。"

③知终终之:前一个"终"作名词,指事物的结果;后一个"终"作动词,即"以……为结果"。

④存义：存其所适宜的行为。承上文"知至""终之"，意指知道所能达到目标和所能得到的结果，就应当至则至，当止则止。

【译文】

知道自己的事业上所能达到的目标，就去努力实现它，这样的人才是可以谈论事物发展的征兆的人。能预知自己将有某种结果，而去努力奋斗得到这种结果，这样的人就可以与他共同保持适宜的状况。

居上位而不骄，在下位而不忧，故乾乾因其时而惕①，虽危无咎矣。

①因：随，顺。

【译文】

身居上位而不骄傲，身处下位而不忧愁，所以能随着时间的不断流逝而始终保持强健和警惕，即使是有危险也不会酿成灾祸。

上下无常①，非为邪也②。进退无恒，非离群也。君子进德修业，欲及时也③，故无咎。

①常：常规，恒定。
②非为邪：非私心邪念之为，接下句可知进退之事因时间而定。
③及时：赶得上、抓得住时机。

【译文】

君子之行，或上升，或下降，本没有什么一定不变的道理，这种行为并非出于自私的邪念。或进取，或隐退，本没有什么常规可循，这也并非要脱离群众。君子涵养道德，建功立业，就是要在需要自己的时候，抓住机会,不失时机,这样才能尽可能地避免灾祸。

  同声相应①,同气相求②;水流湿,火就燥③;云从龙,风从虎;圣人作而万物睹④。本乎天者亲上,本乎地者亲下⑤,则各从其类也⑥。

---

  ①同声相应:阳刚之声与阳刚之声相应,九五为君,上应于天,故有同声之感应。

  ②同气相求:指阴气与阴气相感应,阳气与阳气相感应。

  ③就:接近。

  ④圣人作而万物睹:指圣人创造卦象,使万物可被看清。作,创造。

  ⑤本乎天者亲上,本乎地者亲下:《尚氏学》:"天地者,阴阳。本乎天者亲上,谓阳性上升顺行……本乎地者亲下,谓阴性下降逆行。"亲,亲近,依附。

  ⑥各从其类:《本义》谓"本乎天者谓动物,本乎地者谓植物",则同类之物本是相互依附的。

【译文】

  相同的声音是相互感应的,同类的气息是相互吸引的;水向湿处流,火向干燥的地方烧;云随着龙吟啸而涌动,风跟随着老虎呼啸而出现;圣人创作卦的目的在于以类比的方式描绘和说明万物的情理,这样,万物就可以欣然呈现在人们的眼前。依附于天的东西本来就亲近于上,依附于地的东西本来就亲近于下,世间万物都是按照类别而相从相应。

  "终日乾乾",与时偕行①。

①偕：俱，全。行：运行。

【译文】

"整日勤勉健行"，就是为了随着时光的变动与运行而不断进取。

大哉乾乎！刚健中正，纯粹精也①。

①纯粹：米不杂曰"纯"，谷不杂曰"粹"。纯粹，就是不杂不变。

【译文】

天真是伟大啊！刚健中正，纯粹不杂，至精至诚。

君子以成德为行①，日可见之行也②。

①成德为行：《集解》引干宝曰："君子之行，动静可观，进退可度。动以成德，无所苟行也。"行，行动。

②日：副词，作状语，即每日。

【译文】

君子以成就美德作为自己的行为准则，每天都能使自己的道德有所增进。

君子学以聚之①，问以辩之②，宽以居之，仁以行之③。

①学以聚之：依靠学习来积累自己的知识。

②问以辩之：多问才能有辨，孔子"入太庙，每事问"，故君子之于学，学则有问，问则能辨，辨而能明。辩，通"辨"。

③仁以行之:用仁德来指导自己的行动。之,复指"仁德"。

【译文】

君子依靠学习来积累自己的知识,靠多向别人请教提问来辨明是非,靠胸怀宽广来居于适宜的位置,靠心存仁爱来支配自己的行为。

夫"大人"者①,与天地合其德,与日月合其明,与四时合其序,与鬼神合其吉凶②,先天而天弗违③,后天而奉天时④。

①夫:发语词,此处无意。
②鬼神:非真指鬼神,鬼,隐秘莫测之事;神,精灵幽妙之形。
③先天:先于天地阴阳化物之前,这里指"道"。古人认为未有天地之前,先有天地之道。圣人能遵循"道"(即客观规律),所以"天"也顺着他。
④后天:指后于天地阴阳化物。奉:遵循。故此处当解为"顺承"之意。

【译文】

九五之爻所称颂的"大人",他的心灵能与天地万物沟通,能像日月的光辉一样普照大地,治理天下也能顺应四时之节序,而且还具有如"鬼神"一样隐秘幽妙的能力揭示吉凶的预兆,因为他能行先天之道,故天也不违背他,后于天道而行事,却能顺应天时四序。

"亢"之为言也,知进而不知退,知存而不知亡,知得而不知丧①。

①丧:失去,丧失。此处指"亢"之过极,定难持久,必有所丧失。

【译文】

《乾》卦之上九所说的"亢",是在譬喻某些人只晓得进取而不知道及时隐退,只知道生存的感觉而不知道隐藏的衰亡,只知道一味地去获得利益而不知道这一切将会丧失。

坤(☷)

《象》曰:地势坤①,君子以厚德载物②。

———
①地势坤:坤,下、上均为阴,为地,故地势有随顺之德。坤为顺,"坤"古字作"巛",而"巛"为顺的借字,自《周易正义》改作"坤"。

②厚:用如动词,在这里有增进、增厚的意思。

【译文】

《象传》说:广大无垠的大地包含着随顺安分的美德,君子从中悟出做人的道理,以大地之德来修养自己的品德,这样也能像大地一样包容、承载万物。

《文言》曰:坤至柔而动也刚①,至静而德方②,后得主而有常③,含万物而化光④。坤道其顺乎,承天而时行⑤。

———
①坤至柔而动也刚:《坤》虽至柔,然动而有变,变则为刚。故《集解》引《九家易》曰:"坤一变而成震(☳),阴动生阳,故'动也刚'。"

②至静:阴静而阳动,《坤》为纯阴之象,故曰"至静"。德方:谓《坤》之恩德因阳动而流布于四方。古人认为天圆地方,然此处含有"流布四方"之意。《集解》引荀爽曰:"坤性至静,得阳而动,布于四方也。"

③后得主:《坤》性阴而"先迷",动而为《震》,《震》为主持祭祀之主,故曰"后得主","得主"实谓从其"阳"。

④含万物而化光:《说卦》曰"坤以藏之",地道能藏,故曰"含万物",《彖传》曰"含弘光大",《系辞上》曰"坤化万物",化育万物,则其德光大,故曰"化光"。

⑤承天而时行:天行其四时之节,《坤》顺承天道,故曰"承天而时行"。承,承接,顺应。而,犹言"以"。

【译文】

《文言》说:象征大地的坤道虽然有至阴至柔的秉性,但它的运行是刚强的。它安安静静地将它的美好品德流布于四方。以他人为主,随从在后,顺从人君,所以能保持永恒之道。大地包容万物,化育万物,使万物弘扬光大。坤道是多么的柔顺啊!它顺承天道,顺应四时之序而运行。

积善之家必有余庆,积不善之家必有余殃。

【译文】

积德行善的家族,必有很多福庆之事;累积了很多恶劣行为的家族,必然留下许多祸殃。

君子敬以直内,义以方外①,敬义立而德不孤②。

①敬以直内,义以方外:以恭敬之德而使内心正直,以"仁义"之德而形端方于外。故《正义》曰"内,谓心也。用此恭敬以直内心","用此义事以方正外物"。

②德不孤:谓美德传扬,众人响应。

【译文】

君子以其恭敬之德而使内心正直,行为仁义则使其外形端方,树立了恭敬、仁义的品德就会在道德上不孤立。

天地变化,草木蕃①。天地闭,贤人隐②。

---

①蕃:繁衍。
②闭:闭塞,闭塞无光、无道。

【译文】

天体与大地运转变化,草木繁衍茂盛。而当天地闭塞昏暗时,贤人就退避归隐。

夫玄黄者,天地之杂也,天玄而地黄。

【译文】

青黄之色,就是天地之色的相互杂合,天的颜色是青蓝色的,地的颜色是黄的。

屯(☷)

以贵下贱,大得民也。

【译文】

如果能以尊贵的身份来到社会底层,就能大得民心。

蒙(☶)

蒙以养正,圣功也。

【译文】

启蒙就是培养人的正直品格,这是圣人的功德。

君子以果行育德。
【译文】
君子要以果决之行来培养美德。

师(䷆)

能以众正,可以王矣。
【译文】
能使兵众坚守正道、正义,就可以为君王了。

师出以律①,否臧凶②。

———
①律:法令,军纪。
②否臧凶:军纪不严,出师必凶。否,不也;臧,善也,好也。否臧,即军纪不好。

【译文】
军旅出征必遵循国法军纪,反之,则必有凶险。

开国承家①,小人勿用。

———
①开国承家:开国,裂土以封诸侯;承家,采邑以立大夫。《集解》曰:"开国,封诸侯也。承家,立都邑也。"

【译文】

裂土分封诸侯,采邑赏封大夫,小人不可重用。

泰(䷊)

天地交而万物通也,上下交而其志同也①。内阳而外阴,内健而外顺,内君子而外小人,君子道长,小人道消也②。

①上下交而其志同也:上喻君子,下喻臣子,上下交则表明其志气相投相合。

②君子道长,小人道消也:阳为君子,阴为小人,阴阳二气至《泰》卦时,已至于立春的时节,这时阳息而生,阴消而降,阴气已经渐渐消亡,而阳气则渐渐兴旺生长。

【译文】

天地交感而万物亨通,上下交感互应则人们的志气相同。内卦有阳而外卦有阴,内为刚健而外为柔顺,内为君子而外为小人,于是君子之道兴旺生长,小人之道减弱消亡。

无平不陂①,无往不复。

①陂:山坡。

【译文】

世上的事物未有平坦而无坡的情况,也没有往而不复还的情况。

否(䷋)

天地不交而万物不通也^①,上下不交而天下无邦也^②。内阴而外阳,内柔而外刚,内小人而外君子^③,小人道长,君子道消也^④。

---

①天地不交而万物不通也:乾居上而不降,坤居下而不升,故曰"不交",天地不交实为阴阳不交,阴阳不交则万物的化育就不能通畅。

②上下不交而天下无邦也:上为君,下为臣,上下不交则天下不能成邦国。

③"内阴而外阳"以下几句:坤为阴柔在内,乾为阳刚在外,这种情况也就象征着小人于朝内当道,君子流放在外。

④小人道长,君子道消也:《否》有闭塞不通之象,故于小人则其道日长,于君子则其道日消。

【译文】

天地不能交通使得万物的生长不能通达,君臣上下不能相互交流,使得国君的天下没有邦国的辅助,阴气居内,阳气居外,柔顺者居内,刚强者居外,小人居内,君子居外,于是小人之道在增长,君子之道在消亡。

君子以俭德辟难^①,不可荣以禄。

---

①以俭德辟难:即以俭为德,避开危难。

【译文】

君子以勤俭之德避难,不可追求荣华、俸禄。

否终则倾,何可长也?

【译文】

否闭之道终极之时,就会使否道倾覆,如此则否道怎么能长久呢?

同人(䷌)

唯君子为能通天下之志。

【译文】

只有君子才能通达于天下人的心志。

君子以类族辨物①。

———

①以类族辨物:按照类别的聚集来辨别事物的性质。类,用如动词,犹言"类析"。族,聚集。

【译文】

君子以事物的类别来辨别事物的本质特性。

大有(䷍)

其德刚健而文明①,应乎天而时行②,是以元亨。

———

①其德刚健而文明:外卦为离,离为火,火有文明之象;内卦为乾,乾有刚健之德。

②应乎天而时行:离为日,日行天上,顺应天道,以时而行。

【译文】

《大有》内秉刚健之德,外著文明之光,能顺应天体的规律,按照时节运行,所以大有亨通。

君子以遏恶扬善,顺天休命。

【译文】

君子遏止邪恶,弘扬善德,顺应天道,美化万物之性和政令。

谦（䷎）

天道下济而光明①,地道卑而上行②。天道亏盈而益谦③,地道变盈而流谦④,鬼神害盈而福谦⑤,人道恶盈而好谦⑥。谦,尊而光,卑而不可逾⑦,君子之终也。

---

①天道下济:"天道"有日月之行,风雨雷电,自上而下,哺育万物,故曰"下济"。

②地道卑而上行:《正义》曰:"地体卑柔而气上行,交通于天以生万物也。"卑,地低处。上行,地气上行与天气相交。

③天道亏盈而益谦:如日高则落,月满则亏,故曰"亏盈";又如日出则上升,月虚则渐盈,故曰"亏盈"而"益谦"。亏,损也。

④地道变盈而流谦:俞樾曰:"变,毁也。流,流而使之益也。"变盈,如河水满则溢,山陵高则摧。流谦,地洼则渐平,沟虚则水至。

⑤鬼神害盈而福谦:指富裕过甚则为鬼神所忌害。《集解》引崔憬曰:"朱门之家,鬼阚其室;黍稷非馨,明德惟馨,是其义矣。"

⑥人道恶盈而好谦:"满招损,谦受益",此人道之所以恶盈。

⑦卑而不可逾：这是说谦虚的人即使是身处下位，也不可为人所凌越。逾，凌越。

【译文】

天因为能将其光明、雨露下济于地而愈显其光明，大地的本性在于处于低底之处而地气则冉冉上升。天道的规律是亏损满盈而补益谦虚，大地的规律是改变满盈而充实谦虚，鬼神的本性是损害满盈而施福于谦虚，人类的本性是厌恶满盈而爱好谦虚。人爱好谦虚，处于尊位就光荣，即使是处于卑贱之位也不可超越，所以君子能有好的结果。

君子以裒多益寡①，称物平施②。

①裒（póu）：削减。益：补充，补助。
②称物：权衡物之轻重。平施：公平地施予。

【译文】

君子对待事物的态度是削减过多的，补充不足的，权衡事物，然后公平地施予。

"劳谦君子"，万民服也。

【译文】

"有功劳而能谦虚的君子"，天下的万民都信服他。

豫（䷏）

天地以顺动，故日月不过，而四时不忒①。圣人以顺动，则刑罚清而民服。

①四时:指四季。忒(tè):差错。

【译文】

天地能按照事物的本性运动,所以日月的运转就不会出现过错,四季的更替也不会出现差错。圣人顺应事物的本性行动,那么运用刑罚就清楚分明,老百姓也就信服。

"冥豫"在上,何可长也①?

①何可长也:此为《豫》卦上六的《象传》,因上六处于极上之位,极则有变,故不可长。

【译文】

"日昏天暗还一味地耽于娱乐",处于上位之极,怎么能够长久呢?

随(䷐)

天下随时①,随时之义大矣哉!

①天下随时:《随》有雷来入于泽之象,为秋天之卦。春种夏长,秋收冬藏,天下随时而动,随时而生,随时而有,随时而收,故曰"天下随时"。

【译文】

天下之物随从以适宜的时机,随从以适宜的时机其本身蕴涵的意义非常伟大啊!

蛊(䷑)

君子以振民育德①。

———

①振民:济民。振,救济,赈济。

【译文】

君子应以道德来培养百姓,拯救他们。

不事王侯,高尚其事①。

———

①不事王侯,高尚其事:前"事"字,作动词,侍奉;后"事"字,作名词,行为,言行。

【译文】

不侍奉君王公侯,并把自己的行为看得很高尚。

临(䷒)

君子以教思无穷①,容保民无疆②。

———

①教:教育。《临》卦内卦为兑,兑为口,有讲习之象。思:念也,即关心。无穷:《临》卦外卦为坤,坤为地,地厚而博大,故曰"无穷"。
②容:包容,宽容。无疆:上坤为地,"地行无疆"喻地之广大。

【译文】

君子以无穷无尽的思想道德教育民众,关心民众,并以宽厚博大的胸怀容纳民众,保护民众。

甘临①,无攸利②;既忧之,无咎③。

①甘临:即以甜美之巧言取悦人。王弼注曰:"甘者,佞邪说媚不正之名也。"甘,美味,引申为美言。
②无攸利:即无所利。
③既忧之,无咎:既然已经为自己的过失感到忧虑,则终无过失。既,已经。

【译文】
靠甜美之巧言统治人民,无所得利;若已经为此感到忧虑,则无过失。

至临①,无咎。

①至临:至,《说文》曰:"鸟飞从高下至地也。"至临,谓以接近民众的方式统治民众。

【译文】
以极为亲近的方式统治民众,没有过失。

知临①,大君之宜。

①知:同"智"。

【译文】
以聪明睿智统治民众,大人君主应当这样。

"大君之宜",行中之谓也①。

①行中：实行中正仁和之道。

【译文】

"大人君主以适宜的方式治理国家"，说明实行的是中正仁和之道。

敦临①，吉，无咎。

①敦：温柔敦厚。

【译文】

温柔敦厚地统治民众，吉祥，没有过失。

观

观天之神道①，而四时不忒②，圣人以神道设教，而天下服矣③。

①天之神道：即天体运行时的神奇规律。
②四时：四季。忒：差错。
③圣人以神道设教，而天下服矣：神道，即神奇的天道。圣人悟"天道"之奇妙而设立教化，使天下诚心悦服。

【译文】

观看大自然神奇的运行规律，其春夏秋冬四季的运行不会发生差错，圣人根据神妙的天道来施行教化，使天下的百姓都能信服。

《象》曰：风行地上①，观。先王以省方观民设教②。

①风行地上:巽为风,坤为地,巽在坤上,即风行于地上。

②先王以省方观民设教:先王视察天下邦国,观民风而推教化。方,这里指"邦国"。

【译文】

《象传》说:有风行于大地之上,象征着"观察民风"。先代的君王因此而视察天下邦国,观察民风,实施教化。

九五,观我生,君子无咎①。

①观我生,君子无咎:我,自身。生,生民,庶民。九五尊居中正之位,为《观》卦之主,观民风以察政绩得失,然后以德教正己、正民,故"无咎"。

【译文】

九五,观看天下生民,就可以使君子不犯错误。

上九,观其生①,君子无咎。

①观其生:其,犹言"彼"。生,生民。上九因居于九五之上,能观九五而自省,故"无咎"。

【译文】

上九,观察他所治理的百官庶民,君子就可以不犯错误。

贲(䷕)

观乎天文,以察时变①;观乎人文,以化成天下②。

①观乎天文,以察时变:天文,即日月星辰的运行,随四时即四季的变化而更替,观察天文,则可知四时之变。

②观乎人文,以化成天下:观察人类自身具有的文明气象与文饰之道,则可知文教有化育人心的功能和作用。

【译文】

观察上天显示出来的文章与文明,就可以知道四季变化的规律;观察人类的文化与文明,就可以使教化成就天下万物。

剥(䷖)

君子尚消息盈虚,天行也①。

①君子尚消息盈虚,天行也:君子尊重大自然"消亡与生息"和"盈满与亏虚"的客观规律。尚,尊崇,崇尚。消息,消亡与生息。盈虚,盈满与亏虚。天行,就是天道运行的规律,如春种夏长,秋收冬藏之事。

【译文】

君子崇尚阴虚消亡和阳盈息长的节气变化,因为这本来就是天体运行的自然规律。

复(䷗)

复,其见天地之心乎①。

①其见天地之心乎:阴阳的往复循环,皆为了养育万物而来,其一往

一复,一动一静之间,皆有生育万物之心。动则阳生,阳生,则万物也生,以此可见"天地之心"。

【译文】
阳气往去复来,从中我们可以看到天地哺育万物的慈悲的心愿。

"不远之复",以修身也①。

①"不远之复",以修身也:初九之所以不远而复,在于他能在迷途未远之时,就迷途知返,这是知悔速改的表现,以此修身,则可谓善于修身。

【译文】
"往而不远就来回复",这说明初九善于修身正己。

大畜(䷙)

《彖》曰:大畜,刚健笃实①,辉光日新②。其德刚上而尚贤③,能健止,大正也④。

①刚健:指下乾。乾体有刚健之性,故曰"刚健"。笃实:指上艮。艮为山,山有厚实、静止之德,故称"笃实"。

②辉光:辉,用如动词,即辉耀其光荣。日新:日日增新其品德。

③其德:指卦体所蕴涵的品格。刚上:指上九,以阳刚之德而居卦之上,故曰"刚上"。尚贤:崇尚贤者。古代贤者常隐居在山,故以山喻贤人,也是常理。艮为贤人,居于乾上,乾为君、为朝廷,贤人在朝廷之上,是国君能尊重贤人,故曰"尚贤"。

④能健止,大正也:健,指下卦乾,乾为健;止,指上卦艮,艮为止。

健而能止,故曰"大正",若不能止,则何以"大正"。

【译文】

《象传》说:大有蓄积,品格笃信诚实,行为刚健,辉耀其光芒以使品德每日都能有所增新。其道德以阳刚充满着上进之势而又崇尚贤能之士,能够刚健而有所抑止,所以宏大而正直。

君子以多识前贤往行,以畜其德①。

———

①君子以多识(zhì)前贤往行,以畜其德:君子效法"大畜"之德,故多记识前代之言、往贤之行,多闻多见,以蓄积自己的道德。识,通"志",记住。

【译文】

君子要能多多地识记前代贤人的事迹,用来修养自己的品德。

颐(☶☳)

天地养万物,圣人养贤以及万民,颐之时大矣哉①!

———

①颐之时大矣哉:春种夏长,秋收冬藏,万物皆生之以时,人得其养也应之以时。如失其时,则失其人,贤者隐,万民苦,故曰"时大"。

【译文】

天地之大能养育万物,圣人效法天地养育万物之道,颐养贤能之士及千千万万的民众,颐养贤人和百姓,其时间起着很大的作用。

大过（䷛）

《象》曰：泽灭木，大过①。君子以独立不惧，遁世无闷②。

①泽灭木，大过：上卦为兑，兑为泽；下卦为巽，巽为木；灭，淹没。泽有润木之水，然泽水"大过"，则会淹没近水的树木。

②君子以独立不惧，遁世无闷：这句话是说，君子在衰难之时，卓尔独立，没有畏惧，隐遁于世则无所郁闷，其操行品德也不会因为"遁世"有所改变。

【译文】

《象传》说：水泽淹没了树木，这象征着"大过"。君子处在"大过"之时，独立而无所畏惧，即使因为逃避现实世界而不为人所知也不感到郁闷。

坎（䷜）

《象》曰：水洊至①，习坎②。君子以常德行，习教事③。

①水洊（jiàn）至：《坎》卦上下皆为坎，坎为水，坎与坎相连，即水接连流注之象。洊，一再，接连。

②习坎：习有重叠之义，坎为险，习坎即重重险阻之义。

③君子以常德行，习教事：坎水接连不断地流动，"不舍昼夜"，经常如此，君子仿效这种情况，以长久的美德做事、熟习政教之事。常，用如动词，即长久地保持一种美德。习，熟习。

【译文】

《象传》说：水流接连不断地来到，险而又险。君子要像不断的水流一样保持持久的德行，常常地熟习政教之事。

离（☲）

日月丽乎天①，百谷草木丽乎土。

———

①丽：附着。

【译文】

日月附着于天空，百谷和草木附着于土地。

大人以继明照于四方①。

———

①继明：接连不断的光明。《离》卦上下均为离，离为火，故有光明之象。

【译文】

大人仿效光明所具有的品德，以连续不断的光辉照耀天下四方。

咸（☶）

天地感而万物化生，圣人感人心而天下和平①。观其所感，而天地万物之情可见矣②。

———

①圣人感人心而天下和平：《咸》卦上为兑，兑为少女；下为艮，艮为

少男,故有阴阳感应之象;圣人因《咸》之卦象而感应到众人之心,因而以夫妇之道立天之纲纪,成人之大伦,使天下安定和睦。

②而天地万物之情可见矣:天地之间无不从阴阳相感中生出万物来,从阴阳之道中可以见到天地生育万物的苦心。

【译文】

天地相互感应就会生出万物,圣人与众人的心相互感应就会使天下和睦安定。观察那些所感应的事物,天地万物之性情也就能看得见了!

君子以虚受人。

【译文】

君子以虚心谦虚的美德容纳和感化众人。

恒（䷟）

天地之道恒久而不已也。

【译文】

天地的规律在于持久永恒地周流不已。

日月得天而能久照,四时变化而能久成。圣人久于其道而天下化成。观其所恒,而天地万物之情可见矣①。

①天地万物之情可见:天长而地久,可见天地养育万物之深切情怀,故天地万物之情皆可从《恒》道中体现。

【译文】

日月在天空运行能够长久地照亮人间大地,四季的变化也有着永恒的规律。圣人长久地保持正道与美德,就会使教化大有成就。观看"永恒持久"的正道,就会发现天地万物的发展规律。

君子以立不易方①。

——

①易:改变。方:道也,道德,品行,这里指正道。

【译文】

君子应立身守节不改变正道。

"不恒其德",无所容也。

【译文】

"不能持久地保持自己的美德",则为众人所不容。

大壮(䷡)

正大而天地之情可见矣①!

——

①正大而天地之情可见:《大壮》卦内有正直而强大的秉性,乾为天,天大,地大。宇宙万物中,阳刚为正,阴柔为不正,天正,则地正,君正则臣正,上正则下正。概观其形势,大略如此。故观"正大"之事物,可以发现天地之情。

【译文】

天地的运行是正直而强大的,如果我们认识到这个道,那么,就可以发现天地之性情了!

君子以非礼弗履。

【译文】

君子对于"非礼"之事是不会涉及践行的。

明夷（䷣）

《象》曰：明入地中，"明夷"。君子以莅众，用晦而明①。

———

①用：以也。晦而明：坤为众、为晦，故"晦"指上卦坤，"明"指下卦离。

【译文】

《象传》说：光明隐陷入地下，这种情况就是"明夷"。君子用这一卦象蕴涵的道理来对待众人，就是以隐晦其光明的方法使自己的美德更加光明正大。

家人（䷤）

《象》曰：家人，女正位乎内，男正位乎外①；男女正，天地之大义也②。家人有严君焉，父母之谓也。父父，子子，兄兄，弟弟，夫夫，妇妇③，而家道正；正家而天下定矣④。

———

①女正位乎内，男正位乎外：六二居内卦之中，以阴居阴，当位而正，以象其女正一家之位；九五居外卦之中，以阳居阳，当位而正，以象其男正于外。

②男女正，天地之大义也：男女之事被看做"国之纲纪，人之大伦"。

阳高阴低,男尊女卑,男主外女主内,在封建社会被看做"男女之正",男女正则全家正,故曰"大义"。

③"父父"以下几句:前"父"字为名词,后"父"字为动词,即尽父之责任,余同。父子、兄弟、夫妇均为一家之人,他们之间的相互关系和相处方法,实为一家之大事。

④正家而天下定:此家非为一人之家,而是泛指人人之家,"正家"也就是使家家正,家家正则天下必然安定。

【译文】

《象传》说:一家人,女子在家应处正当之位置,男子在外应处正当之位置;男女得其正当之位,这是天经地义的大道理。一家人应当有严正的君长,这指的是父母。父亲要尽父亲的责任,儿子要尽儿子的责任,兄长要尽兄长的责任,弟弟要尽弟弟的责任,丈夫要尽丈夫的责任,妻子要尽妻子的责任,这样家道才能正当适宜;家道正了天下就会随之安定。

君子以言有物而行有恒。

【译文】

君子应当言之有物,行事有恒心。

家人嗃嗃,悔厉吉;妇子嘻嘻,终吝①。

①"家人嗃嗃(hè)"以下几句:嗃嗃,严酷的样子。嘻嘻,喜笑的样子。九三居下卦离之上,为一家之主,以阳处阳,行刚严之家政,故虽有"家人嗃嗃",有"悔"、有"厉",犹能保其吉祥,故曰"悔厉吉"。若"嘻嘻"笑闹,无礼节制,则终有其灾难发生。

【译文】

一家人相处,家主表现出严厉的样子以治其家,虽有悔恨、危险之事,而最终仍然会得到吉祥。妇人、子女在一起嘻嘻闹闹,最终则有灾难。

威如之吉,反身之谓也①。

———
①反身:反躬自省。

【译文】

威严之所以能得吉利,是因为有反躬自省、严以律己的品格。

睽(䷥)

天地睽而其事同也。男女睽而其志通也。万物睽而其事类也。睽之时用大矣哉①!

———
①睽之时用大矣哉:睽之于义为乖异,凡天下事同中有异,异中有同,看起来好像是对立的,然而正是这种对立统一的关系才促使事物发展进步,故当事物处在"睽之时",其"用大矣"。

【译文】

天地万物皆乖异不同,但是却有相同的生长过程。男女虽有不同的生理特征,但是他们也有志气相投的时候。天下万物的形态和特性千差万别,但他们的生长过程却有着类似的地方。由此来看,乖异背离之时对于事物演变的作用还是很大的。

君子以同而异①。

①君子以同而异：即同中存异，异中求同。君子观《睽》而知"合睽"之道，以存"异"之法来谋求事物之大"同"。《论语》所谓："君子和而不同，小人同而不和。"君子对人、事的真理就在"同而异"，就在"和而不同"。

【译文】
君子要善于求大同存小异。

蹇（䷦）

见险而能止，知矣哉①！

①见险而能止，知矣哉：《蹇》上卦为坎，坎为险；下卦为艮，艮为止，在坎下，故卦象为遇险则止。

【译文】
遇见险难而能停下来，真可谓明智之举！

《象》曰：山上有水，蹇①。君子以反身修德②。

①山上有水，蹇：山已为险，又加之以水险，山上有水，为不能下流，人不能上行，故曰"蹇"。
②君子以反身修德：水本应在山下，而《蹇》之水则在山上，君子观此，知水终必返于山下，而人在遇难时，也应反躬自省，修德以济险难。

【译文】

《象传》说:在险峻的高山有积水,这象征着行走艰难。君子因此而知要反躬自省,修养德行。

解(☷)

天地解而雷雨作,雷雨作而百果草木皆甲坼①。

①雷雨作而百果草木皆甲坼(chè):春雷震动时,雨水润泽大地,此时草木的种子皆从大地中破土而出,萌芽生长。甲,指草木出生于地上。坼,破裂。

【译文】

天地舒解于是就有雷雨兴起,雷雨兴起时百果草木的种子就会萌芽生长,破土而出。

《象》曰:雷雨作,解①。君子以赦过宥罪②。

①雷雨作,解:《解》之上卦为震,下卦为坎。震为雷,坎为雨。按卦象,则雷动于上,雨降于下,天地相解,然后"雷雨作",所以卦名就叫做"解"。

②君子以赦过宥(yòu)罪:宥,宽宥,宽恕。按《象传》以雷比刑,以雨比德泽。雷动于上,雨降于下,比喻刑罚之下有德泽。君子观此则知"赦过宥罪"为"解"之大义。

【译文】

《象传》说:雷雨兴起,百果草木就会从土地中"舒解"出来。君子因此赦免别人的过失,宽宥他人的罪恶。

损(䷨)

损益盈虚,与时偕行①。

①损益盈虚,与时偕行:减损、增益、盈满、亏虚之事,皆有其时,以时损益则为变通,故《系辞下》曰:"变通者,趋时者也。"损益以时,则能变通,如满盈时,则损而有益,若亏虚时,则损而无益;夏宜损阳而滋阴,冬宜益阳而不损。故损之道须"与时偕行"。

【译文】
世上的减损、增益、盈满、亏虚要符合事物发展的规律,必须在适宜时间进行。

君子以惩忿窒欲①。

①惩:止住。忿:同"愤"。窒:堵塞,窒息。

【译文】
君子要抑止愤怒,堵塞邪恶的欲望。

一人行,三则疑也。

【译文】
一人独自出行能专心致志,而三人同行会因意见不一致而疑惑。

益(䷩)

损上益下,民说无疆①;自上下下,其道大光②。

①说:通"悦"。

②自上下下,其道大光:上,指九五,九五能降恩惠于下,则益道广大。

【译文】
减损于上,增益于下,这样民众就会有无边无际的欢悦;从上面将恩惠降到下面的臣民,这样为君之道也就发扬光大了。

益动而巽,日进无疆①;天施地生,其益无方②。凡益之道,与时偕行。

①益动而巽,日进无疆:《益》之下卦为震,上卦为巽,故曰"动而巽";以雷动之威,风行之速,则"进无疆"。

②天施地生,其益无方:天施恩泽于地,地受恩泽而生物,天道无私,故无所不益,其所益不分地域、物类,故曰"天施地生,其益无方"。

【译文】
增益是以雷厉风行的方式进行的,所以每日都会不断增长;上天广施恩惠,大地才能生出万物,而来自上天的恩惠是遍及万方万物的。凡是增益的道理和方法,都要顺应适当的时间来进行。

君子以见善则迁①,有过则改。

①见善则迁:即《论语》所谓"见贤则思其齐焉"。迁,迁移。

【译文】
君子看见美好的行为就心向往之,有过错就迅速改正。

姤（䷫）

天地相遇，品物咸章也①。

———

①天地相遇，品物咸章也：《姤》自《乾》（䷀）来，初六为阴，阴为坤，乾为天，坤为地，故《姤》处天地相遇之时、之地，此时为夏季，天下万物都极兴旺繁荣，故曰"品物咸章"。品，众多。咸，皆，都。章，通"彰"，显著。

【译文】

天地阴阳之气相遇在一起，万物都会昭彰显明地表现出来。

升（䷭）

《象》曰：地中生木，升①。君子以顺德，积小以高大②。

———

①地中生木，升：坤为地，巽为木，地中生木，从小至大，每日每时都在生长，时时有上升之象。

②君子以顺德，积小以高大：巽为入，坤为顺，入于顺。据卦象而言，升有"顺"德而后升。木生由小到大，人做事也要从小事做起，然后才能成就大业，故曰"积小以高大"。

【译文】

《象传》说：地中生长出草木，这种情境象征着"上升"。君子以"顺"为美德，积累小善以成就崇高伟大的事业。

困(☱☵)

险以说,因而不失其所亨①,其唯君子乎!

———

①险以说,因而不失其所亨:《困》之卦象为上坎下兑,上为坎,坎为险;下为兑,兑为悦。历险而上至于愉悦之境,唯大德之君子能如此而不失其"所亨"。

【译文】

面临着险境而心中愉悦,因而不会失去亨通的前景,这样的胸襟和气度大概只有君子才能做到!

《象》曰:泽无水,困①。君子以致命遂志②。

———

①泽无水,困:水本应在泽上,而《困》则水在下,故有水困于泽下之象。

②君子以致命遂志:君子誓死守道,虽遭受困厄之世,也当不屈其志向,以志向为生命,不惜以生命为代价来实现自己的志向,故曰"致命遂志"。

【译文】

《象传》说:泽上无水,象征着困穷。君子在此时应当以不惜牺牲生命的坚强意志去实现自己崇高的志向。

革(☱☲)

革而当,其悔乃亡。天地革而四时成,汤武革命,顺乎天而应乎人①。革之时大矣哉②!

①汤武革命,顺乎天而应乎人:汤,指商汤,本为夏桀之臣;武,指周武王,为纣王之臣;因夏桀、殷纣王暴虐荒淫,昏庸无道,汤、武顺天道人心而革之。史称"汤武革命"。

②革之时大矣哉:天地的变革形成了四时的变化,顺应了万物的生长;社会的革命上合天道,下顺人心,成就了安民定邦的伟业,故曰"革之时大矣哉"。

【译文】

变革合乎正当之理,其悔恨也因此而随之消逝。天地变革导致四季形成,商汤、周武王变革了夏桀、殷纣的王命,这是顺乎天道又合乎民心的大变革,所以说变革之时的意义是多么巨大啊!

"小人革面",顺以从君也①。

①"小人革面",顺以从君也:若小人则只能变其颜面,以容色顺上,故曰"顺以从君"。

【译文】

"小人的变革则只是改变其颜面",这说明小人的变革只是从表面上顺从君王而已。

震（☳）

《象》曰:洊雷,震①。君子以恐惧修省②。

①洊(jiàn)雷,震:上下皆震,如雷之相连,故曰"洊雷"。洊,一再,接连。

②君子以恐惧修省:雷声接连而来,震惊百里的威力使君子也内怀恐惧,加强修身。

【译文】

《象传》说:雷声接着雷声,这就是雷声震动的样子。君子因此而恐惧天威,修身以德,反省过失。

艮（☶）

时止则止,时行则行,动静不失其时,其道光明①。

①其道:即《艮》卦的道理,艮为止,故为抑止的道理。

【译文】

时机应当静止就静止,时机应当行动就行动,静止与行动都不要丧失合适的时机,如此则抑止的道理就会光明灿烂。

君子以思不出其位。

【译文】

君子所思考的事情应当不超出自己所处的社会地位。

艮其辅①,言有序②,悔亡。

①艮其辅:即抑制嘴巴,不乱说话。辅,上牙床,这里借指口。

②言有序:说话有条理。序,条理。

【译文】

抑止其口不使妄语,言则有序,悔恨就消失了。

归妹(䷵)

《象》曰:归妹,天地之大义也。天地不交而万物不兴。归妹,人之终始也^①。

①人之终始:终始,即终而复始。有"归妹",然后有阴阳和合,男女相配,阴阳和合,才能生育子女,故曰"人之终始"。

【译文】

《象传》说:少女出嫁,这是天地之间以阴顺阳的大道理。天地阴阳不相交合,万物就不会兴旺。少女出嫁,人类就可以终而复始地繁衍生息。

丰(䷶)

日中则昃,月盈则食^①;天地盈虚,与时消息,而况于人乎?况于鬼神乎?

①日中则昃(zè),月盈则食:这里所说的是一种自然现象,即太阳行至正午时就会逐渐向西偏斜,月亮满盈时就渐趋亏损。昃,倾斜。食,亏损。

【译文】

太阳升到正中时就会逐渐西斜,月亮满盈时就会亏损;天地之间存在着满盈和亏虚,它们都将随着时间而消亡、生息,又何况人呢?又何况鬼神呢?

兑(䷹)

说以先民,民忘其劳;说以犯难,民忘其死①。说之大,民劝矣哉②!

---

①"说以先民"以下几句:指君子当先民而劳则民忘其劳,先民而犯难则民忘其死。先,引导,率领。犯难,即挑战危难。

②劝:勉励。

【译文】

大人君子以愉悦之情、不辞劳苦地率领民众,民众就会忘记自己的劳苦跟随他;大人君子以愉悦的态度迎接危难的挑战,民众就会舍生忘死地跟随他。愉悦的意义是宏大的,民众就是因此而获得勉励啊!

君子以朋友讲习。

【译文】

君子要和朋友一起讲论道理,研习学业。

节(䷻)

说以行险①,当位以节,中正以通。天地节而四时成。节以制度,不伤财,不害民②。

①说:通"悦",愉悦。

②"节以制度"以下几句:君王能以制度节制国民,则不会损伤国家的财源,也不会伤害民众的利益。《说文》:"制,裁也。"度,尺度,制度。

【译文】

以愉悦的心情经历险情,居于正当之位而行节制之道,处在中正之位行事必然亨通。天地因受到节制而形成四季变化。君王若以典章制度、度量尺度为节制,则不会损伤财产,也不会伤害民众。

既济(䷾)

君子以思患而豫防之①。

①豫:读为预,即事前,预先。

【译文】

君子考虑可能出现的祸患而预先做好防备。

未济(䷿)

君子以慎辨物居方①。

①辨:分辨。居:处于,此处有安置之意。方:犹"所",即所居之"所"。

【译文】

君子要认真谨慎地分辨事物,使它们能各就其适当的位置。

系辞上

天尊地卑,乾坤定矣①。卑高以陈,贵贱位矣②。动静有常,刚柔断矣③。

———

①天尊地卑,乾坤定矣:《易》含万象,天应乾象,地应坤象。乾坤为天下万物之门户,所以《系辞》先从天地讲起。天以刚阳而尊,地以柔阴而卑。《易纬乾凿度》曰:"清轻者上为天,浊重者下为地。"乾健与天阳同,坤顺与地阴同,天地相分,则乾坤之体各有定分。

②卑高以陈,贵贱位矣:天高则为贵,地卑则为贱,天高地卑之势陈列后,人们也就按照这种情形确立人类中的贵贱位置。以,同"已"。陈,陈列。位,定位。

③动静有常,刚柔断矣:古人认为乾体刚健而常动,坤体阴柔而常静,则阳刚与阴柔也就在乾坤中判然分明。断,《集解》引虞翻曰"断,分也"。

【译文】

天尊贵而地卑下,这样,乾坤的位置就确定了。当卑下与高贵陈列出来时,高贵与卑贱也就随之有了各自的位置。天地之间一动一静都有一定的规律性,阳刚与阴柔也因此得以分断清楚。

方以类聚,物以群分。

【译文】

天下的事物各以其类别聚集,各种动物、生物也以其不同的群体而区分。

乾以易知,坤以简能①;易则易知,简则易从②;易知则有亲,易从则有功③;有亲则可久,有功则可大④;可久则贤人之德,可大则贤人之业。易简而天下之理得矣⑤。天下之理得,而成位乎其中矣⑥。

———

①乾以易知,坤以简能:乾为首,光明正大,故能具有智慧,故曰"乾以易知";坤因简约而有所作为,故曰"坤以简能"。《老子》所谓"天得一而清,地得一而宁","一"为世间平易、简约之极,所以才能有"知"有"能"。易,平易,简约。知,通"智"。

②易则易知,简则易从:天道平易则容易为人所感知,地道简约则容易为人所遵循。从,遵从。

③易知则有亲,易从则有功:易于为人所知则人感其亲切,容易为人所遵从则可以建立功业。亲,亲近。功,建功,有为。

④有亲则可久,有功则可大:阴阳相和则有亲,有亲相得,则生生不息,故可以长久;阴阳相合则生成万物,载物众多,繁衍不已,故曰"可大"。

⑤易简而天下之理得:天地皆以"易""简"而有亲、有知、有化、有功,故曰"易简"。《列子》云:"不生者能生生,不化者能化化。"简易之道实际上就是天地之道,若知"易简"则能通天下之理,故曰"天下之理得"。

⑥而成位乎其中:象成则阴阳、贵贱、刚柔就可以定位其象于天地之中。成,确立。位,定位。

【译文】

乾以其平易而充满智慧,坤以其简易而大有作为;事情只有平易才会使人容易明白,事情只有简易才会使人容易随从;容易为人所知就会有人亲近,容易随从就能建立功业;有人亲近则可以立身长久,建立功业就可立身宏大；立身长久是贤人的美德，立身宏大是贤人的事业。若能明白乾坤的平易与简约，那么，就会晓得天下的道理。晓得了天下的道理后，就能将刚柔、阴阳、贵贱安排在适宜的位置。

与天地相似，故不违①；知周乎万物，而道济天下，故不过②；旁行而不流③，乐天知命，故不忧；安土敦乎仁，故能爱④。

---

①与天地相似，故不违：谓圣人之德与天地相似，是顺应而不是违背天地自然之理。不违，即不违背自然规律。

②"知周乎万物"以下几句：圣人因通《周易》之理，广知天下万物之理，就能以其真理成就天下万物，所以没有过失。

③旁行而不流：指圣人处事旁通而不流于滥淫。

④安土敦乎仁，故能爱：指圣人能安分于所处的环境，敦厚其仁爱之心，博爱天下之人。安，安于所居之地。敦，敦厚，仁爱。

【译文】

明白了《周易》所含的道理与天地之间的道理相类似，做起事来就不会违背自然规律；知识能通晓万物之理，就会运用其中的道理成就天下的事业，行为也不会有大的过失；处事应变旁通而不流于滥淫，安于天道，知其天命之变数，就没有忧愁；安分于所处的环境并敦厚其仁爱之心，所以能博爱天下之人。

一阴一阳之谓道①，继之者善也②，成之者性也③。仁者见之谓之仁，知者见之谓之知，百姓日用而不知，故君子之道鲜矣④。

①一阴一阳之谓道：道，指事物发展的客观规律性。一阴一阳，谓对立矛盾，二者即相互依存，又互相转化，它们贯穿于整个事物的发展变化之中，故以"道"名之。

②继之者善：善美者能继，故曰"继之者善"。继，承继，连续。

③成之者性：欲成就其物就不能违背其本性，故曰"成之者性"。性，谓本质属性。

④君子之道鲜：君子之道，通达兼容，故能知者少。鲜，少，不多。

【译文】

一阴一阳的矛盾对立和变化统一就是事物发展的"道"，继承这个"道"的是美善，而成就这个"道"的则是事物内在的固有本质。有仁爱之心的人从这个"道"中发现的只是"仁爱"，有智慧的人从这个"道"中发现的只有"智慧"，百姓在日常生活中每天都在运用此"道"却茫然不知，所以通达兼容的君子之"道"就更少为人所知了。

富有之谓大业①，日新之谓盛德②。

①富有之谓大业：圣人效法天地阴阳之道，广大悉备，万事富有，所以谓之"大业"。

②日新之谓盛德：圣人旁通变化，又日日增新其德，所以德能盛极，故谓之"盛德"。

【译文】

富有万事万物就可以称作是"大事业"，每日都能使事物有新的面貌，这就是"道"育万物的盛大美德。

生生之谓易①。

①生生之谓易：前死而后生，新陈代谢，变化不已，生生不已，变化改易，此皆得之于阴阳转变之中。生生，生而不绝之义。易，变易。

【译文】
生生不灭就是阴阳相互转化产生的"变易"。

言天下之至赜而不可恶也①，言天下之至动而不可乱也②。

①言天下之至赜而不可恶：即论述天下深奥的道理不可以有轻视厌恶的态度。言，论述。恶，厌恶。
②至动：谓天下最复杂深刻的变动。不可乱：即不可妄谈乱说。

【译文】
论说天下幽深微妙的道理，不可以有鄙贱轻恶的态度；论说天下最复杂的变化和运动，不可以妄谈乱说。

言出乎身，加乎民①；行发乎迩，见乎远。言行，君子之枢机②。枢机之发，荣辱之主也③。言行，君子之所以动天地也，可不慎乎④？

①言出乎身，加乎民：圣人的言论出于自身，施加于民众，故不可不慎。
②枢机：谓弩弓之枢机。弩弓正中有臂，臂之下端置机，名曰弩机。弩机以铁制成小匣，中有枢柱与其他机件相连。射击时发动枢柱，箭即发出，故曰枢机。《易传》的作者以"枢机"来比喻言行之所发。

③枢机之发,荣辱之主也:放箭是"开弓没有回头箭",发言也是如此,说出的话再也无法收回,箭或中或否,犹如发言之或得或失,得则荣至,失则辱来,关乎荣辱。

④君子之所以动天地也,可不慎乎:指君子用"言行"来鼓动天地万物,所以君子不可不慎。

【译文】

言论出于自身,要施加于民众;行动在近处开始,远方的人也能看见。言行,犹如君子处世的枢机。枢机的开启,是荣与辱的关键。言行,是君子用来鼓动天地万物的工具,怎么可以不谨慎呢?

君子之道,或出或处①,或默或语。

①或:这里指"有时"。出:出动。处:安处。

【译文】

君子为人处事的方法,有时要出门行动,有时要安静地处在自己所处的环境,有时要保持沉默,有时要发表意见。

二人同心,其利断金①。同心之言,其臭如兰②。

①二人同心,其利断金:此二句言二人同心,则无物不胜。以断金之利赞"同心"之善。利,锋利。断金,斩断金属。

②臭:气味。如兰:喻香馥如兰。

【译文】

若两个人能同心同德,其力量就可以如切断金属的利刃一样强有力。心意相同而说出的话,其气味如同兰草一样芬芳。

劳而不伐①,有功而不德②,厚之至也。语以其功下人者也③。

①伐:自我夸耀。
②德:自以为有功德。
③语以其功下人者:指"劳谦君子"虽有其功,然甘居人下。

【译文】
有功劳而不夸耀,有功德而不居功自傲,真可谓是仁厚至极。这说明君子有功德而又能甘居人下。

德言盛,礼言恭;谦也者,致恭以存其位者也①。

①谦也者,致恭以存其位者也:此句言谦虚之德在于致其恭敬,以存其位。

【译文】
道德贵在盛大,礼节贵在恭敬;而谦虚的含义,就在于对人恭敬以保存自己的地位。

"亢龙有悔①。"子曰:"贵而无位,高而无民,贤人在下位而无辅,是以动而有悔也。"

①亢龙有悔:此句引自《乾》之上九爻辞。

【译文】
《乾》之上九说:"巨龙飞得过高就会招致悔恨。"孔子说:"身居高贵之处而没有得到适当的位置,就会因为过高而脱离民众、失去民心,贤明的人处在下位而得不到帮助,所以行动起来就会有悔恨。"

乱之所生也,则言语以为阶①。君不密则失臣,臣不密则失身,几事不密则害成②。是以君子慎密而不出也。

---

①乱之所生也,则言语以为阶:祸从口出,乱之所生,皆因言语不当所致。阶,阶梯。

②几:事之初。"几事"即"办事之始"。害成:有害于事成。

【译文】

危险与动乱的产生,往往是因为言语不谨慎所致。君王不谨慎就会失去大臣的拥护,大臣不谨慎就会失去生命,办事开始时不谨慎就会危害事情的成功。所以君子谨慎缜密而不轻易发言。

上慢下暴,盗思伐之矣①。慢藏诲盗②,冶容诲淫③。

---

①上慢下暴,盗思伐之矣:若君上骄惰,下民强暴,则"盗寇思伐之"。此句为推论国家"致寇至"的原因。慢,《说文》:"慢,惰也。"暴,强暴。

②慢藏诲盗:懒于收藏财物就会引诱强盗来盗。此句为推论个人"致寇至"的原因。诲,引诱,诱发。

③冶容诲淫:把容貌打扮得妖媚艳丽,就会引诱淫者来淫。此句为推论女子"致寇至"的原因。冶,妖冶,艳丽,这里指打扮得妖媚。

【译文】

处在上位的人懈怠侮慢而处在下位的人骄横暴虐,就会招致强盗的侵伐。怠慢而不藏好财物就会引来盗贼,将体态装扮得妖冶艳丽,就会诱发淫荡之心。

夫《易》,圣人之所以极深而研几也①。唯深也,故能通天下之志;唯几也,故能成天下之务;唯神也,故不疾而速,不行而至②。

①圣人之所以极深而研几:此言圣人穷究《易》理之深奥及其"几微"之变化。几,《释文》引郑玄曰:"几,微也。"这里指《易》理的微妙之处。

②不疾而速,不行而至:《正义》曰:"无思无为,寂然不动,感而遂通,故不须急疾而事速成,不须行动而理自至也。"《易》道如神,不疾就能速成,不行就能达到目的。疾,《广雅·释诂》:"疾,急也。"

【译文】

《易》,是圣人用来探究极为精深的道理、研习极其微妙的变化的一部书。只有穷究精深的道理,才能会通天下的心志;只有研习微妙的变化,才能成就天下之事务;只有掌握《易》道的神妙,才能不用急急忙忙地办事,而能迅速地办成事情,不用亲自行动,吉祥的结果就会自然到来。

《易》有太极①,是生两仪②。两仪生四象③。四象生八卦④。

①太极:宇宙之本体。老子名之曰"一",《吕氏春秋·大乐》名之曰"太一"。因为《系辞》作者认为《易》包含着宇宙间最为根本的道理,象征着万物生成之本原,包括天地之最大、最高之物,故称为"太极"。

②是生两仪:两仪,即天地之法,宇宙之本体太极变而为二仪,一为天,一为地,故曰:"是生两仪。"仪,法。《国语·周语》:"百官轨仪。"韦昭注:"仪,法也。"

③两仪生四象:四象,指四季之象,有天地然后生四时,故曰"两仪生四象"。按筮法说,则蓍草七揲为少阳之爻,以象征春天;由春往夏,还是

阳气增长之时,故七揲为不变之阳爻。蓍草九揲为老阳之爻,以象征夏天;由夏往秋,是由阳气变阴气时,所以九揲为可变之阳爻。蓍草八揲为少阴之爻,以象征秋天;由秋往冬,是阴气增长之时,所以八揲为不变之阴爻。蓍草六揲为老阴之爻,以象征冬天;由冬往春,是由阴变阳之时,故六揲为可变之阴爻。少阳、老阳、少阴、老阴四种爻象以象征四时。

④四象生八卦:八卦由少阳、老阳、少阴、老阴四种爻构成,故曰"四象生八卦"。

【译文】

《周易》包含有宇宙生成的本体"太极",由它生成天地阴阳"两仪",由两仪生成象征四时的四种爻象,再由这四种爻象生成象征着天、地、雷、风、水、火、山、泽八种符号的八卦。

天之所助者,顺也;人之所助者,信也。履信思乎顺①,又以尚贤也。

①履:履行,践行。信:诚信。

【译文】

上天所帮助的人,是那些顺从正道的人;人所帮助的人,是那些笃实守信的人。能够履行诚信的人也就时时想着要顺从正道,又能以这种诚信的态度去尊重崇尚有贤德的人。

书不尽言,言不尽意。

【译文】

书面上的文字不能完全表达作者想要说的话,而作者说出的话也不能完全表达其所思所想。

形而上者谓之道,形而下者谓之器①。

①形而上者谓之道,形而下者谓之器:道,道理,客观规律,此处指思想意识。器,器物。形而上者,谓处于实有形体之上的思想意识、理论方法、制度等。形而下者,如天地、动物、植物、器械等。《集解》李道平疏曰:"形而上者,无形者也,故谓之道。形而下者,有形者也,故谓之器。"

【译文】

居于形体之上的意识形态叫做"道理",而处在形体之下的客观物质叫做"器物"。

系辞下

天地之大德曰生①,圣人之大宝曰位②。何以守位?曰仁。何以聚人?曰财。理财正辞③,禁民为非曰义。

①天地之大德曰生:天地生育万物,故称其"德大"。

②圣人之大宝曰位:"不在其位,不谋其政",圣人因有位而有政权,有政权则能建功业;无位则无政权,无政权则不能建功业。所以正当适宜之位是圣人之大宝。

③理财:指圣人治理财政,用之以节。正辞:指正定号令之辞。辞,制度法令之条文。

【译文】

天地的宏大恩德是生养万物,圣人的重大珍宝在于得到适宜的位置。用什么来坚守重要的位置呢?应当是仁爱之心。用什么来聚集人呢?应当是财物。治理财政,正定号令,禁止民众为非作歹就是"道义"。

《易》穷则变,变则通,通则久。

【译文】

《周易》中蕴涵的道理是事物发展到穷极时就促使其变化,变化后就能使事物达到通顺,通顺了就能长久。

天下同归而殊途,一致而百虑①。

①天下同归而殊途,一致而百虑:谓天下人同归于一地,而所走的道路却多异;有同样的目标,而怀抱的想法却有百种之多。殊,异。涂,同"途",道路。致,同"至",此指目的。

【译文】

天下的人都有一个共同的归宿,只不过是走着不同的道路而已;虽然人们的愿望与目的有着一致性,但实现这些目的与愿望的想法却很多不相同。

日往则月来,月往则日来,日月相推而明生焉。寒往则暑来,暑往则寒来,寒暑相推而岁成焉。往者屈也,来者信也,屈信相感而利生焉①。尺蠖之屈,以求信也②;龙蛇之蛰,以存身也③。

①"往者屈也"以下几句:往者屈而退,来者伸而进,屈伸相感交替,而后有利于物,有利于人。屈,弯曲。信,通"伸",伸展。

②尺蠖(huò)之屈,以求信也:《正义》曰:"初行必屈者,欲求在后之信也。言信必须屈,屈以求信,是相须也。"也就是说,尺蠖蜷屈时,实际上为了求得更进一步的伸展。蠖,是一种生活在树上的虫子,行进时一

屈一伸,如用尺量布,故称为"尺蠖"。信,通"伸"。

③龙蛇之蛰,以存身也:龙蛇在蛰伏时,是处于静止的状态,然而,这种静止是为了保存自己,求得更好的动。蛰,蛰伏。《集解》引虞翻曰:"蛰,潜藏也。"

【译文】

譬如太阳西下后月亮就要升起来,月亮落下山太阳就从东方升起来,太阳和月亮相互推移就产生了光明。寒季去了暑季就要到来,暑季去了寒季就会到来,寒季与暑季相互推移就形成了年岁。"过去的"就屈着身子,"到来的"则伸直身子,屈与伸相互感应则有利的因素就从中产生了。尺蠖之虫在蜷屈身子时,为的是求得伸展身子;龙蛇在处于蛰伏时,是为保存自己,以便更好地动。

精义入神①,以致用也;利用安身②,以崇德也③。过此以往,未之或知也④;穷神知化⑤,德之盛也。

①精义:精研事物之义理。入神:进入神妙之境地。
②利用:利用其所学。
③崇德:提高才德。
④过此以往,未之或知也:过此,指上述往来、屈伸、学用之事。以往,即超出上述所叙之事。因为"入神""安身"已经是人生很难达到的境界,超过这种境界则圣人也不可知。
⑤穷神:穷究事物之神妙。知化:认识事物之变化。

【译文】

精研事物的道理,并使其进入到神妙的境界,就是为了这种学识能得到有效的使用;利用精研的学识安身立命,提高自己的道德修养。超过这些境界再往前发展,大概就不是我能知道的了;穷究事物的神妙,了解事物的变化,才能算得上是伟大的道德。

君子藏器于身,待时而动,何不利之有?动而不括①,是以出而有获,语成器而动者也。

———
①括:阻碍,闭塞。

【译文】

君子随身藏着器具,等待合适的时机而采取行动,有什么不利的呢?有所行动而不会受到塞结阻碍,所以能够出动就有所收获,这说明人备有可用之器具才能采取行动。

小人不耻不仁,不畏不义,不见利不劝①,不威不惩②。小惩而大诫,此小人之福也③。

———
①不见利不劝:言小人不见其利则不知勉励自己。劝,《说文》:"劝,勉也。"即努力。

②不威不惩:不临之以威刑则不知克制。威,临之以刑威。惩,克制。

③小惩而大诫,此小人之福也:指受小惩罚以警惕大事,小人将因此而得福。

【译文】

小人不以不讲仁爱为耻,不怕做不合道义之事,不见到有利可图就不会勉励自己,不受到刑罚的威胁就不知道有所克制。直到受到小的惩罚后才会在大事上有所警惕,这是小人的幸运。

善不积不足以成名,恶不积不足以灭身。

【译文】

不积累美善之行就不足以成就功名,不积累罪恶就不足以使自己灭亡。

小人以小善为无益而弗为也,以小恶为无伤而弗去也,故恶积而不可掩,罪大而不可解。

【译文】

小人认为小的善事无益于己而不去做,认为小的恶事无伤大体而不停下来不做,所以恶行积累到无法遮掩的地步,罪恶大到不能得到解脱的程度。

危者,安其位者也;亡者,保其存者也;乱者,有其治者也①。是故君子安而不忘危,存而不忘亡,治而不忘乱,是以身安而国家可保也②。

———

①"危者"以下几句:意谓统治者唯有知危,才能安坐其位;唯有知有亡乱之祸而防备之,才能保持自身的存在;唯有知乱之所以生,才能思而治之。

②"是故君子安而不忘危"以下几句:因为安、存、治可转变为危、亡、乱,若君子处安、存、治之境,警惕危、亡、乱之来,则可免于危、亡、乱之祸。

【译文】

危险,可以提醒人们如何安居其位;灭亡,可以提醒人们如何保持存在;动乱,可以提醒人们如何维持治世。所以君子应该在安居其位时不忘记危险的存在,在家国存在时不忘记有可能会遭受灭亡,在天下大治时不忘记会有动乱的隐患,这样,自身才可能安居其位,国家才能保持长久。

德薄而位尊,知小而谋大,力少而任重,鲜不及矣①。

①鲜:少。及:这里指遭受灾祸。

【译文】

德行微薄而地位尊贵,智慧微小而企图很大,力量微弱而任务重大,很少有不遭受灾祸的。

知几其神乎!君子上交不谄,下交不渎,其知几乎?几者①,动之微,吉之先见者也。君子见几而作,不俟终日。

①几:微妙,细微。

【译文】

人若能察知微妙的事理大概就达到了神明的境界了吧!君子与处在上层的人士交往而不谄媚,与处在下层的人士交往而不轻视、怠慢,大概就能算得上是察知微妙之事吧?几,是指事物变动中微小的征兆,是吉凶征兆的预先显现。君子发现这些微妙的征兆后就立即开始行动,一天也不敢耽搁啊。

君子知微知彰,知柔知刚,万夫之望①。

①"君子知微知彰"以下几句:言君子既知隐微、彰显之事,又知刚柔

之宜,则能知吉凶,故为万夫所仰望。微,隐微。彰,明显。望,仰望。

【译文】

君子既能知道隐微之事,也能知道彰显之事;既能知道阴柔之理,也能知道阳刚之德,这样就可以得到万民的仰望。

颜氏之子①,其殆庶几乎②?有不善未尝不知,知之未尝复行也。

①颜氏之子:指颜回,孔子最得意的学生,孔子称其"不迁怒,不贰过"(《论语·雍也》)。

②殆:大概,可能,也许。庶几:差不多,接近。

【译文】

颜家的儿子颜回,大概算得上是道德上近于完美的贤能之士了吧?自己有什么不好的地方,没有不知道的,知道了就不再重复错误了。

天地絪缊,万物化醇①;男女构精②,万物化生。

①天地絪缊,万物化醇:天之阳气与地之阴气交融,则万物之化育醇厚。絪缊,通"氤氲",指阴阳二气相互交融。醇,醇厚。

②男女:此处泛指世间万物之阴阳,故《集解》引干宝曰:"男女,犹阴阳也。"构:《正义》曰:"构,合也。"交合。

【译文】

天地二气交融在一起,则万物化育醇厚;阴阳精气交合,则万物化育生成。

君子安其身而后动,易其心而后语①,定其交而后求。君子修此三者,故全也②。

①易其心而后语:君子发言之时,当先平心静气。易,平和。
②故全:于己、于人可以两全。

【译文】
君子先安定自身,然后才有所行动,先平和心情,然后才发表自己的言论,先稳定其所交往的友情然后才对朋友有所求助。君子能修养好这三种品行,所以于人于己才能两全。

危以动,则民不与也;惧以语,则民不应也;无交而求,则民不与也;莫之与,则伤之者至矣①。

①"危以动"以下几句:意谓人若冒危险行事,怀恐惧而发言,又无所交谊却有所求,则人皆不帮助他。民,泛指百姓。与,帮助。

【译文】
若冒险采取行动,民众就不会给予帮助;在自己内心处于恐惧时发表言论,就不会得到民众的响应;平时不与民众交流,民众就不会予以帮助;没有人能给予帮助,那么伤害自己的人和事就会到来。

夫《易》,彰往而察来,而微显阐幽,开而当名辨物,正言断辞则备矣①。其称名也小,其取类也大②。其旨远③,其辞文④,其言曲而中⑤,其事肆而隐⑥。因贰以济民行,以明失得之报⑦。

①开而当名辨物,正言断辞则备矣:名、物、言、辞,均指卦爻辞中所具备的内容。

②其称名也小,其取类也大:《周易》常常举小事物以比喻大事物,如《正义》所言:"言虽是小物,而比喻大事,是所取义类而广大也。"称名,举事物之名而言之。取类,取类似之事物以为喻。

③旨远:近说此物,远指彼事,其旨意深远。

④辞文:不直言所论之事,而以辞文饰其言。

⑤言曲而中:言辞委婉曲折,变化有致,但能切中其理。中,指言辞符合事实,如射箭,射在"正中"。

⑥其事肆而隐:言辞放肆显露,而义理则深刻幽隐。肆,直露。《集解》引虞翻曰:"肆,直也。"此上几句意在说明《周易》卦爻辞的语言特色。

⑦因贰以济民行,以明失得之报:《周易》是通过阴阳符号的组合方式和变化特征来象征事物发展的规律,通过这些规律预知吉凶,则可以避凶而趋吉,并进而明得失之报,故能济民行事。因,依靠。贰,指阴阳之道,吉凶之理。

【译文】

《周易》能彰显以往的事情并察觉未来之事,显示细微之事而阐明幽隐之事,作《易》者以开释卦爻之义来正卦爻之名而辨别物类,端正言辞,判断卦爻辞义,则天下的道理就全部具备了。其卦爻辞所称述的物名虽然小,但是它们象征的事类却很大。其意旨深远,其言辞有文采,其语言虽然委婉曲折而切中事理,其言辞放肆直白而所论义理幽深。用吉凶之兆中蕴涵的道理来帮助百姓的行动,揭示吉凶得失的应验。

《易》之兴也,其于中古乎^①?作《易》者,其有忧患乎^②?

是故《履》，德之基也③；《谦》，德之柄也④；《复》，德之本也⑤；《恒》，德之固也⑥；《损》，德之修也⑦；《益》，德之裕也⑧；《困》，德之辨也⑨；《井》，德之地也⑩；《巽》，德之制也⑪。《履》和而至⑫，《谦》尊而光⑬，《复》小而辨于物⑭，《恒》杂而不厌⑮，《损》先难而后易⑯，《益》长裕而不设⑰，《困》穷而通⑱，《井》居其所而迁⑲，《巽》称而隐⑳。《履》以和行㉑，《谦》以制礼㉒，《复》以自知㉓，《恒》以一德㉔，《损》以远害㉕，《益》以兴利㉖，《困》以寡怨㉗，《井》以辩义㉘，《巽》以行权㉙。

———

①《易》之兴也，其于中古乎：此言《周易》创作于中古时代。兴，兴起。中古，指《周易》创作时代。历来有二说：一是以伏羲氏为作者，以其所处的时代为中古，以天为上古，以黄帝、尧、舜为后世。二是以伏羲氏为上古，以文王之世为中古，孔子为下古。因《系辞》后有"《易》之兴也，其当殷之末世，周之盛德邪？当文王与纣之事邪"，故以后说为是。当然，《系辞》作者在认为《易经》成书可能在文王之时，但亦未敢肯定，故后缀有疑问语气词"邪"。

②作《易》者，其有忧患乎：因《周易》中颇多危辞和劝诫之语，故《系辞》作者认为文王作《周易》卦爻辞时，怀有忧国忧民之心。司马迁所谓"文王拘而演《周易》"，大略也是此意。

③是故《履》，德之基也：《序卦》曰："履者，礼也。"《系辞》作者认为《履》的意义是履行礼义。《履》之《象传》曰："君子以辩上下，定民志。"辩上下，就是辨别上下等级之礼。德以礼为基础，仁、义、忠、信等道德皆建筑在礼仪之上，故曰"德之基"。

④《谦》，德之柄也：《谦》卦象征着谦虚，《系辞》作者认为人谦虚始能执德，骄傲则必失德，故《谦》为德之柄。柄，权柄。

⑤《复》，德之本也：《复》卦以"一阳来复"象征着回复正道。前文释《复》初九爻辞"不远复"曰："有不善未尝不知，知之未尝复行也。"知不善而不重复不善，就等于返归善道，始能有德，故《复》为德之本。

⑥《恒》，德之固也：《恒》卦象征着永恒，以恒心守持正道、德操，久而不易，故内秉恒心，其德操才能坚固。

⑦《损》，德之修也：《损》卦象征着自我减损其不善，《损》的义理就是人需减损其之恶念与过错，如《损》之《象传》所言"君子以惩忿窒欲"，才能修养道德。修，修养。

⑧《益》，德之裕也：《益》卦象征着增益，《系辞》作者认为《益》启发人们增益其善念与美行。《益》之《象传》曰"君子以见善则迁，有过则改"，略同此说。因为人只有在增益善念与美行之后，才能扩充其德，故曰《益》为德之裕。裕，充裕，扩充。

⑨《困》，德之辨也：《困》卦象征着人处于穷困之境，《困》之《象传》曰："君子以致命遂志。"就是说君子穷困，虽死也不愿屈其志。孔子所谓："君子固穷，小人穷斯滥矣。"故能否在困穷中坚守其正道，是辨别一个人是否有德的分水岭，故曰《困》为德之辨。

⑩《井》，德之地也：《井》卦象征着"井水养人"，《井》之《象传》曰："井养而不穷也。"井能以水养人，则为君子居德之处所。《集解》引姚信曰："井养而不穷，德居地也。"

⑪《巽》，德之制也：《巽》卦象征着"号令"，巽以九五之中正，申明号令，以示法制，故能为德之制度。

⑫《履》和而至：履，礼。和，不争。至，达到。《礼记·乐记》曰："礼至则不争。"也是此义。

⑬《谦》尊而光：《谦》之《象传》曰"天道下济而光明"，若人能谦卑，则其德更为尊崇、光明。

⑭《复》小而辨于物：《复》之卦象是一阳回复，始见于初，故曰"小"。《复》于细微初小之时，就能辨物之吉凶，故能速归于善道。

⑮《恒》杂而不厌：杂指风雷相杂，阴阳相交，然《恒》之道在长久，故虽杂而不厌。

⑯《损》先难而后易：《损》之道在自损其恶而获益于后，自损则"先难"，获益则"后易"。《正义》曰："先自减损，是先难也。后乃无患，是后易也。"

⑰《益》长裕而不设：《益》有德之裕，故不虚设其法，而能宽裕长养于物。设，设置。《说文》曰："设，施陈也。"

⑱《困》穷而通：穷则变，变则通。韩康伯注曰："处穷而不屈其道也。"朱熹曰："身困而道亨。"亨即亨通。

⑲《井》居其所而迁：井永居其处，而井水则可迁移以养人。此喻人居于其位，而能施德于人。《正义》曰："言《井》卦居得其所，恒住不移，而能迁其润泽，施惠于外也。"

⑳《巽》称而隐：《说卦》曰"巽为风""巽为入"，风有其入，而不见其入；风见其扬，而不显其身。此象征着君子敢于申命，又不彰显自己。称，扬。而，犹言"且"。隐，隐藏。

㉑《履》以和行：人有利害矛盾，皆循礼而行，则其行能和而不争，如《论语》所言"礼之用，和为贵"，故曰《履》以和行。"

㉒《谦》以制礼：《谦》象为一阳制五阴，五阴顺从谓"礼"，一阳制约为"制"。

㉓《复》以自知：有不善而能自知，则必能返归于善道。自知，犹言"自觉"。

㉔《恒》以一德：此言《恒》之道不二三其德而在于始终如一。

㉕《损》以远害：《损》卦的要义在于提醒人们减损其恶念过错，若如

此则必能远害。

㉖《益》以兴利：《益》是增益其善念美行，若如此则能兴利益善。

㉗《困》以寡怨：此言困而不为非义之事，则怨者也少。

㉘《井》以辩义：井水养人，损己以利人，故曰"义"。而辨别义与非义，当以井德为准，故曰"井以辩义"。

㉙《巽》以行权：巽为入、为风，又象征着文教宣化之事，政令如风传播于民间，才能执权行政。

【译文】

《周易》的兴起，大概在殷商之末的中古时代吧？创作《周易》的人，大概是心怀忧患吧？所以《履》卦是树立道德的基础，《谦》卦是实行道德的权柄，《复》卦是遵循道德的根本，《恒》卦是巩固道德的前提，《损》卦是修养道德的方法，《益》卦是充裕道德的途径，《困》卦是辨别道德的标准，《井》卦是聚集道德的处所，《巽》卦是展示道德的规范。《履》卦教人平和而能履礼，《谦》卦教人谦虚才能受到尊崇而光明其德，《复》卦教人返归善道要从小的征兆去辨析事物的善恶，《恒》卦教人在邪正相杂的环境中坚守德操而不厌倦，《损》卦教人先以修身为难事才能达到获益的平易之境界，《益》卦教人长久地充裕其德行而不虚设其"益"名，《困》卦教人在困穷时要守正才能得到亨通，《井》卦教人居得其所广施润泽之惠于外，《巽》卦教人顺势称扬号令而不要彰显自己。《履》卦启发人们保持平和的言行，《谦》卦启发人们以礼节约束自己，《复》卦启发人们要自知其得失之道，《恒》卦启示人们要始终如一地坚守其美德，《损》卦启示人们要减损其恶念以远远地避开祸害，《益》卦启示人们要增益其美德善行以兴起利益，《困》卦启示人们要在困穷时减少报怨，《井》卦启示人们要辨别什么是真正的仁义，《巽》卦启示人们要顺时、顺势地行使权力。

《易》之为书也，不可远①，为道也屡迁，变动不居，周流六虚②，上下无常，刚柔相易，不可为典要，唯变所适③。

①《易》之为书也，不可远：此谓《周易》包含有天地万物之理，对人生有着切实的指导意义，故不能远离它。

②变动不居，周流六虚：谓爻之变动不固定于一位，而周流于六位，六爻皆可变。不居，犹言"不停"。六虚，韩注："六虚，六位也。"指卦中的六爻之位。《正义》曰："'虚'者，位本无体，因爻始见，故称'虚'也。"

③"上下无常"以下几句：谓六爻之变或在上位，或在下位，刚爻并不常为"刚"，柔爻也不常为"柔"，或刚变为柔，或柔变为刚，常常是相互变易，故不可为经常之纲要。而六爻之动，刚柔相易，或远而应，或近而比，唯变爻所适，故曰"唯变所适"。常，经常。易，变易。典，《尔雅·释言》："典，经也。"又《释诂》："典，常也。"典要，即典常纲要。适，适宜。

【译文】

《周易》这本书，人们不应该须臾远离，其中所体现的道理不断运动着，变动而不固定于一时一处，循环往复于六爻之间，或往上或往下并无常规可寻，阳刚与阴柔也相互变易，我们不应视它为典常纲要，只有在变动中求其适宜的方法。

《易》之为书也，广大悉备。有天道焉，有人道焉，有地道焉。

【译文】

《周易》这本书，广泛博大，万事俱备于其中。其中含有天的道理，含有人的道理，也有地的道理。

危者使平,易者使倾①。其道甚大,百物不废。惧以终始,其要无咎,此之谓《易》之道也②。

①危者使平,易者使倾:谓自以为危险者,可能会平安,而自以为平安者,可能会导致倾覆。知惧则可获得平安之吉,不知惧则可能引来倾覆之危。易,平易。倾,倾覆。

②"惧以终始"以下几句:《易传》的作者认为只有始终怀有警惧之心,慎守正道以求其"无咎",才是《易》道的真谛。以,犹言"于"。

【译文】

知道危险的存在就能使人平安,而自以为平安而怠慢疏忽就将导致倾覆。此中包含的道理是很广大的,一切事物都不能除外。若人自始至终都能保持警惧之心,那么,做起事来大体上就"没有过失",这就是所谓《周易》的真谛。

夫乾,天下之至健也,德行恒易以知险①。夫坤,天下之至顺也,德行恒简以知阻②。

①"夫乾"以下几句:谓天创始万物,是宇宙中最为刚健的事物,然因其有正常之规律,其运行之道平易,故可以预知其艰难险阻。天险有久旱、久雨、暴雪、狂风等,皆因其"恒易"而能知。此句应与《系辞上》的"乾以易知"联系起来看。

②"夫坤"以下几句:谓地顺承天道以养万物,是宇宙中最为柔顺的事物,因其有正常之规律,其德行常是简约的。坤之德行,恒为简易至静,心中没有烦乱,所以能知其阻碍。《正义》曰:"大难曰险,乾以刚健,故知其大难;小难曰阻,坤以柔顺,故知其小难。"然地虽简易也有高山、

峻岭、大川、巨泽,因简易而知其阻。

【译文】

乾,是天下最为刚健的象征,因为有正常的规律,其德行常常平易而又能在平易中预知危险的因素。坤,是天下最为柔顺的象征,其德行常常简易并能在简易中预知前面可能存在的阻碍。

将叛者其辞惭,中心疑者其辞枝,吉人之辞寡,躁人之辞多,诬善之人其辞游,失其守者其辞屈。

【译文】

将有叛逆之心的人其言辞必然是惭愧不安的,内心有所疑惧的人其言辞必定是散乱无章的,贤美吉善的人言辞少,浮躁轻薄的人言辞多,诬蔑善良的人言辞浮泛虚妄,失去操守的人言辞邪曲不正。

说卦

和顺于道德而理于义,穷理尽性以至于命①。

①穷理尽性以至于命:天地万物各有其理,各有其性,各有其命,作《易》者穷究万物之理及其性质,然后才能通达万物运动变化的规律性。穷,穷究,极尽。性,性质。命,天命,即自然规律。

【译文】

和谐顺从圣人的道德并以适宜的方法有条有理地阐明意义,穷极万物深妙之理,究尽生灵所禀的特性以至于通达天下万物运动的规律性。

立天之道曰阴与阳,立地之道曰柔与刚,立人之道曰仁与义。

【译文】

确立天的道理有"阴"有"阳",确立地的道理有"刚"有"柔",确立人的道理有"仁"有"义"。

序卦

有天地然后有万物,有万物然后有男女,有男女然后有夫妇,有夫妇然后有父子,有父子然后有君臣,有君臣然后有上下,有上下然后礼义有所错。

【译文】

有了天地然后才有万物,有了万物后才有男人女人,有了男人女人然后才能配成夫妇,有了夫妇繁衍后代才有了父子之序,有了父子之序然后才有了君臣关系,有了君臣关系然后才有了上下之别,有了上下之别然后才有实行礼义的地方。

尚书

　　《尚书》是我国夏商周时期重要政治文献的汇编,多为重要政治人物的谈话记录。《尚书》最初应该是由当时的史官记录、保存、整理的,相传后来经过孔子整理编订为百篇。到汉代,《尚书》已残缺不全,流传至今的仅有伏生所传的今文《尚书》二十八篇和据说为孔安国所传的古文《尚书》二十五篇。《尚书》部分篇章的真伪及创作年代,古今学界聚讼纷纭,兹不赘述。

　　《尚书》是记载我国上古历史的重要史书,对研究夏、商、周三代的历史具有重要价值。《尧典》中记载的天文知识、《禹贡》中记载的地理知识等,代表了上古先民对于自然的探索。《尚书》各篇中所记述的政治思想,例如"敬天保民""明德慎罚"等,对于中国古代政治产生了深远影响,对于当代治国理政也不无借鉴意义。《尚书》篇章所体现的散文艺术,对于我国古代文学也有重要影响。

　　本书选文据中华书局三全本《尚书》。

今文尚书

尧典

曰若稽古①,帝尧曰放勋。钦明文思安安②,允恭克让③,光被四表④,格于上下⑤。克明俊德⑥,以亲九族⑦。九族既睦,平章百姓⑧。百姓昭明,协和万邦。黎民于变时雍⑨。

---

①曰若稽古:古时成语,常作发语词,用于称述前代著名人物言行的开端。曰若,语词无义。稽,考。古,指古时传说。

②钦:郑玄说:"敬事节用谓之钦。"敬事,指处理政务严肃恭谨。明:指明察。文:风度文雅。思:思虑精明。安安:温和。

③允:诚实。恭:恭谨,对自己的职责不敢懈怠。克:能够。让:让贤。《国语·晋语》:"让,推贤也。"郑玄说:"推贤尚善曰让。"

④光:光耀。四表:四方极远的地方。

⑤格:至。上:指天。下:指地。

⑥克:能够。明:显明,此处谓任用提拔,以资表彰。俊德:才德兼备的人。俊,才智过人者称俊。

⑦九族:今古文两家所说不同。今文家以为九族系异姓亲族,即父族四、母族三、妻族二。古文学以九族为同宗,即以自己为本位,上推四代(父、祖、曾祖、高祖),下推四代(子、孙、曾孙、玄孙),合称九族。译文采古文家说。

⑧平:当为"采"(biàn,非"采"),因字形相近致误。采,辨别(采曾运乾《尚书正读》说)。章:章明。百姓:百官族姓。

⑨黎民于变时雍:《史记》无此句,或以为衍文。黎民,众民。黎,

众。于变,意指随尧的教化而变。时,通"是"。雍,和。

【译文】

考察古时传说,帝尧的名字叫做放勋。他恭敬地处理政务并注意节约,明察是非,风度文雅,思虑精明,态度温和,诚实恭谨,能够推贤让能,因此他的光辉照耀四海,以至于上天下地。他能够举用同族中德才兼备的人,使族人都亲密地团结起来。族人和睦团结了,便又考察百官中有善行者,加以表彰。百官中的事务处理得妥善了,又努力使各个邦族之间都能做到团结无间,亲如一家。天下臣民在尧的教育下,也都和睦相处起来。

五载一巡守。群后四朝,敷奏以言,明试以功,车服以庸①。

①车服以庸:意谓用车服来表彰其功劳。庸,功。

【译文】

每隔五年,都要进行一次全面地巡行视察。四方诸侯分别在四岳朝见天子,向天子报告自己的政绩;天子也认真地考察诸侯国的政治得失,把车马衣服奖给有功的诸侯。

眚灾肆赦①,怙终贼刑②。钦哉! 钦哉! 惟刑之恤哉③!

①眚(shěng):过失。肆:遂。

②怙(hù)终:是说有所仗恃而终不悔改者。怙,恃。贼刑:意谓如是杀人之刑则不赦免。贼,杀。

③恤:忧惧,谨慎。

【译文】

如果犯了小错,或过错虽大,只是偶一为之,可以赦免;如果犯的罪过较大而又不知悔改,便要给予严厉的惩罚。小心啊!小心啊!在使用刑罚时,可要十分谨慎啊!

食哉惟时①,柔远能迩②,惇德允元③,而难任人④,蛮夷率服。

①食:衣食。时:指制定历法。历法与农业生产、人民衣食关系密切。
②柔:安抚。能:郑玄说:"能,恣也。"恣,顺从。
③惇(dūn):厚。允:信。元:善。全句是说政务处理得好。
④难:疏远。《尔雅·释诂》:"阻,难也。"阻,含有远意,故《史记》径作"远佞人"。任人:品行不端的人。《尔雅·释诂》:"任,佞也。"

【译文】
只有衣食才是百姓的根本,因而重要的在于颁布历法!安抚远方的臣民,爱护近处的臣民,并顺从他们的意志去处理政务。德行厚,才能取信于人,才能使政务达到至善的地步,拒绝任用那些花言巧语的人,边远地方的民族才能都对你表示臣服。

惟明克允①。

①惟明克允:蔡沈《尚书集传》(以下简称《集传》):"必当致其明察,乃能使刑当其罪,而人无不信服也。"允,公允,恰当。

【译文】
只有明察案情,处理得当,百姓才会信服。

夙夜惟寅①,直哉惟清②。

①夙:早。夜:晚。寅:敬。

②直:正直。清:清明。

【译文】

每天早晚都恭敬地施行教化,引导人民正直而清明。

直而温①,宽而栗②,刚而无虐③,简而无傲④。

①直而温:正直而温和。

②宽而栗:宽大而严肃。栗,《集传》:"栗,庄敬也。"

③刚而无虐:刚强而不苛刻暴虐。

④简而无傲:简易疏大但不傲慢。

【译文】

正直而温和,宽大而严肃,性情刚正而不暴虐,态度简约而不傲慢。

诗言志①,歌永言②,声依永,律和声③。八音克谐④,无相夺伦⑤,神人以和。

①诗言志:《毛诗序》云:"在心为志,发言为诗。"即此义。

②永:同"咏"。

③律:谓标准音。声:指歌唱的声音。唱出的歌声要合乎音律,叫律和声。

④八音:泛指一切音乐演奏。谐:和。

⑤夺:侵夺,此处含有干扰之意。伦:次。

【译文】

诗是用来表达思想感情的,歌则借助语言把这种感情咏唱出来,歌唱的声音既要根据思想感情,也要符合音律。八类乐器的声音能够和谐地演奏,不要弄乱了相互间的伦次,让神人听了都感到快乐和谐。

皋陶谟

慎厥身①,修思永②。惇叙九族③,庶明励翼④,迩可远在兹。

---

① 慎厥身:谓努力提高修养。慎,谨慎。厥,其,指自身。
② 修:治,指品德锻炼。永:久。
③ 惇(dūn):厚。叙:《史记》作"序",次第。九族:指同族的人。
④ 庶:众。明:圣明。励:努力。翼:辅助。

【译文】

应当严格地要求自己,努力提高品德修养,在提高品德修养的时候,应当从大处着眼,从长远考虑。以宽厚的态度对待同族的人,使他们也贤明起来,努力辅佐你治理国家,由近及远,先从自身做起。

在知人,在安民。

【译文】

重要的在于知人善任,在于把臣民治理好。

知人则哲,能官人。安民则惠,黎民怀之。

【译文】

知人善任,那才是有智慧的人,有智慧才能用人得当。能够把臣民治理好，便是给他们以恩惠，这样臣民自然会归服。

宽而栗①，柔而立②，愿而恭③，乱而敬④，扰而毅⑤，直而温⑥，简而廉⑦，刚而塞⑧，强而义⑨。

---

①宽而栗：大凡宽宏大量的人遇事常犯毫不在乎的毛病，因而必须补之以"栗"。宽，宽宏大量。栗，严肃庄重。

②柔而立：性情温和的人大都有不敢坚持意见的毛病，因而必须补之以"立"。柔，指性情温和。立，指有自己的主见，并能不畏强暴，敢于坚持自己的主见。

③愿而恭：谨慎怕事的人常常好同流合污，因而必须补之以"恭"。愿，小心谨慎，含有怕事之意。恭，恭谨有礼，不致同流合污。

④乱而敬：具有治理能力的人常常仗恃自己的才干而办事疏忽，因此必须补之以"敬"。乱，治，指具有排乱解纷、治理国家的才干。敬，指办事认真。

⑤扰而毅：善听取别人意见的人常常失之于优柔寡断，因此必须补之以"毅"。扰，柔顺，意指能听取别人意见。毅，果断。

⑥直而温：正直的人，往往态度生硬，因而必须补之以"温"。直，正直。温，指态度温和。

⑦简而廉：孔传："性简大而有廉隅。"简，大。廉，廉约。孙星衍说："简大似放，而能廉约。"

⑧刚而塞：意思是说能从多方面考虑问题，性情刚正而不鲁莽。刚，刚正。塞，充实。

⑨强而义：孔传："无所屈挠，动必合义。"《集传》："强勇而好义也。"义，善。按，以上为"九德"。

【译文】

待人宽大而又庄重;性情温和而又有主见;行事小心而又恭谨有礼;虽有才干,但办事仍不马虎疏忽;能够接受别人的意见,又不为纷杂的意见所迷惑,而能刚毅果断;行为正直而态度温和;从大处着眼又能从小处着手;刚正而不鲁莽;勇敢而又善良。

无教逸欲有邦①,兢兢业业,一日二日万几②。

①逸:安逸。欲:私欲。邦:指诸侯。
②一日二日:言天天。万几:万端。此句指一天之内发生的事情之多。

【译文】

做诸侯的不要放纵私欲而贪图享受,要兢兢业业地处理政务,要知道一国之内每天都要发生上万件事体,千万不能麻痹大意。

天聪明,自我民聪明;天明畏,自我民明威①。达于上下,敬哉有土②。

①天明畏,自我民明威:孔传:"天明可畏,亦用民成其威。民所叛者,天讨之,是天明可畏之效。"意即上天严明可畏,也是根据民众的好恶来表现的。
②有土:指有土之君,即统治拥有国土的君主。

【译文】

上天听取意见、观察问题,都是从民众中间听取意见、观察问题的;上天表彰好人、惩罚坏人,也是依据民众的意见来表彰和惩罚的。上天和下民之间是互相通达的,要恭敬啊,保有国土的君主们!

烝民乃粒①,万邦作乂②。

①烝民:众民。烝,众多。粒:王引之说:"'粒'当读为《周颂·思文》'立我烝民'之'立'。立者,成也,定也。"
②万:言其多。邦:指诸侯。作:始。乂:治。

【译文】

人们才得以安居乐业,千万个诸侯国才得以治理。

安汝止①,惟几惟康②。其弼直③,惟动丕应④。

①安:安分。止:通"职",职分,职事。郑玄说:"安汝之所止,无妄动,动则扰民。"(见孙星衍《尚书今古文注疏》引)
②惟:思。几:危。康:安。
③弼:辅佐,指大臣。直:当为德(悳)。
④丕:大。应:响应,回应。

【译文】

做你应做该做的事情,常常考虑到危险,就能够得到平安了。要选择有道德的辅臣,有所行动就能得到天下的广泛回应。

臣哉邻哉①,邻哉臣哉。

①邻:近。

【译文】

大臣是最亲近的人啊!最亲近的人就是大臣啊!

臣作朕股肱耳目①。予欲左右有民②,汝翼③。予欲宣力四方④,汝为。

①朕:我。股:大腿。肱(gōng):手臂。股肱,这里代指左右大臣。耳目:此处与股肱义同。
②左右:帮助引导。有:抚,保护,扶持。孙星衍说:"有者,抚也。《释诂》'有''抚'转相训。"
③翼:帮助,辅佐。
④宣:布。力:意指治理国事并兼指战功。

【译文】

大臣应当是我的膀臂和耳目。我想求得帮助我治理臣民的人,希望你就做我的这样的助手。我打算拿出所有的力量治理好政务,讨伐叛逆,成就武功,你就应当努力去完成。

予违汝弼①,汝无面从,退有后言。

①违:过失,错误。弼:辅弼,匡正。

【译文】

我有了过失,你们要帮助我改正,你们不要当面顺从我,背后却散布一些表示不满的话。

工以纳言①,时而飏之②,格则承之庸之③,否则威之④。

①工:官。纳言:采纳意见。
②时:善。飏:表彰。

③格：正。承：进。庸：用。

④否：闭塞。《广雅•释诂》："否，隔也。"威：惩罚。

【译文】

做官的应该广泛地听取群众的意见，凡是好的意见便加以表彰；凡是正确的意见便提上来，以便采纳运用；否则，如果做官的封闭下情，便要给予惩罚。

敷纳以言①，明庶以功②，车服以庸③。

①敷：普遍。纳：采纳。

②明：察。功：事功。

③车服以庸：意谓以车服表彰其功劳。庸，功劳。

【译文】

广泛地听取人们的意见，实事求是地考察他们的功劳，并根据功劳的大小，分别赐予车马服装，表彰其功德。

敕天之命，惟时惟几①。

①惟时惟几：《集传》："惟时者，无时而不戒敕也。惟几者，无事而不戒敕也。"意思是说时时事事都要提高警惕。几，小事。

【译文】

努力地按照上天的命令行事，时时事事都要小心谨慎。

股肱喜哉①，元首起哉②，百工熙哉③！

①股肱：代指大臣。喜：谓乐于尽忠。
②元首：帝王。起：兴起。
③百工：百官。熙：振作。

【译文】

大臣们从内心里乐意办好政务，国王的事业就振兴起来啊，百官也就振作啊！

率作兴事①，慎乃宪②，钦哉！屡省乃成③，钦哉！

①率：表率，言元首当为大臣的表率。
②宪：法。
③屡：多次。省：省察。

【译文】

国王处处作为臣民的表率，百事就振兴起来，谨慎地对待你自己立下的法度，对于法度可要恭敬啊！不断地检查反省自己，事业才会获得成功，可要恭敬啊！

元首明哉，股肱良哉，庶事康哉①！

①庶：众。康：安。

【译文】

国王圣明啊，大臣贤能啊，诸事安宁啊！

元首丛脞哉①，股肱惰哉，万事堕哉！

①丛脞(cuǒ)：烦琐。

【译文】

国王把精力放在微不足道的小事上，大臣们懈怠下来，政务必定要办坏！

甘誓

天用剿绝其命①，今予惟恭行天之罚②。

①用：因而。剿：灭绝。
②恭：通"龚"，奉行。

【译文】

上天因而要废弃他们的大命，现在我奉行上天的意志去惩罚他们。

汤誓

时日曷丧①，予及汝皆亡②！

①时：通"是"，这。日：此处用以比喻夏桀。曷：指何时。丧：亡失。
②皆：都，犹一起。

【译文】

你这个太阳呀，什么时候才能消失呢？我愿意和你一块死去！

尔无不信，朕不食言①。

①食言:指不讲信用,不履行诺言。

【译文】

你们不要不相信,我是决不会失信的。

盘庚

若网在纲①,有条而不紊②。

①若网在纲:以纲比君,以网比臣,若网在纲,比喻臣民要听从君主的命令。
②有条而不紊:谓如果能够这样,那么政务就会有条理而不紊乱了。

【译文】

譬如只有把网结在纲上,才会有条理而不至于紊乱。

恐沉于众①,若火之燎于原,不可向迩②,其犹可扑灭?

①恐沉于众:在群众中造成深刻影响。沉,深。
②向:朝着,对着。迩:近。

【译文】

人心是容易蛊惑的,这好像大火在原野上燃烧起来,连接近都无法接近,还能够扑灭吗?

迟任有言曰①:"人惟求旧,器非求旧,惟新②。"

①迟任:古代贤人。

②器非求旧,惟新:器旧则敝,故不用。江声说:"以喻国邑圮毁,当徙新邑也。"江说可供参考。

【译文】

迟任曾经说过:"用人应该专用世家旧臣,器具却不能老用旧的,而要用新的。"

无有远迩①,用罪伐厥死,用德彰厥善。

①无有:无论。远迩:指关系的亲疏。

【译文】

无论亲疏,都一例对待,以刑罚惩其罪行,以爵禄赏赐、表彰其善行。

邦之臧①,惟汝众;邦之不臧,惟予一人有佚罚②。

①邦:国家。臧:善。

②佚:失,过错。

【译文】

国家治理好了,是你们大家的功劳;治理得不好,是我一人的过失。

无总于货宝①,生生自庸②,式敷民德③,永肩一心④。

①总:聚敛。

②庸:功劳。

③式:用。敷:施。德:德教。

④肩:克,能够。

【译文】

不要贪婪地聚敛财货,而要通过努力改善民众生活来建立功劳,广布德教于民,永远团结一心!

高宗肜日

惟天监下民①,典厥义②。

①监:视,考察。

②典厥义:意即考察他是否按照道理行事。典,主。义,按照道理行事曰义。

【译文】

上天考察下民,主要看他是否遵循义理行事。

降年有永有不永,非天夭民,民中绝命。

【译文】

上天赐予人的年龄有长有短,不是上天有意缩短人的生命,而是臣民自己行为不合义理招致短命的。

王司敬民①,罔非天胤。

①司:《史记》作"嗣",当从。孙星衍说:"王司者,言王嗣位也。"敬民:盖指不要对人民过分盘剥。

【译文】

王啊,要恭敬地对待上天赐给你的臣民,他们无不是上帝的后代。

牧誓

古人有言曰:"牝鸡无晨①;牝鸡之晨,惟家之索②。"

①牝(pìn)鸡:母鸡。无晨:谓不在早晨打鸣。
②索:尽,完了,此处含有破落之意。

【译文】

古人说过:"母鸡是不应当在早晨打鸣的;如果母鸡在早晨打鸣,这个家庭就要败落了。"

洪范

五事:一曰貌,二曰言,三曰视,四曰听,五曰思。貌曰恭,言曰从①,视曰明,听曰聪,思曰睿②。恭作肃,从作乂③,明作哲④,聪作谋,睿作圣。

①言:说话。从:顺。此句是说,话说得合乎道理。
②睿(ruì):通达。
③乂:治。
④哲:有智慧,此处可引申理解为不受蒙蔽。

【译文】

五方面的事情:一是态度,二是语言,三是观察,四是听闻,五是思考。态度要恭敬,言语要合乎道理,观察要清楚明白,听取意见要聪敏,思考问题要通达。态度恭敬,天下的人就会严肃;言语合乎道理,天下就会大治;观察事物清楚明白,就不会受到蒙蔽;听取意见聪敏,就有好的谋略;考虑问题通达,就可以成为圣人。

八政:一曰食,二曰货,三曰祀,四曰司空①,五曰司徒②,六曰司寇③,七曰宾④,八曰师⑤。

①司空:掌管民众居住事务的官。《集传》:"司空掌土,所以安其居也。"
②司徒:掌管教育的官。
③司寇:管理司法事务的官。
④宾:掌管诸侯朝见的官。
⑤师:即司马,掌握军事的官。

【译文】
八方面的政务:一是农业生产,二是商业贸易,三是祭祀,四是管理臣民的安居事务,五是管理教育,六是管理司法,七是接待宾客,八是管理军务。

凡厥庶民,无有淫朋①,人无有比德②,惟皇作极③。

①淫朋:谓通过交游,结成小集团。淫,游。朋,小集团。
②比德:与上文"淫朋"的意思大体一致。比,勾结。
③惟:只。皇:指天子。极:准则。

【译文】

凡是臣民,都不允许结成私党为非作歹,只要人们不结成私党,那就会把天子所建立的原则作为最高准则。

无虐茕独①。

①茕(qióng)独:指鳏寡孤独,无依无靠的人。

【译文】

不要虐待那些无依无靠的人。

人之有能有为,使羞其行①,而邦其昌②。

①羞其行:进一步提高其德行。羞,进。
②其:时态副词,将。

【译文】

人们中有能力、有作为的,便应当让他们继续发展其才能,提高其德行,这样,你的国家就会繁荣昌盛了。

无偏无陂①,遵王之义;无有作好②,遵王之道;无有作恶,遵王之路。无偏无党,王道荡荡③;无党无偏,王道平平④;无反无侧⑤,王道正直。

①陂:即颇,不平。
②好:私好。
③荡荡:宽广。

④平平(biàn):辨治,治理。《诗经·小雅·采菽》:"平平左右。"孔疏引服虔说:"平平,辨治不绝之貌。"

⑤反:违反,指违反王道。侧:倾侧,意指违犯法度。

【译文】

不应当有任何的偏颇,要完全遵照王所建立的规范行事;不要有任何私人爱好,要完全遵照王所确定的道路行进;不要为非作歹,要根据王所指出的正路要求自己。没有偏私,没有朋党,道路就是广阔的;没有朋党,没有偏私,道路就是顺畅的;不要违反王道,不要违犯法度,道路就是正直的。

天子作民父母,以为天下王。

【译文】

天子应当像做臣民的父母一般,做天下臣民的君主。

三德:一曰正直①,二曰刚克②,三曰柔克。平康正直③。强弗友刚克④,燮友柔克⑤。沉潜刚克⑥,高明柔克⑦。

①正:端正。直:指曲直。《左传·襄公七年》对《诗经·小雅·小明》"好是正直"的解释是"正直为正,正曲为直"。

②刚克:用强硬的办法去压服。克,胜。

③平康正直:是说要想求得国家太平安康,就必须端正人的曲直。平康,谓太平安康,指国家而言。正直,与上文"正直"意思相同。

④友:亲近。

⑤燮(xiè)友:态度柔和可亲的人。燮,和。

⑥沉潜刚克:意思是说对劳动人民应当镇压。沉潜,与下面"高明"

相对为文。沉、潜,均有在下的意思,当指劳动人民。

⑦高明:指贵族。

【译文】

三种治理臣民的办法:一、能够端正人的曲直;二、以刚取胜;三、以柔取胜。要想使国家太平无事,就必须端正人的曲直。对于那些强硬而不能亲近的人,必须用强硬的办法镇压他们,对那些可以亲近的人,就用柔和的办法对待他们。对下面的小人必须镇压,对高贵显赫的贵族必须柔和。

惟辟作福①,惟辟作威,惟辟玉食②;臣无有作福作威玉食。臣之有作福作威玉食,其害于而家③,凶于而国,人用侧颇僻④,民用僭忒⑤。

①惟:只有。辟:指天子。

②玉食:美食。

③其:将。而:通"尔",你,指天子。

④用:因。侧:偏,不正。颇僻:不正,指不合乎王道。

⑤用:因。僭:差。忒:通"慝",恶念。所谓恶念,就是指犯上作乱的念头。

【译文】

只有天子才有权给人以幸福,只有天子才可以给人以惩罚,只有天子才可以吃美好的饭食;而臣下没有权力给人以幸福和惩罚,也没有权力吃美好的饭食。假如臣下擅自给人以幸福和惩罚,吃美好的饭食,就会给你的王室带来危害,给你的国家带来危害,人们也将因此而背离王道,小民也将因此而犯上作乱。

汝则有大疑,谋及乃心①,谋及卿士,谋及庶人,谋及卜筮。

①谋:考虑(下面几句中的"谋"字应释作"商量"讲)。乃:你。

【译文】

假如你遇到了重大的疑难问题,首先你自己要多加考虑,然后再和卿士商量,再和庶民商量,最后问及卜筮。

岁、月、日时无易①,百谷用成,乂用明②,俊民用章③,家用平康④。

①无易:谓不发生异常的变化。易,变。
②乂:治。用:因。
③俊:有才能的人。章:显,谓提拔任用。
④家:指王室。

【译文】

年、月、日都不发生异常的变化,各种庄稼便都会茂盛地生长,政治就会清明,贤能的人就会得到任用,国家也就会平安无事。

五福:一曰寿,二曰富,三曰康宁,四曰攸好德①,五曰考终命②。

①攸:通"修",长。好:喜好。
②考:老。终命:善终。

【译文】

五种幸福:一长寿,二富贵,三平安而无疾病,四长久地喜好美德,五长寿善终。

大诰

爽邦由哲①。

———
①爽邦:意即使国家政治清明。爽,明。

【译文】
要把国家治理好,就必须依靠圣明的人。

康诰

克明德慎罚①,不敢侮鳏寡,庸庸②,祇祇③,威威④,显民⑤。

———
①克:能。
②庸庸:前一"庸"字是动词,任用的意思。后一"庸"字是指应受任用的人。
③祇:敬。
④威:罚。"祇祇"和"威威"句法与上文"庸庸"相同。
⑤显民:即显示于民,让庶民了解。显,显示。

【译文】
崇尚德教而谨慎地使用刑罚,不敢欺侮那些无依无靠的人,任用那些应当受到任用的人,尊敬那些应当受到尊敬的人,镇压那些应当受到镇压的人,向庶民展示这种治国之道。

天畏棐忱①,民情大可见②。

①畏:通"威"。棐:非。忱:信。棐忱,即不可迷信,难于把握之意。
②民情大可见:民情容易观察到,而从民情又可以测知天意。

【译文】

天威难测,但民情是很容易观察到的。

小人难保,往尽乃心,无康好逸豫①,乃其乂民②。

①无:通"勿",不要。逸:安逸。豫:游乐。
②乂:治。

【译文】

小人是难以治理的,去了一定要尽你所有的力量,不要贪图安逸享受,只有这样,才能治理好你的臣民。

怨不在大,亦不在小。

【译文】

民怨的可怕不在大,也不在小。

若有疾,惟民其毕弃咎①。若保赤子②,惟民其康乂③。

①毕:尽。弃:抛弃。咎:罪。
②赤子:小孩。
③惟民其康乂:句中有省略,意谓只有把臣民治理好才能太平无事。康,安康,即太平无事。乂,治。

【译文】

应当像医治自己的疾病一样,尽力让臣民完全抛弃各自的错误。应当像护理小孩一样,尽力把臣民治理好,才能太平无事。

元恶大憝①,矧惟不孝不友②。

①元:首。憝(duì):奸恶。"元恶"与"大憝",词义相近,此处叠用,意在强调罪恶之大。
②矧(shěn):亦,王引之说"犹亦也"。惟:是。

【译文】

那种罪大恶极的人,也是不孝顺不友爱的人。

矧今民罔迪不适①,不迪则罔政在厥邦②。

①矧:况。罔:不。迪:道,谓引导。适:善。
②罔政:谓政治搞得不好。罔,不。

【译文】

何况现在的民众,如果没有人去引导他们,他们就不会向善;不去引导他们,你们国家的政治就搞不好。

惟命不于常。

①惟:念。命:天命,即上天赐予的统治地位。

【译文】

要想到上天的大命不是恒定不变的。

酒诰

无彝酒①。

——

①彝:常。

【译文】

不许经常饮酒。

德将无醉①。

——

①德将:以德相扶持,意谓用道德来要求自己。德,道德。将,扶。

【译文】

在饮酒的时候,要以德行要求自己,不要喝醉了。

惟土物爱①,厥心臧②。

——

①惟:思。物:当指庄稼。

②厥:其。臧:善。

【译文】

经常想到土地上生长的庄稼是应当爱惜的,这样心地就会善良了。

尔克永观省①,作稽中德②。

——

①克:能。省:反省。

②作:举动。稽:止。中:合乎。

【译文】

你们要能够长久地观察反省自己的行为,使自己的言行举止合乎道德。

天非虐,惟民自速辜①。

①惟:是。速:招致。辜:灾祸。

【译文】

不是上天暴虐,而是民众自己招来了灾祸。

人,无于水监①,当于民监。

①监:通"鉴",鉴戒,谓从中吸取教训。

【译文】

人,不要把水当作镜子,而应当把臣民当作镜子。

召诰

惟王受命,无疆惟休,亦无疆惟恤。

【译文】

大王接受了上天的大命,无限美好,但也有无限的忧虑。

天亦哀于四方民,其眷命用懋①,王其疾敬德。

①眷:顾。懋(mào):迁移,此指大命由殷迁之于周。

【译文】

上天也哀怜四方小民,他看到这种情形,便把大命由商转移给我周,王啊!希望你赶快敬重德行!

节性①,惟日其迈②。

---

①节:节制,引申为改造。性:性情。

②迈:进。

【译文】

要节制、改造性情,以求天天有所进步。

惟不敬厥德①,乃早坠厥命②。

---

①惟:只,独。厥:语中助词,无实义。

②坠:失去。

【译文】

因为不敬重德行,才早早地丧失从上天那里接受来的大命。

王其德之用,祈天永命。

【译文】

王啊!只有根据道德行事,才能祈求天命的久长。

洛诰

享多仪,仪不及物,惟曰不享①。惟不役志于享②。凡民惟曰不享,惟事其爽侮③。

①惟:恐是衍文。

②役:用。志:心意。

③事:王事。爽:差错。侮:轻慢。

【译文】

贡享应以礼仪为重,如果礼仪赶不上贡物,虽说贡物很多,也和没有贡享的一样。这就是说他们没有把心思用在贡物上。如果人们不重礼仪,这样他们就会轻慢你的号令,使政事错乱。

彼裕我民①,无远用戾②。

①裕:宽容。

②戾:至。

【译文】

你能宽待我们的小民,不管多远的小民也会归附你了。

多士

惟我下民秉为,惟天明畏①。

①"惟我"二句:语倒,应作"惟天明畏,惟我下民秉为"。秉,执。为,作为,行事。明畏,圣明威严。畏,通"威"。

【译文】

上天是圣明而威严的,我们下民只有本着上天的意旨行事。

惟天不畀不明厥德①。凡四方小大邦丧,罔非有辞于罚。

①畀(bì):赐与。

【译文】

天不会把大命赐给那些不努力施行德教的人。凡是四方小国或大国的丧亡,没有不是因为有罪而招致丧亡的惩罚的。

无逸

君子所其无逸①。先知稼穑之艰难,乃逸则知小人之依②。

①君子:指做官的人。所:处,指在位为政。其:副词,表祈使,犹当。逸:安逸。
②乃逸:旧注多从上读,非是,应从下读。乃,指示代词,这样。依:孙星衍说:"'依'同'衣',《白虎通·衣裳篇》云:'衣者,隐也。'"隐,隐痛,疾苦。

【译文】

在位的君子,不应该贪图安逸享受。先了解种田的艰难,这样,处在安逸的环境也会知道种田人的痛苦了。

爰知小人之依,能保惠于庶民①,不敢侮鳏寡②。

①保:保佑。惠:好处,利益,这里指给人好处。
②鳏(guān):年老无妻的人。寡:年老无夫的人。

【译文】

能了解小民的疾苦而施惠于小民,连那些鳏寡孤独无依无靠的人也不敢轻慢。

徽柔懿恭①,怀保小民②,惠鲜鳏寡③。

①徽:善良。柔:仁慈。
②怀保:保护。
③惠鲜:爱护。惠,爱。鲜,善。

【译文】

心地仁慈,态度和蔼恭谨,保护民众,爱护那些鳏寡孤独无依无靠的人。

自朝至于日中昃①,不遑暇食②,用咸和万民③。

①朝:早晨。日中:中午。昃(zè):太阳偏西。
②不遑:没有工夫。遑,闲暇。
③用:以。咸和:和谐。

【译文】

从早晨到中午到下午,忙碌到无暇吃饭,用这种辛勤劳苦的精神治理国家,使万民安乐地生活着。

无皇曰①:"今日耽乐。"乃非民攸训②,非天攸若③,时人丕则有愆④。

①皇:汉石经作"兄",兄即况,且。
②攸:所。训:典式,榜样。
③若:顺。
④时:通"是",这。丕则:那就。愆:过错。

【译文】

不要这样讲:"今天先享受享受再说。"这样,就不是万民的榜样,就不是顺从天意了,这样的人便是犯了大错了。

厥或告之曰:"小人怨汝詈汝!"则皇自敬德①。厥愆②,曰:"朕之愆。"

①皇自:更加。孙星衍说:"皇自,熹平石经作'兄曰',韦氏注《国语》云:'兄,益也。''皇曰敬德'即'益曰敬德'也。"
②厥:其。愆:过错。

【译文】

有人告诉他们说:"小人在怨你骂你!"他们便更加恭敬地按照规矩办事。他们有了过错,便毫不掩饰地说:"这是我的过错。"

君奭

越我民罔尤违①,惟人。

①罔:无。尤违:怨恨。

【译文】
我们的民众是不会产生怨恨的情绪的,一切都在人为啊!

天惟纯佑命则①。

———
①纯:大。佑:帮助。则:准则。

【译文】
上天只大力帮助那些有道德的人。

民德亦罔不能厥初①,惟其终②。

———
①罔:不。初:事情的开始。
②惟:只。终:指事情的结尾。这一句大意是说,能善始不能善终。

【译文】
小民办事在开始的时候,没有不好好办的,但到结尾就往往办不好了。

多方

惟圣罔念作狂①,惟狂克念作圣。

———
①惟:虽然。圣:通达明白,与下面的"狂"意思相反。念:谓放在心里,此处指把上天的意旨放在心里。狂:愚狂无知。

【译文】
虽然本来是贤明的人,但如果不把上天的意旨常常放在心上,就可能变成狂悖而不通事理的人;虽然本来是愚昧无知的人,但如果能把上天的意旨常常放在心上,就可能变成圣明的人。

自作不和①,尔惟和哉②;尔室不睦③,尔惟和哉。

①和:和睦。
②惟:思。
③室:家庭。睦:和睦。

【译文】

如果你们之间有自己造成不和的,那你们应该和好起来;如果你们的家庭不和睦,那你们也应使之和好起来。

立政

休兹知恤①,鲜哉!

①休:美好。兹:指示代词,这。恤:忧。

【译文】

处在美好的环境而能知道忧虑,这样的人,实在少啊!

继自今立政,其勿以人,其惟吉士,用劢相我国家①。

①劢(mài):勉力。相:帮助。

【译文】

从今以后,在设立官长的时候,千万不要任用那些贪利的小人,应当任用那些贤明的人,用这些人帮助我们治理好国家。

其勿误于庶狱,惟有司之牧夫。

【译文】

希望你不要自作主张,去干涉司法方面的事情,应让有关的官员去负责办理。

继自今后王立政,其惟克用常人①。

①常人:吉士贤人。

【译文】

从今以后,王如果要立官长,希望你一定要任用贤人。

兹式有慎①,以列用中罚②。

①兹:这。式:法式,榜样。有:通"又"。
②列:布。中:符合,适当。

【译文】

要十分谨慎地依法行事,处理每一件事都应轻重适当而合乎法律。

顾命

柔远能迩,安劝小大庶邦。

【译文】

以友好的态度去对待远处和近处的臣民,教育那众多的大小诸侯,让他们也很好地安理臣民。

吕刑

民兴胥渐①,泯泯棻棻②,罔中于信③,以覆诅盟。

①胥:互相。渐:逐渐,这里指逐渐向欺诈方面发展。
②泯泯棻棻(fén):同义叠用,纷乱。
③罔中于信:没有忠信。

【译文】
平民互相欺诈,社会上十分紊乱,大家都不遵守信用,对于盟誓可以随便推翻。

德威惟畏,德明惟明。
【译文】
政令的威严使臣民感到畏惧,德教彰明使臣民内心悦服。

典狱①,非讫于威②,惟讫于富③。

①典狱:负责断狱。典,主,主持。
②讫:止。
③富:福,意言主狱不应当终于立威,而应当终于惩一劝百,为人造福。

【译文】
主持审理案件,目的不在于用刑立威,而在于惩一儆百,为民造福。

虽畏勿畏,虽休勿休①。惟敬五行②,以成三德③。

——

①休：王引之解作"喜"，与"畏"对。

②惟敬五行：指谨慎地使用刑罚。五行，谓五刑。

③三德：即《洪范》所说的正直、刚克、柔克。

【译文】

在断狱的时候，即使遇到了可怕的事情也不要害怕，即使弄清了案情的原委也不要高兴。只能严格依法使用刑罚，以成就三德。

一人有庆①，兆民赖之②。

——

①庆：善。

②赖：利。

【译文】

一人办了好事，亿万臣民便会得到好处。

上下比罪①，勿僭乱辞②。

——

①上、下：指轻重。比：《礼记·王制》说："凡听五刑之讼，……必察小大之比以成之。"注："小大犹轻重，已行故事曰比。""小大"即此处所说的"上下"。

②僭：差错，与"乱"为近义词叠用。辞：犯人的供辞。

【译文】

罪重者处以重刑，罪轻者处以轻刑，对于犯人的供辞和决狱之辞，都要力求与事实相符，不要发生差错。

惟察惟法,其审克之。

【译文】

一定要核实查清罪行,并根据法律办事,希望你们一定要审慎行事啊!

惟齐非齐①,有伦有要②。

①惟齐非齐:江声说,上刑适轻,下刑适重,叫做"非齐",轻重可以随世制宜,灵活掌握,叫做"齐非齐"。
②伦:条款,指法律条款。要:指法律的纲要。

【译文】

刑罚的轻重既要根据犯人的具体情况,也要根据社会的具体情况决定,当然也要依据法律的条款和纲要来处理,不能任意决定。

非佞折狱①,惟良折狱②,罔非在中③。

①佞:巧言,谓口才辩捷之人。
②良:善良,指善良忠厚之人。
③中:恰当,适当。

【译文】

不要让口才辩捷之人去断案,只能让善良忠厚的人来断案,务使案情的判断完全得当。

哀敬折狱①。

①哀敬：谓悲哀怜悯的心情。

【译文】

要怀着悲哀和怜悯的心情来处理案件。

其刑其罚，其审克之。

【译文】

或按五刑处理，或按五罚处理，都要详加审核来确定。

今天相民，作配在下①。

①作：为。配：两事或两人相称叫作配，此处当指天上的上帝与地下的君主作配。

【译文】

现在上天为了造福臣民，才为他们设立了君主和官长，在下面管理臣民。

狱货非宝①，惟府辜功②，报以庶尤③。永畏惟罚。

①狱货：指刑狱罚金。非宝：意指不要将罚金据之以肥己。

②府：聚集。辜功：怨事。

③庶：众。尤：怨恨。

【译文】

刑狱的罚金是为了表示惩罚，不可把它看作财宝而据为己有，如果这样，一定会招致臣民的怨恨，而国家对这样的官吏也一定要严加惩处，以

文侯之命

惠康小民,无荒宁。
【译文】
要给臣民以幸福,不要荒废政务,贪图安逸。

秦誓

责人斯无难,惟受责俾如流,有惟艰哉。
【译文】
责备别人是没有什么困难的,如果受别人责备,而能够像流水那样顺从,这就困难了。

如有一介臣①,断断猗无他伎②,其心休休焉③,其如有容。人之有技,若己有之;人之彦圣④,其心好之,不啻若自其口出⑤。是能容之,以保我子孙黎民,亦职有利哉⑥!

①一介:量词,犹言一个。
②断断:诚恳。猗:《大学》引作"兮",语中助词。
③休休:宽容。
④彦:有才有德的人。圣:指道德高尚。
⑤不啻:不但。
⑥职:《大学》引文作"尚"。

【译文】

如果有这样一位忠臣,忠实诚恳而没有别的本领,他的品德高尚,心地宽厚,能够容人容物。人家有了本事,就好像他自己的本事一样;别人品德高尚,本领高强,不仅口中常常加以称道,而且从内心喜欢他。这种宽宏大量的人,是可以保住我的子孙和臣民的幸福的,是可以为我的子孙臣民造福的啊!

邦之杌陧①,曰由一人;邦之荣怀②,亦尚一人之庆。

①杌(wù)陧(niè):不安。
②怀:安。

【译文】

国家的危难,是因为君主用人不当;国家的安宁,则是因为君主用人得当。

古文尚书

大禹谟

后克艰厥后①,臣克艰厥臣,政乃乂②,黎民敏德③。

①后克艰厥后:句中两"后"字均指帝亦即君主而言。克,能够。艰,艰难,此字最为吃紧,君与臣只有深切了解为政的艰难,才能敬惧恭谨而竭尽全力,从而将政务处理好。
②乂(yì):治。

③黎民:平民。敏:勤勉。德:谓修德。

【译文】

做君主的能够了解做君主的艰难,做臣子的能够了解做臣子的艰难,政务就可以得到治理,老百姓也就会很快地修德为善了。

嘉言罔攸伏①,野无遗贤②,万邦咸宁③。

①嘉言:美好的言论。罔:无,没有。攸(yōu):所。伏:隐藏,藏匿。
②野:指民间。遗:弃置。
③邦:国。咸:都,皆。

【译文】

美好的言论没有被隐藏起来的,民间没有弃置不用的贤人,众多国家便可以都得到安宁。

稽于众①,舍己从人,不虐无告②,不废困穷③,惟帝时克④。

①稽:考察。
②无告:指鳏寡孤独无依无靠的人。
③废:弃,抛弃。
④帝:指帝尧。时:通"是",这,这样。克:能够。

【译文】

到民众中考察,舍弃自己的意见,听从民众的意见,不虐待无依无靠的人,不抛弃困苦贫穷的人,只有尧才能够做到这些啊。

惠迪吉①,从逆凶,惟影响②。

①惠:顺。迪:道,谓治国安民的正道。

②影响:如影随形,如响应声。形容吉与凶的效果其反应显著而迅速。

【译文】

顺着正道便获得吉利,违背正道便产生灾祸,其效果如影随形,如响应声。

儆戒无虞①,罔失法度②,罔游于逸③,罔淫于乐④。

①儆戒:警惕戒备。虞:误,失误,差错。

②罔:勿,不要。法度:法则制度,指尧、舜以来所形成的法则制度。

③游:游宕,谓放纵无检束。逸:安逸,谓贪图安逸。

④淫:过度。乐:谓享乐。

【译文】

警惕啊!警惕谨慎就不会有差错,不要失去法度,不要沉湎在游玩安逸之中,不要生活在过分的享乐之中。

任贤勿贰①,去邪勿疑②。

①贰:不专一。

②疑:犹豫不决。

【译文】

任用贤能之人不要不信任他,摒弃奸邪之人,不要犹豫不决。

疑谋勿成,百志惟熙①。

①百志:犹百虑,谓深思熟虑。熙:兴盛。

【译文】

犹豫不决,就不能成事,深思熟虑才能使事业兴盛。

罔违道以干百姓之誉①,罔咈百姓以从己之欲②。

①干:求。
②咈(fú):违背。

【译文】

不要违背正道去追求百姓的赞誉,不要违背民意使百姓顺从个人的欲望。

无怠无荒,四夷来王①。

①四夷:指四方边远地区的民族。

【译文】

不要怠惰,不要荒废,四方边远民族就会服从你的统治。

德惟善政,政在养民。

【译文】

德政才是好的政治,好的政治在于使百姓生活得好。

正德、利用、厚生,惟和①。

①和:和睦。

【译文】

端正人的品行,发展生产和贸易,使人们拥有丰厚的生活资料,这三事都办好,百姓就和睦了。

刑期于无刑,民协于中①。

①协:符合。中:正,指正道。

【译文】

使用刑罚是希望达到不使用刑罚的目的,让百姓的行为都能合于正道。

临下以简①,御众以宽②。

①临:统辖,治理。简:古人尚简,指简要切实。
②御:治理。

【译文】

用简要的方法来统率臣下,用宽大的法度来治理百姓。

罚弗及嗣①,赏延于世②。

①弗:不,不要。嗣:指后代。
②世:后嗣即后代。

【译文】

有所惩罚不延及其后代子孙,有所赏赐则延及其后代子孙。

宥过无大①,刑故无小②。

①宥:宽恕。
②故:故意,明知故犯。

【译文】

由于不了解而犯过错,过错虽大,应予宽恕;虽了解却故意犯错,错误虽小,也要惩罚。

罪疑惟轻,功疑惟重①。

①"罪疑"二句:《集传》解释此句说:"罪已定矣,而于法之中,有疑其可轻可重者,则从轻以罚之。功已定矣,而于法之中,有疑其可轻可重者,则从重以赏之。"此解甚是,当从。

【译文】

对所犯罪行,有了疑问,惩罚时应当从轻;对所立功劳,有了疑问,奖赏时应当从重。

与其杀不辜①,宁失不经②;好生之德,洽于民心③。

①不辜:无罪。辜,罪。
②不经:不合法律规定。
③洽:沾溉,浸润。

【译文】

与其杀掉无罪之人,执法者宁可承担不按法度行事的责任;有了爱护百姓的品德,才能使百姓从内心感到亲近。

克勤于邦,克俭于家,不自满假①,惟汝贤。

①满:谓自满。假:大,谓自大。

【译文】

能够勤劳于国家大事,能够俭于自奉,又不自满自大,你是贤能之人。

汝惟不矜①,天下莫与汝争能;汝惟不伐②,天下莫与汝争功。

①矜:自夸贤能。
②伐:自夸其功。

【译文】

正因为你不夸耀自己的贤能,所以天下的人无法和你争能;正因为你不夸耀自己的功劳,所以天下的人不能和你争功。

人心惟危①,道心惟微②,惟精惟一③,允执厥中④。

①危:此处指人心专欲求利违义生害而言。
②微:此处指道心微妙难见而言。
③精:精纯无私。一:专一。
④允:信。执:秉持。中:中庸,无过无不及。

【译文】

人的思想是危险的,道的内涵是精微的,体察那道的精微,始终如一地遵守,如此,才是实实在在地秉持那不偏不倚的中和之道。

无稽之言勿听①,弗询之谋勿庸②。

①无稽:没有根据,无法核实。
②弗询:没有征求。

【译文】

没有根据的话,不要听信;没有征求过公众的意见,不要采用。

可爱非君?可畏非民?众非元后,何戴①?后非众,罔与守邦?

①戴:爱戴,遵奉。

【译文】

应当爱戴的,不是君主吗?应当畏惧的,不是民众吗?民众不爱戴君主爱戴谁?君主除了百姓,还能跟谁一起安邦定国?

慎乃有位,敬修其可愿①。

①修:实行,从事。可:符合。愿:愿望。

【译文】

要谨慎地对待你的大位;恭谨从事,去满足那百姓的愿望。

惟德动天,无远弗届①。

①届:至,到。

【译文】

只有推行德政才能感动上天,无论多远无论哪里都会顺从。

满招损,谦受益,时乃天道①。

①时:通"是",这,指"满招损,谦受益"而言。天道:犹言不可违背的规律。

【译文】

自满就会招来损失,谦虚才会得到益处,这就是天道。

五子之歌

民可近,不可下①。民惟邦本②,本固邦宁③。

①下:谓因轻视而疏远。

②本:根本,基石。《管子·小匡》:"士农工商四民者,国之石民也。"即由此句发展而来。

③固:巩固。宁:安定,安宁。

【译文】

百姓可以亲近,不可以疏远。百姓是国家的根本,根本巩固了,国家才会安宁。

予视天下①,愚夫愚妇一能胜予。

①予:此处为大禹自称。

【译文】

我看天下百姓,那些愚昧无知的男人和女人,一人之力便可以胜过我。

一人三失,怨岂在明①? 不见是图②。

①怨:谓百姓的不满情绪。
②图:图谋。

【译文】

一个人犯了三次错误,仍不觉悟,百姓的怨恨,难道要在明显地表现出来时才觉察到吗? 应当在还未明显表现出来的时候,就想办法补救。

予临兆民①,懔乎若朽索之驭六马②,为人上者,奈何不敬?

①临:治理。兆民:众民。兆,古时解释不一,或指百万,或指十亿,或指万亿。极言其多。
②懔(lǐn):恐惧。驭:驾驭。

【译文】

我们统治亿万臣民,要心怀畏惧,就像用腐朽的绳索去驾驭六匹马那样,做百姓的君主,怎么可以不恭敬呢?

训有之,内作色荒①,外作禽荒②。甘酒嗜音,峻宇雕墙③。

有一于此,未或不亡。

①色荒:谓沉湎女色。
②禽荒:谓沉湎游猎。
③峻:高大。雕:用彩绘装饰。

【译文】

训诫中有这样的话:在宫内沉湎于女色,在外面沉湎于游猎。甘于美酒,嗜好音乐,建筑高大的殿宇,绘饰墙壁。在君主身上,有其中之一者,没有不灭亡的。

弗慎厥德[①],虽悔可追[②]?

①厥:他,此处指大禹。
②悔:后悔。追:谓补救。

【译文】

不谨慎地保持大禹的品德,虽然懊悔,难道还可以补救吗?

胤征

火炎昆冈[①],玉石俱焚。天吏逸德[②],烈于猛火。歼厥渠魁[③],胁从罔治。旧染污俗,咸与惟新[④]。

①昆冈:孔传:"山脊曰冈,崐山出美玉。"崐,同"昆",昆山当即昆仑山的简称。
②天吏:天子的官吏。逸德:失德,错误。

③歼:消灭。渠魁:大头目,首领。

④咸:皆,都。惟新:更新,自新。

【译文】

大火焚烧着昆仑的山冈,美玉和顽石都要一起被焚毁。天子臣属的过错,其后果之酷烈超过了猛火。要消灭的是首恶,胁从者不予治罪。过去受到坏的影响的,都要一起走上自新之路。

威克厥爱,允济①;爱克厥威,允罔功。

①允济:孔传:"叹能以威胜所爱则必有成功。"

【译文】

严明克服姑息,事情一定能够成功;姑息胜过严明,事情便不会成功。

仲虺之诰

惟王不迩声色①,不殖货利②。

①迩:近,接近。

②殖:聚,聚敛。

【译文】

大王不要亲近声乐和女色,不以聚集财货为利。

德懋懋官,功懋懋赏①。

①德懋、功懋：懋，通"茂"，多。懋官、懋赏：懋，奖励。

【译文】

德行高尚的便授以高官，功劳大的便给以丰厚的赏赐。

用人惟己①，改过不吝②。

①用人惟己：孔传："用人之言若自己出。"
②改过不吝：孔传："有过则改无所吝惜。"

【译文】

采用别人的意见，就好像实行自己的意见那样；改正自己的错误毫不吝惜。

克宽克仁，彰信兆民。

【译文】

宽大仁慈，德行昭著，取信于万民。

德日新，万邦惟怀①；志自满，九族乃离②。

①万邦：万，言其多；邦，指诸侯国。
②九族：为同宗，即以自己为本位，上推四代（父、祖、曾祖、高祖），下推四代（子、孙、曾孙、玄孙），合称九族。

【译文】

对于德行，要勤修不怠，天天更新，这样，无数的诸侯便会钦佩你的德行；思想上自满了，同族的人也会离开你。

王懋昭大德①,建中于民②,以义制事,以礼制心③,垂裕后昆④。

①懋:勉力,努力。
②中:指中道。与《大禹谟》"允执厥中"之"中"义近。
③"以义制事"二句:句中两"制"字,前一"制"字,谓裁制、决断;后一"制"字,谓控制、约束。
④裕:富裕,谓丰厚。后昆:谓后世子孙。

【译文】
王啊!要努力将你高尚的大德昭示出来,在民众中间建立起中和之道,用义来决定事情是否可行,用礼来约束思想,给后代留下丰厚的福泽。

能自得师者王①,谓人莫己若者亡。好问则裕②,自用则小③。

①自得师:当指汤得伊尹。《孟子·公孙丑下》:"故汤之于伊尹,学焉而后臣之,故不劳而王。"
②问:犹言"问字""问学",谓请教。裕:丰富,丰厚。
③自用:自以为是,不接受别人意见。

【译文】
能够自寻贤者为师的,便可以为王,说别人都赶不上自己的,一定会灭亡。喜欢请教的,收获就丰厚;自以为是的,便必然渺小。

慎厥终,惟其始①。

①"慎厥终"二句:与伊尹所言"终始慎厥与""慎终于始"相同。这

一重要思想贯穿于古文《尚书》的始终。"慎厥初,惟厥终,终以不困;不惟厥终,终以困穷。"(《蔡仲之命》)可证。"呜呼!夙夜罔或不勤,不矜细行,终累大德。为山九仞,功亏一篑。"(《旅獒》)对这一重要思想作了更为形象的表达。慎,谨慎。厥、其,同义,表指示。

【译文】

谨慎地对待事情的结尾,就像谨慎地对待事情的开始那样。

殖有礼①,覆昏暴。

①殖:培植,培养。

【译文】

对于守礼的,要栽培他;对于昏暴的,要消灭他。

钦崇天道,永保天命。

【译文】

尊崇发扬天道,永远保持上天所赐予的大命。

汤诰

天道福善祸淫。

【译文】

天道是善有善报,恶有恶报。

其尔万方有罪,在予一人;予一人有罪,无以尔万方。

【译文】

你们有了罪过,应当由我一人承担;我有罪过,不能累及你们。

伊训

立爱惟亲,立敬惟长,始于家邦,终于四海。

【译文】

建立仁爱要从亲族开始;建立对长辈的尊敬,也要从亲族开始,然后影响到整个国家以至于四海之内。

居上克明,为下克忠。与人不求备,检身若不及,以至于有万邦。

【译文】

居于帝位能够洞察下情,做臣民的都能够忠心耿耿。对于别人不求全责备,对于自身则加以检点唯恐有什么地方做不到,因而才取得主宰万邦的地位。

惟上帝不常,作善降之百祥,作不善降之百殃[①]。

①殃:祸害,灾难。

【译文】

上帝的大命并不固定,做好事,便降下许多吉祥;做坏事,便降下许多灾难。

尔惟德罔小,万邦惟庆;尔惟不德罔大,坠厥宗[①]。

①坠：失去。宗：宗庙，代指国家。

【译文】

你要培养德行，善事无论多么小都要去做，众多诸侯会因此而感到庆幸；如果不去培养你的德行，不等到犯大错，你的国家就会灭亡。

太甲上

旁求俊彦①，启迪后人②。

①旁求：广泛地访求。俊彦：才智过人之人。
②启迪：开导，启发。

【译文】

广泛地访求贤能之人，以教育开导后人。

慎乃俭德，惟怀永图①。

①永图：深谋远虑。

【译文】

要谨慎地保持节俭的品德，要深谋而远虑。

太甲中

民非后①，罔克胥匡以生②；后非民，罔以辟四方③。

①后:指君主。
②罔克:不能。胥:相,互相。匡:帮助,扶持。
③辟:治理。

【译文】

老百姓不依靠君主便不能相互扶持而生活,君主不依靠老百姓便不能治理四方。

天作孽,犹可违;自作孽,不可逭①。

①逭(huàn):逃避。

【译文】

上天造成的罪孽,尚可躲开;自己作孽,便不可逃避。

视远惟明,听德惟聪。

【译文】

能够看得远,便是明智;能够听从德教,便是聪敏。

太甲下

惟天无亲,克敬惟亲。民罔常怀,怀于有仁。鬼神无常享,享于克诚。

【译文】

上天不会偏爱谁,能够恭敬从事的,上天就会爱护他。百姓不会永远感戴谁,只有推行仁德的君主,百姓才会感戴他。鬼神不会固定于享受谁的祭祀,只享受那诚实无欺之人的祭祀。

德惟治,丕德乱①。与治同道,罔不兴;与乱同事,罔不亡。

①丕德:不行德政。丕,通"不"。德,指德政,其内涵为上文所说的"敬""仁""诚"。

【译文】

只有推行德政,天下才能大治;不去推行德政,天下就会大乱。与治世之君走相同的道路,没有不兴盛的;与乱世之君行事相同,没有不灭亡的。

若升高,必自下,若陟遐①,必自迩②。

①陟:远行,长途跋涉。遐:远。
②迩:近。

【译文】

譬如登高,一定要从下面开始;譬如行远,一定要从近处开始。

无轻民事,惟难;无安厥位,惟危①。慎终于始。

①惟:思,想到。此句言居安思危。

【译文】

对民众的事情不要轻忽,要想到治理百姓是艰难的;不要安逸,要想到你的权位是不稳的。谨慎对待结尾,要像谨慎对待开始那样。

有言逆于汝心,必求诸道;有言逊于汝志①,必求诸非道。

①逊:顺。

【译文】

有人说话违背了你的心愿,一定要研求他的话是否合于正道;有人说话顺从了你的心愿,一定要研求他的话是否不合乎正道。

弗虑胡获? 弗为胡成?

【译文】

不思考怎么会有收获?不努力怎么会有成功?

一人元良①,万邦以贞②。

①元良:大善,大贤。谓德行达到最高程度。
②贞:通"正",谓君主。

【译文】

君主非常贤良,无数诸侯国便会尊奉你为君主。

君罔以辩言乱旧政①,臣罔以宠利居成功,邦其永孚于休②。

①旧政:谓先王的理政之法。
②孚:信。休:美好。

【译文】

君主不以能言善辩而搞乱了先王的理政之法;臣下不因君主的宠信而在获得成功之后,仍以安居官位为利,这样,相信国家将永远美好。

咸有一德

天难谌①,命靡常②。常厥德,保厥位;厥德匪常,九有以亡③。

①谌(chén):相信。
②靡:不,表否定。常:永久的,固定不变的。
③九有:九州,引申为国家政权。

【译文】

上天是难以相信的,天命并不固定。经常保持你的品德,就能够保持住你的权位;不能够经常保持你的品德,就会丧失天下。

德惟一,动罔不吉①;德二三,动罔不凶。

①罔:无。

【译文】

只要品德纯正,无论怎么行动没有不吉的;品德混杂不纯,无论怎么行动都会凶险。

惟吉凶不僭在人①,惟天降灾祥在德。

①僭(jiàn):差错。

【译文】

吉利或凶险不会有差错,全在人为,上天降下灾祸或吉祥取决于人的德行。

终始惟一,时乃日新①。

①时:通"是"。日新:天天更新,不可间断。

【译文】

要始终保持品德的纯正,也只有天天更新。

任官惟贤材,左右惟其人①。臣为上为德②,为下为民③。其难其慎,惟和惟一④。

①左右:指近臣。惟其人:惟贤人是用。
②为上为德:孔传:"奉上布德。"
③为下为民:孔传:"顺下训民。"
④惟和惟一:孔传:"群臣当和一心以事君政。"

【译文】

任用官吏,只能任用贤能之人,左右的大臣只用这样的人才可以。官吏们为君主推行德政,顺从民愿,教导民众。这是艰难之事,可要慎重啊!要和衷共济,要始终如一。

德无常师,主善为师。善无常主,协于克一①。

①协于克一:孔传:"言以合于能一为常德。"常德,即纯正之德。

【译文】

培养品德,没有固定的老师,只要是注重善行的,便可以作为老师。善行不固定于某一个人身上,能够始终如一合乎纯正之德的,才能保持住善行。

七世之庙①,可以观德。万夫之长,可以观政②。

①七世之庙:《集传》:"天子七庙,三昭三穆与太祖之庙七。七庙亲尽则迁,必有德之主,则不祧毁。故曰:'七世之庙,可以观德。'"
②"万夫"二句:《集传》:"天子居万民之上,必政教有以深服乎人,而后万民悦服。故曰:'万夫之长,可以观政。'"万夫之长,指君主。

【译文】
天子的宗庙,七代不毁,便可以看出天子德泽深厚。从君主的作为上,可以看到政治的得失。

后非民罔使,民非后罔事?无自广以狭人①。匹夫匹妇,不获自尽②,民主罔与成厥功③?

①自广:自大。狭:小看,轻视。
②自尽:自尽其力。
③民主:指君主。

【译文】
君主如果不依靠百姓,他还能使用谁呢?百姓如果不依靠君主,他们还尊奉谁呢?不要自高自大而轻视别人。平民百姓不能尽力,那么,君主和谁一起去成就他的功业呢?

说命上

知之曰明哲①,明哲实作则②。

①知之:此处谓通晓国家政务。明哲:圣明睿智。

②作则:谓制定法规。

【译文】

通晓国家政务的叫做圣明睿智之人,圣明睿智之人才可以制定法规。

若药弗瞑眩^①,厥疾弗瘳^②;若跣弗视地^③,厥足用伤。

①瞑眩:形容药性发作时心中难以忍受的感觉。

②瘳(chōu):病愈。

③跣(xiǎn):赤足。

【译文】

如果你的药剂不够分量,这疾病就治不好;如果你赤着脚,不仔细地看着地面行走,脚就会受伤。

木从绳则正^①,后从谏则圣^②。

①绳:绳墨,木匠用以取直的工具。

②后:君主。

【译文】

木料只有按照绳墨才能取正,国王只有从谏如流,才能圣明。

说命中

明王奉若天道^①,建邦设都^②,树后王君公^③。承以大夫师长④,不惟逸豫⑤,惟以乱民⑥。

①奉若:承受,遵从。
②建邦:指在天下分别设立国家。设都:指分别在每个国家设立都城。
③树:设立。后王:指天子。君公:指诸侯国的国君。
④承:通"丞",辅佐。大夫师长:指各级各类官吏。
⑤逸豫:安逸和快乐。
⑥乱:治理。

【译文】
英明的君王尊奉顺从天道,建立国家,设置国都,设立天子、诸侯。大夫官吏作为辅佐统率百姓秉承天子的意旨行事,不是为了天子的安逸和快乐,而是为了治理百姓。

惟口起羞①,惟甲胄起戎②,惟衣裳在笥③,惟干戈省厥躬④。

①口:指从口中说出的话。起:引起。羞:耻辱。
②甲胄:古代战士的铠甲和头盔。戎:兵戎,指战祸。
③衣裳:指标示官吏等级制的服装。笥(sì):盛食品及衣物的竹器。
④省(xǐng):清楚,明白。厥:其,此处指武丁。躬:自身,也指武丁。

【译文】
言论会招致耻辱,兵甲会导致战祸,标志爵位的礼服放在衣箱之中,礼服用于赏赐,干戈用于讨伐,对于赏罚你一定要考虑清楚。

惟治乱在庶官①。

①庶：众。

【译文】

大治还是大乱，在于百官的好坏。

官不及私昵①，惟其能；爵罔及恶德②，惟其贤。

①私昵：与个人关系亲近的人。
②爵：官位爵禄。恶德：不良无德之人。

【译文】

对于官吏不是任命那些和自己亲近的人，而是任命那些贤能之人；爵位不是赏赐给那些不良无德之人，而是赏给那些有德有才之人。

虑善以动①，动惟厥时。

①虑善：考虑成熟。

【译文】

措施一定要考虑成熟才可以付诸行动，行动一定要合乎时宜。

有其善①，丧厥善；矜其能②，丧厥功。

①有其善：谓自满其善而不加勉。
②矜：自夸。

【译文】

自己满足于已有的好品德，那你就会丧失这些品德；自己夸耀自己的能力,那你就会丧失功业成就。

惟事事①,乃其有备,有备无患。

———
①事事:每一件事。

【译文】
做每件事情,你都要事先有所准备,有了准备便不会产生祸患。

无启宠纳侮①,无耻过作非②。

———
①启宠纳侮:孔颖达疏:"无得开小人以宠,自纳此轻侮也。"
②耻过:羞于承认过错。

【译文】
不要宠信小人而招致轻侮,不要羞于认错而文过饰非,以致铸成大错。

非知之艰,行之惟艰。

【译文】
懂得道理并不困难,付诸实行才是困难的。

说命下

若作和羹①,尔惟盐梅②。

———
①和羹:使用适当的调料,调和成味道适宜的羹汤。

②盐梅：制作羹汤的调料。盐，味咸。梅，醋，味酸。

【译文】

好比做五味调和的羹汤，你就像那盐和梅。

人求多闻，时惟建事①，学于古训乃有获。事不师古②，以克永世，匪说攸闻③。

①时：通"是"。惟：希望，愿望。

②师古：效法古人。

③匪：同"非"。说：即傅说（yuè），商代大臣。《说命》记录的是傅说与商王武丁的对话。攸：所。

【译文】

人们想增长知识，是希望成就一番事业，要学习古人的遗训，才会真正有所收获。成就事业不效法古人，而能使事业兴旺长存，是我傅说不曾听说过的。

惟学，逊志务时敏①，厥修乃来。允怀于兹②，道积于厥躬③。

①逊志：虚心谦逊。时敏：时时努力。敏，努力。

②允：信。怀：怀藏，时刻想着。兹：此，这。

③厥躬：自身。

【译文】

学习态度要谦逊，必须时时努力，这样学业才能有长进。相信并记住这些，知识就会在自身不断积累。

惟敩学半①,念终始典于学,厥德修罔觉。

①敩(xiào)学:孔传:"敩,教也。教,然后知所困,是学之半。终始常念学,则其德之修无能自觉。"孔颖达疏:"言有所得而不能自知也。"

【译文】

教人所获是学习所得的一半,始终专心于学习,品德就会在不知不觉中臻于完美。

股肱惟人①,良臣惟圣。

①股肱(gōng):大腿和手臂。

【译文】

手足齐全就是成人,有良臣辅佐才能成为圣君。

惟后非贤不乂①,惟贤非后不食②。

①乂(yì):治。
②不食:不食君禄,即出仕。《集传》:"君非贤臣不与共治,贤非其君不与共食。言君臣相遇之难如此。"

【译文】

君主没有贤人辅助,就治理不好天下;贤人没有圣君赏识,就不会出仕。

泰誓上

惟天地万物父母,惟人万物之灵。

【译文】

天和地是万物的父母,人是万物中的灵长。

天佑下民①,作之君②,作之师。

①佑:助。
②作:设立。

【译文】

上天帮助下民,为下民设立君主,设立师长。

同力,度德;同德,度义①。

①"同力"四句:孔传:"力钧则有德者胜;德钧则秉义者强。"度(duó),估计,计算。

【译文】

战争双方力量相同,就以德相较量;德相同,就以义相较量。

天矜于民①,民之所欲,天必从之。

①矜:怜悯,同情。

【译文】

上天怜悯众民,众民的愿望,上天一定会依从的。

泰誓中

吉人为善①,惟日不足;凶人为不善,亦惟日不足。

① 吉人：善良之人。

【译文】

好人做好事，天天做还是做不够；坏人做坏事，也是天天做而做不够。

惟天惠民①，惟辟奉天②。

① 惠：爱。

② 辟：君王。

【译文】

上天惠爱下民，君主尊奉上天。

受有亿兆夷人①，离心离德；予有乱臣十人②，同心同德。

① 受：即商纣王。亿兆：极言其多。夷人：平民。

② 乱臣：治国的大臣。乱，治。

【译文】

商纣有亿万平民，不同心不同德；我有治国大臣十人，却同心同德。

天视自我民视，天听自我民听。

【译文】

上天的看法来自我们众民的看法，上天的听闻来自我们众民的听闻。

罔或无畏,宁执非敌①。

———

①执:秉持。非敌:无敌。

【译文】

不要有不威武的表现,希望你们保持战无敌手的思想。

泰誓下

古人有言曰:"抚我则后①,虐我则仇②。"

———

①抚:抚育,爱护。后:君主。

②虐:虐待,残害。

【译文】

古人有言说:"抚爱我的就是我的君主,虐待我的就是我的仇敌。"

树德务滋①,除恶务本。

———

①树:培植,培养。滋:滋长。

【译文】

培养美德务求滋长,去掉邪恶务求除根。

功多有厚赏,不迪有显戮①。

———

①不迪:不遵循。显戮:谓公开的惩罚。

【译文】

功劳多的将有重赏,不遵循命令将遭到公开惩罚!

武成

建官惟贤①,位事惟能②。

———
①建:设立。
②位:使占据应有的位置。

【译文】

依据贤良设立官长,依据才能安置众吏。

惇信明义①,崇德报功②。

———
①惇(dūn):重视。明:显扬。
②崇:尊重。报:回报,回赠。

【译文】

重视诚信,显扬道义;尊重有德的人,回报有功的人。

旅獒

人不易物①,惟德其物!

———
①易:轻视。

【译文】

人们都不敢轻视那些物品,而是从德的角度来看待那些物品。

德盛不狎侮①。狎侮君子②,罔以尽人心;狎侮小人,罔以尽其力。

①狎侮:轻视,侮慢。
②君子:与下文的"小人"相对为文,孔颖达疏:"君子谓臣,小人谓民。"

【译文】

德高的人不轻视侮慢他人。如果轻视侮慢高贵的官长,就不可能使他们尽心从政;如果轻视侮慢平民百姓,就不可能使他们尽力而为。

不役耳目①,百度惟贞②。

①不役耳目:不为耳目接触的外物所吸引而不由自主为其役使。
②百度:百事,指各种政务。贞:正,正确妥善。

【译文】

不被耳目所好而不由自主为其役使,各种政务的处理就会正确妥善。

玩人丧德①,玩物丧志。

①玩:戏弄,玩弄。丧:丧失。

【译文】

戏弄人就会丧失品德,玩弄物就会丧失意志。

志以道宁，言以道接①。

①"志以道宁"二句：《集传》："道者，所当由之理也。己之志以道而宁，则不至于妄发；人之言以道而接，则不至于妄受。"

【译文】

自己的意志要靠道来坚定，他人的言论要靠道来接受。

不作无益害有益，功乃成；不贵异物贱用物，民乃足。

【译文】

不做无益的事情妨碍有益的事情，事业才能成功；不重视珍贵奇巧的物品轻视实用的物品，百姓才能丰衣足食。

不宝远物，则远人格①；所宝惟贤，则迩人安②。

①远人：远处的人，指边远地区的少数民族。格：来，至，谓归顺。
②迩人：近处之人。迩，近。此处"迩人"承上文也包括"远人"。

【译文】

不珍爱远方的物品，远方的人就会来归顺；只珍爱贤才，远近之人才能安宁。

夙夜罔或不勤！

【译文】

早晚不可有片刻不勤勉！

不矜细行①，终累大德②。为山九仞③，功亏一篑④。

①矜:顾惜,注重。细行:生活小节。
②累(lèi):带累,损害。
③九仞:六十三尺或七十二尺,形容极高或极深。仞,七尺或八尺。
④亏:缺,欠。篑(kuì):盛土的竹器。

【译文】

不注重细节,最终会损害大德。比如筑九仞高的土山,工程未能完成,只因缺一筐土。

生民保厥居,惟乃世王①。

①世王:世世代代为王。

【译文】

能让百姓安居乐业,就可以世代为王于天下了。

蔡仲之命

皇天无亲,惟德是辅;民心无常,惟惠之怀①。

①惠:仁慈,仁爱。

【译文】

皇天对于人没有亲疏之别,只辅助有德的人;人们心中没有常主,只怀念仁爱的君主。

为善不同,同归于治;为恶不同,同归于乱。

【译文】

做善事的方式虽各不相同,但同样都会达到安治;做恶事的手段虽各不相同,但同样都会导致动乱。

慎厥初,惟厥终,终以不困;不惟厥终,终以困穷。

【译文】

谨慎对待事情的开始,对它的结局也要考虑,这样最终才不会困窘;若不考虑它的结局,最终一定会很困窘。

率自中①,无作聪明乱旧章②;详乃视听,罔以侧言改厥度③。

———
①率:遵循。中:中正之道,正道。
②作聪明:自以为聪明,轻率逞能。旧章:指先王留存的典章法度。
③侧言:一偏之说,谓片面的言论。度:法度。

【译文】

要遵循正道,不要自作聪明扰乱先王的成法;要审慎你的视听,不要因片面之词改变正常的法度。

周官

制治于未乱①,保邦于未危②。

———
①制治:谓制定法制。
②保邦:保卫国家。邦,国家。

【译文】

要在社会未乱之时,订立法制进行治理;在国家没有产生危险的时候,便采取保卫措施。

庶政惟和①,万国咸宁②。

①庶政:泛指各类政务。和:和谐而适当,谓政务实施恰到好处。
②万国:泛指众多诸侯国。咸:皆,都。

【译文】

各种政务都很和谐,众多诸侯国都太平安宁。

明王立政①,不惟其官,惟其人②。

①立政:谓设立官制。
②惟其人:指用人是否得当。

【译文】

圣明的天子,建立官制,不在于官职的多少,而在于用人是否得当。

祇勤于德①,夙夜不逮②。

①祇(zhī):恭敬。
②夙夜:早晚,昼夜。谓不分昼夜。不逮:不及,谓做不到。

【译文】

恭敬而勤勉地推行德政,不分昼夜唯恐做不到。

有官君子,钦乃攸司①,慎乃出令。

———

①钦:敬。乃:你,你们。攸:所。司:主管,谓主管的职务。

【译文】

那些担任官职的君子,一定要恭谨地对待你们所负责的事务,谨慎地发布命令。

令出惟行①,弗惟反②。

———

①惟行:只有实行。惟,只有。

②弗:不,不要。惟:思,想。反:违反,违背。

【译文】

命令发布了一定要推行,不要想违反。

以公灭私,民其允怀①。

———

①允:信。怀:归向,归服。

【译文】

只要出以公心,消灭私情,百姓就会相信并服从你了。

学古入官①,议事以制,政乃不迷②。其尔典常作之师③,无以利口乱厥官④。

———

①入官:犹入仕,入朝为官。

②迷:迷途,歧途。

③其:表祈使,犹当。 师:学习,此处指学习的根据。

④利口:能言善辩。官:指政务公务。

【译文】

学习古代的法典之后再做官,讨论政务的时候要按照国家的法制,这样,政治就不会走上歧途。你们应当把法典和常规当作学习的根据,不要以能言善辩扰乱公务。

蓄疑败谋①,怠忽荒政②。

①蓄疑:积疑不决。败谋:败坏所谋之事,此处指国家大计。

②怠忽:怠惰轻率。荒:荒废。

【译文】

许多问题犹豫不决,将会破坏国家大计,懒惰和轻率必然会荒废政务。

不学墙面①,莅事惟烦②。

①墙面:两字倒装,即面墙。谓面墙而立,形容不学无术,一无所知。

②莅事:处理政务。莅,治理,处理。事,指政务。

【译文】

不学习犹如面对墙壁什么也看不清,处理政务就会杂乱。

功崇惟志①,业广惟勤。惟克果断,乃罔后艰。

①功崇:功高。惟志:谓立志要远大。孔传:"功高由志,业广由勤,

惟能果断行事,乃无后难。言多疑必致患。"

【译文】

功劳要高,就要立志远大;事业要大,就要做事勤奋。能够当机立断,就没有以后的艰难。

位不期骄①,禄不期侈。

①不期:不希望。

【译文】

地位高了不要骄横,俸禄多了不要奢侈。

恭俭惟德,无载尔伪①。

①载:事,引申为从事。

【译文】

谦虚节俭才是美德,在培养品德时不要虚假。

作德,心逸日休;作伪,心劳日拙。

【译文】

培养的是美德,不必煞费苦心,声誉将日趋美好;做出的是诈伪,即使费尽心机,处境也会越来越艰难。

居宠思危,罔不惟畏,弗畏入畏①。

①弗畏入畏:《集传》:"不知祗畏,则入于可畏之中矣!"

【译文】

居于被宠信的地位,能够感到危惧,就不会陷于可怕的境地;相反,不感到危惧,就会陷于可怕的境地。

推贤让能,庶官乃和,不和政厖①。

①厖(máng):纷乱,杂乱。

【译文】

人人谦让,举荐贤能,众官便能和谐相处,众官不能和衷共济,政务必定混乱。

举能其官,惟尔之能;称匪其人①,惟尔不任。

①称:举荐。匪:同"非"。

【译文】

举荐之人能够称职,这是你的能力;举荐之人不能称职,这说明你不能胜任。

君陈

惟孝友于兄弟①,克施有政②。

①孝:对父母尽孝。友于:敬兄爱弟。
②克施有政:谓将上述美德推而广之,便能够施政于邦国。

【译文】

孝敬父母,友爱兄弟,便能够施政于邦国。

至治馨香①,感于神明。黍稷非馨,明德惟馨尔②。

①馨香:谓传播极远的芳香,比喻好的政风影响。
②明德:圣明的德政。

【译文】

最好的政治会发出香气,感动神灵。不是祭祀的谷物发出香气,而是圣明的德政发出香气。

惟日孜孜①,无敢逸豫②。

①孜孜:努力,勤奋。
②逸豫:安逸,享乐。

【译文】

天天勤奋做事,而不要贪图安逸和快乐。

无忿疾于顽①,无求备于一夫②。

①忿疾:愤恨憎恶。顽:愚蠢而顽固的人。
②求备:谓对人对事要求完美无缺。一夫:一人。此处当指普通百姓。

【译文】

不要愤恨那些愚蠢的人,不要对普通百姓求全责备。

必有忍①,其乃有济②;有容③,德乃大。

①忍:容忍,忍耐。
②济:成功。
③容:宽宏大度。

【译文】

一定要忍耐,这样,你才能成功;能够宽容,德行才能光大。

简厥修①,亦简其或不修。进厥良②,以率其或不良③。

①简:区分,辨别。修:善,此处指德善之人。
②进:提拔进用。
③率:表率,谓起表率作用。

【译文】

要区别出那些德行好的,也要区别出那些德行不好的。提拔贤良之人,以带动影响那些不良之人。

惟民生厚①,因物有迁②。

①民生:民的本性。生,通"性"。厚:纯朴,淳厚。
②物:指外物外界。迁:变易。

【译文】

百姓的本性是淳朴敦厚的,因外界的影响而有所变化。

毕命

道有升降,政由俗革,不臧厥臧①,民罔攸劝②。

①臧:善,引申为表彰。
②劝:勉力。

【译文】

世道有升有降,从政者要变革的是民俗,不表彰那善的,百姓就不会勤勉从事了。

政贵有恒①,辞尚体要②,不惟好异。

①恒:持久。
②要:简约精要。

【译文】

政令贵在持之以恒,发布政令的言辞,贵在简明扼要,不要喜好标新立异。

世禄之家①,鲜克由礼②。

①世禄:世代享有爵禄的贵族。
②由:奉行,遵从。

【译文】

世代享受俸禄之家,很少能够遵从礼的。

骄淫矜侉[①],将由恶终[②]。

①骄淫:骄纵放荡。矜侉:自矜其能骄傲自大。
②恶终:坏的结局。

【译文】
骄纵放荡自傲自大,一定会走向坏的结局。

资富能训[①],惟以永年。惟德惟义,时乃大训[②]。不由古训,于何其训。

①资富:谓拥有财富。
②时:通"是"。大训:伟大的古训,指德、义。

【译文】
拥有财富而又能遵守古训,这样才可以长久。只有德和义,才是伟大的古训。不依照古训,还依照什么训诫呢?

不刚不柔[①],厥德允修。

①不刚不柔:孔传:"宽猛相济。"

【译文】
施政既不要过于刚猛,也不要过于柔弱,这样百姓的品德便可以培养好了。

罔曰弗克[①],惟既厥心[②];罔曰民寡,惟慎厥事[③]。

① 弗克：不能，谓做不到。
② 惟既厥心：孔传："惟在尽其心而已。"既，尽。
③ 惟慎厥事：孔传："惟在慎其政事，无敢轻之。"

【译文】

不要说做不到，而应当尽心竭力；不要说管辖的民众太少，而应当谨慎地对待政务。

君牙

心之忧危，若蹈虎尾，涉于春冰。

【译文】

心怀忧惧，就像踏着老虎的尾巴，行走在春天将要融化的冰上一样。

尔身克正，罔敢弗正，民心罔中，惟尔之中①。

① 中：正。

【译文】

你自己端正，就没有敢不端正的了，老百姓心中缺乏正确的准则，你就是正确的准则。

思其艰以图其易，民乃宁。

【译文】

想到老百姓的艰难，想办法改善他们的环境，老百姓就安宁了。

冏命

出入起居①,罔有不钦②;发号施令,罔有不臧③。

①起居:作息。
②钦:敬。
③臧:善。

【译文】
无论进出作息,无不恭敬从事;发布的政令,没有不好的。

仆臣正,厥后克正;仆臣谀,厥后自圣①。后德惟臣,不德惟臣。

①自圣:自以为圣明。

【译文】
左右近臣都是正直之人,他的君主才能端正;左右近臣都善于谄媚逢迎,他的君主就会自以为圣明。君主的品德高尚在于近臣,君主的品德不高尚也在于近臣。

诗经

　　《诗经》是我国第一部诗歌总集,收录西周初年至春秋中叶的诗歌三百零五篇,另有六篇有目无文的笙诗。《诗经》的编集过程难于确考,相传古诗有三千多篇,后经孔子删定,用以教授学生。至汉代传习《诗经》的学派有齐、鲁、韩、毛四家,后来三家先后亡佚,只有《毛诗》流传至今。

　　《毛诗序》云:"《诗》有六义焉:一曰风,二曰赋,三曰比,四曰兴,五曰雅,六曰颂。"今人一般认为,风、雅、颂指诗歌的体裁,赋、比、兴指诗歌的艺术手法。风是民间乐歌,包括周南、召南、邶、鄘、卫、王、郑、齐、魏、唐、秦、陈、桧、曹、豳等十五国风;雅是朝廷乐歌,分为小雅和大雅;颂是宗庙乐歌,分为周颂、鲁颂、商颂。《诗经》犹如一幅历史画卷,细致生动地反映了周代社会生活的方方面面及先民的思想情感。关于赋、比、兴,朱熹说,赋是"敷陈其事而直言之",比是"以彼物比此物",兴是"先言他物以引起所咏之词"。《诗经》是中国古典诗歌的源头,它所孕育的现实主义文学精神和比兴艺术传统,对中国古代文学产生了深远影响。

　　本书选文据中华书局三全本《诗经》。

周南

关雎

关关雎鸠①,在河之洲②。窈窕淑女③,君子好逑④。

①关关:鸟的和鸣声。雎(jū)鸠:一种水鸟,相传此鸟雌雄情意专一。
②洲:水中陆地。
③窈窕(yǎo tiǎo):美好的样子。
④好逑(qiú):好配偶。

【译文】
关关对鸣的雎鸠,栖歇在河中沙洲。美丽贤淑的姑娘,真是君子好配偶。

求之不得,寤寐思服①。悠哉悠哉②,辗转反侧③。

①思服:思念。
②悠哉:忧思不绝。
③辗(zhǎn)转反侧:翻来覆去,无法入眠。

【译文】
美好愿望难实现,醒来梦中都想念。想来想去思不断,翻来覆去难入眠。

卷耳

采采卷耳①,不盈顷筐②。嗟我怀人③,寘彼周行④。

①卷耳:一种植物,又名苍耳,可食用,也可药用。

②顷筐:形如簸箕的浅筐。

③嗟(jiē):语助词。怀人:想念的人。

④寘:同"置",放置。彼:指顷筐。周行(háng):大路。

【译文】

采了又采采卷耳,总是不满一浅筐。只因想念远行人,筐儿丢在大路旁。

樛木

乐只君子,福履成之①。

①成:成就。

【译文】

那快乐的君子啊,愿幸福让他成就辉煌。

桃夭

桃之夭夭①,灼灼其华②。之子于归③,宜其室家④。

①夭夭(yāo):茂盛,生机勃勃的样子。

②灼灼(zhuó):鲜艳的样子。

③之:这。子:指女子,古代女子也称"子"。于:往。归:出嫁。后来称女子出嫁为"于归"。

④宜:和顺。室家:家庭。此指夫家。

【译文】

桃树叶茂枝繁,花朵粉红灿烂。姑娘就要出嫁,夫家和顺平安。

兔罝

赳赳武夫①,公侯干城②。

①赳赳(jiū):健壮威武的样子。武夫:武士。
②公侯:周代统治者分五等爵位,即公、侯、伯、子、男。干:盾。城:即城墙。干、城,都用来防卫。

【译文】

那威武雄壮的武士,是捍卫公侯的好屏障。

汉广

南有乔木①,不可休思②。汉有游女③,不可求思。汉之广矣,不可泳思④。江之永矣⑤,不可方思⑥。

①乔木:高大的树木。
②休思:休息。思,语助词,下同。
③汉:汉水。游女:出游的女子。一说指汉水女神。
④泳:游,泅渡。
⑤永:长。

⑥方:用木筏渡水。

【译文】

南方有树高又高,树下休息难做到。汉江有位好姑娘,要想追求路途遥。汉水浩渺宽又宽,难以游泳到对岸。长江水流急又长,木筏怎能渡过江。

召南

草虫

未见君子,忧心忡忡①。

---

①忡忡(chōng):心中忧愁不安的样子。

【译文】

长久不见我夫君,我心忧愁又烦恼。

陟彼南山①,言采其薇②。未见君子,我心伤悲。

---

①陟(zhì):登,升。
②薇:一种野菜,古人常采以为食。

【译文】

登上高高南山顶,采摘薇菜绿莹莹。长久不见我夫君,心中悲伤一重重。

小星

肃肃宵征①,夙夜在公②。

———

①肃肃:急忙赶路的样子。宵征:夜间走路。

②夙夜:早晚。公:公事。

【译文】

急急忙忙赶夜路,早晚都为公事忙。

野有死麕

有女怀春,吉士诱之①。

———

①吉士:好青年,指打猎的男子。

【译文】

遇到少女春心动,走上前来把话挑。

何彼秾矣

何彼秾矣①? 华如桃李②。

———

①秾(nóng):浓艳、盛大貌。

②华如桃李:如桃李之花,红白艳丽。

【译文】

怎么如此的浓艳漂亮? 像那桃李花开一样芬芳。

邶风

柏舟

耿耿不寐①,如有隐忧②。

①耿耿:不安的样子。
②隐忧:藏在内心的忧痛。
【译文】
心中焦虑不成眠,因有隐忧在心头。

我心匪鉴①,不可以茹②。

①匪:同"非"。鉴:镜子。
②茹(rú):容纳。
【译文】
我的心儿不是镜,岂能美丑都可容。

我心匪石,不可转也。我心匪席,不可卷也。威仪棣棣①,不可选也②。

①棣棣(dì):安和的样子。
②选:朱熹《诗集传》:"简择也。"即挑剔之意。
【译文】
我的心儿不是石,不可随意来转移。我的心儿非草席,不可随意来卷起。仪容举止有尊严,没有什么可挑剔。

忧心悄悄①,愠于群小②。

①悄悄:忧愁的样子。
②愠(yùn):怨恨。

【译文】
忧愁缠绕心烦闷,群小视我如仇人。

日居月诸①,胡迭而微②?心之忧矣,如匪浣衣。静言思之,不能奋飞。

①居、诸:均为语助词,有感叹意。
②胡:何。迭:更迭,轮番。微:亏缺,指日蚀、月蚀。

【译文】
问问太阳和月亮,为啥轮番暗无光?心头烦忧去不掉,就像穿着脏衣裳。仔细考虑反复想,无法展翅高飞翔。

绿衣

心之忧矣,曷维其已①!

①曷:何。维:语助词。已:停,止。

【译文】
看到此衣心忧伤,悲痛之情何时已!

我思古人①,实获我心!

①古人:故人,指作者的妻子。

【译文】

思念我的亡妻啊,事事都合我心意。

燕燕

燕燕于飞①,差池其羽②。之子于归,远送于野。瞻望弗及,泣涕如雨。

①燕燕:鸟名,即燕子。于:语助词。
②差(cī)池:参差不齐的样子。

【译文】

燕子双双天上翔,参差不齐展翅膀。她回娘家永不返,远送她到旷野上。渐渐远去望不见,涕泣如雨泪沾裳。

终温且惠①,淑慎其身②。

①终:既。温:温柔。且:又。惠:和顺。
②淑:善良。慎:谨慎。

【译文】

性格温柔又和顺,行为善良又谨慎。

击鼓

死生契阔①,与子成说②。执子之手,与子偕老。

---

①契:合。阔:离。
②子:你。这里指作者的妻子。成说:约定誓言。

【译文】

生生死死不分离,咱们誓言记心里。我曾紧握你的手,到老和你在一起。

凯风

凯风自南①,吹彼棘心②。棘心夭夭③,母氏劬劳④。

---

①凯风:和风。这里喻母爱。
②棘心:酸枣树初发的嫩芽。这里喻子。
③夭夭:树木嫩壮的样子。
④劬(qú)劳:劳苦。

【译文】

和风煦煦自南方,吹在枣树嫩芽上。枣树芽心嫩又壮,母亲养儿辛苦忙。

雄雉

不忮不求①,何用不臧②!

①忮(zhì)：疾害。或以为"希求"。求：贪求。

②何用：何以，为何。不臧：不善，不好。

【译文】

不贪荣名不求利，哪里还会遭祸殃！

谷风

黾勉同心①，不宜有怒。

①黾(mǐn)勉：努力。

【译文】

夫妻共勉结同心，不该动怒不相容。

德音莫违①，"及尔同死"。

①德音：指丈夫曾对她说过的好话。

【译文】

往日良言休抛弃，"到死和你不离分"。

就其深矣，方之舟之。就其浅矣，泳之游之。

【译文】

好比过河河水深，过河就用筏和船。又如河水清且浅，我就游泳到对岸。

何有何亡①，黾勉求之。凡民有丧②，匍匐救之。

①亡:无。
②民:人。这里指邻人。
【译文】
家里有这没有那,尽心尽力来备办。左邻右舍有灾难,奔走救助不迟延。

北风

惠而好我,携手同归①。

①同归:一同走。
【译文】
赞同我的好朋友,携手同去好地方。

莫赤匪狐①,莫黑匪乌②。

①莫赤匪狐:狐狸没有不是红色的。
②莫黑匪乌:乌鸦没有不是黑色的。
【译文】
天下狐狸毛皆赤,天下乌鸦尽皆黑。

鄘风

墙有茨

中冓之言①,不可详也②! 所可详也,言之长也!

①中冓(gòu)：宫闱，宫廷内部。

②详：细说。

【译文】

宫中私房话，不可细说啊！如果说出来，丑事太多啊！

相鼠

相鼠有皮①，人而无仪②。人而无仪，不死何为③？

①相：看。

②仪：礼仪，威仪。

③何为：为何，做什么。

【译文】

看那老鼠还有皮，做人怎能没礼仪。做人如果没礼仪，不如早早就死去。

卫风

淇奥

瞻彼淇奥①，绿竹猗猗②。有匪君子③，如切如磋④，如琢如磨。

①瞻：看。淇：淇水。奥(yù)：又作"澳"或"隩"，水岸深曲处。

②绿竹：绿，也作"菉"，又名王刍。竹，即萹竹。是一种草。一说指绿色之竹。朱熹《诗集传》："绿，色也。淇上多竹，汉世犹然，所谓淇园之竹是也。"猗猗(yī)：美盛貌。

③有匪：即"匪匪"，有文采、有才华的样子。匪，通"斐"。

④切、磋：与下句中"琢""磨"皆治器的方法。用以比喻君子的修养方法。毛传："治骨曰切，象(象牙)曰磋，玉曰琢，石曰磨。"

【译文】

眺望淇水岸弯弯，绿竹葱葱映两岸。文采风流的君子，如同象牙经切磋，如同美玉经琢磨。

硕人

手如柔荑①，肤如凝脂②，领如蝤蛴③，齿如瓠犀④，螓首蛾眉⑤。巧笑倩兮⑥，美目盼兮⑦。

①柔荑(tí)：柔嫩的初生白茅的幼苗。

②凝脂：凝结的脂肪，形容肤色光润。

③蝤蛴(qiú qí)：天牛的幼虫，白色细长。形容脖颈长而白。

④瓠犀(hù xī)：葫芦籽。形容牙齿白而整齐。

⑤螓(qín)：虫名，似蝉而小，它的额头宽大方正。这里形容额头宽阔。蛾：蚕蛾，它的触角细长而弯。

⑥倩(qiàn)：笑时脸上的酒窝。

⑦盼：眼睛黑白分明的样子。

【译文】

手指纤纤如嫩荑，皮肤白皙如凝脂，美丽脖颈像蝤蛴，牙如瓠籽白又齐，额头方正眉弯细。微微一笑酒窝妙，美目顾盼眼波俏。

氓

于嗟女兮①,无与士耽②。士之耽兮,犹可说也③。女之耽兮,不可说也。

①于嗟:感叹词。
②耽(dān):沉醉,迷恋。
③说:通"脱",摆脱,丢开。

【译文】

年轻姑娘听我言,别把男人太迷恋。男人如把女人恋,说甩就甩他不管。女人若是恋男人,就会永远记心间。

女也不爽①,士贰其行②。士也罔极③,二三其德④。

①爽:差错,过失。
②贰:不专一。
③罔极:没有准则。罔,无。极,止。
④二三其德:三心二意。指男子道德行为有变化。

【译文】

我做妻子没过错,你的行为却两样。反复无常没准则,前后不一少德行。

夙兴夜寐①,靡有朝矣②。

①夙兴夜寐:早起晚睡。

②靡有朝矣:不止某一天如此。

【译文】

早起晚睡不怕苦,累死累活非一朝。

总角之宴①,言笑晏晏②。信誓旦旦③,不思其反④。

――――

①总角:束发。古时儿童把头发扎成髻。这里指童年。宴:安乐。

②晏晏:温和融洽。

③信誓:真诚的誓言。旦旦:诚恳的样子。

④不思:想不到。反:反复,变心。

【译文】

回忆两小无猜时,说说笑笑乐得欢。海誓山盟犹在耳,未料你却把心变。

伯兮

自伯之东,首如飞蓬①。岂无膏沐②?谁适为容③?

――――

①飞蓬:形容头发如乱草。

②膏:润发油。沐:洗。

③适:悦,喜欢。

【译文】

自从夫君去东征,我发散乱如飞蓬。难道没有润发油?叫我为谁来美容?

木瓜

投我以木桃①,报之以琼瑶②。匪报也,永以为好也!

①投:赠。
②报:报答,回赠。琼瑶:玉名。

【译文】

赠给我一个木桃,我用美玉来回报。不是仅仅为回报,表示永和他友好。

王风

黍离

彼黍离离①,彼稷之苗。行迈靡靡②,中心摇摇③。知我者,谓我心忧;不知我者,谓我何求。悠悠苍天④,此何人哉?

①黍(shǔ):北方的一种农作物,形似小米,有黏性。离离:一行行的。
②靡靡(mǐ):走路缓慢的样子。
③摇摇:心神不定的样子。
④悠悠:遥远的样子。

【译文】

看那黍子一行行,高粱苗儿也在长。迈着步子走且停,心里只有忧和伤。知我者,说我心忧;不知者,说我有求。高高在上苍天啊,何人害我离家走!

采葛

一日不见,如三月兮!

【译文】

一天没看见她,好像隔了三月啊!

一日不见,如三秋兮①!

①三秋:三个秋季,即九个月。此处用"秋"字,因秋天草木摇落,秋风萧瑟,易生离情别绪,引发感慨之情。

【译文】

一天不见面,好像隔了三秋啊!

大车

岂不尔思①? 畏子不敢②。

①尔:你。
②子:指其所爱的男子。

【译文】

难道是我不想你? 相爱就怕你不敢。

穀则异室①,死则同穴②。谓予不信③,有如皦日④。

①穀:活着。异室:两地分居。

② 同穴:合葬在一个墓穴。
③ 予:我。
④ 有如皦(jiǎo)日:有此白日。如,此。皦,白,光明。

【译文】

活着不能在一室,死后同埋一个坑。我说的话你不信,就让太阳来作证。

郑风

将仲子

人之多言,亦可畏也。

【译文】

闲话也能把人杀,这事真叫我害怕。

羔裘

彼其之子,舍命不渝①。

① 舍命:舍弃生命。不渝:不变。

【译文】

就是这样一个人,不怕牺牲为君劳。

女曰鸡鸣

宜言饮酒①,与子偕老。琴瑟在御②,莫不静好③。

①宜：《尔雅·释言》："肴也。"即菜肴。
②御：用。此处是弹奏的意思。古代常用琴瑟的合奏象征夫妇同心和好。
③静好：安好。

【译文】
就着美味来饮酒，恩爱生活百年长。你弹琴来我鼓瑟，夫妻安好心欢畅。

风雨

风雨如晦①，鸡鸣不已。既见君子，云胡不喜？

①晦：昏暗。

【译文】
风雨连连天昏濛，鸡儿报晓鸣不停。终于看见丈夫归，心里怎能不高兴？

子衿

青青子衿①，悠悠我心②。纵我不往，子宁不嗣音③？

①青衿（jīn）：古代学生穿的服装。衿，衣领。
②悠悠：忧思不断的样子。
③嗣音：寄音讯。嗣，通"贻"，寄。

【译文】

衣领青青好青年,我心悠悠总思念。纵然我没去找你,怎不给我把信传?

扬之水

无信人之言,人实迁女①。

①迁:通"诳",欺骗。

【译文】

不要轻信别人言,他们实想把你骗。

无信人之言,人实不信①。

①不信:不可信。

【译文】

不要轻信别人言,他们实在信不着。

野有蔓草

野有蔓草,零露瀼瀼①。有美一人,婉如清扬。

①瀼瀼(ráng):露水多的样子。

【译文】

野草蔓蔓连成片,草上露珠大又圆。有位美女路上走,眉清目秀美容颜。

齐风

南山

析薪如之何①?匪斧不克。取妻如之何?匪媒不得。

①析薪:劈柴。

【译文】
要劈柴火怎么办?没有斧子劈不好。要娶媳妇怎么办?没有媒人办不到。

甫田

无思远人①,劳心忉忉②。

①远人:远方的人。
②劳:忧。忉忉:忧伤貌。

【译文】
不要想念远方人,忧伤劳心实熬煎。

魏风

伐檀

彼君子兮,不素餐兮①!

①素餐:白吃饭。

【译文】

那些老爷公子们,不是白白吃闲饭?

硕鼠

硕鼠硕鼠,无食我黍!三岁贯女①,莫我肯顾②。逝将去女③,适彼乐土④。乐土乐土,爰得我所⑤。

①贯:"宦"的假借字,侍奉、养活的意思。女:你。
②莫我肯顾:"莫肯顾我"的倒装。顾,顾及,照管。
③逝:通"誓",发誓。去:离开。
④适:往。乐土:安居乐业的地方。
⑤爰:乃,就。

【译文】

大老鼠啊大老鼠,不要偷吃我的黍!多年辛苦养活你,我的死活你不顾。发誓从此离开你,到那理想的乐土。乐土啊美好乐土,那是安居好去处。

唐风

蟋蟀

无已大康①,职思其忧②。好乐无荒③,良士休休④。

① 已:甚,过度。大康:即"泰康",过于安乐。

② 职:还要。

③ 好:喜好。荒:荒废。

④ 休休:安闲的样子。

【译文】

行乐不可太过度,还有国事让人忧。正业不废又娱乐,贤良之士乐悠悠。

绸缪

今夕何夕,见此良人①?子兮子兮,如此良人何②?

① 良人:古代妇女称其夫为"良人"。

② 如此良人何:如……何,犹"奈何",怎么样。

【译文】

今夜到底是何夜,能和这样好人见?你呀!你呀!对此好人怎么办?

羔裘

岂无他人?维子之好。

【译文】

难道世上没有别的人,只因你多年对我好。

鸨羽

悠悠苍天①,曷其有极②?

①悠悠:高远的样子。
②曷:何时。

【译文】
悠悠苍天在上方,服役期限有多长?

秦风

车邻

今者不乐①,逝者其耋②。

①今者:现在。
②逝者:与"今者"相对,指将来,他日。耋(dié):《释名》:"八十曰耋,耋,铁也,皮肤变黑色如铁也。"

【译文】
现在行乐不及时,转眼老迈有何乐。

今者不乐,逝者其亡①。

①亡:死亡。

【译文】
现在行乐不及时,时光逝去命即亡。

小戎

言念君子①,温其如玉②。

①言:语助词。君子:这里是妇人称其丈夫。
②温其:即"温然",温和貌。美玉是温和的,俗称"温玉"。

【译文】
思念夫君人品好,温和就像玉一样。

言念君子,载寝载兴①。厌厌良人②,秩秩德音③。

①载寝载兴:此句言起来又睡下,睡下又起来,反复不能入睡。载,语助词。
②厌厌:安静柔和貌。
③秩秩:有序貌,谓其懂礼节有教养。德音:好声誉。

【译文】
思念夫君人品好,若醒若睡心焦躁。安静柔和好夫君,彬彬有礼声誉高。

蒹葭

蒹葭苍苍①,白露为霜②。所谓伊人③,在水一方④。

①蒹(jiān):没长穗的芦苇。葭(jiā):初生的芦苇。苍苍:茂盛的样子。

②白露:露水是无色的,因凝结成霜呈现白色,所以称"白露"。
③所谓:所说的。伊人:这个人。
④一方:那一边,指对岸。

【译文】

河畔芦苇碧苍苍,深秋白露结成霜。我所思念的人儿,就在水的那一方。

溯洄从之①,道阻且长②。

①溯(sù):沿着岸向上游走。洄(huí):逆流而上。从:跟踪追寻。
②阻:险阻。

【译文】

逆着水流沿岸找,道路艰险又漫长。

黄鸟

彼苍者天,歼我良人①! 如可赎兮,人百其身②!

①良人:好人,善人。
②人百其身:用百人赎他一人。

【译文】

浩浩苍天在上方,杀我好人不应当。如果可以赎他命,愿以百人来抵偿。

晨风

未见君子,忧心靡乐。如何如何①?忘我实多!

①如何:奈何,怎么办。

【译文】
许久未见我夫君,愁闷不乐天天想。怎么办啊怎么办?难道他已把我忘!

无衣

岂曰无衣?与子同袍①。王于兴师②,修我戈矛。与子同仇!

①袍:长衣。就是斗篷,白天当衣,夜里当被。
②王:指周天子。一说指秦国国君。于:语助词。兴师:起兵。

【译文】
谁说我们没衣裳?战袍共同伙着穿。国王兴兵要征讨,赶快修好戈和矛。你我一同把仇报。

陈风

东门之杨

东门之杨,其叶牂牂①。昏以为期②,明星煌煌③。

①牂牂(zāng)：枝叶茂盛的样子。

②昏：黄昏。期：约定。

③明星：明亮的星星。一说指启明星。煌煌：明亮的样子。

【译文】

东门外面有白杨，枝繁叶茂好地方。相约黄昏来相会，等到众星闪闪亮。

月出

月出皎兮①，佼人僚兮②。舒窈纠兮③，劳心悄兮④。

①皎：形容月光清澈明亮。

②佼(jiǎo)：美好。僚(liǎo)："嫽"的假借字，娇美的样子。

③舒：缓，形容女子端庄文静。窈纠(yǎo jiǎo)：联绵词，形容女子轻盈柔美的姿态。

④劳：忧。悄：忧愁的样子。

【译文】

明月皎皎出天空，美人娇美体轻盈。缓步慢走多妖娆，想她使我心焦躁。

泽陂

有美一人，伤如之何①？寤寐无为②，涕泗滂沱③。

①伤：因思念而忧伤。

②无为:无办法。

③涕:眼泪。泗:鼻涕。滂沱(pāng tuó):本意是雨下得大,此处形容泪涕俱下的样子。

【译文】

那边有个美人儿,我爱他(她)爱得没办法。日夜想他(她)难入睡,哭得眼泪哗啦啦。

桧风

羔裘

岂不尔思?我心忧伤!

【译文】

怎能让我不忧思?思念使我心忧伤!

隰有苌楚

隰有苌楚①,猗傩其枝②。夭之沃沃③,乐子之无知④。

---

①隰(xí):低湿的地方。苌(cháng)楚:蔓生植物,又叫羊桃、猕猴桃。

②猗傩(ē nuó):义同"婀娜",茂盛而柔美的样子。

③夭:少。指苌楚处于茁壮成长时期。沃沃:形容叶子润泽的样子。

④乐:喜。这里有羡慕之意。子:指苌楚。

【译文】

低洼地上长羊桃,蔓长藤绕枝繁茂。鲜嫩润泽长势好,羡慕你没有知觉不烦恼。

曹风

鸤鸠

淑人君子,其仪一兮①。其仪一兮,心如结兮②。

---

①仪:威仪,即今言风度、仪容。一:始终如一。
②结:凝结,固结。言心之坚定。

【译文】

贤明高尚的君子,仪容始终最美好。仪容始终最美好,内心坚定有节操。

豳风

七月

七月流火①,九月授衣②。春日载阳③,有鸣仓庚④。女执懿筐⑤,遵彼微行⑥,爰求柔桑⑦。春日迟迟,采蘩祁祁⑧。女心伤悲,殆及公子同归⑨。

---

①流:向下行。火:星名,亦称"大火"。每年夏历六月此星出现于

正南方,位置最高,七月以后就偏西向下,所以称"流火"。

②授衣:把裁制冬衣的差事分配给妇女。

③载:开始。阳:暖和。

④仓庚:黄莺。

⑤懿(yì)筐:深筐。

⑥遵:沿着。微行:小路。

⑦爰(yuán):于是。柔桑:嫩桑叶。

⑧蘩(fán):白蒿。祁祁(qí):很多的样子。

⑨殆(dài):怕。

【译文】

七月火星偏西方,九月叫人缝衣裳。春天的太阳暖洋洋,黄莺儿枝头把歌唱。姑娘提着深竹筐,沿着小路采摘忙,专采那些柔嫩桑。春日的白天真是长,采来的蒿叶一筐筐。采蒿姑娘心悲伤,怕那公子把我抢。

七月在野,八月在宇,九月在户,十月蟋蟀入我床下。

【译文】

七月蟋蟀野外鸣,八月屋檐底下唱,九月进到屋里面,十月来到床下藏。

鸱鸮

恩斯勤斯①,鬻子之闵斯②。

①恩斯勤斯:恩,《鲁诗》作"殷","恩"与"殷"意同,"殷""勤"在这里有尽心、勤苦之意。斯,语助词。

②鬻(yù)子之闵(mǐn)斯:此句意为因抚育小鸟而忧心。鬻,通"育",养育。闵,忧苦。

【译文】

辛辛苦苦来抚育,为了儿女我心焦。

迨天之未阴雨①,彻彼桑土②,绸缪牖户③。

——

①迨(dài):趁着。

②彻:取。桑土:即"桑杜",桑根。土,《韩诗》作"杜"。

③绸缪(móu):缠绵,缠绕。这里有修补之意。牖(yǒu)户:窗和门。这里代指鸟窝。

【译文】

趁着天晴没下雨,赶快剥点桑根皮,把那门窗修补好。

东山

我徂东山①,慆慆不归②。我来自东,零雨其濛③。

——

①徂:去,往。东山:诗中出征者服役的地方。

②慆慆(tāo):长久。

③零雨:细雨。其濛:即"濛濛"。

【译文】

我到东山去打仗,长期不能回故乡。今日我从东方回,濛濛细雨洒身上。

伐柯

伐柯如何①?匪斧不克②。取妻如何③?匪媒不得。

①伐:砍伐。柯:斧柄。
②匪:同"非"。克:能。
③取妻:即"娶妻"。

【译文】
要做斧柄怎么办?没有斧头可不成。要娶妻子怎么办?没有媒人可不行。

伐柯伐柯,其则不远①。

①则:法则,规则。《礼记·中庸》:"'伐柯伐柯,其则不远。'执柯以伐柯,睨而视之,犹以为远,故君子以人治人,改而止。"

【译文】
做斧柄呀做斧柄,规则离你并不远。

小雅

鹿鸣

呦呦鹿鸣①,食野之苹。我有嘉宾,鼓瑟吹笙。

①呦呦(yōu):鹿鸣叫的声音。

【译文】

鹿儿呦呦不停叫,呼唤同伴吃苹草。我有嘉宾满客厅,为他鼓瑟又吹笙。

人之好我,示我周行①。

①示:告诉。周行:大路。此处指处事应遵循的正确道理。

【译文】

各位宾朋都爱我,讲明道理指方向。

我有嘉宾,德音孔昭①。视民不恌②,君子是则是效③。

①德音:符合道理的话。孔:很。昭:明。
②视:同"示"。不恌(tiāo):不轻薄。
③则:法则,榜样。效:仿效。

【译文】

我有嘉宾满客厅,谈吐高雅道理明。示人宽厚不轻薄,君子学习好楷模。

四牡

王事靡盬①,我心伤悲。

①靡盬(gǔ):没有止息,没完没了。

【译文】

国家公事办不完,让我心中多悲伤。

常棣

常棣之华①,鄂不韡韡②。凡今之人,莫如兄弟。

———
①常棣(dì):木名,一作"棠棣",又名郁李。
②鄂:通"萼",即花萼。不(fū):花托。韡韡(wěi):鲜明的样子。

【译文】
棠棣之花真鲜艳,花萼花蒂紧相连。你看如今世上人,没人能比兄弟亲。

死丧之威①,兄弟孔怀②。原隰裒矣③,兄弟求矣。

———
①威:通"畏"。
②孔:甚。怀:思念。
③原:高平之地。隰(xí):低湿之地。裒(póu):聚集。

【译文】
生老病死最可怕,只有兄弟最关心。聚土成坟在荒原,只有兄弟来相寻。

脊令在原①,兄弟急难。每有良朋②,况也永叹③。

———
①脊令:鸟名,即"鹡鸰",亦名雝渠。郑笺:"雝渠,水鸟,而今在原,失其常处,则飞则鸣求其类,天性也。犹兄弟之于急难。"原:平原。
②每:虽。
③况:增加之意。永:长。

【译文】

鹡鸰飞落在高原,兄弟急忙来救难。虽然有些好朋友,你遭难时只长叹。

兄弟阋于墙①,外御其务②。每有良朋,烝也无戎③。

①阋(xì):争斗。墙:墙内,家庭之内。
②外:墙外。务:通"侮"。
③烝:久,长久。一说为发语词。戎:帮助。

【译文】

兄弟在家虽争吵,外侮面前定携手。虽然也有好朋友,时间久了也难助。

丧乱既平,既安且宁。虽有兄弟,不如友生①。

①友生:朋友。生,语助词。

【译文】

丧乱之事既平定,日子平安又宁静。这时虽有亲兄弟,朋友表现更热情。

妻子好合,如鼓瑟琴。兄弟既翕①,和乐且湛②。

①翕(xī):合,聚合。
②湛(dān):喜乐。

【译文】

夫唱妇随妻子好,琴瑟合鸣同到老。兄弟感情也融洽,全家聚合乐陶陶。

伐木

伐木丁丁,鸟鸣嘤嘤。出自幽谷,迁于乔木。

【译文】

伐木之声叮叮叮,群鸟鸣叫声嘤嘤。鸟儿来自深山谷,飞来落在高树丛。

嘤其鸣矣,求其友声①。相彼鸟矣,犹求友声。矧伊人矣②,不求友生③?

――――

①友声:同类的声音。

②矧(shěn):况且。伊人:是人,这人。

③友生:朋友。

【译文】

鸟儿嘤嘤鸣不停,为了寻求友与朋。看它只是一群鸟,还有嘤嘤求友声。何况我们是人类,哪能无友度一生?

天保

天保定尔,以莫不兴①。如山如阜②,如冈如陵③。如川之方至④,以莫不增⑤。

①兴:兴盛。

②阜(fù):高丘。

③陵:丘陵。

④如川之方至:朱熹《诗集传》:"川之方至,言其盛长之未可量也。"川,蔡邕曰:"众流注海曰川。"

⑤增:增加。

【译文】

上天保佑您安宁,没有什么不兴盛。福瑞宛如高山岭,绵延就像冈和陵。又如江河滚滚来,没有什么不日增。

如月之恒①,如日之升。如南山之寿,不骞不崩②。如松柏之茂,无不尔或承③。

①恒:陈奂《诗毛氏传疏》释为"月上弦之貌",有渐趋圆满之势。

②骞:亏损。崩:崩溃。

③或承:即"是承"。承,继承,承受。

【译文】

您像上弦月光明,您像太阳正东升。您像南山永长寿,永不亏损不坍崩。您像松柏永繁茂,福寿都由您继承。

采薇

昔我往矣,杨柳依依①。今我来思,雨雪霏霏②。行道迟迟,载渴载饥。我心伤悲,莫知我哀!

①依依:形容柳枝茂盛而随风飘动的样子。
②霏霏(fēi):雪花纷飞飘落的样子。

【译文】

昔日从军上战场,杨柳依依好春光。今日归来路途上,大雪纷纷满天扬。道路泥泞走得慢,又渴又饥苦难当。我心伤感悲满腔,谁人知我痛断肠!

出车

王事多难,维其棘矣①。

①维:发语词。棘:通"亟",紧急。

【译文】

国家危难的时刻,事情紧急莫等待。

王事多难,不遑启居。岂不怀归?畏此简书①。

①简书:写在竹简上的文书。此指周王的命令。

【译文】

国家多灾又多难,日日忙碌不得安。难道不想回家转?只因军令难违反。

春日迟迟①,卉木萋萋②。仓庚喈喈③,采蘩祁祁④。

①迟迟:日长的样子。

②卉(huì):草。萋萋:茂盛的样子。

③仓庚:黄莺。喈喈:鸟鸣声。

④祁祁:众多的样子。

【译文】

春天到来白日长,草木茂盛色苍苍。黄莺喳喳枝头唱,采蘩姑娘采摘忙。

南山有臺

南山有桑,北山有杨。乐只君子,邦家之光①。乐只君子,万寿无疆!

①光:荣耀。

【译文】

南山头上桑树长,北山坡上杨树壮。那些快乐的君子,就是国家的荣光。那些快乐的君子,祝福万寿永无疆!

乐只君子,民之父母①。

①民之父母:意指其爱民如子,则民尊之如父母。

【译文】

那些快乐的君子,民众尊敬如父母。

湛露

湛湛露斯①,匪阳不晞②。厌厌夜饮③,不醉无归。

———

①湛湛:露水浓重的样子。斯:语气词。

②晞(xī):干。

③厌厌:安乐貌。夜饮:即晚宴。

【译文】

早晨露珠重又浓,太阳不出不蒸发。如此盛大的晚宴,不喝一醉不回家。

车攻

萧萧马鸣①,悠悠旆旌②。

———

①萧萧:马鸣声。

②悠悠:旗帜飘动貌。

【译文】

战马嘶鸣声萧萧,竿竿旌旗悠悠飘。

鸿雁

鸿雁于飞①,肃肃其羽②。之子于征③,劬劳于野④。爰及矜人⑤,哀此鳏寡⑥。

①鸿雁:大雁。于:语助词。
②肃肃:鸟拍翅膀的声音。
③之子:指周王派出救济难民的使者。于:往。征:远行。
④劬(qú)劳:辛苦劳累。野:野外。
⑤爰:乃。矜人:穷苦的人。
⑥哀:怜悯。鳏(guān)寡:泛指无依无靠的穷苦老人。鳏,老而无妻。寡,老而无夫。

【译文】

大雁飞翔向远方,展起双翅沙沙响。使臣受命出远门,四野奔波苦又忙。救济那些穷苦人,鳏寡更使人哀伤。

沔水

沔彼流水①,朝宗于海②。

①沔(miǎn):水流涨满貌。
②朝宗于海:诸侯朝见天子。春见曰"朝",夏见曰"宗",这里借指河水流向大海。

【译文】

条条河流水弥漫,东流归海成汪洋。

鹤鸣

鹤鸣于九皋,声闻于天。

【译文】

九曲沼泽白鹤叫,声音响亮达云霄。

他山之石,可以攻玉①。

——

①攻:加工,雕刻。

【译文】

他乡山上有宝石,同样可把玉石雕。

斯干

秩秩斯干①,幽幽南山②。如竹苞矣③,如松茂矣。

——

①秩秩:水清而流动的样子。斯:此。干:通"涧"。

②幽幽:深远貌。南山:即陕西境内的终南山。

③如:有。苞:植物丛生的样子,与下"茂"字意同,皆言草木茂盛。

【译文】

流水清清的溪涧,幽幽静静的南山。苍翠的绿竹片片,茂盛的青松连绵。

兄及弟矣,式相好矣①,无相犹矣②。

——

①式:发语词,无实义。

②犹:欺诈。《广雅》:"犹,欺也。"

【译文】

同宗同祖的兄弟,相互友爱心相连,绝不算计和欺骗。

节南山

弗躬弗亲①,庶民弗信。弗问弗仕②,勿罔君子③。

———
①弗:不。躬:亲自。
②问:体恤,安抚。仕:事。此指不任用人办事。
③罔:欺罔。

【译文】
从不亲身理朝政,民众对你不信任。不举贤才不任用,欺上罔下怎能行。

不自为政,卒劳百姓①。

———
①卒:"瘁"的借字,劳苦。

【译文】
君王如不亲临政,最终苦了老百姓。

十月之交

百川沸腾,山冢崒崩①。高岸为谷②,深谷为陵。哀今之人,胡憯莫惩③。

———
①山冢崒崩:言地震之突发,令高山忽崩。冢,山顶。崒,"碎"的假借字,碎崩。
②岸:山崖。《国语·周语》云:"幽王二年,西周三川皆震。是岁也,

三川竭,岐山崩。"与《诗经》所言相符。

③胡憯(cǎn)莫惩:为何不知警戒。胡憯,怎么。莫惩,不止。

【译文】

百千河川顿沸腾,崇山峻岭突塌崩。高高崖岸变深谷,深深山谷变山陵。可怜现今天下人,面对凶险不自警!

下民之孽①,匪降自天。噂沓背憎②,职竞由人③。

①孽:灾殃,祸患。

②噂(zǔn)沓背憎:王逸注:"诗言小人之情,聚则相合,背则相憎。"噂,聚语也。沓,合也。

③职竞由人:言纷争非降自天,而是由人造成的。职竞,毛传:"职,主也。"竞,争夺。

【译文】

下民百姓遭大难,灾祸不是降自天。当面言欢背后骂,坏人专横没法办。

雨无正

凡百君子,各敬尔身①。胡不相畏②,不畏于天?

①敬:戒慎。

②畏:敬畏。

【译文】

朝中群臣众君子,小心谨慎应自重。为何不存敬畏心,难道不知畏天命?

小旻

民虽靡朊①,或哲或谋,或肃或艾②。如彼泉流,无沦胥以败③。

①靡朊(hū):没有法则。
②肃:恭敬。艾:同"乂"(yì),治理。
③无:语助词。沦胥:相率。

【译文】
民众虽然没定则,哲人谋士在其中,还有干才和能人。弃才如同泉水流,国家衰败无止休。

不敢暴虎①,不敢冯河②。人知其一,莫知其他。战战兢兢③,如临深渊,如履薄冰。

①暴虎:徒手打虎。
②冯(píng)河:徒步渡河。
③战战:恐惧的样子。兢兢:小心谨慎的样子。

【译文】
不敢空手打老虎,不敢徒步把河渡。人们只知这道理,其他事情就糊涂。战战兢兢为国忧,如临深渊快回头,如踏薄冰把脚收。

小宛

我日斯迈①,而月斯征②。夙兴夜寐,毋忝尔所生③。

①斯:语助词。迈:行,指远行,行役。
②而:你,指兄弟。
③忝:辱没,有愧于。尔所生:尔所由生,指父母。

【译文】

天天远行我服役,月月奔波你出征。早起晚睡努力干,不要辱没父母名。

温温恭人①,如集于木②。惴惴小心③,如临于谷。战战兢兢,如履薄冰。

①温温:和柔貌。恭人:恭谨守礼的人。
②如集于木:如鸟之集于树木,惧怕坠落。
③惴惴:恐惧戒慎貌。

【译文】

温厚谦恭守礼人,就像站在高树上。惴惴不安向下望,如同身临深谷旁。战战兢兢小心行,如踏薄冰恐沦丧。

小弁

踧踧周道①,鞠为茂草②。我心忧伤,怒焉如捣③。假寐永叹④,维忧用老⑤。心之忧矣,疢如疾首⑥。

①踧踧(dí):平坦貌。《说文》:"踧踧,行平易也。"周道:大道。
②鞠(jú):阻塞,充塞。

③怒(nì)焉:忧思貌。如捣:即"如杵捣之",形容心中忐忑不安。
④假寐:和衣而眠。永叹:长叹。
⑤维:发语词。用:以。
⑥疢(chèn):本指热病,此处泛指烦恼忧愁。疾首:即"首疾",头痛病。因心中烦乱而头痛。

【译文】

本是平坦的大道,如今长满繁茂草。忧伤满心难排遣,痛苦不堪如杵捣。和衣躺下唯长叹,忧伤使人渐衰老。心里忧愁无处诉,头痛使人难忍受。

莫高匪山,莫浚匪泉①。君子无易由言②,耳属于垣③。

①莫高匪山,莫浚匪泉:是说山高泉深,莫能穷测,以喻人心之险犹如山川。莫,不。浚,深。匪,非。
②易:轻易。由:于。
③属(zhǔ):附着。垣:墙。即隔墙有耳之意。

【译文】

高大险峻才是山,水深清冽才是泉。君子休要轻易言,墙外有人附耳探。

巧言

君子信盗①,乱是用暴②。

①盗:指谗人。

②暴:厉害,严重。
【译文】
君王轻信窃国盗,祸乱因此更凶暴。

他人有心,予忖度之。
【译文】
别人内心怎么想,我是能够猜中的。

往来行言①,心焉数之②。

①行言:道听途说的话。
②数:辨别。
【译文】
道听途说的流言,内心是能辨别的。

巧言如簧,颜之厚矣。
【译文】
花言巧语声如簧,脸皮太厚没人样。

巷伯

慎尔言也,谓尔不信①。

①信:信实。
【译文】
劝你说话要当心,否则没人再相信。

蓼莪

蓼蓼者莪①,匪莪伊蒿②。哀哀父母,生我劬劳③。

---

①蓼蓼(lù):植物长大的样子。莪(é):植物名,俗称"抱娘蒿"。

②匪莪伊蒿:孔疏:"言蓼蓼然长大者,正是莪也,而不精审视之,以为非莪,反谓之维蒿。……以己二亲,今且病亡,身在役中,不得侍养,精神昏乱,故视物不察也。"匪,同"非"。伊,是。

③劬(qú)劳:劳累,劳苦。

【译文】

丛丛高大抱娘蒿,不是莪蒿是艾蒿。可怜我的父和母,生我养我多辛劳。

父兮生我,母兮鞠我①。拊我畜我②,长我育我。顾我复我③,出入腹我④。欲报之德,昊天罔极⑤!

---

①鞠(jū):养育。

②拊:抚爱。畜(xù):爱。

③顾:指在家时照顾。复:指出门时不舍离去。

④腹:怀抱。

⑤罔:无。极:穷。

【译文】

父亲父亲生了我,母亲母亲哺育我。抚育我啊爱护我,养我长大教育我。照顾我啊挂念我,出出入入抱着我。想要报答父母恩,恩情如天报不得。

大东

维南有箕①,不可以簸扬。维北有斗②,不可以挹酒浆③。维南有箕,载翕其舌④。维北有斗,西柄之揭⑤。

①箕:箕星由四星组成,形如簸箕。

②斗:星名,共七星组成斗形,故称"北斗"。箕、斗之星共同在南方时,箕在南而斗在北,所以称南箕、北斗。

③挹(yì):舀取。

④载翕(xī)其舌:此句比喻西人像张口收舌一般要吃掉东人的东西。翕,吸,引。箕四星,二踵二舌,踵狭而舌广,形似簸箕前宽后窄,似向内吸引其舌。

⑤西柄之揭:朱熹《诗集传》:"言南箕既不可以簸扬糠秕,北斗既不可以挹酌酒浆,而箕引其舌,反若有所吞噬,斗西揭其柄,反若有所挹取于东。"王先谦《诗三家义集疏》:"下四句与上四句虽同言箕斗,自分两义。上刺虚位,下刺敛民也。"这句比喻西人高举斗柄在舀东人的酒浆。揭,举。

【译文】

南方箕星簸箕样,不能用来簸米糠。北方夜空有斗星,不能当勺舀酒浆。南方箕星闪闪亮,好似舌头宽又长。北方夜空有斗星,朝西斗柄高高扬。

四月

匪鹑匪鸢①,翰飞戾天②;匪鳣匪鲔③,潜逃于渊。

①匪：彼。鹑(tuán)：雕。鸢(yuān)：老鹰。

②翰：高。戾：至。

③鳣(zhān)：鲤鱼。鲔(wěi)：鲟鱼。

【译文】

为人不如雕和鹰，高高飞翔在天空；看那鲤鱼和鲟鱼，潜逃进入深水中。

君子作歌①，维以告哀②。

①君子：作者自称。

②维：是。以：用。告哀：诉说自己的悲哀。

【译文】

君子创作这首歌，是为诉说心中悲。

北山

溥天之下，莫非王土；率土之滨，莫非王臣。

【译文】

普天之下的领土，哪块不是王的土？四海之内的民众，何人不是王臣仆？

旅力方刚①，经营四方。

①旅：通"膂"，膂力，体力。

【译文】

浑身是劲力气大,理应当差奔四方。

小明

念彼共人①,涕零如雨。岂不怀归?畏此罪罟②!

①共人:共同生活之人。这里指妻子和家人。
②罪罟(gǔ):罗网。罪,捕鱼竹网。罟,网也。此处喻指法网。

【译文】

想到家人和妻子,泪如雨下满面涌。难道我不想回家?畏惧法网太无情!

嗟尔君子,无恒安处!靖共尔位,正直是与①。

①与:接近。

【译文】

我劝你们众君子,休处安闲把福享!而要忠于你职守,要与正人相为伍。

嗟尔君子,无恒安息!靖共尔位,好是正直。

【译文】

我劝你们众君子,休贪安逸把福享!忠于职守办好事,亲近正直和贤良。

鼓钟

淑人君子①,怀允不忘②。

---

①淑人君子:美德之人。淑,善。
②怀:怀念。允:语助词。

【译文】

遥想善良的君子,深厚怀念永难忘。

甫田

乃求千斯仓,乃求万斯箱。黍稷稻粱,农夫之庆。报以介福,万寿无疆!

【译文】

还需上千的粮仓,还需上万的粮厢。黍稷稻粱均丰登,实赖农夫的福祥。神灵赐予大幸福,将享万寿永无疆!

大田

彼有不获稚①,此有不敛穧②。彼有遗秉③,此有滞穗④,伊寡妇之利⑤。

---

①不获稚:没收割的未熟之禾。
②不敛穧(jì):未收起的成把的遗禾。穧,聚禾成把谓之"穧"。
③遗秉:漏掉的禾束。

④滞穗:丢落地里的禾穗。

⑤利:好处。此指寡妇享利。

【译文】

有些青禾没收割,有些庄稼没敛完。那里有把丢弃禾,这里有个散落穗,孤苦寡妇来拾拣。

颊弁

乐酒今夕,君子维宴。

【译文】

今晚大家要畅饮,君子宴乐要尽兴。

车舝

高山仰止①,景行行止②。

①仰止:仰望。止,之。

②景行:大道。

【译文】

高山崔嵬我仰望,大道平坦任我行。

青蝇

岂弟君子①,无信谗言。

①岂弟（kǎi tì）：平易近人。

【译文】

平和快乐的君子，不要把那谗言听。

营营青蝇，止于棘①。谗人罔极②，交乱四国③。

①棘：酸枣树。指篱笆，古代多用带刺灌木编为篱笆墙。

②罔极：指行为不轨，有"无行"之意。一说无止。

③交乱：交错纷乱。四国：四方之国。

【译文】

苍蝇乱飞声嗡嗡，飞上酸枣枝上停。谗人无德又无行，扰乱四方不太平。

宾之初筵

醉而不出，是谓伐德①。饮酒孔嘉②，维其令仪③。

①伐德：害德，败德。

②孔嘉：甚美。

③令：善。仪：礼节。朱熹《诗集传》："饮酒之所以甚美者，以其有令仪耳。"

【译文】

喝醉还要继续饮，这种行为败德行。饮酒本是好事情，应当保有好品行。

匪言勿言,匪由勿语①。

①匪由勿语:不合理的不要说。由,式,法。

【译文】

不当讲的不要讲,无理之言把口停。

采菽

乐只君子,万福攸同①。

①攸:所。同:聚。

【译文】

各位诸侯真快乐,万福集中你身上。

角弓

骍骍角弓①,翩其反矣②。兄弟昏姻③,无胥远矣④。

①骍骍(xīn):弓调和貌。角弓:两端用兽角装饰的弓。
②翩其:即"翩翩",偏颇。指放松弓弦,则弓身向外伸展。比喻兄弟婚姻不可疏远。
③兄弟:指同姓亲属。昏姻:即"婚姻",指姻亲。
④胥:相。远:疏远。

【译文】

调好角弓绷紧弦,松弦就向反面弯。兄弟姻亲的关系,互相亲爱不疏远。

尔之教矣①,民胥效矣②。

①教:教导。
②效:仿效,效法。

【译文】

你能言教加身教,民众互相来仿效。

此令兄弟①,绰绰有裕②。不令兄弟③,交相为瘉④。

①令:善,美。
②绰绰:宽裕貌。
③不令:不善,指不相友善的兄弟。
④瘉(yù):病。此指相互嫉恨。

【译文】

兄弟和睦是美德,大家和气快乐多。兄弟缺少这美德,相互怀恨害处多。

民之无良①,相怨一方。受爵不让,至于己斯亡②。

①良:善。
②亡:通"忘"。

【译文】

民众心地如不善,就会相互成积怨。受爵受封不相让,事关己私道理忘。

如食宜饫①,如酌孔取②。

①饫(yù):饱。

②取:舀取。

【译文】

如像吃饭只宜饱,又像喝酒不贪欢。

毋教猱升木①,如涂涂附②。君子有徽猷③,小人与属④。

①毋:不要。猱:猿猴类动物。升木:攀树。

②涂:泥浆。附:附着。毛传:"涂,泥。附,着也。"

③徽猷:善道。徽,善。猷,道。

④属:附,随。

【译文】

猿猴爬树不用教,如泥涂墙容易牢。君子善政去引导,小民自然跟着跑。

菀柳

有鸟高飞,亦傅于天①。

①傅:至,到。

【译文】

鸟儿即便飞得高,最高不过到天上。

隰桑

心乎爱矣,遐不谓矣①?中心藏之②,何日忘之!

———

①遐不:何不。谓:说。

②中心:心中。

【译文】

爱你爱在内心窝,何不明白对你说?思念之情藏心中,哪有一日忘记过!

何草不黄

何草不黄?何日不行?何人不将①,经营四方?

———

①将:行,出征。

【译文】

什么草儿不枯黄?什么日子不奔忙?什么人儿不出征,东西南北奔四方?

匪兕匪虎①,率彼旷野②。哀我征夫,朝夕不暇。

———

①兕(sì):野牛。

②率:循,沿着。

【译文】

既非野牛又非虎,常在旷野里奔走。可怜我们出征人,早晚忙碌不停休。

大雅

文王

周虽旧邦①,其命维新②。

——

①旧邦:旧国。周由文王的祖父古公亶父建国,所以称"旧邦"。
②命:指天命。维:是。

【译文】
周朝虽然是旧邦,国运出现新气象。

思皇多士①,生此王国。王国克生②,维周之桢③。济济多士④,文王以宁。

——

①思:发语词。皇:美好。
②克:能。
③维:是。桢:支柱,骨干。
④济济:多而整齐的样子。

【译文】
英才贤士真正多,有幸出生在周邦。周邦能出众贤士,都是国家的栋梁。人才济济聚一堂,文王以此来安邦。

无念尔祖,聿修厥德①。永言配命②,自求多福。

——

①聿(yù):唯。

②配命:合乎天命。

【译文】

牢记祖德不能忘,继承其德又发扬。顺应天命不违背,自求多福多吉祥。

大明

倬彼云汉①,不易维王②。

①忱(chén):相信。

②易:轻率怠慢。

【译文】

天命不变难相信,君王不能轻易当。

棫朴

倬彼云汉①,为章于天②。周王寿考③,遐不作人④?

①倬(zhuō)彼:即"倬倬",大而明貌。云汉:天河。

②章:文章,文采。此指天河星光灿烂。

③寿考:长寿,高寿。

④遐:长远。不:语助词。作人:造就人材。

【译文】

看那明亮的天河,夜空美丽又莹彻。周王健康且长寿,造就人材多又多。

追琢其章①,金玉其相②。勉勉我王③,纲纪四方。

①追琢:雕琢。追,"雕"之借字。章:外表,气度。
②相:品质,指内质。此言其本质如金玉之美。
③勉勉:勤勉不已貌。

【译文】

精心雕琢勤修养,品质金玉一个样。勤奋不已我周王,领导天下保四方。

旱麓

鸢飞戾天,鱼跃于渊①。岂弟君子,遐不作人②。

①鸢(yuān)飞戾天,鱼跃于渊:两句是说上下自然,各得其所也。鸢,即鸱鹰。戾天,至天。指飞至天上。渊,深潭。
②遐:长远。不:语助词。作人:造就人才。

【译文】

苍鹰展翅飞上天,鱼儿跳跃在深渊。平易和乐的周王,造就人才有远见。

思齐

刑于寡妻①,至于兄弟,以御于家邦②。

①刑:通"型",典范。寡妻:嫡妻。

②御:治理。

【译文】

文王以礼待嫡妻,友爱各位好兄弟,以身作则家邦理。

不闻亦式,不谏亦入①。

①不闻亦式,不谏亦入:王引之《经传释词》曰:"两'不'字,两'亦'字皆语词。式,用也。入,纳也。言闻善言则用之,进谏则纳之。"不、亦,皆语助词。闻,听。式,用。入,纳。

【译文】

听到善言就采纳,有人劝谏倾心听。

皇矣

不识不知①,顺帝之则②。

①不识不知:指不知不觉,自然而然。陈奂《诗毛氏传疏》:"言文王性与天合。"

②顺:顺从,遵循。则:法则。

【译文】

如同不知又不觉,遵循天意是法则。

下武

永言孝思①,孝思维则②。

①孝:孝心,孝道。思:语助词。

②则:法则。或效法。言周王之孝为臣民的典型。或以为"则"是指"则其先人"。毛传:"则其先人也。"

【译文】

永怀恭敬尽孝道,孝行即是法先王。

昭兹来许^①,绳其祖武^②。於万斯年^③,受天之祜^④。

①来许:后进。许,通"御",进。

②绳:继承、遵循之意。祖武:祖先的足迹,指事业。武,迹。

③於:美叹声。万斯年:犹"万其年",有"使其万年"的意思。

④祜(hù):福。

【译文】

昭告子孙要牢记,遵循祖先的足迹。啊,周的基业万年长,受天赐福永无量。

文王有声

诒厥孙谋^①,以燕翼子^②。

①诒:贻,遗留。厥孙:即"其孙",指子孙。言遗其子孙以善谋。

②以燕翼子:此句是以燕覆翼其子,喻武王之遗谋后嗣。朱熹《诗集传》:"言丰水之旁生物繁茂,武王岂不欲有事于此哉?但以欲遗孙谋以安翼子,故不得而不迁耳。"

【译文】

留下安民好谋略,保护子孙把国享。

行苇

戚戚兄弟①,莫远具尔②。

———

①戚戚:亲热貌。

②莫远具尔:指关系不疏远,都是亲近之人。莫,不要。远,疏远。具,通"俱",都。尔,"迩"的古字,亲近。一说此言不要疏远,都应亲近些。

【译文】

亲亲热热众兄弟,莫要疏远聚一堂。

既醉

孝子不匮①,永锡尔类②。

———

①匮:"坠"之借,"不坠"为周人常用语,此指奋勉不废坠。

②锡:即"赐"。类:族类,此指其德能广及其族类。

【译文】

孝子孝心永不竭,赐你子孙永昌盛。

假乐

假乐君子①,显显令德②。宜民宜人③,受禄于天。

①假:通"嘉",嘉美,赞美。乐:喜爱。君子:指周王。
②显显:光明貌。令德:美德。
③宜:适合。民:庶民。人:指群臣。

【译文】

美好和乐的君子,美德赫赫真显明。符合臣民的心意,承受福泽天赐定。

穆穆皇皇①,宜君宜王。不愆不忘②,率由旧章。

①穆穆:肃敬貌。皇皇:光明貌。
②愆:过失。忘:糊涂。

【译文】

庄重威严又堂皇,宜作国君或作王。不犯过错不忘祖,严格遵循旧典章。

威仪抑抑①,德音秩秩②。无怨无恶,率由群匹③。

①威仪:仪容举止。抑抑:通"懿懿",庄重盛美貌。
②德音:旧以为美誉或教令。当指言谈之美。秩秩:有条不紊。
③群匹:群臣。匹,类。

【译文】

仪容举止多庄重,言谈教令条理清。没有抱怨没厌烦,群臣建议就欢迎。

卷阿

有冯有翼①,有孝有德②,以引以翼③。

①冯(píng):依凭。翼:辅佐。
②有孝有德:有孝敬者,有修德者。或以为孝、德皆指美德。
③引:引导。翼:辅助。郑笺:"在前曰引,在旁曰翼。"

【译文】
贤才良士为依凭,还有孝子与贤德,共同引导和辅佐。

颙颙卬卬①,如圭如璋②,令闻令望③。岂弟君子,四方为纲④。

①颙颙(yóng):恭敬温顺貌。卬卬:气宇轩昂貌。卬,通"昂"。
②圭、璋:古代礼器,美玉制成。
③令:善,好。
④纲:纲纪,法度。

【译文】
恭谨温厚气轩昂,品德纯洁如圭璋,美好声誉传四方。平易和乐的君王,四方诸侯好榜样。

凤皇鸣矣,于彼高冈。梧桐生矣,于彼朝阳。
【译文】
凤凰叫声多嘹亮,在那高高山冈上。高大梧桐拔地长,面对朝阳的方向。

民劳

民亦劳止①,汔可小康②。惠此中国③,以绥四方④。

①劳:劳苦。止:语助词。
②汔(qì):乞求。小康:小安,稍安。
③惠:爱。中国:指周天子直接统治的区域,即王畿。与下句"四方"相对。
④绥:安抚。指安抚四方诸侯之国。

【译文】

百姓实在太劳苦,只求稍许的安宁。畿内人民享恩惠,四方诸侯便稳定。

敬慎威仪①,以近有德②。

①威仪:仪容举止。
②近:靠近。有德:有道德的人。

【译文】

谨慎自己的举止,亲近高尚的君子。

板

出话不然①,为犹不远②。靡圣管管③,不实于亶④。

①不然:不对,不是。或以为说话不算数。

②犹：谋。

③靡圣：心中没有圣人的法度。管管：无所依凭，自以为是貌。

④不实：不落实。亶：诚信。

【译文】

讲过的话不算数，制定政策没眼光。不法圣人自主张，不讲诚信真荒唐。

辞之辑矣①，民之洽矣②。辞之怿矣③，民之莫矣④。

①辞：指政令之辞。辑：和谐。

②洽：融和团结。

③怿：和悦。

④莫：定。

【译文】

如果政令合民意，百姓和睦乐融融。如果政令民高兴，百姓生活就安定。

我言维服①，勿以为笑②。先民有言③：询于刍荛④。

①服：治。指合理的意见。

②笑：嘲笑，嬉笑。

③先民：古人。

④刍荛（ráo）：此指割草与打柴的人。

【译文】

我说都是治国事，莫要当作笑话讲。古人有话讲得好：樵夫也有好主张。

多将熇熇①,不可救药②。

①多:适,只。将:扶持,这里当"助长"讲。熇熇(hè):炽盛貌,此处指行残害荼毒之事。
②救药:即治疗。药,通"疗"。

【译文】
坏事做得过了头,不可救药国将亡。

天之牖民①,如埙如篪②,如璋如圭③,如取如携④。携无曰益⑤,牖民孔易。

①牖(yǒu):开启。一说通"诱",诱导。
②埙:古代陶制的椭圆形吹奏乐器,有三五不等音孔。篪(chí):古代竹制的管乐器,单管横吹。
③璋、圭:玉器。半圭为璋,合二璋则成圭。毛传:"如埙如篪,言相和也。如圭如璋,言相合也。"
④携:提。一说携亦"取"。
⑤曰:语助词。益:通"隘",阻碍。

【译文】
上天开启向善心,如埙如篪相和应,又如两璋为一圭,如同取物带身上。提物没有丝毫障,因势利导很顺当。

荡

天生烝民①,其命匪谌②。靡不有初,鲜克有终③。

①烝民：众人。

②匪谌（chén）：指命运无常不可信。谌，诚。一说信。

③鲜（xiǎn）：少。

【译文】

上天生下众百姓，命运多变难确定。其初都以善开始，很少能够有善终。

不明尔德①，时无背无侧②。尔德不明，以无陪无卿③。

①不明：无知人之明。

②时：是。《韩诗》作"以"，亦通。无背无侧：毛传："背无臣，侧无人也。"

③无陪无卿：毛传："无陪贰，无卿士也。"郑笺："无臣无人，谓贤者不用。"

【译文】

善恶不分德行昏，你的身旁无贤人。不分好坏心不明，没有陪臣和公卿。

人亦有言①：颠沛之揭②，枝叶未有害，本实先拨③。

①亦：语助词。

②颠沛：跌倒。揭：高举，指树木倒地后，根部翘起。

③拨：当从《鲁诗》作"败"，即毁坏。

【译文】

人们常说这样话：倒伏大树根离地，枝叶虽未受损伤，它的根基已拔光。

殷鉴不远①,在夏后之世②。

①鉴:镜子。
②夏后:夏王。夏代一般称国君为"后",不称王。

【译文】
殷商教训并不远,夏桀下场在眼前。

抑

抑抑威仪①,维德之隅②。人亦有言:靡哲不愚③。

①抑抑:通"懿懿",慎密貌。威仪:容止礼节。
②维德之隅:容止礼节,同道德相匹配,有诸内而形于外。维,乃,是。隅,当作"偶",匹配。
③靡:无。哲:聪明人。一说此句即"大智若愚"之意。

【译文】
美好仪容礼谦恭,此人品德必端正。人们有句老俗话:"大智若愚"耳常听。

无竞维人①,四方其训之②。有觉德行③,四国顺之。

①无:发语词。竞:强。维:以,由于。人:指贤人。
②四方:指诸侯。训:顺,顺从。
③有觉:即"觉觉"。觉,为"梏"的假借,《礼记·缁衣》引此诗正作"梏",高大正直貌。

【译文】

国强全靠有贤人,四方诸侯才顺从。有了正直的德行,四方诸侯才服膺。

讦谟定命①,远犹辰告②。

①讦(xū):大。谟:谋略,计划。定:确定。命:号令。
②远犹:远谋。辰告:指随时宣告。辰,时,随时。

【译文】

宏伟计划应确定,远大谋略时讲明。

敬慎威仪,维民之则。

【译文】

举止行为要谨慎,百姓以此为典型。

肆皇天弗尚①,如彼泉流,无沦胥以亡②。

①肆:犹"故"。尚:佑助,保佑。
②无:发语词。沦胥:相率,相随。

【译文】

上天不肯再保佑,好像泉水空自流,相继沦亡没个头。

夙兴夜寐,洒扫庭内,维民之章①。

①维:为,做。章:法则。

【译文】

应当早起又晚睡,就像厅堂常扫除,为民表率你领头。

质尔人民①,谨尔侯度,用戒不虞。

———
①质:《齐诗》作"诰",《鲁诗》《韩诗》作"告"。马瑞辰《毛诗传笺通释》曰:"诰当为诘字之讹。"诘,谨。

【译文】

谨慎对待你百姓,按照君侯法度行,警惕意外事故生。

慎尔出话,敬尔威仪①,无不柔嘉②。

———
①敬:敬重,重视。
②柔嘉:和善。

【译文】

讲话出口要慎重,言行举止要端正,处处和善美颜容。

白圭之玷①,尚可磨也;斯言之玷,不可为也!

———
①玷:玉上的污点。

【译文】

白玉如果有瑕疵,还可打磨去除净;要是讲话出毛病,想要挽救不可能。

无易由言,无曰苟矣。莫扪朕舌,言不可逝矣。

【译文】

不可轻易发意见,说话不能太随便。虽说没人按你舌,话一说出难改变。

无言不雠①,无德不报。

①雠:通"酬",应答。

【译文】

没有出言无反应,没有施德无善报。

视尔友君子,辑柔尔颜①,不遐有愆②。

①辑柔:和柔,指和颜悦色。
②不遐:不至于。愆:过错。

【译文】

对待同僚与君长,面色温柔又和善,不会有错招人厌。

相在尔室①,尚不愧于屋漏②。无曰不显,莫予云觏③。

①相:视。一说譬如。
②尚:尚且,庶几。不愧于屋漏:即言不愧于神明。屋漏,屋子西北隅隐蔽之处。古代在屋之西北隅设小帐以供神主,称屋漏。
③云:语助词。觏(gòu):看见。

【译文】

当你独处于暗室,无愧神明品行端。不要认为屋里暗,行为美丑没人见。

不僭不贼①,鲜不为则。

———

①僭:差错。贼:"贰"字之讹,也作"忒"或"慝",意即差爽,过失。

【译文】

不犯错误不害人,很少不成好模范。

投我以桃,报之以李。

【译文】

你赠给我一颗桃,我会回报你甜李。

民之靡盈①,谁夙知而莫成②?

———

①靡盈:不是一切都好。
②谁夙知而莫成:言谁早慧而反晚成。夙知,早慧。莫,即"暮"。

【译文】

人应谦虚不自满,谁能早慧器晚成?

桑柔

谁能执热,逝不以濯①?

———

①逝不:何不。濯(zhuó):当指沐浴冲凉。毛传:"濯,所以救热也。"

【译文】

谁能炎炎酷暑下,不去水下冲个凉?

好是稼穑①,力民代食②。稼穑维宝,代食维好。

———

①好:喜爱。稼穑:指农业劳动。

②力民:指尽人之力耕作。代食:代替做官食禄。

【译文】

应该重视农耕事,百姓劳作官有粮。农业生产是个宝,官家有粮国兴旺。

维此惠君①,民人所瞻。秉心宣犹②,考慎其相③。维彼不顺④,自独俾臧⑤。自有肺肠⑥,俾民卒狂⑦。

———

①惠君:通情达理的君主。

②秉心:持心,存心。宣犹:光明之道。

③考:察看。慎:谨慎。相:相辅。

④不顺:悖理,指无道之君。

⑤臧:善。

⑥自有肺肠:想法与众不同,别具一副心肝。实指坏心肠。

⑦卒狂:全都狂惑迷乱。

【译文】

只有贤惠的君王,人民对他才敬仰。心地光明善治国,认真选用良卿相。唯有无道的昏君,快活只知自己享。别有一副坏心肠,使民迷惑而疯狂。

人亦有言:进退维谷①。

①进退维谷：言进退两难。谷，"鞫"的假借，穷，困窘。
【译文】
人们常说这样话：进退两难真苦闷。

民之罔极^①，职凉善背^②。

①罔极：无准则。此句说百姓不守正道，犯上作乱。
②职：指当政者，官吏。凉：薄，不讲信用。善背：互相欺违。
【译文】
民众行为没定准，只因官吏善骗人。

民之回遹^①，职竞用力^②。

①回遹(yù)：邪僻。
②竞：逐，争。用力：任用暴力。郑笺："言民之行维邪者，主由为政者逐用疆力相尚故也。"
【译文】
民众行为不端正，只因官府施暴政。

烝民

天生烝民^①，有物有则。民之秉彝^②，好是懿德。

①烝(zhēng)民：众民。

②秉彝：禀性，秉质。彝，恒常之性。

【译文】

上天生下众百姓，世间万物有准绳。人民禀赋这常理，自然喜爱好品行。

令仪令色，小心翼翼。

【译文】

和颜悦色仪态美，办事细心真出色。

既明且哲，以保其身。夙夜匪解，以事一人①。

①事：侍奉。一人：指周王。

【译文】

知识渊博明事理，保全节操有美名。早起晚睡不懈怠，对王尽心善侍奉。

人亦有言：柔则茹之①，刚则吐之②。

①茹：吃。
②刚：指坚硬之物。

【译文】

民间流传这样话：柿子要拣软的吃，咬不动的吐掉它。

柔亦不茹，刚亦不吐。不侮矜寡①，不畏强御②。

①侮:欺侮。矜寡:即"鳏寡",这里指弱者。矜,老而无妻。寡,老而无夫。
②强御:指强悍之人。
【译文】
软的东西他不吃,硬的东西也不怕。从不欺侮鳏寡人,也不畏惧那恶霸。

人亦有言:德輶如毛①,民鲜克举之。

①輶(yóu):轻。
【译文】
世俗还有这样话:德如羽毛一样轻,人却很难举起它。

江汉

明明天子①,令闻不已。矢其文德②,洽此四国③。

①明明:有道之貌。王念孙以为"勉勉"之音转,即勤勉。
②矢:施,陈。
③洽:协和。
【译文】
天子勤勉又清明,美好声誉永传扬。施行文明行德政,四方国家俱安康。

常武

王旅啴啴①,如飞如翰②,如江如汉,如山之苞③,如川之流。

①啴啴(tān):众多貌。

②翰:高飞。郑笺:"翰,鸟中豪俊也。"

③苞:根本。郑笺:"山本,以喻不可惊动。"孔疏:"其固守则不可惊动,如山之基本。"

【译文】

王师威武人众多,进军神速如鸟翔。如江如汉势汹涌,如山如岳立得定,有如洪流不可挡。

瞻卬

邦靡有定,士民其瘵①。蟊贼蟊疾②,靡有夷届③。罪罟不收④,靡有夷瘳⑤。

①士民:士卒百姓。瘵(zhài):病,指忧患。

②蟊贼:吃庄稼的害虫。蟊疾:啃吃庄稼。此言蟊贼为害。

③夷:平。届:终极。

④罪罟(gǔ):即有罪之人。收:收敛。

⑤瘳(chōu):病愈。此指停歇。

【译文】

国家没有安定时,士民大众受苦难。蟊贼残害众生灵,痛苦接连没个完。罪犯歹徒不逮捕,百姓生活不平安。

妇有长舌①,维厉之阶②。乱匪降自天③,生自妇人。

①妇:此指褒姒。长舌:郑笺:"喻多言语。"
②厉:灾祸。
③匪:非,不是。

【译文】
搬弄是非靠长舌,造祸生事她本领。祸乱不是从天降,邪恶缘自妇人生。

人之云亡①,邦国殄瘁②。

①云:语助词。亡:逃亡。
②殄(tiǎn)瘁:困病。马瑞辰《毛诗传笺通释》:"殄、瘁二字平列,与尽瘁、憔悴之同为劳病正同。"

【译文】
贤人忠臣都跑光,国家困顿将灭亡。

召旻

池之竭矣①,不云自频②。泉之竭矣,不云自中③。

①竭:干涸。
②频:当从《鲁诗》作"滨",水边。

③中:指泉水的中间。朱熹《诗集传》:"池之竭由外之不入,泉之竭由内之不出,言祸乱有所从起。"

【译文】

池中之水逐渐干,没有流水注里边。喷泉之水逐渐枯,泉眼里面源头断。

周颂

维天之命

维天之命①,於穆不已②。

①维:语助词。一说"思念"。

②於(wū):赞叹词。穆:肃穆。不已:不止。指天道运行无止。

【译文】

想那天道的运行,美好肃穆永不停。

烈文

无竞维人①,四方其训之②。不显维德,百辟其刑之③。

①竞:强。

②训:服从。一说训"效"。

③刑:通"型",模范。

【译文】

国强全靠有贤人,四方才会来归降。先祖伟大在美德,诸君应当为榜样。

时迈

载戢干戈①,载櫜弓矢②。我求懿德③,肆于时夏④。

①戢(jí):收藏兵器。干戈:泛指兵器。
②櫜(gāo):盛衣甲、弓矢的袋子。郑笺:"王巡守而天下咸服,兵不复用,此又著震叠之效也。"
③懿德:美德。
④肆:施行。时:是,此。夏:中国。朱熹《诗集传》:"夏,中国也。言求懿美之德以布陈于中国。"

【译文】

收起干戈和兵甲,强弓利箭装入囊。讲求美好的道德,遍施中国各地方。

敬之

敬之敬之①,天维显思②,命不易哉③。

①敬:通"警",警戒。之:语气词。
②维:是。显:明察。思:语气词。
③命:天命。不易:指天命不容易获得。

【译文】

要警惕呀要警惕,上天明察不可欺,赢得天命实不易。

无曰高高在上,陟降厥士①,日监在兹②。

①陟降厥士:上天往来天地之间。陟降,升降。厥,其。士,事。或以为"士"当作"土"。

②曰:天天。监:监视。兹:此,指人间。

【译文】

莫说上天很高远,上下行事很迅疾,天天监视我和你。

日就月将①,学有缉熙于光明②。

①日就月将:日有所得,月有所进。就,成就。将,进。

②缉熙:积渐以至于光明。后以缉熙谓光明。

【译文】

日有所成月月进,学习积累渐明晰。

鲁颂

有駜

夙夜在公①,在公明明②。

①夙夜在公:指早晚为公家之事奔忙。

②明明:即"勉勉",勤勉之貌。马瑞辰《毛诗传笺通释》:"明,勉一声之转,明明即勉勉之假借,谓其在公尽力也。"

【译文】

早起晚睡办公事,勤勉努力为公忙。

泮水

载色载笑①,匪怒伊教②。

①载色载笑:又高兴又谈笑。载,乃,又。色,和颜悦色。
②匪怒伊教:不是怒颜对人,而是温和地教导臣下。

【译文】

面色温和脸带笑,从不发怒只教导。

商颂

那

温恭朝夕①,执事有恪②。

①温恭:温文恭敬。
②有恪(kè):即"恪恪",恭敬的样子。

【译文】

朝夕温和又恭敬,做事虔诚又敬谨。

长发

不竞不絿①,不刚不柔,敷政优优②,百禄是遒③。

①絿(qiú):毛传:"絿,急也。"一说,求也。
②敷政:施政。优优:宽和貌。
③遒:聚集。

【译文】
不用竞争不急求,不必刚硬不必柔,政令施行很宽优,福禄聚集如山丘。

殷武

天命降监①,下民有严②。不僭不滥③,不敢怠遑④。

①降监:下察人民。降,下。监,监察。
②下民:天下的人民。有严:即"严严",守法谨严貌。
③僭:越礼。滥:放纵,恣意妄为。
④怠遑:懒惰偷闲。

【译文】
上天命他降人间,下民敬畏他威严。不敢越礼不放纵,不敢懈怠不偷闲。

　　《周礼》,其成书年代与作者的问题众说纷纭,古代影响最大的说法是周公作《周礼》,目前学术界比较通行的是《周礼》成书于战国说。

　　《周礼》,亦称《周官》《周官经》《周官礼》,其基本框架是政治制度、设官分职。共六篇,每篇涵盖多个官职,每官之下详细记载其人数、职务等。其中《冬官》存目无文,汉人以《考工记》补入。

　　《周礼》是我国第一部系统、完整叙述国家机构设置、职能分工的专书。它涉及古代官制、军制、田制、税制、礼制等国家重要政治制度,为秦汉以来历代国家机构建制提供了全面的参照体系,在中国古代政治思想文化史上影响深远。

　　本书选文据中华书局三全本《周礼》。

天官冢宰

凡小事皆有联①。

———

①凡小事皆有联:按,小事当合办者亦甚多,不可尽举,故笼统言之。

【译文】

凡是小事也都有需联合办理的。

以听官府之六计①,弊群吏之治②。一曰廉善③,二曰廉能④,三曰廉敬⑤,四曰廉正⑥,五曰廉法⑦,六曰廉辨⑧。

———

①听:治理,平正裁决。郑注:"平治也。"六计:谓六项评断吏治的标准。计,考核。

②弊:判断,评价。郑注:"断也。"

③廉善:廉,考察。郑注:"既断以六事,又以廉为本。善,善其事,有辞誉也。"

④能:郑注:"政令行也。"

⑤敬:郑注:"不解(懈)于位也。"

⑥正:郑注:"行无倾邪也。"

⑦法:郑注:"守法不失也。"

⑧辨:有分辨能力。郑注:"辨然不疑惑也。"

【译文】

用公平治理官府的六条评价标准,评价官员的治绩。一是考察其是否有廉洁而又良好的声誉,二是考察其是否有廉洁而又能贯彻政令、令行禁止的能力,三是考察其是否有廉洁而又勤勉尽职的态度,四是考察其是否廉洁而又处事公正品行端庄,五是考察其是否廉洁而又守法不苟执法准确,六是考察其是否廉洁而又明辨是非。

不用法者,国有常刑。
【译文】
若有不依法行事的,国家自有常刑加以惩处。

凡和,春多酸,夏多苦,秋多辛,冬多咸。
【译文】
凡是调和食物的滋味,春天应酸味略重些,夏天应苦味略重些,秋天应辛味略重些,冬天应咸味略重些。

地官司徒

辨十有二壤之物①,而知其种,以教稼穑树蓺②。
———
①十有二壤:即"十有二土"。郑注:"壤亦土也,变言耳。"
②稼穑树蓺(yì):蓺,种植(果木)。孙诒让曰:"稼穑为种谷,树蓺为种果木。"
【译文】
辨别十二种土壤所适宜种植的作物,而知道所适宜种植的品种,来教导民众种植五谷、蔬菜、果木。

以保息六养万民①:一曰慈幼②,二曰养老③,三曰振穷④,四曰恤贫⑤,五曰宽疾⑥,六曰安富⑦。

①保息:安居蕃息。郑注:"谓安之使蕃息也。"

②慈幼:慈爱幼儿。

③养老:《礼记·王制》所载养老措施甚详:"五十异粻(zhāng,粮食)。六十宿肉。七十贰膳(谓备零食)。八十常珍。九十饮食不离寝,膳饮从于游可也。"

④振穷:振,同"赈",救济。振穷,救济贫困。此处贾疏引《礼记·王制》曰:"少而无父者谓之孤,老而无子者谓之独,老而无妻者谓之矜,老而无夫者谓之寡。此四者,天民之穷而无告者也,皆有常饩(谓固定生活补贴)。"

⑤恤贫:郑注:"贫无财业禀贷之。"

⑥宽疾:《礼记·王制》曰:"瘖(yīn,哑)、聋、跛、躄(bì,跛脚)、断者、侏儒、百工,各以其器食之。"

⑦安富:贾疏:"言繇役均平,又不专取,则富者安。"

【译文】

用六项安定民心的政策养育万民、使其繁衍生息:一是慈爱幼儿,二是赡养老年人,三是救济鳏寡孤独等穷困的人,四是周济救助贫穷的人,五是对残疾人优待、宽免其赋役,六是平等对待、不苛刻索取,使富人安心。

各共尔职①,修乃事,以听王命。其有不正,则国有常刑。

①共:通"供",担任。

【译文】

各自都要恪尽你们的职守,努力做好你们的工作,而听从王的命令。

如有玩忽职守而出现失误,国家自有有关刑罚来处置。

仲冬斩阳木①,仲夏斩阴木。

——

①阳木:郑注:"生山南者。"按,阴木则生山北者。

【译文】

仲冬时可砍伐生长在山南的树木,仲夏时可砍伐生长在山北的树木。

春秋之斩木,不入禁。

【译文】

春秋季节砍伐树木,只允许在平地砍伐,而不可进入山内禁伐的区域。

凡窃木者,有刑罚。

【译文】

凡是盗伐树木的,就有刑罚来惩处。

若谷不足,则止余法用①,有余则藏之,以待凶而颁之。

——

①止余法用:止,减少。余,谓满足国用后所余。所余储藏起来以备用,即所谓委积。

【译文】

如果谷物不够使用,就减少委积的支用;如果谷物有余,就储藏起来,以备灾荒年颁用。

春官宗伯

冬夏致日,春秋致月①,以辨四时之叙。

———
①"冬夏致日"二句:冬夏春秋,分指冬至、夏至、春分、秋分。孙诒让说,此处所论"即《典瑞》土圭以致四时日月之法",即测度日、月影的长短,以判定时节是否来临。

【译文】
冬至、夏至那天,立表测度日影的长短;春分、秋分那天,立表测度月影的长短,据以辨别四季的代序是否正常。

夏官司马

比小事大①,以和邦国。

———
①比:郑注:"犹亲。"

【译文】
使大国亲小国、小国服事大国,以使各诸侯国和睦相处。

险野人为主,易野车为主。
【译文】
凡布阵,险阻的地方步兵在前,平坦的地方车辆在前。

凡国、都之竟,有沟树之固。郊亦如之。民皆有职焉。若有山川,则因之。

【译文】

凡王国和都邑的边境处,都有沟渠和沿沟栽种的树木作为阻固,都城的四郊也是这样。民众都有守卫和修筑阻固的职责。如果境内有山河,就借以修筑为阻固。

以德诏爵,以功诏禄,以能诏事,以久奠食。

【译文】

根据德行报请黜陟爵位,根据功劳报请黜陟俸禄,根据能力报请黜陟职事,根据长期任职的表现确定所当给予的粮食数。

秋官司寇

夏日至,令刊阳木而火之[①];冬日至,令剥阴木而水之。若欲其化也,则春秋变其水火[②]。

---

①刊阳木:阳木,长在山南边的树木。山南为阳。下文阴木,指长在山北边的树木。山北为阴。郑注:"刊、剥互言耳,皆谓斫次地(近地)之皮。生山南为阳木,生山北为阴木。"

②春秋变其水火:据贾疏,是夏至焚烧草木灰,到秋季再用水浸渍。冬至用水淹草木,到入春后再放火焚烧,如此则可使土地肥沃。

【译文】

如果是夏至那天,就下令剥去山南边树木靠近根部的树皮而后放火烧树墩,使其不再发芽生枝;如果是冬至那天,就下令剥去山北边树木靠近根部的树皮而后放水浸泡树墩,使其不再发芽生枝。如果想使伐除草木后的林区土质变化改良成耕地,就在春秋季节用水浸、火烧的办法来交替进行,如此则土地肥沃和美。

冬官考工记

或坐而论道;或作而行之;或审曲、面埶,以饬五材①,以辨民器②;或通四方之珍异以资之③;或饬力以长地财④;或治丝麻以成之⑤。

---

①审曲、面埶(shì),以饬五材:审曲,此指审视材料的外部特征(如曲直等)。审,审察,考察,评估。面埶,此指考察材料的内在特征。埶,"势"的古字。按,后世称为审方面势。饬,整治,加工。五材,五种材料。郑注:"金、木、皮、玉、土。"

②辨:同"办",备办。郑注:"犹具也。"

③资:郑注:"取也,操也。"

④饬力:致力,勤力,努力。饬,通"敕"。《尔雅·释诂》:"敕,……劳也。"贾疏:"勤也。"地财:谓五谷。

⑤丝麻:丝,蚕丝,纺织原料,具有柔韧、弹性、纤细、滑泽、耐酸等特性。

【译文】

有的人安坐而谋虑探讨治国之道;有的人起来贯彻执行治国之道;有的人审视考察原材料的曲直、方圆等外部、内部特征,以整治加工五材,而备办民众所需的各种器物;有的人采办蓄积四方珍异的物品并加以流通;有的人勤力耕耘土地以生产粮食等财富;有的人缫丝绩麻而制成布帛衣物。

知者创物①,巧者述之②。

①知者:聪明、智慧、有创造才能的人。知,通"智"。
②巧者:工巧的人。

【译文】

智慧而富有创造才能的人创制了各种器物,工巧的人循其制作法式传承并不断发展。

天有时①,地有气②,材有美,工有巧:合此四者,然后可以为良。材美工巧,然而不良,则不时、不得地气也。

①时:郑注:"寒温也。"
②地有气:气,中国古代的一种原始综合科学概念。郑注:"刚柔也。"按,地气应包括地理、地址、生态环境等诸多客观因素。

【译文】

天有寒温之时,地有刚柔之气,原材料有优良的,工艺有精巧的:把这四方面的因素结合起来,然后才可以制作精良的器物。材质优良、工艺精巧,然而制作出来的器物却不精良,那就是因为不合天时、不得地气。

天有时以生,有时以杀;草木有时以生,有时以死;水有时以凝,有时以泽①:此天时也。

①泽:通"释",溶解,消融。孙诒让曰:"泽、释声类同,古通用。《说文·采部》:'释,解也。'"

【译文】

天有的时候使万物生长茂盛,有的时候使万物凋零枯萎;草木有的时候生长,有的时候枯死零落;水有的时候会凝固,有的时候冰冻会消融;这些都是天时变化造成的结果啊。

钟大而短,则其声疾而短闻;钟小而长,则其声舒而远闻。

【译文】

钟体宽大而短小,就导致发出的声音急疾消竭而短暂无余音;钟体细小而狭长,就会导致发出的声音舒缓难息而传播悠远。

鼓大而短,则其声疾而短闻①;鼓小而长,则其声舒而远闻②。

①疾:急速。短闻:短促,传播不远。
②舒:舒缓。远闻:声音传播远。

【译文】

如果鼓面宽大而鼓身短小,发出的声音就高昂而急促,传播不远;如果鼓面小而鼓身狭长,发出的声音就低沉而舒缓,传播较远。

画缋之事①,杂五色②。

①画缋:负责设色、施彩、绘画、刺绣的工匠。缋(huì),古同"绘",将各种颜色按一定要求搭配起来。《说文》:"绘,会五采绣也。"《小尔雅·广训》:"杂彩曰绘。"
②杂:纷陈。五色:即东、南、西、北、天、地六种方色,青、赤、白、黑、

黄。天色玄,北方色黑,据贾疏,"天玄与北方黑,二者大同小异",微异而同属一色,故云五色。

【译文】

绘画的事,就是调配五色以形成种种图案。

凡兵无过三其身①,过三其身,弗能用也而无已,又以害人。故攻国之兵欲短,守国之兵欲长②。

---

①三其身:据郑注,人身高八尺,即一寻,三其身则二丈四尺。身,人的身长。

②"故攻国之兵"二句:按,此两句与下文几句,皆从攻守双方的实际情况出发,探讨了兵器长短的选用原则,是实际战争经验的正确总结。可与传世兵法比观。如《司马法·天子之义》曰:"长兵以卫,短兵以守。太长则难犯,太短则不及。"

【译文】

凡是兵器的长度不要超过人身高的三倍,如果超过人身高的三倍,非但不能使用以杀敌,反而还会危害使用兵器的人。因此进攻他国的兵器要短一些,守卫本国的兵器要长一些。

攻国之人众,行地远,食饮饥,且涉山林之阻,是故兵欲短;守国人之寡,食饮饱,行地不远,且不涉山林之阻,是故兵欲长。

【译文】

进攻他国所需的人员众多,行路远,饮食缺乏,而且还要跋涉山林险阻,因此使用的兵器要短一些;守卫本国的所需人员较少,饮食供应充足,行路不远,而且不需要跋涉山林险阻,因此使用的兵器要长一些。

凡天下之地势,两山之间必有川焉,大川之上必有涂焉。

【译文】

凡是天下的地势,两山之间必定有河流,大河流岸上必定有道路。

凡沟必因水势,防必因地势。善沟者水漱之①,善防者水淫之②。

---

①漱:被水冲刷、剥蚀。

②淫:通"廞",淤积,淤塞。郑司农曰:"'淫',读为'廞'(qīn),谓水淤泥土,留著助之为厚。"

【译文】

凡是开沟一定要顺水的流势,凡是修筑堤防一定要顺着地势。善于开沟渠的人能借助水势冲荡堤岸的障碍物而保持通畅,善于修筑堤防的人能利用流水淤积的泥土使堤防加厚。

凡为弓,各因其君之躬志虑血气①。

---

①各因其君之躬志虑血气:意谓弓的制作不仅要看人的身材,还当因人的情性而异。君,泛指用弓的人。躬,指人的身体、体形。志虑,指人的情性等主观因素。郑注:"又随其人之情性。"血气,体质的血性。

【译文】

凡是制作弓,还要各自根据使用者的形态、意志、血气性情而定。

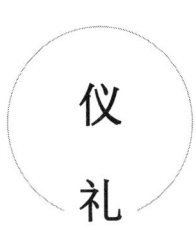

仪礼

　　《仪礼》,关于其作者与成书年代,学术界一直有分歧。古文经学家认为出于周公,今文经学家认为出于孔子。

　　《仪礼》与《周礼》《礼记》习称"三礼"。《仪礼》本名《礼》,是礼的本经,又称《礼经》,在"三礼"中成书最早,且首先取得经的地位。东晋始有《仪礼》之名,唐文宗时刻九经,《礼经》用《仪礼》之名,遂成为通称。

　　《仪礼》共十七篇,内容多是礼仪和程式,从冠、婚、飨、射、到朝、聘、丧、葬,详尽记述了古代宫室、车旗、服饰、饮食、丧葬之制,以及各种礼乐器物的形制、组合方式等。《仪礼》是研究古代礼制的重要文献,是研究古代社会不可或缺的典籍。同时也为考古学、文献学、语言文字学研究者提供了丰富而有价值的材料。

　　本书选文据中华书局三全本《仪礼》。

士冠礼

弃尔幼志①,顺尔成德②。

---

①尔:汝。幼志:幼年时的戏玩之心,犹言童心。

②顺:通"慎"。成德:成人之德。胡培翚云:"既冠,责以为人子、为人弟、为人臣、为人少者之礼,皆成人之德也。"

【译文】

丢掉你的童稚之心,慎养你的成人之德。

敬尔威仪,淑慎尔德①。

---

①淑:善。

【译文】

不要懈怠你外表的威仪,好好慎养你内在的德行。

孝友时格①,永乃保之。

---

①孝友:郑注:"善父母为孝,善兄弟为友。"时:通"是"。格:至,来。

【译文】

谨守孝友,永远保持。

天下无生而贵者也。

【译文】

天下没有生下来就尊贵的人。

以官爵人,德之杀也①。

①杀:差,等差。郑注:"杀犹衰也。德大者爵以大官,德小者爵以小官。"

【译文】

用官位爵人,要以德行高低分等级。

士相见礼

凡言①,非对也②,妥而后传言③。与君言,言使臣;与大人言④,言事君;与老者言,言使弟子;与幼者言,言孝弟于父兄;与众言,言忠信慈祥;与居官者言⑤,言忠信。

①凡言:本节论述燕见时言谈的礼节。
②非对:别人未问及自己,而主动说话、进言。
③妥:安坐。传言:说话。
④大人:卿大夫。
⑤居官者:士以下的官吏,如庶司百执事等。

【译文】

凡是向君进言,而不是回答君的发问,一定要等君安坐后再开口。燕处时讲论的话题,与君,应该谈如何使用臣下;与卿大夫,应该谈如何奉事君上;与年老的长辈,应该谈如何教育弟子;与年轻人,应该谈如何孝悌于父兄;与一般人,应该谈如何以忠信慈祥处世;与士以下的官吏,应该谈如何忠信奉公。

聘礼

久无事①,则聘焉。

----

①事:指盟会之类的活动。

【译文】

诸侯之间如果很久没有盟会,则应该派使者互相聘问。

辞无常,孙而说①。

----

①孙:通"逊",顺于心意。说:通"悦"。

【译文】

聘问的辞令没有固定的内容,只要顺从对方心愿,并且使他愉悦即可。

辞多则史①,少则不达。辞苟足以达,义之至也。

----

①史:策祝。古代祭祀或求神时,以简册祝告鬼神。

【译文】

辞令若太啰嗦,就有点像宗庙中的策祝了;若太少,则又不足以表达意思。如果辞令能足以表达意思就止,那就是应答场合中的极致水平了。

多货,则伤于德。币美,则没礼。贿,在聘于贿①。

①在聘于贿：视聘礼的厚薄决定回赠的费用水平。

【译文】

聘问的目的在于礼，而不在于礼物的多少、好坏，如果陈设的玉器太多，则变成以玉为主，势必有伤于德行。如果束帛太美，则礼的本意就会被淹没。回赠给对方的礼物，视对方带来的礼物而定，厚薄要相称。

丧服

名者，人治之大者也，可无慎乎？

【译文】

名分，是人君之治中最重要的，能不慎重吗？

士虞礼

夙兴夜处，小心畏忌，不惰其身，不宁。

【译文】

从早起到夜居，小心畏忌，不敢怠惰其身，不敢安宁。

　　传世的《礼记》,有《大戴礼记》和《小戴礼记》之分。《大戴礼记》,相传是由西汉礼学家戴德编纂;《小戴礼记》,相传是由西汉礼学家戴德之从兄子戴圣编纂。《小戴礼记》,也称《礼记》,其实非出于一人之手,是由后人汇辑成书的。

　　《礼记》是一部以儒家礼论为主的论文汇编。共四十九篇,以《曲礼》为始,以《丧服四制》为终。《礼记》包含了儒家小至修身、大至治国的种种思想。比如儒家政治思想中最有名的理想社会"大同"和"小康",比如《学记》提出的教育思想和方法,至今仍对学校教育都具有指导意义。其中《大学》《中庸》两篇,被朱熹重新编次阐释,与《论语》《孟子》合纂为《四书集注》,成为理学家最重要的纲领性著作。

　　本书选文据中华书局三全本《礼记》。

曲礼上

毋不敬①,俨若思②,安定辞③,安民哉!

①毋(wú)不敬:不要不恭敬。郑注:"礼主于敬。"《孝经·广要道章》:"礼者,敬而已矣。"毋,不要,不可以。
②俨(yǎn)若思:郑注:"俨,矜庄貌。"即神态端庄,像若有所思一样。
③安定:合理、审慎。辞:言辞。

【译文】

人不可以不恭敬,神态要像若有所思般端庄稳重,说话时态度安详,言辞合理、审慎,这样就能安定民心了!

敖不可长①,欲不可从②,志不可满,乐不可极③。

①敖:同"傲",傲慢。
②从(zòng):同"纵",放纵。
③极:无度,超越极限。

【译文】

傲慢不可滋长,欲望不可放纵,志意不可自满,享乐不可超限。

贤者狎而敬之①,畏而爱之。

①贤者:有道德、才能之人。狎(xiá):亲近。

【译文】

与有贤德的人交往,要亲近并且尊敬他,敬畏并且爱戴他。

爱而知其恶①,憎而知其善。积而能散②,安安而能迁③。

①爱:喜爱。与下句"憎"相对。恶:缺点。与下句"善"相对。
②散:分散。这里指施舍。
③安安而能迁:第一个"安"是动词,居处;第二个"安"是名词,指生活环境。迁,迁徙,变换住所。

【译文】
对自己喜爱的人也要知道他的缺点,对自己憎恶的人也要知道他的优点。能够积蓄财物也能布施给穷人,安于安宁的生活也能适应迁徙变化。

临财毋苟得①,临难毋苟免,很毋求胜②,分毋求多。

①苟:苟且,随便。
②很:郑注:"阋也,谓争讼也。"按,通"狠",即争斗、争执。

【译文】
面对财物,不该取得的绝不取得;面对危难,不该逃避的绝不逃避。与人争执时不求胜利,分配财物时不求多得。

疑事毋质①,直而勿有②。

①疑事毋质:对事情有疑惑,不要以既定的成见下判断。郑注:"质,成也。"
②直而勿有:要谦逊,自己的意见正确时,也不要将正确的意见据为自己的发明。直,正。有,据为己有。

【译文】

对有疑问的事情,不以自己的成见擅下定论;意见正确时也不自以为是,将正确的意见据为自己的发明。

礼从宜①,使从俗②。

①礼从宜:行礼时要顺从不同情况的需要。宜,事之所宜。
②使:动词,指出使到他国。

【译文】

行礼要顺从时宜,出使他国要遵从他国的风俗习惯。

夫礼者,所以定亲疏、决嫌疑、别同异、明是非也。

【译文】

礼,是用来确定人与人之间关系的亲近疏远,判断容易混淆和相似的事物,分别事类的相同或相异,辨明是非对错的。

礼,不妄说人①,不辞费②。礼不逾节,不侵侮,不好狎③。修身践言,谓之善行。

①不妄说(yuè)人:《集解》引朱熹曰:"礼有常度,不为佞媚以求说于人也。"说,同"悦",取悦,讨好。
②不辞费:指说话言辞达意即可,不要多说无用之言。
③好(hào)狎(xiá):轻佻亲昵而不恭。

【译文】

礼,不随便取悦、讨好他人,不说多余的话。礼,不逾越节度,不侵犯侮慢,不轻佻亲狎。修养身心,实践所言,叫作善行。

行修言道①,礼之质也②。

①行修言道:行为要体现出修养,言语要合乎道理。行,行为。
②质:根本,本质。

【译文】

行为有修养,说话合于道理,这是礼的本质。

道德仁义,非礼不成;教训正俗,非礼不备;分争辨讼,非礼不决。

【译文】

道德仁义,没有礼就不能完成;教导训诫、端正风俗,没有礼就不能完备;分辨争讼,没有礼就不能判断是非曲直。

鹦鹉能言,不离飞鸟;猩猩能言,不离禽兽。今人而无礼,虽能言,不亦禽兽之心乎?

【译文】

鹦鹉虽然能说话,不过是一种飞鸟;猩猩虽然也能说话,不过是一种禽兽。而今作为人要是无礼,虽然能说话,不也是禽兽之心吗?

大上贵德①,其次务施报②。

①大上:指上古三皇五帝之世。大,同"太"。郑注:"大上,帝皇之世。"

②其次:指上古以后的世代。施:对他人施德。报:报答他人之施。

【译文】

上古时以德为贵,后世才讲究施惠与回报。

礼尚往来①。往而不来,非礼也;来而不往,亦非礼也。

①礼尚往来:指与人交际要有往有来。

【译文】

礼,崇尚交际要有往有来。施惠于他人而他人不来报答,这是失礼;他人前来施惠而不去报答他人,也是失礼。

人有礼则安,无礼则危。故曰:礼者不可不学也。

【译文】

人有礼,人际关系就能平和安定,无礼就会有危险。所以说,礼是不可不学的。

夫礼者,自卑而尊人。

【译文】

所谓礼,要自我谦卑而尊重别人。

富贵而知好礼①,则不骄不淫;贫贱而知好礼,则志不慑②。

①知好(hào)礼:懂得并喜爱礼。
②慑(shè):胆怯,困惑。

【译文】

富贵的人知道并喜好礼,就不会骄奢淫逸;贫贱的人知道并喜好礼,就不会怯懦困惑。

长者问,不辞让而对,非礼也。

【译文】

长者问话,不谦让就直接回答,是不合礼仪的。

凡为人子之礼,冬温而夏凊①,昏定而晨省②。

①凊(qìng):凉。

②定:郑注:"安定其床衽也。"指铺设安放床褥被枕等。省(xǐng):向父母问候请安。

【译文】

作为儿子的礼节是,要使父母冬天感到温暖,夏天感到清凉,晚上要为父母铺床,早晨要向父母请安。

夫为人子者,出必告,反必面①;所游必有常②,所习必有业。恒言不称老③。

①出必告,反必面:"告""面"都指当面向父母禀告。反,同"返"。

②所游必有常:这里是说出游要有规律,总去一定的地方,以免父母担心。《论语·里仁》:"父母在,不远游,游必有方。"意同。常,常规,经常不变。

③不称老:这是避免父母听到"老"字而伤感。

【译文】

做儿子的,出门前一定要当面禀告父母,回家后也要当面禀告父母;出游一定去常去的地方,学习一定要有专业。平常说话不说"老"字。

听于无声,视于无形。

【译文】

虽然还没有听到父母的声音、还没有见到父母的举动,就能在父母指使之前揣知他们的心意。

不登高,不临深。不苟訾①,不苟笑。

———
①訾(zǐ):孔疏:"相毁曰訾。"即诋毁。

【译文】

不攀登高处,不身临深渊。不随便诋毁他人,不随便嬉笑。

孝子不服暗①,不登危,惧辱亲也。

———
①服暗:服,事。暗,此指暗中。

【译文】

孝子不在黑暗中做事,不到危险的地方,惧怕因此使父母受辱。

父母存,不许友以死①。不有私财。

———
①死:郑注:"死为报仇雠。"即替朋友报仇而死。

【译文】

父母在世,不向朋友承诺可以为其献身去死。不背着父母私存钱财。

幼子常视毋诳①。

①幼子常视毋诳(kuáng):孔疏:"幼子恒习效长者,长者常示以正事,不宜示以欺诳,恐即学之。"这是说要为小孩子做出正确的示范,不可说谎,树立错误的榜样。视,通"示",示范。诳,欺骗。

【译文】

要为小孩子做出正确的示范,不能说谎欺骗他。

童子不衣裘、裳①。

①童子不衣裘、裳:小孩子穿裘皮袄、着裙装,既不合身体需求,又不便做事活动,所以说"不衣"。衣,动词,穿。裘,裘皮袄。裳,裙子。

【译文】

儿童不穿裘皮衣与裙裳。

立必正方,不倾听。长者与之提携,则两手奉长者之手。

【译文】

站立时一定要姿势端正,不可以歪头侧耳听人说话。长者牵着儿童行走时,儿童应双手捧着长者的手。

从于先生①,不越路而与人言②。

①先生:孔疏:"师也,谓师为先生者,言彼先己而生。"
②越路:指路的另一边。

【译文】

跟随先生走路时,不可自顾自跑到路对面去跟人说话。

登城不指,城上不呼①。

①"登城"二句:登城时不要指指点点,在城墙上不要大喊大叫。这是怕城下的人望见、听见,因不知其故而感到疑惑害怕。

【译文】

登上城墙不要指指点点,在城墙上不要大喊大叫。

将适舍,求毋固①。将上堂,声必扬。

①"将适舍"二句:郑注:"谓行而就人馆。"此指在外住宿,向主人求取日用物品,不可像自己平常在家一样的要求,要随其有无。孙希旦说,"毋固之义","固,谓鄙野而不达于礼"。今采孙说。

【译文】

外出要到别处住宿,向主人求取借用日常用品,不可鄙野而不合乎礼仪。快走到堂上时,要先发出声音表示自己的来到。

凡与客入者,每门让于客。

【译文】

凡主人与客人一起进门,每过一门,主人都要让客人先进。

将即席,容毋怍①。

①怍(zuò):郑注:"颜色变也。"

【译文】

客人将要就座时,主人脸色不要有所改变。

正尔容,听必恭,毋剿说①,毋雷同。

①剿(chāo)说:郑注:"谓取人之说以为己说。"剿,抄取,袭取。

【译文】

端正仪容,听别人说话时一定要态度恭敬,不可抄袭别人的说法,也不可与别人随声附和。

侍坐于所尊敬,毋余席。

【译文】

在所尊敬的人跟前陪坐,要坐在最靠近尊者的地方,不要让座席空着位子。

毋侧听,毋噭应①,毋淫视②,毋怠荒③。

①噭(jiào):郑注:"号呼之声也。"指声响高急。
②淫视:眼光游移不定,左顾右盼。
③怠荒:身体放松,没有精神的样子。

【译文】

不要侧耳偷听别人说话,回话不要大声叫喊,眼光不要左右顾盼、游移不定,身体不要放任懈怠。

游毋倨①,立毋跛②,坐毋箕③,寝毋伏④。

①游毋倨:游,行。倨,倨傲,傲慢。孔疏:"身当恭谨,不得倨慢也。"
②跛(bì):孔疏:"偏也。"指站立时身体歪斜,一脚抬起,一脚踏地。
③箕:叉开两腿。
④寝毋伏:孔疏:"寝,卧也。伏,覆也。卧当或侧或仰而不覆也。"

【译文】
行走时态度不要傲慢张扬,站立时不要歪斜扭曲,坐着时不要叉着两腿、像簸箕一样张开,睡觉时不要趴着身子。

离坐离立①,毋往参焉。离立者不出中间。

①离坐离立:指两人并坐或并立。离,成双,两个。

【译文】
有两人并坐或并立时,不要插身到其中。见两人并立时,不要从当中穿过。

贫者不以货财为礼,老者不以筋力为礼①。

①"贫者"二句:指礼仪可以因人而异,不必强人所难。

【译文】
贫穷人家不必以送人钱财物品为礼,老人不必以耗费体力的礼仪为礼。

共食不饱①,共饭不泽手②。

①共食:指共用食器吃饭。

②不泽手:不揉搓双手。古人直接用手抓饭吃,与人一同吃饭,手应洁净,不能临吃饭时才搓揉双手弄干净,令人感到龌龊,又会弄脏饭食,对共饭者不敬。泽,揉搓。

【译文】

与人共用食器吃饭,不要自顾吃饱;与人共用食器吃饭,不要搓揉双手。

毋抟饭①,毋放饭②,毋流歠③,毋咤食④。

①抟(tuán)饭:指把饭抟成一团。

②放饭:把手里多余的饭放回食器里。

③流歠(chuò):喝汤像流水一样不停地喝。歠,饮。

④咤(zhà)食:吃饭时口舌作响,似乎是嫌弃主人的饭食。

【译文】

不要把饭抟成饭团来吃,不要把手里拿过不吃的饭再放回盛饭的食器中,喝汤不要长长地喝个不停,吃东西不要嘴巴"咔嚓咔嚓"响。

侍饮于长者,酒进则起,拜受于尊所①。

①尊:亦作"樽",盛酒器。

【译文】

陪长者饮酒,见长者为自己斟酒时就要赶紧起身,并到放置酒樽的地方向长者行拜礼后接受酒。

长者赐,少者、贱者不敢辞。

【译文】

长者有所赏赐时,晚辈或身份低下的人不敢推辞。

博闻强识而让①,敦善行而不怠②,谓之君子。

①博:多,广。识(zhì):记。
②敦:勉。

【译文】

见闻广博、记忆力强而能谦让,勉力为善行而不懈怠,这样的人就称之为君子。

君子不尽人之欢,不竭人之忠,以全交也①。

①全交:保持与他人的交情。全,保全,保持。交,与人的交情、交往。

【译文】

君子不强求别人全心全意的喜欢,也不强求别人尽心竭力的忠诚,这样才能保持与他人的交情。

赐人者不曰"来取",与人者不问其所欲。

【译文】

赐给别人东西,不能说"来取";送给别人东西,不要问人想要什么。

邻有丧,舂不相①;里有殡,不巷歌。

①相:舂米打杵时唱歌助兴。

【译文】

邻家有丧事,舂米时不唱歌;同里有丧事,不在巷子里唱歌。

君子戒慎,不失色于人①。

①失色:失态。指表情神态与应有的场合不符。

【译文】

君子要小心谨慎,不在人前失态。

礼不下庶人①,刑不上大夫②。

①礼不下庶人:孔疏引张逸云:"非是都不行礼也","其有事,则假士礼行之"。此处的"下",应是制定之意。
②刑不上大夫:孔疏:"制五刑三千之科条,不设大夫犯罪之目也。所以然者,大夫必用有德,若逆设其刑,则是君不知贤也。"

【译文】

礼,不为下等的庶民制定礼仪条法;刑,不为上等的大夫制定刑律条法。

入竟而问禁①,入国而问俗,入门而问讳。

①竟:通"境"。

【译文】

进入别国国境要问清当地的禁忌,到了别国要问明当地的风俗,进了别人家门要问问人家有什么避讳。

曲礼下

凡奉者当心①,提者当带②。

——

①奉:通"捧"。当心:正当心口处。
②带:束于衣外的大带,在腰处附近。

【译文】

凡是双手捧持东西时,双手应正处于心口的位置。

国君春田不围泽①,大夫不掩群②,士不取麛卵③。

——

①泽:泛指山林川泽。这里特指猎场。
②不掩群:孔疏:"群谓禽兽共聚也,群聚则多,不可掩取之。"即不可包围猎杀。
③麛(mí):孔疏:"麛乃是鹿子之称,而凡兽子亦得通名也。"卵:鸟蛋。春天鸟兽正在繁育成长,需要加以保护。

【译文】

春天,国君打猎不合围猎场,大夫打猎不可将野兽成群包围而捕杀,士打猎不可捕捉幼鹿、不可到鸟巢掏鸟蛋。

医不三世,不服其药①。

①"医不三世"二句:医者如果不是三代行医,就不服用他开的药。这是害怕医生的医术不精,所以不敢让君王、双亲服其药。

【译文】

做医生的如果不是三代行医,就不敢让君王、双亲服用他开的药。

凡视,上于面则敖,下于带则忧①,倾则奸②。

———

①"上于面"二句:视线过高就显得骄傲,过低就显得忧郁,都不合于礼。敖,同"傲"。

②倾则奸:视线歪斜就显得心不正、奸邪。

【译文】

凡看人,视线高于对方脸部的就显得傲慢,视线低于对方腰带的就显得忧愁,视线歪斜不正的就显得奸恶。

檀弓上

事亲有隐而无犯①,左右就养无方②,服勤至死③,致丧三年④。

———

①事亲有隐而无犯:侍奉父母,对父母的过失要隐讳,不要冒犯父母,犯颜而谏。郑注:"隐,谓不称扬其过失也。无犯,不犯颜而谏。"

②左右:指在身边服侍。就养:就近奉养。无方:没有固定的模式。方,常。

③服勤:服侍父母,承受劳辱之事。

④致丧:服丧时极其哀戚。致,极。

【译文】

侍奉父母,对父母的过失要隐讳,不可直言进犯,在左右扶持伺候,没有固定的模式,甘愿受苦受累服侍父母到去世,极其哀戚的守丧三年。

君子有终身之忧,而无一朝之患①。

①一朝之患:郑注:"毁不灭性。"指虽然哀痛,却不因一时的过分冲动而伤害了身体。

【译文】

君子对死去的亲人始终怀念,但不致毁伤身体。

君子之爱人也以德,细人之爱人也以姑息①。

①细人:小人,与"君子"相对。姑息:苟且取安。

【译文】

君子爱人是成全他的品德,小人爱人则是姑息他,让他苟且偷安。

乐,乐其所自生;礼,不忘其本。

【译文】

乐,是对自己的功业兴发的喜乐;礼,是让人不要忘本。

古之人有言曰:"狐死正丘首①,仁也②。"

①正丘首:即"正首丘"。正,正对着。丘,孔疏:"丘是狐窟穴根本

之处。虽狼狈而死,意犹向此丘,是有仁恩之心也。"

②仁:恩。这里指的就是"本"。

【译文】

古人曾说过:"狐狸死了,头也要正对着它的巢穴所在的山丘,这是不忘根本啊。"

谋人之军师①,败则死之②;谋人之邦邑③,危则亡之④。

①军师:一万两千五百人为"军",两千五百人为"师"。

②败则死之:如果军队失败要以死为担当。郑注:"谋人之军师而致于败,则丧师辱国,而其义不可以独生矣。"

③邦邑:国家。

④亡:出亡,离去。

【译文】

指挥谋划人家的军队,如果打了败仗,就要以死为担当;经营谋划人家的国家,如果搞到国家危险,就要下台出亡。

丧事欲其纵纵尔①,吉事欲其折折尔②。

①纵纵(zǒng)尔:郑注:"趋事貌。"急急忙忙的样子。

②折折尔:郑注:"安舒貌。"舒缓从容的样子。

【译文】

办理丧事要有急切紧迫的样子,办理吉事要有从容舒缓的样子。

骚骚尔则野①,鼎鼎尔则小人②,君子盖犹犹尔③。

①骚骚尔:郑注:"谓大疾。"太过急迫的样子。野:粗野。
②鼎鼎尔:郑注:"谓大舒。"太过缓慢的样子。
③犹犹尔:郑注:"急舒之中。"缓急适中的样子。

【译文】

办事过于急促就显得粗野,过于迟缓就像个小人,君子办事应该快慢适中,疾徐得宜。

生有益于人,死不害于人。

【译文】

活着要有益于他人,死了不能有害于他人。

檀弓下

丧礼,哀戚之至也。节哀,顺变也,君子念始之者也①。

①君子念始之者也:因父母生育孩子,如果孝子因悲伤过度而使身体损伤,是对父母的不孝,所以君子要节哀、顺变。

【译文】

父母的丧事,孝子悲哀到了极致。但要节制自己的悲伤,顺着悲伤的情绪由重至轻的变化,因为君子想到父母生育自己,不能使自己的身体有所损伤。

国奢则示之以俭,国俭则示之以礼。

【译文】

国人过于奢侈就要向人们展示节俭的重要性,国人过于节俭就要向人们展示什么是正规的礼节。

人喜则斯陶①,陶斯咏②,咏斯犹③,犹斯舞④。

①人喜则斯陶:孙希旦云:"喜者,外境顺心而喜也。陶者,喜心鼓荡于内而欲发也。"
②咏:唱歌。孙希旦云:"咏者,喜发于外而为咏歌者也。"
③犹:郑注:"犹,当为'摇'。"摇动身体。
④犹斯舞:孙希旦云:"咏歌不已,则至于身体动摇,动摇不已,则至于起舞也。"

【译文】

人内心喜悦就高兴,高兴了就会唱歌,一唱歌就会随着身体摇动,一摇动身体就会跳舞。

苛政猛于虎也!

【译文】

繁重的徭役和赋税比老虎还要凶猛啊!

墟墓之间,未施哀于民而民哀;社稷宗庙之中,未施敬于民而民敬。

【译文】

身处于废墟和墓地之中,不用教人悲哀,人们自会悲哀;身处于社稷庙和宗庙之中,不用教人严肃庄重,人们自会严肃庄重。

美哉轮焉①！美哉奂焉②！

①轮：郑注："轮囷，言高大。"指屋宇高大。
②奂：郑注："言众多。"《训纂》引王引之说，"奂"古"焕"字，指有文饰且明亮。

【译文】

建筑多么高大美丽，装饰多么繁丽漂亮，真是美轮美奂！

王制

凡官民材，必先论之①，论辨然后使之②，任事然后爵之，位定然后禄之。

①论：郑注："谓考其德行道艺。"
②辨：郑注："谓考问得其定也。"指通过考核确定德行能力的高下。

【译文】

凡从庶民中选拔人才任官，一定要先考核其才能德行，考定其德行能力高下后委任工作，胜任工作后授予爵位，爵位确定后发给俸禄。

天子不合围，诸侯不掩群。

【译文】

为了避免物种灭尽，天子狩猎不采取四面合围的方式，诸侯狩猎不杀尽成群的野兽。

昆虫未蛰①，不以火田②。不麛③，不卵，不杀胎，不殀夭④，不覆巢。

———

①蛰(zhé)：动物冬眠。

②火田：放火焚烧山林，将野兽逐出加以围捕。有人以为"田"是"放火烧草肥田"，显然错误。

③麛(mí)：又作"麑"，幼鹿。泛指幼兽。此处指捕捉幼兽。

④殀(yǎo)：断杀，杀死。夭：未成年的禽兽。

【译文】

昆虫还未冬眠蛰居时，不能放火烧林以围猎捕兽。不捕取幼兽，不掏取鸟卵，不杀怀胎的母兽，不杀小兽，不毁坏掀覆鸟巢。

凡使民，任老者之事①，食壮者之食。

———

①任老者之事：按老年人的工作量安排劳动，即规定的劳动强度、定额要宽松。

【译文】

凡使用民力，按照老年人的工作量安排劳动，而供给壮年人饭食。

凡居民材，必因天地寒煖燥湿①，广谷大川异制。民生其间者异俗。

———

①"凡居民材"二句：郑注说"使其材艺堪地气也"，是说人的材质、材艺皆与各地的寒暖、燥湿等条件相匹配。材，材艺、材质。煖(nuǎn)，同"暖"。

【译文】

凡各地居民的秉性材艺,必会与当地的寒暖、燥湿相匹配,因广阔的山谷、大河等差异而有不同的体制。人们生活在不同的环境条件下而有不同的风俗民情。

修其教,不易其俗;齐其政,不易其宜。

【译文】

国家要施行礼法教化各地的人们,而不改变他们原有的风俗;统一政令,而不改变适宜于各地的习俗。

中国戎夷五方之民①,皆有性也,不可推移。

①五方之民:即中国与蛮、夷、戎、狄。前文说"戎夷"是省称。

【译文】

中国与四方之戎、蛮、夷、狄,都有各自的习性,不可勉强改变。

五方之民,言语不通,嗜欲不同。

【译文】

五方的人们,语言不相通,嗜好与需求也不相同。

父之齿随行,兄之齿雁行,朋友不相逾。

【译文】

与父亲年龄相当的人同行,应跟随在他后方;与兄长年龄相当的人同行,应该如雁行一样并行而稍后;与朋友同行,并肩而走不抢先或超越。

轻任并①,重任分,斑白者不提挈②。

---

①任:指有担负的人。
②斑白者:指头发斑白的老人。挈:提。

【译文】

两个担负物品的人同行,如果两人担负都较轻,就合在一起由年轻人担负;如果两人担负都较重,则分开来担负,由年轻人担重的,年长者担轻的;头发斑白的老人不提着东西走路。

月令

天地和同,草木萌动。

【译文】

天地之气中和,草木开始萌芽。

毋覆巢,毋杀孩虫、胎、夭、飞鸟①。毋麛②,毋卵。

---

①孩虫:幼虫。胎、夭、飞鸟:孔疏:"胎,谓在腹中未出;夭,为生而已死者。……飞鸟,谓初飞之鸟。"
②麛(mí):幼鹿。这里泛指幼兽。

【译文】

不要拆毁鸟窝,不要杀害幼虫、怀孕的母兽、刚出生的幼兽、刚会飞的小鸟。不要猎取幼兽,不要掏取鸟蛋。

毋竭川泽,毋漉陂池①,毋焚山林。

①漉(lù):干涸。陂(bēi):蓄水池。池:池塘。

【译文】

不要使川泽枯竭,不要使水池、池塘干涸,不要焚烧山林。

行爵出禄,必当其位。
【译文】
赐予爵位和俸禄,一定与其职位相称。

节耆欲[①],定心气。

①耆:同"嗜"。

【译文】

节制自己的嗜好和欲望,平心静气。

凉风至,白露降[①],寒蝉鸣[②]。

①白露:阴气盛而露重,故色白。
②寒蝉:又称"寒蜩",蝉的一种。较一般蝉小,青赤色。

【译文】

凉风到来,露水降在叶子上,寒蝉鸣叫。

天地始肃,不可以赢[①]。

①赢:郑注:"犹解也。"指政教松懈、政令松弛。

【译文】

天地间开始有肃杀之气,要顺应节气,政教政令不可松懈宽缓。

凡举大事,毋逆大数①,必顺其时,慎因其类。

———

①大数:天数,天道。

【译文】

凡是有兴兵劳役等大事,不要忤逆天道,要谨慎地因循不同季节的类别来办。

文王世子

知为人子,然后可以为人父;知为人臣,然后可以为人君;知事人,然后能使人。

【译文】

要先知道如何为人子,然后才可以为人父;知道如何为人臣,然后才可以为人君;知道如何为他人做事,然后才能支使他人。

语曰①:"乐正司业②,父师司成③,一有元良④,万国以贞⑤。"

———

①语:古语。

②司业:负责课业。业,指《诗》《书》等课业。

③父师:指大司成。司成:负责道德品行的养成。以上二句,孔疏:"司是职司,故为主。谓乐正主太子《诗》《书》之业,父师主太子成就其德

行也。"

④一：一人。元：大。良：善。

⑤贞：正。

【译文】

古语说："乐正负责传授知识课业，大司成负责成就道德品行，一人贤良，天下都能行正道。"

礼运

大道之行也，天下为公。

【译文】

大道施行的时代，人们公有天下。

选贤与能，讲信修睦，故人不独亲其亲，不独子其子，使老有所终，壮有所用，幼有所长，矜寡孤独废疾者皆有所养。

【译文】

选拔有德行的贤人、举荐有道德的能人，讲求诚信、修行和睦，所以人们不只是孝敬自己的双亲，不只是慈爱自己的子女，而是使老年人可以颐养天年，使壮年人可以发挥所能，使幼年人能健康地成长，鳏夫或寡妇、孤儿或无后者、残废或生病的人，都可以得到照顾与供养。

男有分，女有归。

【译文】

使男子各有职业，使女子出嫁各有归属。

货恶其弃于地也,不必藏于己;力恶其不出于身也,不必为己。

【译文】

财货,厌恶它被任意抛弃在地上,却不必只是自己想占有收藏;力气,厌恶自己有能力却没有用出来,尽力却不必只是为自己。

礼者,君之大柄也。

【译文】

礼,是国君治理国家最有力的工具。

何谓人情?喜、怒、哀、惧、爱、恶、欲,七者弗学而能。

【译文】

什么叫做人情?喜、怒、哀、惧、爱、恶、欲,这七种不学就会的感情就是人情。

何谓人义?父慈、子孝、兄良、弟弟、夫义、妇听、长惠、幼顺、君仁、臣忠,十者谓之人义。

【译文】

什么叫做人义?父亲慈爱,儿子孝敬,兄长善良,幼弟敬长,丈夫守义,妻子听从,长者施惠,幼者恭顺,君主仁慈,臣子忠诚,这十种伦理关系准则就叫人义。

饮食男女,人之大欲存焉;死亡贫苦,人之大恶存焉。故欲恶者,心之大端也。

【译文】

饮食与求偶,是人最大的欲望所在;死亡与贫苦,是人最大的厌恶所在。所以欲望和厌恶,是人心中的两件大事。

人者,其天地之德,阴阳之交,鬼神之会①,五行之秀气也。

①鬼神:孔疏:"鬼谓形体,神谓精气。"

【译文】

人是感于天地所载之德,阴阳二气交合,形体和精气结合,吸收五行的精华而生。

人者,天地之心也,五行之端也,食味、别声、被色而生者也。

【译文】

人是天地的核心,是五行的端首,知道调和品尝五种不同滋味、辨别五种不同声音、穿着五种不同颜色的衣服而生活的。

国有礼,官有御,事有职,礼有序。

【译文】

国家有礼制,百官各自管理各自的事务,事情有分职,礼仪有秩序。

礼义也者,人之大端也。

【译文】

礼义这个东西,是人的头等大事。

仁者,义之本也,顺之体也,得之者尊。
【译文】
仁是义的根本,是顺的主体,谁能做到仁谁就受人尊敬。

四体既正,肤革充盈,人之肥也。
【译文】
四肢健全,肌肤丰满,这是个人身体的肥壮。

父子笃,兄弟睦,夫妇和,家之肥也。
【译文】
父子情笃,兄弟和睦,夫妇和谐,这是家庭的肥壮。

大臣法,小臣廉,官职相序,君臣相正,国之肥也。
【译文】
大臣守法,小臣廉洁,百官各守其职而上下有序,君臣相互规正,这是国家的肥壮。

天子以德为车,以乐为御,诸侯以礼相与,大夫以法相序,士以信相考,百姓以睦相守,天下之肥也。
【译文】
天子把道德当作车辆,把音乐当作驾车者,诸侯用礼相互往来,大夫用法排列次序,士用诚信完成事情,百姓用和睦维持关系,这可以看作是整个天下的肥壮。

圣王所以顺,山者不使居川,不使渚者居中原①,而弗敝也。

①渚(zhǔ)：水中小块陆地。

【译文】

圣王顺应人情而制礼，不让居住在山中的人去水旁居住，不让居住在河洲的人去平原居住，这样人们都不会疲敝。

天不爱其道，地不爱其宝，人不爱其情。

【译文】

天不吝惜道义，地不吝惜宝物，人不吝惜感情。

礼器

礼器，是故大备。大备，盛德也。

【译文】

以礼为器，因而能品行大备。品行大备，就是盛德了。

君子有礼，则外谐而内无怨。

【译文】

君子有了礼，就能做到与外界和谐相处而内心无怨。

忠信，礼之本也；义理，礼之文也。无本不立，无文不行。

【译文】

忠信，是礼的内在本质；义理，是礼的外在的文的形式。没有内在的本质，礼就不能成立；没有外在的文的形式，礼就不能施行。

礼也者,合于天时,设于地财①,顺于鬼神,合于人心,理万物者也。

①设:适合。财:物。

【译文】

礼,应该是合乎天时,配合地利,顺应鬼神,符合人心,治理协调万物的。

天时有生也,地理有宜也,人官有能也①,物曲有利也②。

①人官有能:人体器官各有所能,如有残疾亦能加以调整而用其能。一说,"官"指职官。
②曲:孔颖达解为"委曲",孙希旦释为"遍"。

【译文】

四时各有所生,大地各有所宜,人的器官各有所能,万物各有所利。

礼也者,犹体也。体不备,君子谓之不成人。设之不当,犹不备也。

【译文】

所谓礼,就好比人的身体。身体不完备,君子就称之为不完备的人。礼如果施用不当,就好比身体不完备一样。

礼也者,物之致也。

【译文】

礼,是万事万物的准则。

礼也者,反其所自生①;乐也者,乐其所自成。

——

①自:由。

【译文】

礼,是返还自己生命的初始;乐,是欢庆自己取得的成就。

观其礼乐,而治乱可知也。

【译文】

观察一个国家的礼乐,就可以了解到这个国家治理得好坏。

观其器而知其工之巧,观其发而知其人之知①。

——

①发:指人的外在表现。

【译文】

君子只要观察器物就能知道工匠的巧拙,只要观察人的外在表现就能知道他的才智。

郊特牲

凡饮,养阳气也;凡食,养阴气也。

【译文】

凡是饮酒,意在保养阳气;凡是吃饭,意在保养阴气。

天地合,而后万物兴焉。

【译文】

天地交配,而万物诞生兴发。

男女有别,然后父子亲;父子亲,然后义生;义生,然后礼作;礼作,然后万物安。无别无义,禽兽之道也。

【译文】

男女有别,然后才有父子之亲;父子相亲,然后才有君臣之义;君臣有义,然后制定礼仪;制定了礼仪,然后万物相宜、各安其所。如果男女无别,父子无义,那就与禽兽一样了。

内则

内言不出,外言不入。

【译文】

家门内说的话不传出家门外,家门外讲的话也不传入家门内。

父母有过,下气怡色,柔声以谏。

【译文】

父母有了过失,做儿女的要低声下气、和颜悦色、柔声细语地加以劝谏。

玉藻

君子远庖厨[①],凡有血气之类,弗身践也[②]。

①庖厨：宰杀烹割牲畜的场所。君子因怀有仁爱之心，不忍见牲畜被宰杀，所以要远离庖厨。

②践：当作"翦"，杀。

【译文】

怀有仁爱之心的君子都会远离宰杀烹煮牲畜的场所，凡是有血、有气的动物，君子都不忍亲见宰杀。

凡尝远食，必顺近食。

【译文】

凡是想要品尝远处的菜肴，也一定要按着顺序从近处的菜肴开始吃。

亲老，出不易方，复不过时。

【译文】

双亲年老，做儿子的出门不改变方向去所，以免双亲找不到自己；要按时回家，以免双亲牵挂自己。

君子之容舒迟，见所尊者齐遬①。

①齐遬（zhāi sù）：谦和恭谨。

【译文】

君子的容貌要恬淡娴雅，见到所尊敬的人则要谦和恭谨。

燕居告温温①。

①告:郑注:"谓教使也。"温温:和柔谦恭的样子。

【译文】

君子平素闲居时教育人、使唤人,态度要温柔和善。

立容辨①,卑毋谄,头颈必中②。

①辨:通"贬"。

②中:直立而不倾侧。

【译文】

在尊者面前站立,仪态谦卑,但不是谄媚,头颈必保持中正而不倾侧。

不疑在躬①,不度民械②,不愿于大家③,不訾重器④。

①躬:自身。

②械:器物。

③愿:表示要效仿。大家:孔疏:"谓富贵广大之家,谓卿大夫之家也。"

④訾(zī):估量,揣度。

【译文】

不做使自己受到怀疑的事,不猜度他人的器物,不羡慕富贵之家,不揣度他人宝器价值。

尊长于己逾等①,不敢问其年。

①逾等：辈分高过自己。

【译文】

尊长的辈分比自己高，不敢询问他们的年龄。

事君者量而后入，不入而后量。

【译文】

臣子侍奉国君，凡有请求要办事，要先考量提出此事是否合理、能否办成，然后再入朝请求；不要先入朝请求要办事，然后才考量此事是否合理、能否办成。

不窥密，不旁狎①，不道旧故，不戏色②。

①狎（xiá）：亲近。
②不戏色：孔疏："不戏弄其颜色。"

【译文】

不要窥探他人的隐私秘密，不要随便与人套近乎，不要说别人以前的罪过、丑事，不要有嬉戏、轻慢的神态表情。

为人臣下者，有谏而无讪①，有亡而无疾②，颂而无谄，谏而无骄，怠则张而相之③，废则扫而更之④，谓之社稷之役⑤。

①讪（shàn）：毁谤。
②亡：去。疾：恶（wù），憎恶。
③怠则张而相之：孔疏："若君政怠惰，则臣当为张起而助成之也。"

相,助。

④废则扫而更之:孔疏:"君政若已废坏,无可复张助者,则当扫荡而更创立为新政也。"废,政令废弛。

⑤社稷之役:帮助维护社稷的臣子。役,孔疏:"谓助为也。"

【译文】

作为臣子,应该对国君的过错当面加以劝谏,而不能背后毁谤;国君如果不听自己的劝谏,臣子可以离他而去,但不能心存憎恶;可以称颂国君的美德,但不能谄媚阿谀;国君如果接受了自己的劝谏,不能骄傲自得;国君如果对政事荒废怠惰,就要帮助国君加以处理;如果政务已经废坏,就设法要扫除弊政、更立新政,这样的臣子才叫社稷之臣。

毋拔来,毋报往①。

①"毋拔来"二句:要循序渐进,不要疾来疾往。朱熹认为,二句的意思是不要轻易地因为喜欢而去做某事,而又很快地放弃。拔、报(fù),都是疾速的意思。报,通"赴"。

【译文】

不要很快地去做某事,如果做了不要很快地放弃。

毋訾衣服成器①,毋身质言语②。

①毋訾(zī)衣服成器:郑注:"訾,思也。"孔疏:"无得思念衣服善器。"不要揣度估量人家的衣服、器具。

②毋身质言语:不要以自己的怀疑去推定言语,以免作出错误判断。

【译文】

不要去打好衣服、好器物的主意,不要以自己的怀疑去推定言语,以免作出错误的判断。

言语之美,穆穆皇皇①。

———
①穆穆:和静貌。皇皇:美盛貌。

【译文】

言语之美,在于平和大方。

执虚如执盈,入虚如有人。

【译文】

手中拿着没有盛放东西的器皿,要像拿着装满东西的器皿一样小心翼翼;进入无人的房间,要像进入有人的房间一样恭恭敬敬。

凡洗必盥。

【译文】

凡洗爵杯,一定先要洗手。

学记

玉不琢,不成器;人不学,不知道。

【译文】

玉不雕琢,就不能成为有用的器物;人不学习,就不能知晓道理。

虽有嘉肴,弗食,不知其旨也;虽有至道,弗学,不知其善也。

【译文】

即使有美食佳肴,如果不吃一口,就不知道它的美味;即使有深刻的道理,如果不学习,就不明白它好在哪里。

学然后知不足,教然后知困。知不足,然后能自反也;知困,然后能自强也。故曰:教学相长也。

【译文】

学习之后才知道自己的不足,教人之后才发觉自己的困惑。知道自己的不足,然后才能够反省自己;发觉自己的困惑,然后才能发奋图强。所以说:教与学是相互促进的。

夫然后足以化民易俗,近者说服而远者怀之,此大学之道也。

【译文】

学业大成后,就足以教化人们、移风易俗,使亲近的人心悦诚服,而远方的人都来归附,这就是大学之道。

时观而弗语,存其心也。

【译文】

教师注意观察学生,却不事事叮咛,让学生动脑筋、存疑问,培养独立思考的能力。

大学之教也,时教必有正业①,退息必有居学②。

①时教:因时施教。朱熹将"时"字属上句,读为"大学之教也时",认为即《王制》篇中"春、秋教以《礼》《乐》,冬、夏教以《诗》《书》"。正业:孔疏,即先王的正典,而非诸子百家。
②居学:指居家休息时的辅助性的学习。

【译文】

大学的教学,要因时施教安排授课内容,教学内容一定是先王的正典,课后休息一定在居所有各种学习。

君子之于学也,藏焉,修焉,息焉,游焉。

【译文】

君子对于学习这件事,要时刻怀藏着学习的心愿,不断研修,休息时不忘学习,游乐时也不忘学习。

大学之法:禁于未发之谓豫^①,当其可之谓时,不陵节而施之谓孙^②,相观而善之谓摩。

①豫:预备,预防。
②陵节:超越阶段。孙(xùn):通"逊",顺。

【译文】

大学教育的方法:在邪念未萌发之时就加以禁止,这叫预防;在可以接受教育之时就加以教育,这叫适时;不超越学习阶段而循序渐进地施教,这叫顺序;互相观察而学习别人的优点,这叫观摩。

时过然后学,则勤苦而难成。

【译文】

过了能够接受学习的年纪之后才学习,就会劳累辛苦而难有成效。

独学而无友,则孤陋而寡闻。

【译文】

独自学习而没有朋友相互交流切磋,就会孤陋寡闻。

君子既知教之所由兴,又知教之所由废,然后可以为人师也。

【译文】

君子已经知道教育之所以兴盛的方法,又知道教育之所以失败的原因,然后就可以为人师表了。

君子之教喻也,道而弗牵①,强而弗抑②,开而弗达。

① 道(dǎo):导引。牵:牵制。
② 强(qiǎng):劝勉。

【译文】

君子教育学生时,引导而不牵制,劝勉而不压抑,启发思考而不说尽。

知其心,然后能救其失也。教也者,长善而救其失者也。

【译文】

教师必须知道学生的心理,然后才能纠正学生的过失。教育,就是让学生发挥所长,并纠正他们的过失。

善歌者,使人继其声;善教者,使人继其志。

【译文】

善于唱歌的人,能使人感动而不知不觉地跟着唱;善于教育的人,能使人听懂了他讲的道理、继承他的志向。

君子知至学之难易,而知其美恶,然后能博喻①。

———

①博喻:孙希旦《集解》:"谓因学者之材质而告之,而广博譬喻,不拘一途也。"即因材施教。

【译文】

君子知道到达学问之路的难易,而且知道学生的素质有好有坏,然后能广用比喻、因材施教。

凡学之道,严师为难①。师严然后道尊,道尊然后民知敬学。

———

①严:尊敬。

【译文】

凡学习之道,最难的就是尊敬老师。老师受到尊敬,然后道才会受到尊重,道受到尊重,然后人们才知道尊崇敬重学问。

善学者,师逸而功倍,又从而庸之①;不善学者,师勤而功半,又从而怨之。

———

①庸:功劳。

【译文】

善于学习的人,老师轻松而效果加倍,学生又从而归功于老师;不善于学习的人,老师辛勤而效果减半,学生又从而埋怨老师。

良冶之子①,必学为裘②;良弓之子,必学为箕③。

①冶:冶铸。

②为裘:以兽皮缝缀裘衣,把一片片的兽皮拼合成皮衣。

③为箕:畚箕必须由弯曲柳条编制。本节前两句,李调元《礼记补注》认为,虽然冶铸与缝制裘衣、制弓与编制簸箕,表面上是不相关的事,但方法与道理却是可以借鉴学习的,作者是借此说明"学者贵于善悟也",也就是举一反三的学习之道。

【译文】

优秀的冶铸工之子,一定要学习缝制裘衣;优秀的制弓匠之子,一定要学习编制畚箕。

大德不官,大道不器,大信不约,大时不齐。

【译文】

最大的德行不局限于任何官职,最高的道理不拘泥于任何器用,最大的诚信不必用符券约束,最要紧的天时不会将万物消长、荣枯、兴衰整齐划一。

乐记

凡音之起①,由人心生也。人心之动②,物使之然也③。

①音：曲调。包括有词的歌和无词的曲。《乐记》中的"音"与"声""乐"相对，郑玄以为宫、商、角、徵、羽五音相杂调和谓之"音"，单出谓之"声"。

②动：指感情的变化。

③物：外界事物。

【译文】

"音"的缘起，是从人心所产生的。人心的活动，是外界事物触发的结果。

感于物而动，故形于声。声相应，故生变，变成方①，谓之音。

①方：声按照一定方式、形式排列组合，即曲调。

【译文】

有感于外界事物而心动，所以用"声"表现出来。不同的声彼此应和，所以产生变化，把声的变化按着一定的规律表现出来，就称作"音"。

乐者，音之所由生也，其本在人心之感于物也。

【译文】

乐，是从音产生的，它的根源在于人心感应外界的事物。

凡音者，生人心者也。情动于中，故形于声，声成文①，谓之音。

①成文：指合成为一定的形式，即曲调。文，指文采。

【译文】

音，是产生于人的内心的。情感在心中激宕，因此表现为"声"，"声"组合成一定形式的曲调，就称作"音"。

治世之音安以乐①，其政和；乱世之音怨以怒②，其政乖③；亡国之音哀以思④，其民困。

①治世：太平的时期。安：安详。
②乱世：动乱的时期。怨：怨恨。
③乖：反常，不和谐。
④思：深沉，忧郁。

【译文】

治世之音安详而喜乐，表示政治和谐；乱世之音怨恨而愤怒，表示政治混乱；亡国之音悲哀而忧郁，表示人们困苦。

人生而静①，天之性也。感于物而动，性之欲也。

①静：平静。指人初生时没有外物的影响，还没有情感、欲望的躁动。

【译文】

人生来是平静的，没有情欲的躁动，这是天赋的本性。感受到外物而心动，这是人的本性产生的欲求。

先王之制礼乐,人为之节。

【译文】

先代君王制礼作乐,使人以此节制自己。

乐者为同,礼者为异。同则相亲,异则相敬。

【译文】

乐是为了和合情感,礼是为了区别差异。情感和合就能彼此亲近,区别差异就能互相尊敬。

乐由中出①,礼自外作。

---

①中:内心。出:产生。

【译文】

乐是从内心产生的,礼是在外表反映的。

大乐必易,大礼必简。

【译文】

大乐一定是平易的,大礼一定是简约的。

乐至则无怨,礼至则不争。揖让而治天下者,礼乐之谓也。

【译文】

乐教施行了,就没有怨恨;礼教施行了,就不会相争。靠着谦让就能治理天下的,说的就是礼乐了。

大乐与天地同和,大礼与天地同节。
【译文】
大乐与天地一样协和万物,大礼与天地一样节制万物。

礼者,殊事合敬者也;乐者,异文合爱者也。
【译文】
礼,以不同的仪节使人彼此敬重;乐,以不同形式的乐曲使人亲近相爱。

乐者,天地之和也;礼者,天地之序也。
【译文】
乐,象征天地的和谐;礼,象征天地的秩序。

和,故百物皆化;序,故群物皆别。
【译文】
有和谐,所以万物化生;有秩序,所以万物有别。

乐极则忧,礼粗则偏矣。
【译文】
乐,超过极限就会生发忧虑;礼,制作粗疏就会出现偏差。

春作夏长,仁也;秋敛冬藏,义也。
【译文】
春天萌生,夏天成长,体现了天地的仁;秋天收获,冬天储藏,体现了天地的义。

方以类聚,物以群分,则性命不同矣。
【译文】
飞禽走兽,各以种类而聚;草木竹树,各以族群而分,那么万物的禀性、生命是各不相同的。

化不时则不生,男女无辨则乱升①,天地之情也。

①升:成。
【译文】
化育万物不符合天时就不能生长,男女没有区别就会产生混乱,这是天地间的情理。

著不息者天也①,著不动者地也,一动一静者,天地之间也。

①著:明白,显著。
【译文】
明白运动不息的是上天,明白一切静止的是大地,而一动一静的,是天地之间的万物。

天地之道,寒暑不时则疾,风雨不节则饥。
【译文】
天地之间的道理,寒暑不应时令就会发生疾病,风雨不合节气就会发生饥荒。

乐者，乐也①。

①乐(yuè)者，乐(lè)也：音乐，就是快乐。
【译文】
音乐，就是快乐。

君子乐得其道，小人乐得其欲。以道制欲，则乐而不乱；以欲忘道，则惑而不乐。
【译文】
君子乐在得到仁义之道，小人乐在满足欲望。用仁义之道来节制欲望，就能享受快乐而不迷乱；为了欲望而忘却仁义之道，就会迷乱而享受不到快乐。

德成而上，艺成而下；行成而先，事成而后。
【译文】
德行有成就的人在上位，技艺有成就的人在下位；有德行的人排在前，懂技艺的人排在后。

天则不言而信，神则不怒而威，致乐以治心者也。
【译文】
天虽不言不语却最有信用，神虽不愠不怒但自有威严，这就是致力于以乐来治理修养内心。

乐也者，动于内者也；礼也者，动于外者也。

【译文】

乐,是感动于人的内心的;礼,是感动于人的外在的。

夫乐者,乐也,人情之所不能免也。乐必发于声音,形于动静,人之道也。

【译文】

乐,是让人快乐的,这是人之常情所不能避免的。人快乐了,就一定要发出声音来表现,通过动作来表达,这是人的自然之道。

临事而屡断,勇也;见利而让,义也。

【译文】

遇事能够决断,这就是勇;见利能够推让,这就是义。

歌之为言也,长言之也。说之,故言之;言之不足,故长言之;长言之不足,故嗟叹之;嗟叹之不足,故不知手之舞之,足之蹈之也。

【译文】

唱歌也和说话一样,不过是拉长了声音的说话。因为高兴,所以想说话;说话不足以尽兴,就拖长了声调来说;拖长了声调还不足以尽兴,就吁嗟咏叹了;吁嗟咏叹还不足以尽兴,就不知不觉地手也舞起来了、足也跳起来了。

杂记下

君子上不僭上[①],下不偪下[②]。

①僭(jiàn)：假冒在上位者的名义，超越本分以行事。
②偪(bī)：逼迫，威胁。使下属感到为难。

【译文】

君子的行为要与身份相称，对上级不能僭越，对下属也不能让人感到窘迫。

君子有三患：未之闻，患弗得闻也。既闻之，患弗得学也。既学之，患弗能行也。

【译文】

君子有三件忧虑事：没有听过的知识，忧虑不能够听到。已经听到的知识，忧虑学不到手。学到手的东西，忧虑不能践行。

张而不弛，文武弗能也。弛而不张，文武弗为也。一张一弛，文武之道也。

【译文】

只让人们紧张劳作而不让人们松弛休息，周文王、周武王也不能做到。只让人们松弛休息而不让人们紧张劳作，周文王、周武王也不会这么做。有紧张劳作的时候，也有松弛休息的时候，这才是文王、武王治理天下的方法。

祭义

君子生则敬养，死则敬享，思终身弗辱也。

【译文】

君子在父母健在时要恭敬地奉养,父母去世后要恭敬地祭享,总想着终身都不能做有辱父母的事。

孝子之有深爱者必有和气,有和气者必有愉色,有愉色者必有婉容。

【译文】

孝子对父母有深厚的爱,心中就一定充满和顺之气;心中充满和顺之气,脸上就一定有愉悦的神色;脸上有愉悦的神色,就一定会有温婉的容貌。

先王之所以治天下者五:贵有德,贵贵,贵老,敬长,慈幼。

【译文】

先王用来治理天下的原则有五项:尊重有德之人,尊重高贵之人,尊重老人,尊敬长者,慈爱孩童。

君子反古复始,不忘其所由生也。

【译文】

君子们返怀远祖,追念本始,不要忘记诞生自己生命的由来。

孝有三:大孝尊亲,其次弗辱,其下能养。

【译文】

孝有三等:大孝是使父母受到他人的敬重,其次是不令父母蒙羞受辱,最下等是只能养活父母。

树木以时伐焉,禽兽以时杀焉。
【译文】
树木要在适当的时节砍伐,禽兽要在适当的时节猎杀。

父母爱之,喜而弗忘;父母恶之,惧而无怨。
【译文】
父母疼爱自己,就喜乐而不敢忘怀;父母厌恶自己,就戒惧而没有怨恨。

天之所生,地之所养,无人为大。
【译文】
上天所生的,大地所养的,没有比人更大、更高贵的了。

父母全而生之,子全而归之,可谓孝矣。不亏其体,不辱其身,可谓全矣。
【译文】
父母完完整整地生下儿子的身体,做儿子的死后也要完完整整地归还父母,这才可称得上孝。不亏损自己的形体,不使自己蒙受恶名,这才可称为完完整整归还父母。

不辱其身,不羞其亲,可谓孝矣。
【译文】
不使自身受辱,不让父母蒙羞,就可以称得上孝了。

善则称人,过则称己。

【译文】

做了好事要归功他人,有了过失要检讨自己。

教不伐,以尊贤也。
【译文】

要教导人们不要矜持自大,要尊重贤能。

祭统

凡治人之道,莫急于礼。
【译文】

凡治理百姓的方法中,没有比礼更重要的了。

心不苟虑,必依于道;手足不苟动,必依于礼。
【译文】

心中不胡思乱想,思考一定合乎正道;手脚不乱搁乱动,举止一定合乎礼仪。

非诸人,行诸己,非教之道也。
【译文】

非难别人的行为不对,自己还去做那样的行为,这不是正确的教导人的方法。

惠均则政行,政行则事成,事成则功立。

【译文】

施予恩惠能平均,政令就能推行;政令能够推行,事情就能办成;事情可以办成,功业就能建立。

经解

入其国,其教可知也。

【译文】

进入一个国家,观察民情风俗就可以知道这个国家的教化如何。

义与信,和与仁,霸、王之器也。

【译文】

义与信,和与仁,是霸者、王者治理天下的工具。

礼之于正国也,犹衡之于轻重也,绳墨之于曲直也,规矩之于方圜也。

【译文】

礼对于治理国家的作用,就如同秤对于度量轻重,墨斗线绳对于测量曲直,圆规矩尺对于画方画圆。

安上治民,莫善于礼。

【译文】

使君主安心,治理百姓,没有比礼更好的。

夫礼禁乱之所由生,犹坊止水之所自来也[①]。

①坊:或作"防",堤防。

【译文】

礼,用于防止纷乱的发生,就如同堤坝防止水患的发生。

哀公问

民之所由生,礼为大。

【译文】

人们在生存中要依凭的,礼是最重要的。

君为正,则百姓从政矣。

【译文】

国君为正道,百姓就能服从政令。

古之为政,爱人为大。所以治爱人,礼为大。所以治礼,敬为大。

【译文】

古时候的为政,把爱别人看得最为重要。要做到爱别人,礼最为重要。要做到有礼,恭敬最为重要。

君子兴敬为亲,舍敬,是遗亲也。弗爱不亲,弗敬不正。爱与敬,其政之本与?

【译文】

君子用尊敬表示亲爱,舍弃了尊敬,就抛掉了亲爱。没有爱就没有亲,没有敬就没有正。爱与敬,应该是为政的根本吧?

天地不合,万物不生。
【译文】
天地阴阳之气不合,万物就不能生长。

为政先礼,礼其政之本与!
【译文】
为政要以礼为先导,礼乃是为政的根本啊!

君子言不过辞,动不过则,百姓不命而敬恭。
【译文】
君子如果能够不说错话,不做错事,那么百姓不用下令就能恭恭敬敬地服从。

仲尼燕居

夫礼,所以制中也。
【译文】
礼,就是要用来制约、调节使之适中。

君子有其事必有其治。
【译文】
君子有要做的事,就有处理这件事的办法。

治国而无礼,譬犹瞽之无相与,伥伥乎其何之①?譬如终夜有求于幽室之中,非烛何见?

———
①伥伥(chāng):茫然若失的样子。

【译文】

治理国家如果没有礼,那就好像盲人走路而没有引导的人,迷茫中要去向何处呢?又好像整夜在暗室之中寻找什么,没有烛光能看见什么呢?

若无礼,则手足无所错,耳目无所加,进退、揖让无所制。

【译文】

如果没有礼,手脚就不知该往哪儿放,耳朵就不知该听什么,眼睛就不知该看什么,进退、揖让就不知该怎样安排自己的举措。

礼也者,理也;乐也者,节也。

【译文】

礼,就是道理;乐,就是节制。

言而履之,礼也;行而乐之,乐也。

【译文】

话说出去了必定践行,这就是礼;践行了感到了快乐,这就是乐。

礼之所兴,众之所治也;礼之所废,众之所乱也。

【译文】

礼能够兴盛,民众得到治理;礼如果荒废,民众就会作乱。

孔子闲居

天有四时,春秋冬夏,风雨霜露,无非教也。
【译文】
天有四时,春秋冬夏,刮风下雨,下露降霜,这些都是上天对世人的教化。

清明在躬,气志如神。
【译文】
自身德行清明,气志微妙如神。

天降时雨,山川出云。
【译文】
天将依时降雨,山川就先生出了云气吐出。

坊记

礼者,因人之情而为之节文,以为民坊者也①。

———
①坊:通"防"。

【译文】
礼,就是根据人的性情而进行调节制约,以对民众防范。

贫而好乐,富而好礼,众而以宁者①,天下其几矣②!

①众:大族众家。宁:安。
②天下其几矣:郑注:"言如此者寡也。"

【译文】

贫穷但能自得其乐,富贵但能谦和好礼,族人众多但能平安相处,这样的人天下很少呢!

天无二日,土无二王,家无二主,尊无二上,示民有君臣之别也。

【译文】

天上没有两个太阳,地上没有两个帝王,一家没有两个主人,最高位上不能有两个尊者,这就是要向民众表示的君臣的差别。

君子辞贵不辞贱,辞富不辞贫,则乱益亡。

【译文】

君子推辞高贵而不推辞卑贱,推辞富有而不推辞贫穷,这样动乱就会逐渐消亡。

君子与其使食浮于人也①,宁使人浮于食。

①君子与其使食浮于人也:郑注:"禄胜己则近贪,己胜禄则近廉。"食,俸禄。浮,上。

【译文】

君子与其让所得的俸禄超过人所具有的能力,宁可让人所具有的能力超过所得的俸禄。

君子贵人而贱己,先人而后己,则民作让。
【译文】
君子尊重别人而贬抑自己,先人而后己,这样人们就会养成谦让的风气。

有国家者贵人而贱禄,则民兴让。
【译文】
国家掌权的人,如果以人才为尊贵而以爵禄为轻贱,那么人们尊重礼让人才的风气就会兴起了。

君子约言,小人先言。
【译文】
君子是说得少而做得多,小人是没做事就先说大话。

上酌民言①,则下天上施;上不酌民言,则犯也;下不天上施,则乱也。

①酌:郑注:"犹取也。"

【译文】
君上如果吸取民众的意见,那么在下的民众受到君上所施恩泽,敬仰如天;如果君上不吸取民众的意见,那么在下的民众就会犯上;在下的民众不敬仰君上,不领受君上的恩泽,就会发生动乱。

君子信让以莅百姓①,则民之报礼重。

①莅(lì):管理、对待。

【译文】

君子用诚信谦让来对待百姓,民众就会以礼回报。

善则称人,过则称己,则民不争。善则称人,过则称己,则怨益亡。

【译文】

功绩归于他人,过失归于自己,这样民众就不会发生争执。功绩归于他人,过失归于自己,这样民众的怨恨就会日益消失。

君子弛其亲之过①,而敬其美。

①弛:郑注:"犹弃忘也。"

【译文】

君子对父母的过错都遗忘掉,只记住并敬重父母的美德。

从命不忿,微谏不倦,劳而不怨,可谓孝矣。

【译文】

遵从父母之命心中从无不满,劝谏父母柔声细气一点一点说,为父母操劳从无怨言,能做到这样可以称得上孝了。

君子不尽利,以遗民。

【译文】

君子不把利益全占尽,而要遗留一些给民众。

中庸

君子戒慎乎其所不睹,恐惧乎其所不闻。莫见乎隐,莫显乎微。故君子慎其独也①。

――――
①慎其独:郑注:"慎其闲居之所为。"即闲暇独处时的所作所为要审慎。

【译文】
君子在人们看不见的地方也警戒谨慎,在人们听不见的地方也畏惧小心。没有比隐秘的地方更容易暴露了,没有比细微的事物更容易显现了。所以君子在闲暇独处时也非常审慎。

喜怒哀乐之未发,谓之中;发而皆中节,谓之和。中也者,天下之大本也;和也者,天下之达道也。致中和,天地位焉,万物育焉。

【译文】
人的喜怒哀乐没有表现出来,就叫做"中";表现出来而又合乎节度,就叫做"和"。中,是天下的根本;和,是使天下顺通畅达之道。达到了中和,天地之间的一切就各得其所、各居其位,万物就都能繁育生长了。

中庸其至矣乎!民鲜能久矣①!

――――
①"中庸"二句:《释文》:"一本作'中庸之为德其至矣乎'。"郑注:"言中庸为道至美,顾人罕能久行。"鲜(xiǎn),少。

【译文】

中庸之道,是最美好的道德!很罕见人们能长久实行!

人莫不饮食也,鲜能知味也①。

①"人莫不"二句:孔疏:"言饮食,易也;知味,难也。"

【译文】

人们没有不会吃不会喝的,但真正能知味、品味、知道恰到好处的,只有很少的人。

天下、国、家可均也①,爵禄可辞也,白刃可蹈也,中庸不可能也。

①天下、国、家:孔疏:"天下,谓天子。国,谓诸侯。家,谓卿大夫也。"

【译文】

天下、国、家的事情可以治理,爵位、俸禄可以推辞,锋利的刀刃可以踩踏,唯有中庸之道很难做到。

君子和而不流,强哉矫①!中立而不倚,强哉矫!

①矫:郑注:"强貌。"

【译文】

君子和顺而不随波逐流,这是真正的强啊!中立而不偏不倚,这是真正的强啊!

国有道,不变塞焉,强哉矫! 国无道,至死不变,强哉矫!

【译文】

国家有道时,德行坚贞,不变正直,这是真正的强啊! 国家无道时,坚守志向,至死不变,这是真正的强啊!

君子遵道而行,半途而废,吾弗能已矣①。

①已:停止。

【译文】

君子遵循正道而行,很多人半途而废,但我不能停止。

君子之道费而隐①。

①费:朱熹云:"用之广也。"

【译文】

君子之道博大而隐微。

道不远人,人之为道而远人,不可以为道。

【译文】

道是不会远离人的,如果人要实行道,道却远离人,那就不可以称之为道。

施诸己而不愿,亦勿施于人。

【译文】

施加在自己身上的事,如果是自己所不愿意的,也不要施加给别人。

君子素其位而行①,不愿乎其外。

①素:现在。

【译文】

君子以自己现在所处的地位行事,不羡慕操办自己地位以外的事情。

素富贵,行乎富贵;素贫贱,行乎贫贱;素夷狄,行乎夷狄;素患难,行乎患难:君子无入而不自得焉。

【译文】

现在如果富贵,就按富贵者的身份行事;现在如果贫贱,就按贫贱者的身份行事;现在如果是夷狄,就按夷狄的身份行事;现在如果在患难中,就按患难者的身份行事:君子没有进入哪种情况而不能安然自得的。

在上位不陵下,在下位不援上①,正己而不求于人则无怨。

①援:巴结。

【译文】

身居上位,不欺凌居于下位者;身居下位,不巴结居于上位者;端正自己而不苛求别人,就不会招来怨恨。

上不怨天,下不尤人。故君子居易以俟命,小人行险以徼幸。

【译文】

在上不抱怨天,在下不怪罪他人。所以君子让自己处于平安的境地以等待天命,小人却铤而走险以求侥幸。

君子之道,辟如行远必自迩①,辟如登高必自卑。

①辟:通"譬"。迩:近。

【译文】

君子之道,就譬如到远方一定要从近处起步,又譬如登高一定要从低处开始。

大德必得其位,必得其禄,必得其名,必得其寿。

【译文】

有大德就一定能得到高位,就一定能得到厚禄,就一定能得到名望,就一定能得到寿数。

天之生物,必因其材而笃焉。

【译文】

上天生养万物,一定要根据资质的不同而厚待他们。

栽者培之,倾者覆之。

【译文】

能成才的就得到栽培,不能成才的就遭到淘汰。

夫孝者,善继人之志,善述人之事者也。

【译文】

所谓孝,就是善于继承先人的遗志,善于承续先人未竟的事业。

人道敏政,地道敏树。

【译文】

人之道在于迅速地推行治国之法,地之道在于迅速地种植树木。

为政在人,取人以身,修身以道,修道以仁。

【译文】

为政的根本在于得到贤人,而要得到贤人又必须依靠修养自身,修养自身要依靠遵循道德,而遵循道德要依靠仁。

仁者,人也,亲亲为大;义者,宜也,尊贤为大。

【译文】

所谓仁,就是爱人,亲近自己的亲人最为重要;所谓义,就是适宜,尊敬贤人最为重要。

君子不可以不修身;思修身,不可以不事亲;思事亲,不可以不知人;思知人,不可以不知天。

【译文】

君子不可以不修身;要想修身,就不可以不事奉双亲;要想事奉双亲,就不可以不知人;要想知人,就不可以不知道天理。

好学近乎知,力行近乎仁,知耻近乎勇。

【译文】

爱好学习就接近于成为智者,努力实行就接近于成为仁者,知道羞耻就接近于成为勇者。

凡事豫则立①,不豫则废。

① 豫:同"预",预备。

【译文】

凡做事如果预先准备就能成功,没有预先准备就会失败。

言前定则不跲①,事前定则不困,行前定则不疚②,道前定则不穷。

① 跲(jiá):窒碍。孔疏:"谓行倒蹶也。"
② 疚:病。此处指做错事。

【译文】

发言前预先做好准备就不会讲起来结结巴巴,做事前预先做好准备就不会困窘不顺,采取行动前预先做好准备就不会错误百出,行路前预先做好准备就不会途穷无路。

在下位不获乎上,民不可得而治矣。

【译文】

臣子身居下位而得不到君上的信任,就不能治理好百姓。

诚者,天之道也;诚之者,人之道也。

【译文】

真诚,是上天的道理;要做到真诚,也是做人的道理。

博学之,审问之,慎思之,明辨之,笃行之。

【译文】

广博地学习,详细地求教,周密地思考,清楚地辨别,切实地实行。

人一能之己百之,人十能之己千之。果能此道矣,虽愚必明,虽柔必强。

【译文】

聪明人学一遍就会的事,自己百倍用功学上百遍;聪明人学十遍就会的事,自己千倍用功学上千遍。如果真能做到这样,再愚笨的人也一定会变聪明,再柔弱的人也一定会变刚强。

诚则明矣,明则诚矣。

【译文】

有诚就一定明白道理,明白道理就一定有诚。

国家将兴,必有祯祥①;国家将亡,必有妖孽②。

①祯(zhēn)祥:指吉祥的预兆。
②妖孽:指凶恶的预兆。

【译文】

国家将要兴盛,一定有吉利祥瑞的预兆;国家将要灭亡,一定有怪异凶恶的征象。

祸福将至:善,必先知之;不善,必先知之。

【译文】

祸福将要来临的时候:好事,必定预先知道;坏事,也必定预先知道。

诚者物之终始,不诚无物。是故君子诚之为贵。诚者非自成己而已也,所以成物也。

【译文】

诚,贯穿事物的始终,没有诚就万事不成,万物不生。所以君子非常重视真诚。真诚,并非仅仅是对自我的修养就够了,还要成就事物,使之完善。

成己,仁也;成物,知也。

【译文】

自我修养的完善,是仁;万事万物的完善,是智。

至诚无息。

【译文】

至为真诚的美德适用于任何时候任何事情,是永无止息的。

天地之道,可壹言而尽也。

【译文】

天地间的道理,可以用一个"诚"字来概括。

天地之道,博也厚也,高也明也,悠也久也。

【译文】

天地的道理,广博而深厚,高大而光明,悠远而长久。

今夫山,一卷石之多,及其广大,草木生之,禽兽居之,宝藏兴焉。

【译文】

现在的这个山,最初只是拳头大小的一块石头,等到它变得广阔高大,草木在上面生长,禽兽在山中居住,宝藏从里面产出。

苟不至德,至道不凝焉。

【译文】

如果不是具有至为崇高德行的人,就不能成功实现圣人登峰造极的道。

居上不骄,为下不倍。国有道,其言足以兴,国无道,其默足以容。

【译文】

君子贤人身居上位不骄傲,身居下位不背叛。国家有道时,他的言论建议足以令国家兴盛;国家无道时,他韬晦沉默足以自保容身。

万物并育而不相害,道并行而不相悖,小德川流,大德敦化,此天地之所以为大也。

【译文】

万物共同生长而不互相妨害,万事各依规律运行而不互相冲突,小德川流不息,大德敦化盛大,这就是天地之所以伟大的原因。

唯天下至诚,为能经纶天下之大经,立天下之大本,知天地之化育。

【译文】

唯有天下至诚的人,才能掌握纵横天下的大纲,才能树立天下的根本,才能知晓天地化育万物的道理。

君子内省不疚,无恶于志。

【译文】

君子自我反省没有内疚,也不会损害自己的志向。

君子不动而敬,不言而信。

【译文】

君子无所举动也能令人尊敬,不必说话也能令人信服。

表记

君子隐而显,不矜而庄,不厉而威,不言而信。

【译文】

君子即使身在幽隐之处也能声名显著,不必自矜就能得到人们的尊重敬爱,不必严厉而自有威仪,不必说话就能得到信任。

君子不失足于人,不失色于人,不失口于人。

【译文】

君子举止行为对人不失礼仪,神情容色对人不失礼仪,言语说话对人不失礼仪。

君子慎以辟祸,笃以不揜①,恭以远耻。

————
①笃:厚。揜(yǎn):同"掩",困迫。

【译文】

君子为人谨慎得以避免灾祸,为人厚道得以不受困窘,为人恭敬得以远离耻辱。

君子庄敬日强①,安肆日偷②。

①庄敬日强:孔疏:"言君子之人恒能庄敬,故德业日强。"
②肆:放恣。偷:苟且。

【译文】

君子端庄恭敬,德行日益增强;小人安乐放肆,日益苟且偷安。

以德报德,则民有所劝。以怨报怨,则民有所惩。

【译文】

以恩惠回报别人对自己的恩惠,这样对人们就会有所勉励。以怨恨回报别人对自己的怨恨,这样对人们就会有所惩戒。

以德报怨,则宽身之仁也①;以怨报德,则刑戮之民也。

①仁:朱彬《训纂》云:"'仁'即'人'字,古通用。"

【译文】

以恩惠回报别人对自己的怨恨,这是爱惜自身以息怨的人;以怨恨回报别人对自己的恩惠,这是该被处刑的人。

仁者右也,道者左也。仁者人也,道者义也。

【译文】

仁好比是右手,道好比是左手。仁就是爱人,道就是道义。

仁有数,义有长短小大。

【译文】

仁与义都有数,仁与义都有程度高低及长短大小之别。

仁之为器重,其为道远。举者莫能胜也,行者莫能致也。

【译文】

仁如果是器物一定是重器,如果是行道一定是远途。举重者没有人能举起重器,行道者没有人能走完远途。

取数多者,仁也。

【译文】

对事物有利有益最多的,就是仁。

君子以义度人,则难为人;以人望人①,则贤者可知已矣。

①望:比。

【译文】

君子如果用义来衡量,就很难达标选到人;如果用人与人相比较,那么就可以知道谁是贤者了。

中心安仁者,天下一人而已矣。

【译文】

内心安于行仁的人,普天下是很少的。

恭近礼,俭近仁,信近情,敬让以行,此虽有过,其不甚矣。

【译文】

恭敬近于礼,节俭近于仁,诚信近于情性善良,恭敬谦让地行事,能如此做即使有过错,也不会太过分。

君子不以其所能者病人,不以人之所不能者愧人。

【译文】

君子不以自己所能做到的事去责备别人,也不以别人做不到的事羞辱别人。

君子不自大其事,不自尚其功,以求处情;过行弗率①,以求处厚;彰人之善,而美人之功,以求下贤。

---

①过行弗率:郑注:"率,循也。行过不复循行,犹不二过。"

【译文】

君子不夸大自己做的事,不推崇自己的功劳,以求符合实情;行为有过失,不再因循重犯,以求符合仁厚之道;表彰别人的善行,赞美别人的功劳,以求推崇贤者。

处其位而不履其事,则乱也。

【译文】

处于某个职位却不履行相应的职事,就会发生混乱。

君子之接如水,小人之接如醴①。君子淡以成,小人甘以坏。

①醴(lǐ):甜酒。

【译文】

君子之间的交往清淡如水,小人之间的交往浓甜如醴。君子之交虽清淡,但能成就事业;小人之交虽甘甜,但必败坏事业。

口惠而实不至,怨菑及其身①。是故君子与其有诺责也,宁有已怨②。

①菑(zāi):同"灾"。
②已:郑注:"谓不许也。"

【译文】

嘴上施给人家好处实际却不兑现,这样怨恨和灾祸就会降临自身。所以君子与其承担承诺不能兑现的责任,不如承担拒绝承诺的抱怨。

情欲信,辞欲巧。

【译文】

内心的感情要诚信真实,嘴上的言辞要和顺美巧。

缁衣

为上易事也,为下易知也,则刑不烦矣。

【译文】

做君王的让臣下容易侍奉,做臣下的让君王容易了解,这样就不必多用刑罚了。

君民者子以爱之,则民亲之;信以结之,则民不倍①;恭以莅之,则民有孙心②。

①倍:通"背",背叛。
②孙(xùn):通"逊",顺。

【译文】
统领民众的人,对待民众如同爱护自己的儿子,那么人们就会亲近他;如果秉持诚信来团结民众,那么人们就不会背叛他;如果以恭敬的态度来面对民众,那么人们就会有顺服之心。

下之事上也,不从其所令,从其所行。
【译文】
臣下侍奉君上,不是服从他的命令,而是服从他的行为。

上好是物,下必有甚焉者矣。
【译文】
君上爱好的物事,臣下必然有人会更加爱好。

上之所好恶,不可不慎也,是民之表也①。

①表:标杆,榜样。

【译文】
君上的喜好与憎恶,不可以不谨慎,这是人们的标杆和榜样。

上好仁,则下之为仁争先人。
【译文】
君上喜好仁道,那么臣下就会争先恐后地抢着行仁道。

君子道人以言①,而禁人以行,故言必虑其所终,而行必稽其所敝②,则民谨于言而慎于行。

①道(dǎo):引导。
②稽(jī):考核,查考。

【译文】
君子以言语引导人们向善,而以行动制止人们作恶,所以说话时必定考虑最终的结果,行动时必定核查可能的弊端,那么人们就会谨言慎行。

长民者,衣服不贰①,从容有常,以齐其民,则民德壹。

①贰:差池。

【译文】
领导民众的人,衣服要有模有样不能差,言行举止要从容有规矩,以身作则来规范民众,那么人们的道德就能够齐一。

大人不亲其所贤,而信其所贱,民是以亲失,而教是以烦。
【译文】
身居上位不亲近有德的贤人,而信任鄙贱无德的小人,人们会因而失去了他们所应亲近的准则,政教会因此变得烦乱。

民以君为心，君以民为体。心庄则体舒，心肃则容敬。心好之，身必安之；君好之，民必欲之。心以体全，亦以体伤；君以民存，亦以民亡。

【译文】

民众把君主当作自己的心，君主把民众当作自己的身体。心端正，身体就能感到舒畅；心肃穆，容止就会显得敬谨。心里喜欢，身体必能安适；君主爱好，民众必定也爱好。心在身体之内而受到保护，也因身体牵累而受到伤害；君主靠民众而生存，也因民众而灭亡。

下之事上也，身不正，言不信，则义不壹，行无类也①。

①类：郑注："谓比式。"

【译文】

臣下侍奉君上，自身不行正道，说话不讲信用，那么道义就不能专一，行为就会没有准则。

唯君子能好其正，小人毒其正。

【译文】

只有君子能喜欢别人纠正自己的失误，小人会痛恨别人纠正自己的失误。

君子之朋友有乡①，其恶有方。是故迩者不惑，而远者不疑也。

①乡（xiàng）：通"向"，方向。

【译文】

君子结交朋友有一定的原则,他厌恶别人也有一定的原则。因此远近之人都信任他,接近他的人不会感到迷惑,远离他的人也不会怀疑他。

轻绝贫贱,而重绝富贵,则好贤不坚,而恶恶不著也。

【译文】

轻易地与贫贱者绝交,而难以与富贵者绝交,就是喜好贤人的意志不坚定,而厌弃恶人的态度不明确。

人苟或言之,必闻其声;苟或行之,必见其成。

【译文】

如果有人说了话,必定能听到他的声音;如果有人做了事,必定能看到他做出的成果。

言从而行之,则言不可饰也;行从而言之,则行不可饰也。

【译文】

说了之后跟着就去做,那么所说的话就不能掩饰;做了之后跟着就来说,那么所做的事就不能掩饰。

问丧

夫悲哀在中,故形变于外也;痛疾在心,故口不甘味,身不安美也。

【译文】

悲哀之情在心中,所以形体发生变化在外面;痛苦之情在心中,所以口中无味,就是甘美的滋味也吃不出,衣着无华,身上不安于穿美丽的衣服。

三年问

创巨者其日久,痛甚者其愈迟。
【译文】
创伤严重,恢复起来时间就长;悲痛得越厉害,平复起来就越慢。

凡生天地之间者,有血气之属必有知,有知之属莫不知爱其类。
【译文】
凡是天地间的万物,只要是有血气的动物一定都有知觉,而有知觉的动物没有不知道爱自己的同类的。

深衣

规、矩取其无私,绳取其直,权、衡取其平。
【译文】
规、矩,取其大公无私之义;绳,取其正直之义;权、衡,取其公平之义。

儒行

爱其死以有待也,养其身以有为也。

【译文】

爱惜生命而等待时机,修养身体以备有所作为。

往者不悔,来者不豫。
【译文】
过去已经错过的事不后悔,将来还未到来的事也不预备。

过言不再,流言不极①。

①极:指追究到底。

【译文】
说过的错话就不会再说,流传的言语不会穷追。

儒有博学而不穷,笃行而不倦;幽居而不淫①,上通而不困②。

①幽居:谓独处时。
②上通:通达于上。指被国君任用做官。

【译文】
儒者虽博学但不中止学习,踏实地实行而不知疲倦;虽身居幽隐之处也不邪僻放纵,通达于上受器重而不会困顿穷迫。

苟利国家,不求富贵。
【译文】
只要能为国家谋利,不求富贵。

儒有闻善以相告也,见善以相示也;爵位相先也,患难相死也。

【译文】

儒者之间,听到了有益的话就相互告知,见到了有益的事就相互传示;有爵位利益先让给朋友,有祸患灾难愿牺牲献身。

不临深而为高,不加少而为多。

【译文】

不在地位低的人面前炫耀,以显示自己的高大,不把自己原本小小的作用和成绩加以夸大吹嘘。

世治不轻,世乱不沮。

【译文】

治世虽然与群贤能相处并不自我轻视,乱世虽然无道也不废弃自己的气节意志。

同弗与,异弗非也。

【译文】

观点相同也不能不顾义理而相互阿谀结党,观点不同也不能不顾是非一概非议反对。

并立则乐,相下不厌;久不相见,闻流言不信。

【译文】

能与朋友在一起共事就感到欢乐,交往时都谦逊地争为卑微,不怕居于底下;即使久不相见,听到了不利于对方的流言蜚语也不会相信。

其行本方立义,同而进,不同而退。

【译文】

所作所为都本于方正,所立所言都根据道义,理念行为都相同就进而深交,理念行为不同就退而疏远。

温良者,仁之本也。敬慎者,仁之地也。宽裕者,仁之作也。孙接者①,仁之能也。礼节者,仁之貌也。言谈者,仁之文也。歌乐者,仁之和也。分散者,仁之施也。

———

①孙接:孔疏:"言孙(逊)辞接物是仁儒之技能。"孙,通"逊"。

【译文】

温厚善良,是仁的根本。恭敬谨慎,是仁的基础。宽容大度,是仁的动作。谦逊接物,是仁的能力。礼节仪态,是仁的外貌。言语谈吐,是仁的文采。歌舞喜乐,是仁的和悦。分财济贫,是仁的施恩。

大学

大学之道①,在明明德②,在亲民③,在止于至善。

———

①大学:据郑玄《礼记目录》之说,"大学"是"博学"的意思。朱熹说:"大学者,大人之学也。"即广博地学习。

②明明德:孔疏:"在于章明己之光明之德也。"即要使自己光明正大的德行更加彰明。

③亲民:程颐认为"亲"当作"新",指革新、更新。朱熹:"言既自明其明德,又当推以及人,使之亦有以去其旧染之污也。"

【译文】

努力广博地学习,是为了彰显光明的品德,为了让人去除旧污点、变换新面貌,为了达到至善至美的境界。

知止而后有定,定而后能静,静而后能安,安而后能虑,虑而后能得。

【译文】

知道应达到的境界后才有确定的志向,确定了志向后才能心态宁静,心态宁静后才能情性安和,情性安和后才能思虑详审,思虑详审后才能处事得宜、至于美善。

物有本末,事有终始,知所先后,则近道矣。

【译文】

万物都有本有末,凡事都有终有始,能知道事物的本与末、始与终,就接近于明白事物发展之"道"了。

古之欲明明德于天下者,先治其国;欲治其国者,先齐其家;欲齐其家者,先修其身;欲修其身者,先正其心;欲正其心者,先诚其意;欲诚其意者,先致其知①,致知在格物②。

---

①"欲诚其意者"二句:孔疏:"言欲精诚其己意,先须招致其所知之事,言初始必须习学,然后乃能有所知晓其成败。"知,识。

②致知在格物:孔疏:"言若能学习,招致所知。格,来也。"格物,指探究事物的原理。

【译文】

古代有想要彰显自己的光明之德推广到天下的,就要先治理好自己的国家;要治理好自己的国家,就要先管好自己的家庭;要管好自己的家庭,就要先修养自身的品德;要修养自身的品德,就要先端正自己的内心;要端正自己的内心,就要先使自己的意念真诚;要使自己的意念真诚,就要先学习获得知识;要学习获得知识,就要先探究事物的道理。

物格而后知至,知至而后意诚,意诚而后心正,心正而后身修,身修而后家齐,家齐而后国治,国治而后天下平。

【译文】

事物的道理得到探究后才能获得真知,获得真知而后才使意念真诚,意念真诚而后才使内心端正,内心端正而后才做到自身的修养,修养自身而后才能管好自己的家庭,管好自己的家庭而后才能治理好国家,治理好国家而后才能做到天下太平。

自天子以至于庶人,壹是皆以修身为本。其本乱而末治者否矣[①]**。**

---

①其本乱而末治者否矣:孔疏:"本乱,谓身不修也。末治,谓国家治也";"否,不也。言不有此事也"。

【译文】

从天子至庶人,都把修养自身作为根本。如果修身这个根本没做好,要治理好国家那是不可能的。

所谓诚其意者,毋自欺也。如恶恶臭,如好好色,此之谓

自谦①,故君子必慎其独也!

①谦:郑注:"读如'慊'(qiè),慊然安静之貌。"朱熹说:"谦,快也,足也。"

【译文】

所谓使意念真诚,就是不要自己欺骗自己。犹如厌恶恶臭,犹如喜好美色,这就叫做获得自我的满足,所以君子在独处时一定要很谨慎!

诚于中,形于外,故君子必慎其独也。

【译文】

内心有真实的想法,外表上一定会表现出来的。所以君子在独处时一定要很谨慎。

曾子曰:"十目所视,十手所指,其严乎!"

【译文】

曾子说:"虽独处,其实也有很多眼睛在看着你,很多手在指着你,多么严厉多可敬畏啊!"

富润屋①,德润身②,心广体胖③,故君子必诚其意。

①富润屋:孔疏:"言家若富,则能润其屋,有金玉又华饰见于外也。"
②德润身:孔疏:"谓德能沾润其身,使身有光荣见于外也。"
③心广体胖(pán):孔疏:"言内心宽广,则外体胖大。"胖,安适。

【译文】

财富可以装饰屋室,道德可以润饰身心,心胸宽广,身体自然安适,所以君子一定要使自己的意念真诚。

为人君,止于仁;为人臣,止于敬;为人子,止于孝;为人父,止于慈;与国人交,止于信。

【译文】

做国君的,要做到仁的境界;做臣子的,要做到恭敬的境界;做儿女的,要做到孝顺的境界;做父母的,要做到慈爱的境界;与国人交往,要做到诚信的境界。

所谓修身在正其心者:身有所忿懥①,则不得其正;有所恐惧,则不得其正;有所好乐,则不得其正;有所忧患,则不得其正。

---

①忿懥(zhì):郑注:"怒貌也。"

【译文】

所谓要修养自身德行就是要端正内心:自身如果有愤怒怨恨,内心就不能端正;自身如果有畏惧恐慌,内心就不能端正;自身如果有喜好欢乐,内心就不能端正;自身如果有忧患烦愁,内心就不能端正。

心不在焉,视而不见,听而不闻,食而不知其味。此谓修身在正其心。

【译文】

心思不能专注于要做的事情,虽然也在看,却是看不到;虽然也在听,却是听不清;虽然也在吃,却是吃了还不知道什么滋味。这就是说,修养自身德行就是要端正内心。

好而知其恶,恶而知其美者,天下鲜矣!

【译文】

喜好一个人也能知道他的缺点,厌恶一个人也能知道他的优点,这样的人天下很少!

谚有之曰:"人莫知其子之恶,莫知其苗之硕①。"

①硕:大。健壮。

【译文】

谚语说:"对于自己的孩子,没有人还知道孩子有缺点;对于自己的庄稼,总觉得禾苗长得还不够壮硕。"

所谓治国必先齐其家者,其家不可教而能教人者,无之。

【译文】

所谓治理好国家要先管好自己的家,是说自己的家人如果不能教导好,却能教导好别人的事是没有的。

君子不出家而成教于国:孝者,所以事君也;弟者①,所以事长也;慈者,所以使众也。

①弟:通"悌"。

【译文】

君子不出家门就能教化国家:在家中的行孝,可用于侍奉君主;在家中的行悌,可用于侍奉尊长;在家中的行慈爱,可用于对待百姓。

一家仁,一国兴仁;一家让,一国兴让;一人贪戾,一国作乱。其机如此①。此谓一言偾事②,一人定国。

———
①机:关键。
②偾(fèn):孔疏:"犹覆败也。"

【译文】
一个人君的家庭讲仁爱,整个国家就都讲仁爱;人君的家庭讲礼让,整个国家就都讲礼让;人君一个人贪狠暴戾,一个国家就混乱动荡。事情的关键就是这样的。这就是所说的,一句话可以坏大事,一个人可以定国家。

尧、舜率天下以仁,而民从之;桀、纣率天下以暴,而民从之。其所令反其所好,而民不从。

【译文】
尧、舜用仁爱统率天下,那百姓也跟着学仁爱;桀、纣用残暴统率天下,那百姓也跟着学残暴。国君的政令如果和自己的喜好正相反,那民众是不会服从的。

君子有诸己而后求诸人,无诸己而后非诸人。所藏乎身不恕,而能喻诸人者,未之有也。

【译文】
君子要自己做善事,才能要求别人做善事;自己不做坏事,才能要求别人不做坏事。如果自己没有忠恕之心、没有做善行,而要晓谕别人有忠恕之心、做善行,这是从来都没有过的事。

上老老而民兴孝,上长长而民兴弟,上恤孤而民不倍①。

①倍:通"背"。

【译文】

国君尊敬老人,国人就会兴起孝顺之风;国君尊重长者,国人就会兴起敬顺长者之风;国君抚恤孤弱之人,国人也就不会背离抛弃他们。

民之所好好之,民之所恶恶之,此之谓民之父母。

【译文】

百姓所喜欢的就喜欢,百姓所厌恶的就厌恶,这样的君王就是百姓的父母。

得众则得国,失众则失国。

【译文】

得民众就能得国家,失民众就会失国家。

君子先慎乎德。有德此有人,有人此有土,有土此有财,有财此有用。

【译文】

君子首先要谨慎地修养德行。有了好德行才会有民众,有了民众才会有国土,有了国土才会有财富,有了财富才有国家的支出使用。

德者本也,财者末也。外本内末,争民施夺。

【译文】

德行是本,财富是末。如果轻本重末,就会争夺百姓的财与利。

财聚则民散,财散则民聚。
【译文】
国君聚敛财富,民心就会离散;国君分散财富,民心就会聚合。

言悖而出者,亦悖而入;货悖而入者,亦悖而出。
【译文】
如果国君拂逆民心、讲出违背情理的话,那么民心就会违抗国君、讲出违背情理的话报复;如果国君拂逆民心、聚敛财货不走正道,那么民心叛离、也会使财货不正常地散出。

善则得之,不善则失之矣。
【译文】
行善就能得到,不行善就会失去。

唯仁人为能爱人,能恶人。
【译文】
只有仁人才能爱护贤良之臣,才能痛恨不善的恶人。

见贤而不能举,举而不能先,命也;见不善而不能退,退而不能远,过也。
【译文】
看见了贤良之人而不能举荐,举荐后而不能在自己之前得到任用,这就是怠慢;看见了不善的恶人而不能黜退,黜退后又不能将他们驱逐流放到远方,这就是过错。

好人之所恶,恶人之所好,是谓拂人之性,菑必逮夫身①。

①菑:同"灾"。

【译文】

喜好众人所厌烦的恶人,厌恶众人所喜欢的好人,这就叫拂逆人的善良的本性,灾祸就会降临到他身上。

君子有大道,必忠信以得之,骄泰以失之。

【译文】

君子有治国的大道,必须行忠信才能得到,如果自身骄纵就会失去。

生财有大道。

【译文】

生产财富有道可循。

生之者众,食之者寡,为之者疾,用之者舒,则财恒足矣。

【译文】

生产财富的人多,消费财富的人少,生产经营要快捷,消费耗用要缓慢,那么财富就会经常充裕富足。

仁者以财发身,不仁者以身发财。

【译文】

仁德之君将财富分散以此赢得名声,而不仁之君则不惜败坏自身而发财。

未有上好仁而下不好义者也,未有好义其事不终者也,未有府库财非其财者也。

【译文】

没有君上爱好仁德而臣下却不讲义气的,没有讲究义气却办不成事情的,也没有不把国家府库的财富当做自己的财富加以爱护的。

国不以利为利,以义为利也。

【译文】

国家不应该以牟取财富利益为利,而应当以道义为利。

冠义

凡人之所以为人者,礼义也。

【译文】

人之所以成为人,是因为有礼义。

礼义之始,在于正容体,齐颜色,顺辞令。

【译文】

礼义的起始,在于使体态举止庄严端正,使神色表情得体恰当,使言语辞令顺畅合宜。

君臣正,父子亲,长幼和,而后礼义立。

【译文】

君臣关系正确,父子情感亲善,长幼相处和睦,然后礼义就算确定了。

昏义

男女有别,而后夫妇有义;夫妇有义,而后父子有亲;父子有亲,而后君臣有正。故曰:"昏礼者,礼之本也。"

【译文】

男女有别,而后确保夫妇之间有道义;夫妇之间有道义,而后父子之间就能亲和;父子之间能亲和,而后才有正确的君臣关系。所以说:"婚礼,是礼的根本。"

夫礼始于冠,本于昏,重于丧、祭,尊于朝、聘,和于乡、射,此礼之大体也。

【译文】

礼,以冠礼为起始,以婚礼为根本,以丧礼、祭礼为最隆重,以朝礼、聘礼为最尊贵,以乡饮酒礼和乡射礼最为和谐,这是礼的主要内容。

乡饮酒义

尊让、絜、敬也者,君子之所以相接也。

【译文】

尊重谦让、洁净、致敬,君子之间的交往之礼就是这样的。

饮酒之节,朝不废朝,莫不废夕①。

————
①莫:同"暮"。

【译文】

饮酒的节度,以早上不耽误上朝、晚上不耽误家事为限度。

古之制礼也,经之以天地,纪之以日月,参之以三光,政教之本也。

【译文】

古人在制礼时,以天地为原则,以日月为纲纪,以三大星辰为辅佐,这就是政教的根本。

射义

天地四方者,男子之所有事也。

【译文】

天地四方,是男子的事业所在的地方。

燕义

臣下竭力尽能以立功于国,君必报之以爵禄,故臣下皆务竭力尽能以立功,是以国安而君宁。

【译文】

臣下竭尽全力、竭尽所能为国立功,国君一定要以爵位俸禄作为回报,因此臣下就都会竭尽全力、竭尽所能去立功,这样就能国家安定、国君安宁。

聘义

敬让也者,君子之所以相接也。
【译文】
尊敬谦让,是君子交往的方式。

诸侯相厉以礼,则外不相侵,内不相陵。
【译文】
如果诸侯之间能够以礼仪来互相勉励,那么对外就不会互相侵犯,对内就不会互相欺凌。

诸侯相厉以轻财重礼,则民作让矣。
【译文】
如果诸侯都能以轻财重礼来互相勉励,那么他们的百姓就会兴起谦让的风气。

丧服四制

礼之大体,体天地,法四时,则阴阳,顺人情,故谓之礼。
【译文】
礼的基本点与法则是,取法天地,效法四时,比照阴阳,顺应人情,所以称之为礼。

仁、义、礼、知,人道具矣。

【译文】

有仁、义、礼、智这四条,做人的道德就齐备了。

天无二日,土无二王,国无二君,家无二尊,以一治之也。

【译文】

天上没有两个太阳,地上没有两个王,国家没有两个君主,家里没有两个尊者,只能由一个人来治理。

　　《左传》,《春秋左氏传》的简称,又称《左氏春秋》,与《公羊传》《穀梁传》合称"《春秋》三传"。传统说法称《左传》为春秋时鲁国史官左丘明所著,但后世学者普遍以左丘明为《左传》的最初传述者,经人陆续增补,约在战国前期成书。

　　《春秋》记事,文辞极为简约,很难从中了解历史事件的详细经过。《左传》依照《春秋》体例,博采旧文简册、历史传说,记载了上起鲁隐公元年(前722)、下至鲁哀公二十七年(前468)共二百五十多年间的历史,详细地记述了周王朝及当时各诸侯国政治、军事、外交等方面的重要活动和言论。

　　作为我国最早的编年体史学著作,《左传》对于后代历史著作体裁体例的形成具有开创之功,被称为编年史之祖。同时,《左传》善于刻画人物、描写战争、记述外交辞令,许多篇章都成为了脍炙人口的佳作,具有很高的文学价值。

　　本书选文据中华书局三全本《左传》。

隐公元年

多行不义,必自毙①。

——
①毙:倒仆,跌跤,此指失败。

【译文】
多行不义之事,必定要失败。

不义不暱①,厚将崩。

——
①不义不暱(nì):不义则不昵。"昵"依《说文》当作"翻",粘连之义。犹今言不义则不能团结其众。

【译文】
没有正义就不能号召人,势力大了,反而会崩溃。

赠死不及尸①,吊生不及哀,豫凶事②,非礼也。

——
①尸:未葬前的尸体。
②豫:预备,事先准备。

【译文】
向死者赠送东西没有赶上下葬,向生者吊丧没有赶上举哀的时间,人没有死而预先赠送有关丧事的东西,这都不合于礼。

隐公三年

爱子,教之以义方①,弗纳于邪。

①义方:正确的礼仪规矩。

【译文】

疼爱孩子应当用正道去教导他,不能使他走上邪路。

骄、奢、淫、泆^①,所自邪也^②。

①泆(yì):放荡恣肆。
②所自邪:邪恶由此而来。

【译文】

骄横、奢侈、淫乱、放纵是导致邪恶的原因。

夫宠而不骄,骄而能降^①,降而不憾^②,憾而能眕者^③,鲜矣^④。

①能降:安于地位下降。
②憾:恨。
③眕(zhěn):镇定自重的样子。
④鲜(xiǎn):少。

【译文】

受宠而不骄横,骄横而能安于下位,地位下降而不怨恨,怨恨而能克制的人,是很少的。

贱妨贵^①,少陵长^②,远间亲,新间旧,小加大^③,淫破义,所谓六逆也^④。君义,臣行,父慈,子孝,兄爱,弟敬,所谓六顺也。去顺效逆,所以速祸也。

①妨：妨害。

②陵：凌驾，欺凌。

③加：侵凌。

④逆：悖理的行为。

【译文】

低贱妨害高贵，年轻欺凌年长，疏远离间亲近，新人离间旧人，弱小压迫强大，淫乱破坏道义，这是六件悖理的事。国君仁义，臣下恭行，为父慈爱，为子孝顺，为兄爱护，为弟恭敬，这是六件顺理的事。背离顺理的事而效法违理的事，这就是很快会招致祸害的原因。

隐公四年

以德和民，不闻以乱。以乱，犹治丝而棼之也①。

①棼（fén）：纷乱。

【译文】

用德行安定百姓，没有听说用祸乱的。用祸乱，如同要理出乱丝的头绪反而弄得更加纷乱。

阻兵，无众；安忍，无亲。众叛、亲离，难以济矣①。

①济：成功。

【译文】

仗恃武力就没有民众，安于残忍就没有亲附的人。民众背叛，亲近离开,就难以成功。

夫兵①,犹火也;弗戢②,将自焚也。

---

①兵:此指战争。

②戢(jí):止息。

【译文】

战争,就像火一样,不去制止,将会焚烧自己。

不务令德①,而欲以乱成,必不免矣。

---

①令德:美德。

【译文】

不致力于建立美德,反而想通过祸乱来取得成功,就一定不能免于祸患了。

隐公五年

不备不虞①,不可以师②。

---

①不虞:意外之事。

②师:此指率军作战。

【译文】

不防备意外,就不可以带兵作战。

隐公六年

亲仁善邻,国之宝也。
【译文】
亲近仁义而和邻国友好,这是国家可宝贵的措施。

善不可失,恶不可长。
【译文】
善不可丢失,恶不可滋长。

长恶不悛①,从自及也②。

①悛(quān):悔改。
②从:随即,跟着。自及:自取祸害。

【译文】
滋长了恶而不悔改,马上就会自取祸害。

为国家者,见恶如农夫之务去草焉,芟夷蕴崇之①,绝其本根,勿使能殖②,则善者信矣③。

①芟(shān)夷:除草。蕴(yùn)崇:也作"蕴崈",把草堆积在苗根发酵肥田。
②殖:生长。
③善者:既指庄稼之苗,也指善人善政善事。信:同"伸",伸张发扬。

【译文】

治理国家的人,见到恶,就要像农夫急于除掉杂草一样,锄掉它聚积起来肥田,挖掉它的老根,不要使它再生长,那么善的就能发展了。

隐公十一年

周谚有之曰①:"山有木,工则度之②;宾有礼,主则择之。"

①周谚:周代俗语。
②度(duó):剖分,削治。度,《尔雅·释器》郭璞注引作"劚",治木谓之劚。又可解为丈量长短。《汉书·律历志》所谓"分、寸、尺、丈、引也,所以度长短也"。

【译文】

周的俗话说:"山上有树木,工匠就加以整治;宾客有礼貌,主人就加以选择。"

礼,经国家①,定社稷,序民人,利后嗣者也。

①经:经营治理。

【译文】

礼,是治理国家、安定社稷、使百姓有秩序、使后代有利的大法。

度德而处之①,量力而行之。

①度德:揣度自己的德行,根据自己的威望。

【译文】

揣度自己德行而决定事情,衡量自己的力量而办理事务。

政以治民,刑以正邪。既无德政①,又无威刑②,是以及邪。

①德政:有仁德的政治。
②威刑:有威严的刑罚。

【译文】

政令用来治理百姓,刑罚用来纠正邪恶。既缺乏有仁德的政治,又没有威严的刑法,所以才发生邪恶。

恕而行之①,德之则也,礼之经也。

①恕:恕道,设身处地为别人着想的修身之道。

【译文】

按照恕道办事,是德的准则,礼的常规。

桓公二年

君人者,将昭德塞违①,以临照百官②,犹惧或失之,故昭令德以示子孙。

①昭:显扬。违:邪,不合德义,违礼之事。
②临照:本指天日之照耀,喻指君王的仪范。

【译文】

作为百姓的君主,要发扬道德而阻塞邪恶,以为百官的表率,即使这样,仍然担心有所失误,所以显扬美德以示范于子孙。

夫德,俭而有度,登降有数①。

① 登降:增减。

【译文】

行为的准则应当节俭而有制度,增减也有一定的数量。

国家之败,由官邪也。官之失德,宠赂章也①。

① 章:显示,表明。

【译文】

国家的衰败,是由于官吏的邪恶。官吏的失德,是由于私宠贿赂公行。

政成而民听,易则生乱①。

① 易:相反。

【译文】

政事没有失误百姓就服从,相反就发生动乱。

国家之立也,本大而末小,是以能固。

【译文】

国家的建立,根本大而枝节小,这样才能稳固。

桓公六年

夫民,神之主也。是以圣王先成民而后致力于神。
【译文】
百姓,是神明的主人。因此圣王先团结百姓,而后才致力于神明。

桓公八年

仇有衅①,不可失也。

———
①衅(xìn):缝隙。

【译文】
敌国内部有隙可乘,不可以失掉机会。

桓公十年

周谚有之:"匹夫无罪①,怀璧其罪。"

———
①匹夫:平民百姓。

【译文】
周的谚语说:"百姓没有罪,怀藏玉璧就有了罪。"

桓公十一年

师克在和,不在众。

【译文】

军队能够获胜,在于团结一致,不在于人多。

桓公十二年

苟信不继,盟无益也。

【译文】

如果一再不讲信用,结盟也没有好处。

桓公十三年

举趾高,心不固矣。

【译文】

趾高气扬,表明其心志浮动。

桓公十七年

疆埸之事①,慎守其一②,而备其不虞③。

---

①埸(yì):边境。
②其一:其一方,指本国边境。
③不虞:意外之事。

【译文】

边境上的事情,谨慎地防守自己一边而且防备发生意外。

桓公十八年

女有家①,男有室②,无相渎也③,谓之有礼。

---

①家:丈夫。
②室:妻子。
③渎:轻慢。

【译文】
女人有夫家,男人有妻室,不可以互相轻慢,这就叫有礼。

并后、匹嫡、两政、耦国①,乱之本也。

---

①并后:把妾媵等同于王后。匹嫡:把庶子等同于嫡子。两政:让权臣权力等同于正卿。政,正卿。耦国:城邑可以与国都抗衡。耦,匹敌,相对。

【译文】
妾媵并同于王后,庶子相等于嫡子,权臣和卿士互争权力,大城和国都一样,这都是祸乱的根本。

庄公八年

君使民慢①,乱将作矣。

---

①君使民慢:言君主政令无常,使人民生出慢易之心。慢,松弛,放纵。

【译文】

国君放纵,百姓懈怠,祸乱将要发生了。

庄公十年

肉食者鄙①,未能远谋。

———

①肉食者:当时习惯语,指当官的贵族、大夫以上。鄙:鄙陋,无远见。

【译文】

吃肉的人鄙陋无远见,不能作长远考虑。

小惠未遍①,民弗从也。

———

①未遍:不能周遍,不能人人皆有。

【译文】

小恩小惠不能周遍,百姓是不会服从的。

夫战,勇气也。一鼓作气,再而衰,三而竭。

【译文】

作战全凭勇气。第一通鼓振奋勇气,第二通鼓勇气就少了一些,第三通鼓勇气就没有了。

庄公十二年

得一夫而失一国,与恶而弃好①,非谋也。

①与恶:袒护坏人。

【译文】

得到一个人而失去一个国家,帮助邪恶的人而丢掉友好的邦国,这不是好主意。

庄公十四年

人之所忌,其气焰以取之,妖由人兴也。人无衅焉①,妖不自作。人弃常,则妖兴,故有妖。

①无衅:无瑕疵、缺点。

【译文】

一个人是否会遇到他所忌讳的事,是由于他自己的气焰所招致的,妖孽是由于人而兴起。人如果没有毛病,妖孽就不会自己发生。人如果丢弃正道,妖孽就会兴起,所以才有妖孽。

臣无二心,天之制也。

【译文】

做臣下的不应该有二心,这是上天的规定。

庄公二十二年

酒以成礼,不继以淫①,义也;以君成礼,弗纳于淫,仁也。

①淫：凡事过分叫淫。
【译文】
酒用来完成礼仪，不能没有节制，这是义；与君主饮酒完成了礼仪，不使君主过度，这是仁。

庄公二十三年

夫礼，所以整民也。
【译文】
礼，是用来整饬百姓的。

庄公二十四年

俭，德之共也①；侈，恶之大也。
①共（hóng）：大。
【译文】
节俭，是善行中的大德；奢侈，是邪恶中的大恶。

男女之别，国之大节也。
【译文】
男女有别，是国家的大法。

庄公二十七年

夫礼、乐、慈、爱,战所畜也①。夫民,让事、乐和、爱亲、哀丧②,而后可用也。

---

①畜:具备。

②让事:谦让。此谓礼。乐和:和睦。此谓乐。爱亲:爱亲属。此谓慈。哀丧:对丧事哀痛。此谓爱。

【译文】

礼、乐、慈、爱,这是战争所应当具备的条件。百姓谦让、和睦、对亲属爱护、对丧事哀痛,这然后才可以使用。

庄公二十八年

宗邑无主,则民不威①;疆埸无主②,则启戎心③。戎之生心,民慢其政④,国之患也。

---

①不威:无所畏惧。

②疆埸(yì):边境。

③启戎心:开启戎狄侵犯之心。

④慢其政:无视政令,即"不威"。

【译文】

宗邑没人主管,百姓就无所畏惧;边疆没人主管,就会导致戎狄生起侵犯之心。戎狄有侵犯之心,百姓轻视政令,这是国家的祸患。

庄公三十二年

国将兴,听于民;将亡,听于神。神,聪明正直而壹者也,依人而行。

【译文】

国家将要兴盛,听百姓的;将要灭亡,听神明的。神明,是聪明正直而一心一意的,按照各人的不同而赐福降祸。

闵公元年

戎狄豺狼,不可厌也①。诸夏亲昵,不可弃也。宴安鸩毒②,不可怀也。

———

①厌:满足。
②宴安:安乐。

【译文】

戎狄好像豺狼,难以得到满足。中原各国互相亲近,不能够抛弃。安乐就像鸩酒毒药,不能够怀恋。

不去庆父,鲁难未已①。

———

①不去庆父,鲁难未已:庆父杀子般,后来又杀闵公,是鲁国内乱的祸首。成语"庆父不死,鲁难未已",就是由这件事而来。

【译文】

不除掉庆父,鲁国的祸难就没完没了。

国将亡,本必先颠①,而后枝叶从之。

①颠:颠仆。

【译文】

国家将要灭亡,如同大树,躯干必然先行仆倒,然后枝叶随着落下。

亲有礼,因重固①,间携贰②,覆昏乱,霸王之器也③。

①因:依。重固:稳定坚固。
②携贰:内部不和。
③器:策略,方法。

【译文】

亲近有礼仪的国家,依靠坚定稳固的国家,离间内部不和的国家,灭亡昏暗动乱的国家,这是称霸称王的策略。

谚曰:"心苟无瑕,何恤乎无家①。"

①恤:忧虑。

【译文】

俗话说:"心里如果纯洁无瑕,何必为没有立足之地而忧虑呢?"

闵公二年

无德而禄,殃也。

【译文】

没有德行而受禄,这是灾殃。

师在制命而已①。

①制命：拟订命令。古代行师，主帅制命，所谓"阃以外者，将军制之"，"将在外，主令有所不受"。

【译文】
领兵作战的要点在于专制号令罢了。

违命不孝，弃事不忠。
【译文】
违背君命是不孝，抛弃责任是不忠。

僖公五年

无丧而戚①，忧必雠焉②。无戎而城，仇必保焉③。

①戚：悲哀。
②雠：应，指忧与戚相应。
③仇：此指仇敌。保：据守。

【译文】
没有丧事而悲伤，忧愁就跟着来了。没有兵患而筑城，反而为内部的仇敌凭借据守。

国君不可以轻①，轻则失亲②；失亲，患必至。

①轻：轻举妄动。

②亲:党援,援助。

【译文】

国君不可轻举妄动,轻举妄动就会失去援助;失去援助,祸患一定来到。

病而乞盟①,所丧多矣。

①病:疲病。

【译文】

等国家疲病困难了再去乞求结盟,失去的将更多。

一之谓甚,其可再乎?

【译文】

上一次已经是很严重的错误了,怎么可以再来第二次呢?

辅车相依①,唇亡齿寒。

①辅:车厢两旁的板。车载物必须用辅支持。

【译文】

辅和车相互依存,没了嘴唇牙齿就感到寒冷。

鬼神非人实亲,惟德是依。

【译文】

神鬼不会随便亲近哪一个人,只是依从有德行的人。

非德,民不和,神不享矣。神所冯依①,将在德矣。

①冯:同"凭"。

【译文】

不是有德之人,则百姓不和,祭品再丰洁,神也不会享用的。神所依靠的,是有德行的人。

僖公七年

谚有之曰:"心则不竞①,何惮于病②。"

①则:如果。竞:争竞,争强。
②病:屈辱。

【译文】

有谚语这样说:"心里如果不争强,为什么怕屈辱?"

古人有言曰:"知臣莫若君。"

【译文】

古人有句话说:"了解臣子的莫过于国君了。"

招携以礼①,怀远以德②。德礼不易,无人不怀。

①招携:招抚离心之国。携,离,离心。
②怀远:使疏远之国归附。怀,思念,怀归,归附。

【译文】

以礼招抚有二心的国家,以德来安抚疏远的国家。不违背礼和德,无人不归附。

子父不奸之谓礼①,守命共时之谓信②。违此二者,奸莫大焉。

①子父不奸:不违抗父命。奸,违反。
②守命共时:犹言见机行事以完成君命。守命,承命。共时,完成使命。共,通"恭"。

【译文】

儿子不违抗父命叫礼,见机行事完成使命叫信。违背这两项,没有比这更大的邪恶了。

僖公九年

公家之利,知无不为,忠也;送往事居①,耦俱无猜②,贞也。

①往:指死者。居:指新君。
②耦:指死者与新君双方。

【译文】

公家的利益,知道了没有不去做的,这是忠;送走死去的侍奉新即位的,两边都不会猜疑,这是贞。

亡人无党①,有党必有仇。

①亡人:指逃亡在外的人。无党:没有党羽。

【译文】
逃亡之人没有党羽,有党羽则必有仇人。

唯则定国。
【译文】
只有符合准则才能安定国家。

僖公十年

欲加之罪,其无辞乎?
【译文】
想要强加的罪名,还怕没有借口吗?

僖公十一年

礼,国之干也①;敬,礼之舆也②。不敬,则礼不行,礼不行,则上下昏,何以长世③?

①干:躯干。
②舆:车子。此用比喻。
③长世:历世久远。

【译文】
礼仪,是国家的躯干;恭敬,是载礼的车子。不恭敬则礼仪不能施行,礼仪不施行则上下昏乱,又怎么能够长久不衰?

僖公十三年

天灾流行,国家代有①,救灾恤邻,道也。行道有福。

①代有:轮流发生。代,更替。

【译文】
天灾到处流行,各国都会有。救济灾荒,施援邻国,本是正道。实行正道,国家有福。

僖公十四年

背施①,无亲;幸灾②,不仁;贪爱③,不祥;怒邻,不义。四德皆失,何以守国?

①背施:背弃施恩者。
②幸灾:幸灾乐祸。
③贪爱:贪图所爱惜的东西。

【译文】
背弃施恩者,就会失去亲人;幸灾乐祸,就是不仁;贪图所爱,就是不祥;激怒邻国,就是不义。四种德行都失去了,凭什么守卫国家?

皮之不存,毛将安傅①?

①傅:附着,依附。

【译文】

皮已经不存在了,毛还附着在哪里?

弃信,背邻,患孰恤之?无信患作,失援必毙①。

①毙:失败。

【译文】

丢弃信义,背弃邻国,有祸患时谁来支援你?无信用,祸患就会来;失去援助,必定失败。

背施、幸灾,民所弃也。近犹仇之,况怨敌乎?

【译文】

背弃施恩者,幸灾乐祸,百姓也会抛弃你。国内百姓把你当仇敌,更何况怨恨你的敌人呢?

僖公十五年

无始祸①,无怙乱②,无重怒。

①始祸:首发祸患。
②怙乱:等于说乘人之危。怙,依靠。

【译文】

不要先发动祸患,不要依靠动乱,不要加重愤怒。

重怒难任,陵人不祥①。

①陵人:欺凌别人。

【译文】

加重愤怒,使人难以承受;欺凌别人,不吉利。

僖公二十年

量力而动,其过鲜矣①。

①鲜(xiǎn):少。

【译文】

衡量自己的力量后再行动,它的过失就少了。

善败由己①,而由人乎哉?

①善败:成败。

【译文】

成败是由自己,难道是由别人吗?

以欲从人,则可;以人从欲,鲜济①。

①济:成功。

【译文】

以自己的欲望去服从别人,可以;强迫别人服从自己的意愿,很少能成功。

僖公二十二年

国无小,不可易也①。无备,虽众,不可恃也②。

---

①易:轻视。
②恃:依靠。

【译文】
国家无所谓小,不能轻视它。不设防,虽是人多,也不可靠。

君子不重伤①,不禽二毛②。古之为军也,不以阻隘也③。寡人虽亡国之余,不鼓不成列④。

---

①重(chóng)伤:对已受伤的敌人再加以伤害。
②禽:同"擒"。二毛:头发两种颜色,指头发花白的老人。
③不以阻隘:不把敌人逼到险要地方以取胜。
④鼓:作动词,击鼓进军。

【译文】
有德之人是不忍心伤害已经受了伤的敌人的,不捉拿头发花白的老年人。古人行军打仗,不凭险要地方来求得胜利。我虽是殷商亡国的后代,也不进攻还没摆好阵势的敌人。

若爱重伤,则如勿伤;爱其二毛,则如服焉①。三军以利用也,金鼓以声气也②。利而用之,阻隘可也;声盛致志③,鼓儳可也④。

①如:应该。服:投降。
②声气:鼓舞士气。
③声盛:金鼓洪亮。致志:鼓舞士气。
④儳(chán):队列参差不齐。

【译文】

如果舍不得再伤害敌人,还不如一开始就不杀伤;如果怜悯敌人头发花白,就干脆向他投降。军队打仗,就应抓住有利时机作战,鸣金、击鼓,是用来鼓舞士气的。敌人在险隘之处,正是可利用的时机;鼓声大作,激发士气,进攻未成列的敌人,完全是应该的啊!

僖公二十三年

怀与安,实败名。

【译文】

眷恋享受,安于现状,只能败坏功名。

僖公二十四年

下义其罪①,上赏其奸,上下相蒙②,难与处矣!

①义其罪:以其罪为义。
②相蒙:相互欺骗蒙蔽。

【译文】

在下的人把罪恶当做正义的行为,在上的又对他们所做的坏事加以赞赏,上下互相欺诈蒙骗,这就难以和他们相处了。

尤而效之①,罪又甚焉。

①尤:过失,罪过。

【译文】

明知是错的还去效仿,罪过就更大了。

庸勋、亲亲、昵近、尊贤①,德之大者也。即聋、从昧、与顽、用嚚②,奸之大者也。弃德崇奸,祸之大者也。

①庸勋:酬劳有功。庸,酬劳。
②用嚚(yín):使用奸诈的人。

【译文】

酬劳有功、亲爱亲戚、亲近近亲、尊敬贤者,是最大的德行。接近聋子、跟从昏昧的人、支持固陋的人、重用奸诈的人,是最大的邪恶。抛弃大德,崇尚邪恶,是最大的祸患!

耳不听五声之和为聋①,目不别五色之章为昧②,心不则德义之经为顽,口不道忠信之言为嚚③。

①五声:宫、商、角、徵(zhǐ)、羽五音。
②五色:青、赤、黄、白、黑五色。章:文采。
③嚚(yín):奸诈。

【译文】

耳朵听不到和谐的五音是聋子,眼睛分不清五色的文采是昏昧,心不以德义为准则是顽固,口不说忠信之言是奸诈。

报者倦矣,施者未厌。
【译文】
报答的人已经疲倦了,施恩的人还未满足。

僖公二十五年

信,国之宝也,民之所庇也。
【译文】
信用,是国家的宝贝,庇护百姓的东西。

僖公二十七年

《诗》《书》,义之府也;礼、乐,德之则也;德、义,利之本也。
【译文】
《诗》《书》这两部典籍,道义都蕴藏其中;礼、乐,又是道德修养的准则。德与义,是利益的根本。

僖公二十八年

师直为壮,曲为老①。

①老:指军队疲敝已极,士气衰落不振。

【译文】

出兵打仗,理直者就气壮,理曲者就气衰。

僖公三十年

因人之力而敝之①,不仁;失其所与②,不知③;以乱易整,不武④。

①敝:损害。
②所与:指同盟国。
③知:同"智",明智。
④武:指使用武力所应遵守的道义准则。

【译文】

依靠了别人的力量,又反过来伤害他,这是不仁义的做法;失掉了自己的同盟国,这是不明智的;用冲突动乱代替原来的和睦一致,这是不威武。

僖公三十二年

劳师以袭远,非所闻也。师劳力竭,远主备之,无乃不可乎!

【译文】

辛辛苦苦调动军队去袭击远方的国家,我还没听说过。军队疲劳,战斗力衰竭,远方的国家又有了防备,这恐怕不行吧!

勤而无所,必有悖心①。

①悖心:怨恨之心,忤逆之心。

【译文】

辛辛苦苦而无所得,军队将产生懊丧怨恨的心情。

僖公三十三年

轻而无礼①,必败。轻则寡谋,无礼则脱②。入险而脱,又不能谋,能无败乎?

①轻:轻狂放肆。
②脱:粗疏,粗心大意。

【译文】

轻狂放肆而无礼节,必定会打败仗。轻狂就缺少谋略,无礼节就粗疏大意。进入险要之地,粗疏,又没有谋略,能不打败仗吗?

一日纵敌,数世之患也。

【译文】

一天放走了敌人,会带来几辈子的祸患。

敬,德之聚也①。能敬必有德。德以治民,君请用之。

①德之聚:聚德成敬。

【译文】

好德行集中在一起,便成为恭敬。能恭敬,必定有德行。有德的人可以治理百姓,国君可以任用他。

《康诰》曰①:"父不慈,子不祗,兄不友,弟不共,不相及也②。"

---

①《康诰》:《尚书·康诰》篇。
②"父不慈"五句:《康诰》篇无此文,恐是脱文。祗(zhī),敬。共,通"恭"。

【译文】
《康诰》说:"父亲不慈爱,儿子不诚敬,兄长不友爱,弟弟不恭敬,不要牵涉到别人。"

文不犯顺,武不违敌。
【译文】
讲文,就不冒犯顺理的人;动武,就不躲避敌人。

文公元年

忠,德之正也;信,德之固也;卑让,德之基也。
【译文】
忠,显示德行的纯正;信,表示德行的巩固;谦让,更是德行的基础。

文公二年

死而不义,非勇也。共用之谓勇①。

①共用:为国家所用。

【译文】

不义而死,不是真勇敢。为国家所用而死,才叫勇敢。

孝,礼之始也。

【译文】

孝道,是礼的开始。

文公五年

天为刚德,犹不干时①,况在人乎?且华而不实,怨之所聚也。犯而聚怨,不可以定身。

①天为刚德,犹不干时:意为天乃纯阳,属于刚强之德,尚且有不违犯四时运行次序的柔德。

【译文】

上天是刚强之德,尚且不违背时令,更何况人呢?而且华而不实,怨恨就会聚集到身上。触犯别人又聚集怨恨,不可以安身自保。

文公六年

使能,国之利也。

【译文】

任用有才干的人,这是国家的利益。

备豫不虞①,古之善教也。求而无之,实难②。过求③,何害?

①备豫:防备。不虞:意外。
②实难:将处于困境。
③过求:有准备而一时用不着。

【译文】

防备意外,这是古人的好教训。临时需要却没有,那将处于尴尬的境地。有准备虽一时用不上,有什么害处?

介人之宠①,非勇也。损怨益仇,非知也。以私害公,非忠也。

①介:因,依赖。

【译文】

依赖别人的宠信来报仇,不算勇夫。虽消除了自己的怨气,却增加他人对我的仇恨,是不明智。以私仇损害公事,不是忠诚。

闰以正时①,时以作事②,事以厚生③,生民之道,于是乎在矣。

①闰:闰月。时:四时。
②事:指农事。
③厚生:使百姓富裕。

【译文】

闰月是用来补正四时的,四时是用来安排农事的,农事不失时,可使百姓富足,养活百姓的方法,就在于此。

文公七年

先人有夺人之心①,军之善谋也。逐寇如追逃,军之善政也。

———
①先人:先发制人,争取主动。夺人之心:破坏对方作战信心,动摇对方军心。

【译文】
先发制人,可以夺取敌人的军心,这是用兵的好计谋。追逐敌人好比追逐逃犯,这是打仗的好办法。

无礼不乐,所由叛也。
【译文】
对人无礼别人就会不高兴,背叛之心由此产生。

文公十二年

不有君子,其能国乎?
【译文】
没有君子,哪能治理好国家?

文公十三年

能贱而有耻,柔而不犯,其知足使也。

【译文】

能做到卑贱而有羞耻之心,柔弱而不受到侵犯,他的智谋就足可使用。

苟利于民,孤之利也。天生民而树之君①,以利之也。民既利矣,孤必与焉②。

---

①树:立,设立。

②与:参与其中。

【译文】

如果有利于百姓,也就是对我有利。上天生了百姓而设立国君,就是要有利于他们。百姓有利了,我也在其中了。

命在养民①。

---

①命:此指活着的职责。

【译文】

活着就要长养百姓。

死之短长,时也。

【译文】

死或早或晚,那是由于命运。

文公十五年

丧,亲之终也。虽不能始①,善终可也②。

①始:善始。

②善终:指丧礼应好好对待。

【译文】

丧事,是最后一次对待亲人了。即使不能善始,也应该善终啊。

兄弟致美①。救乏、贺善、吊灾、祭敬、丧哀,情虽不同,毋绝其爱,亲之道也。

①致美:尽力做到完美。

【译文】

兄弟之间应尽力做到完美。救济困乏、祝贺喜庆、慰问灾祸、祭祀恭敬、丧事悲哀,感情虽然不一样,也不要断绝了他们的友爱,这是对待亲人的道理。

礼以顺天,天之道也。己则反天①,而又以讨人,难以免矣。

①反天:反礼。

【译文】

行礼顺从上天,这是上天的常道。自己已经违反上天之礼了,而又要讨伐别人,灾难是免不了的了。

多行无礼,弗能在矣①!

①在:指善终。

【译文】

多做非礼的事情,必不得善终了。

文公十六年

彼骄我怒①,而后可克。

①怒:士气奋发。

【译文】

敌人骄傲我军士气奋发,才可以战胜敌人。

文公十七年

古人有言曰:"畏首畏尾,身其余几。"

【译文】

古人曾说:"畏首畏尾,身上还剩多少是不怕的?"

小国之事大国也,德,则其人也;不德,则其鹿也,铤而走险①,急何能择?

①铤:疾走的样子。

【译文】

小国事奉大国,大国以德待之,小国就会像人一样恭顺;不以德待之,小国就会像鹿一样,狂奔赴险,情况危急,还谈什么选择呢?

民主偷①,必死。

———

①偷:草率苟且。

【译文】

百姓的主人草率而无远虑,必死无疑。

文公十八年

先君周公制《周礼》曰①:"则以观德②,德以处事,事以度功,功以食民。"

———

①《周礼》:指周公旦所著书名或篇名,今已亡佚。非今之所传之《周礼》。

②则:礼仪。

【译文】

先君周公作《周礼》说:"礼仪用来观察一个人的德行,德行用来处理事情,事情用来衡量功劳,功劳用来养育百姓。"

孝敬、忠信为吉德,盗贼、藏奸为凶德。

【译文】

孝敬、忠信,这是吉祥的德行;盗贼、藏奸,这是凶险的德行。

宣公二年

戎,昭果毅以听之之谓礼①。杀敌为果,致果为毅。易之,戮也。

①昭:发扬。果:勇敢。毅:刚毅,毅力。

【译文】

凡用兵之道,应该发扬果毅精神,并使之牢记于心,这叫礼。敢于杀敌叫果,养成这种果敢精神叫毅。若有违背,就要自取灭亡。

人谁无过?过而能改,善莫大焉。

【译文】

谁能没有过错?错而能改,就没有比这再好的了。

宣公三年

楚子问鼎之大小、轻重焉①。对曰:"在德不在鼎。"

①鼎:指九鼎。相传为夏禹时所铸,夏、商、周三代以九鼎作为王权的象征。

【译文】

楚庄王问鼎的大小与轻重。王孙满回答说:"鼎的大小轻重,在于持鼎者的德行,而不在鼎本身。"

宣公四年

平国以礼①,不以乱②。伐而不治,乱也。以乱平乱,何治之有?无治,何以行礼?

①平国:平定国与国之间的纠纷。

②乱:指用兵。

【译文】

调停诸侯间的不和应该用礼,而不是用乱。攻打别国就不能太平,就是乱。以乱来解决乱,怎么可能太平?不能太平,怎么施行礼义?

仁而不武,无能达也。

【译文】

仁爱而不勇武,是行不通的。

宣公十一年

非德,莫如勤,非勤,何以求人?能勤,有继①。

①有继:事情能成功。

【译文】

不能以德服人,就不如自己勤劳,自己不勤劳,怎么要求别人服从自己?能勤劳,事情便能成功。

宣公十二年

用师,观衅而动①。德、刑、政、事、典、礼不易②,不可敌也,不为是征③。

①衅:间隙,机会。
②不易:不违背常规。
③不为是征:即"不征是",不贸然进攻。

【译文】

凡用兵,必须见有机可乘,然后才可发动进攻。凡德行、刑罚、政令、事务、典则、礼仪不违背常道的国家,都是不可抵挡的,这样的国家是不能征讨的。

见可而进,知难而退,军之善政也。兼弱攻昧①,武之善经也②。

①兼弱:兼并弱小国家。攻昧:攻取政治上昏昧的国家。
②善经:指治军的好方法,好原则。

【译文】

见到有利就前进,知道艰难就撤退,这是行军打仗的良好准则。兼并弱小之国,攻讨昏昧之国,这是用兵的良好韬略。

民生在勤,勤则不匮。

【译文】

人之生计在于勤,勤则不匮乏。

师无成命①,多备何为?

①成命:既定的、始终如一的命令。

【译文】

作战却没有始终如一的策略,多作防备又有何用?

宁我薄人①,无人薄我。

①薄:逼近,靠近。

【译文】

宁可我们逼近敌人,也不能让敌人逼近我们。

夫武,禁暴、戢兵、保大、定功、安民、和众、丰财者也①,故使子孙无忘其章②。

①戢(jí)兵:息兵,停止军事行动。保大:保有强大。定功:建立功业。和众:使百姓和顺。

②章:功勋卓著叫章。

【译文】

所谓武,就是禁止暴力、消弭战争、保有强大、巩固功业、安定人民、使民众和谐、财物丰厚,目的是使后代子孙无忘其显赫功德。

宣公十四年

怀必贪,贪必谋人①。谋人,人亦谋己。

①谋人:算计别人。

【译文】

怀宠必贪婪,贪婪必定算计别人。算计别人,别人也算计自己。

宣公十五年

古人有言曰:"虽鞭之长,不及马腹。"

【译文】

古人有过这样的话:"马鞭虽长,也打不到马腹。"

川泽纳污,山薮藏疾①,瑾瑜匿瑕②,国君含垢③,天之道也。

———

①薮(sǒu):草野。疾:毒害之物。指蛇蝎等毒虫。

②瑾瑜:美玉。瑕:玉上的疵点。

③含垢:忍受耻辱。

【译文】

江河湖泽可以容纳污泥浊水,山林草莽可以藏毒害之物,美玉也隐藏着瑕疵,国君忍受耻辱,这也是天的常道。

君能制命为义①,臣能承命为信②,信载义而行之为利。

———

①制命:制定正确的命令。

②承命:奉行命令。

【译文】

国君能制定正确的命令叫义,臣子能承担命令叫信,以臣子的信去贯彻君主的义并加以推广叫利。

谋不失利,以卫社稷,民之主也。

【译文】

谋划而不失去利,并以此来捍卫社稷,这是百姓的领袖。

死而成命,臣之禄也。

【译文】

身虽死但能完成命令,这是臣下的福气。

城下之盟,有以国毙①,不能从也。

①以国毙:指全国牺牲。

【译文】

兵临城下而被迫签订盟约,宁可让国家灭亡,也不能从命。

我无尔诈,尔无我虞①。

①虞:欺骗。

【译文】

我不骗你,你也不欺我。

夫恃才与众,亡之道也。

【译文】

如果依恃着所谓的才能和人多,那是亡国之道。

天反时为灾,地反物为妖,民反德为乱①。乱则妖灾生。

---

①反德:行事违反准则。

【译文】

天违反时令就是灾害,地违反物性就成为妖异,百姓行事违反准则就是乱。百姓乱了天灾地妖就都来了。

宣公十六年

善人在上,则国无幸民①。谚曰:"民之多幸,国之不幸也。"是无善人之谓也。

---

①幸民:心存侥幸的百姓。

【译文】

善人执政,那么国内就没有心存侥幸的百姓。谚语说:"百姓多存侥幸,国家就不幸了。"这是说没有善人呀。

宣公十七年

君子之喜怒,以已乱也。

【译文】

君子的喜怒,应是用来阻止祸乱的。

成公元年

知难而有备①,乃可以逞②。

①难:祸难。

②逞:指解除祸难。

【译文】

预计到祸难而有所防备,祸难就能得以解除。

成公二年

唯器与名^①,不可以假人,君之所司也。名以出信^②,信以守器^③,器以藏礼^④,礼以行义,义以生利,利以平民^⑤,政之大节也。若以假人,与人政也。政亡,则国家从之,弗可止也已。

①器:指车马服饰乐器等物件。名:爵位名号。二者是人君用以明等级、指挥、统治臣民的工具。

②名以出信:有某种爵号,即赋予某种威信。

③信以守器:有某种威信,即能保持其所得器物。

④器以藏礼:制定各种器物,以示尊卑贵贱,体现当时之礼。藏,体现。

⑤平:治理。

【译文】

只有器物和名号不能假借给别人,这是国君所掌管的。名号用来赋予威信,威信用来保持器物,器物用来体现礼制,礼制用来推行道义,道义用来产生利益,利益用来治理百姓,这是政事的大纲。如果把名位、礼器假借给别人,就是授予人政权。政权丢失,国家也会跟着灭亡,这是无法阻止的。

臣,治烦去惑者也,是以伏死而争。

【译文】

作为臣子,是为国君去烦乱解迷惑的,因此要冒死谏诤。

贪色为淫,淫为大罚。

【译文】

贪恋美色叫淫,淫便要受到重大处罚。

忠,社稷之固也,所盖多矣①。

----

①盖:覆盖,在此意为保护。

【译文】

忠诚,便使国家巩固,所能保护的东西就多了。

无德以及远方,莫如惠恤其民,而善用之。

【译文】

如果没有德行播及远方,不如加恩体恤百姓,而好好地使用他们。

众之不可以已也①。

----

①已:止。

【译文】

民众是不可以不重视的。

成公四年

《史佚之志》有之①,曰:"非我族类,其心必异。"

---

①史佚:西周初年的史官。
【译文】
《史佚之志》有这样的话:"不是我相同的种族,他的心意必然不同。"

成公六年

圣人与众同欲,是以济事。
【译文】
圣人的愿望和大众相同,所以能成功。

夫善,众之主也。
【译文】
美德,是大众服从的主导。

成公八年

信以行义,义以成命,小国所望而怀也。信不可知,义无所立,四方诸侯,其谁不解体?
【译文】
信用用来推行道义,道义用来完成命令,这是小国所盼望而感怀的。信用不能得知,道义无所树立,四方的诸侯,怎能不离心涣散?

从善如流,宜哉!

【译文】

从善如流,这是多么恰当啊!

君命无贰,失信不立①。

①失信不立:不能完成使命为失信,失信则难以自立。

【译文】

国君的命令不能违背,失去信义就难以自立。

成公九年

兵交,使在其间可也①。

①使:使者。

【译文】

两国交兵,使者是可以在其间往来的。

不背本,仁也;不忘旧,信也;无私,忠也;尊君,敏也。仁以接事,信以守之,忠以成之,敏以行之。事虽大,必济。

【译文】

不忘根本,是仁;不忘故旧,是守信;没有私心,是忠诚;尊崇国君,是敏达。用仁来处理事情,用信来坚持,用忠来完成,用敏来执行。哪怕再大的事情也能成功。

成公十二年

共俭以行礼①,而慈惠以布政。政以礼成,民是以息。

————
①共:通"恭"。

【译文】

恭敬俭约用来推行礼仪,慈爱恩惠用来施行政教。政教凭借礼仪来完成,百姓因此得以休养生息。

成公十三年

君子勤礼①,小人尽力,勤礼莫如致敬,尽力莫如敦笃②。

————
①勤礼:勤于礼法。
②敦笃:敦厚笃实。

【译文】

君子勤于礼法,小人竭尽能力。勤于礼法莫过于恭敬,竭尽能力莫过于敦厚笃实。

国之大事,在祀与戎。

【译文】

国家的大事,在于祭祀与战争。

成公十四年

《春秋》之称①,微而显,志而晦②,婉而成章,尽而不污,惩恶而劝善。

①称：说，记述。指其遣词造句。
②晦：意义幽深。

【译文】
《春秋》的记载，言辞细密而意义显明，记载史实而意义深远，表达婉转而顺理成章，记事穷尽而无所歪曲，警戒邪恶而奖励善良。

成公十五年

《前志》有之①，曰："圣达节，次守节，下失节②。"

①《前志》：古书名。
②圣达节，次守节，下失节：意谓圣人能进能退，能上能下，通达节操；其次者只能保守节操；下等的唯名利是图，无节操可言。

【译文】
《前志》有这样的话："圣人通达节义，其次者保守节义，最下者失去节义。"

信以守礼，礼以庇身，信礼之亡，欲免得乎？

【译文】
信用是用来保持礼义的，礼义是用来庇护自身的，信用、礼义都没有了，还想免于祸难吗？

盗憎主人，民恶其上。

【译文】

盗贼无缘故地憎恨主人,百姓无缘故地讨厌统治者。

成公十六年

德、刑、详、义、礼、信①,战之器也②。德以施惠,刑以正邪,详以事神,义以建利,礼以顺时,信以守物。

———

①详:通"祥",指用心精诚专一。
②器:器用,手段。

【译文】

道德、刑罚、赤诚、义理、礼法、信用,都是战争取胜的必备条件。道德用来施予恩惠,刑罚用来纠正邪恶,赤诚用来事奉神灵,义理用来获取利益,礼法用来顺应时势,信用用来保有万物。

民生厚而德正,用利而事节,时顺而物成。

【译文】

人民生活富裕,道德就自然纯正;使用人民若于国有利,则办事就会有节制;顺应时势,事情就会成功。

上下和睦,周旋不逆①,求无不具,各知其极②。

———

①周旋:举动。逆:悖逆。
②极:标准,原则。

【译文】

上下和睦,行为处事就不会受阻,凡是有所求的都无不具备,各人就都懂得行事的准则。

民不知信,进退罪也。人恤所厎①,其谁致死?

———

①恤:忧虑。厎(zhǐ):往。

【译文】

人民不懂得什么是信义,进退都可能获罪。士卒对奔赴前线心感忧虑,还有谁肯卖命送死?

侵官,冒也;失官,慢也;离局①,奸也。有三罪焉,不可犯也。

———

①离局:离开自己的部属。

【译文】

侵夺他人职责,这是冒犯;丢弃本人职守,这是怠慢;离开自己的部属,这是错误的。这三条罪过,都是不可触犯的。

怨之所聚,乱之本也。多怨而阶乱,何以在位?

【译文】

聚集怨仇,是祸乱的根本。多招怨恨而导致祸乱,怎么还能据有官位?

成公十七年

古人有言曰:"杀老牛莫之敢尸①。"

①杀老牛莫之敢尸：古人认为牛有功于人，因而当牛衰老无用之时，也没人敢主张将其宰杀掉。尸，主。

【译文】

古人有句话说："宰杀老牛，没人敢做主。"

成公十八年

欲求得人①，必先勤之。

①得人：得到人们拥护。原文指诸侯。

【译文】

想要得到人们的拥护，一定要先为他们付出勤劳。

襄公三年

君师不武，执事不敬，罪莫大焉。

【译文】

君主的军队有不服从军令的，办事的人有不严肃执行军法的，罪过没有比这更大的了。

襄公六年

同罪异罚，非刑也。

【译文】

同罪而不同罚，这是不合刑法的。

襄公七年

恤民为德,正直为正①,正曲为直②,参和为仁③。如是,则神听之,介福降之④。

①正直:正己心。
②正曲:正他人之曲。
③参和:德、正、直三者合而为一。
④介:大。

【译文】
体恤人民是德,校正己心是正,纠正他人之曲是直,德、正、直三者合而为一是仁。这样做,神明将会听到这一切,赐给你大福。

襄公九年

君子劳心,小人劳力。

【译文】
君子用智,小人用力。

信者,言之瑞也①,善之主也。

①瑞:符信,凭证。

【译文】
信用是言语的凭证,善良的主体。

襄公十年

下而无直,则何谓正矣?

【译文】

在下位者有理却不能申诉辩白,那么什么叫做公正呢?

襄公十一年

《书》曰①:"居安思危。"思则有备,有备无患。

———
①《书》:指的是逸《书》。

【译文】

《书》说:"在安定的环境中要想到危险。"想到了就有所防备,有了防备就不会有祸患。

夫赏,国之典也,藏在盟府①,不可废也。

———
①盟府:管理盟约、文书档案的官府。

【译文】

赏赐是国家的典章,藏在盟府中,是不能够废除的。

襄公十三年

让,礼之主也。

【译文】

谦让是礼的主体。

一人刑善①,百姓休和②,可不务乎?

①刑:取法,效法。
②百姓:各族各姓。休和:安定和平。

【译文】
一个人取法于善,各族各姓都安逸和平,这样的事能不努力去做吗?

世之治也,君子尚能而让其下①,小人农力以事其上②,是以上下有礼,而谗慝黜远,由不争也,谓之懿德③。及其乱也,君子称其功以加小人④,小人伐其技以冯君子⑤,是以上下无礼,乱虐并生,由争善也⑥,谓之昏德。国家之敝,恒必由之。

①尚能:崇尚贤能。
②农力:努力。
③懿德:美德。
④加:凌驾。
⑤伐:夸耀。冯:凭,凌驾。
⑥争善:争相自夸以为善。

【译文】
当处在治世时,君子崇尚贤能而对下谦让,小人努力干活以事奉其上司,所以上下有礼,邪恶奸佞之人被废黜远离,这是由于不争的缘故,称为美德。到了乱世,君子夸耀自己的功劳而凌驾于小人之上,小人夸耀自己的技艺以凌驾君子,所以上下无礼,动乱暴虐一起发生,这是由于争相夸耀自己之故,称为昏德。国家的衰败,总是从这里开始。

襄公十四年

善则赏之,过则匡之,患则救之,失则革之。
【译文】
好的就表彰,不对就纠正,灾患则援救,错失就改正。

天之爱民甚矣,岂其使一人肆于民上,以从其淫,而弃天地之性?必不然矣。
【译文】
上天对民众的关爱实在是够周全了,难道会让一个人在百姓头上胡作非为,放纵其邪恶,而丢弃天地的本性?一定不会这样的。

襄公十五年

官人,国之急也。能官人,则民无觊心①。

---
①无觊(yú)心:不存非分之想。觊,觊觎,非分之想。

【译文】
任命官员,这是国家的当务之急。能够合理任命官员,百姓就不会生出非分念头。

我以不贪为宝,尔以玉为宝,若以与我,皆丧宝也。不若人有其宝。
【译文】
我把不贪婪视为宝,你把玉视为宝,如果把玉给了我,你我就都丧失了宝物。不如各人保有各人的宝物吧。

小人怀璧,不可以越乡①。

①小人怀璧,不可以越乡:越乡必被盗贼所害。意谓地位低下的人藏有宝物一定会遇害。

【译文】
小人怀藏玉璧,不可能走出所住乡里。

襄公十七年

大臣不顺①,国之耻也。

①不顺:不和顺。

【译文】
大臣间不和睦,是国家的耻辱。

襄公十八年

社稷之主不可以轻①,轻则失众。

①轻:不持重,轻举妄动。

【译文】
作为一国之主,不能轻举妄动,轻举妄动就会失去民众。

襄公二十一年

在上位者洒濯其心①,壹以待人②,轨度其信③,可明征也④,而后可以治人。

①洒濯:洗涤。
②壹以待人:指待人以诚。
③轨度:作动词,纳之于轨范。信:诚心。
④征:征信。

【译文】

在上位的要洗涤自己的心,以诚心待人,使其诚心合于法度,有明确的行动做证明,然后才可以治理人民。

夫上之所为,民之归也。上所不为,而民或为之,是以加刑罚焉,而莫敢不惩①。若上之所为,而民亦为之,乃其所也,又可禁乎?

①惩:警戒。

【译文】

在上者的所作所为,是人民的榜样。在上者不做而百姓有人做了,由此对他们施以刑罚,就没有人敢不当心。如果在上者做了而百姓也这样做了,这是势所必然的,又怎么能够禁止住呢?

国多宠而王弱,国不可为也。

【译文】

国家宠臣众多而君王年轻,国家没办法管好。

外举不弃仇,内举不失亲。

【译文】

举荐外族人时不丢弃仇家,举拔族内人时不失去亲人。

深山大泽,实生龙蛇。

【译文】

深山大泽,是产生龙蛇一类妖异的地方。

会朝,礼之经也;礼,政之舆也;政,身之守也。怠礼,失政;失政,不立,是以乱也。

【译文】

会盟和朝见,是礼仪中的规范;礼仪,是政事的载体;政事,是存身之所。轻慢礼仪,政事便会有错失;政事错失就难以立身,因此就会发生动乱。

襄公二十二年

君人执信,臣人执共①,忠、信、笃、敬,上下同之,天之道也。

---

①共:通"恭",恭敬。

【译文】

做人君的守住信用,当臣子的保持恭敬,忠诚、信用、笃实、恭敬,上下共同保持它,这是天道。

生于乱世,贵而能贫,民无求焉,可以后亡。
【译文】
生在乱世,地位显贵而能清贫,不向民众索求,可以比他人后灭亡。

生在敬戒,不在富也。
【译文】
生存在于能警戒,不在于富有。

襄公二十三年

祸福无门,唯人所召。
【译文】
祸福无门,由人自召。

为人子者,患不孝,不患无所①。
——
①无所:指没地位。
【译文】
当儿子的,怕的是不孝,而不怕没有地位。

美疢不如恶石①。夫石犹生我;疢之美,其毒滋多②。
——
①疢(chèn):小病。
②滋多:更多。

【译文】

没有痛苦的疾病比不上使人痛苦却能治病的药石。药石尚且能使我生存,无痛的疾病毒害更甚。

襄公二十四年

大上有立德,其次有立功,其次有立言。

【译文】

最高的是树立德行,其次是建功立业,再其次是留下言论。

夫令名,德之舆也;德,国家之基也。有基无坏,无亦是务乎!有德则乐,乐则能久。

【译文】

好的名声是美德的载体;德行是国家和家族的基石。有好基石,国家就不至于毁坏,难道不应该致力于此吗!有德行就快乐,快乐就能长久。

恕思以明德①,则令名载而行之,是以远至迩安。

———
①恕思:心存忠厚,对人谅解,以宽厚之心去考虑事情。

【译文】

心存忠厚、对人体谅以彰显美德,那么美名就能远扬,这样远方的人就归服,邻近的人也安心。

毋宁使人谓子"子实生我",而谓"子浚我以生"乎①?

①浚(jùn):剥削,掠夺。

【译文】

宁可减轻贡赋而使人感激地对你说"你让我得以生活",也不要因掠夺剥削而使人怨恨地说"你靠掠夺我为生"。

象有齿以焚其身,贿也。

【译文】

象因牙齿值钱而毙命,这是因为人们贪财的缘故啊。

兵不戢①,必取其族。

①不戢(jí):不藏。

【译文】

不收藏武力,必然要伤害到自己的族类。

襄公二十五年

君民者,岂以陵民?社稷是主。臣君者,岂为其口实①?社稷是养。

①口实:俸禄。

【译文】

作为百姓的君主,难道可用来凌驾在民众之上吗?是让他来主持国政的。当臣子的,岂能只为俸禄?应保养国家。

《志》有之①:"言以足志②,文以足言。"不言,谁知其志?言之无文,行而不远。

①《志》:古书。
②足:完成。

【译文】
《志》上有这样的话:"言语用来表达心志,文采用来修饰语言。"不说话,谁能知道他的心志?言辞没有文采,就不能传到远处。

视民如子。见不仁者诛之,如鹰鹯之逐鸟雀也①。

①鹰鹯(zhān):鹰一类的猛禽。鹯,猛禽名。《尔雅·释鸟》:"晨风,鹯。"郭璞注:"鹞属。"

【译文】
看待人民有如自己的儿子。见到不仁的人就诛灭他,犹如老鹰追赶鸟雀一样。

政如农功,日夜思之,思其始而成其终,朝夕而行之。行无越思,如农之有畔①,其过鲜矣。

①畔:田埂,借指界限。

【译文】
国政就像农事,日夜想着它,开始深思熟虑接着又想法去取得成功,早晚都照想的做。先思后行,就如农田有田埂那样。这样,过错就会少了。

举棋不定,不胜其耦①。

①耦:下棋的对手。
【译文】
举棋不定,就无法战胜对手。

襄公二十六年

古人有言曰:"非所怨,勿怨。"
【译文】
古人有句话说:"不抱怨不应抱怨的人。"

"善为国者,赏不僭而刑不滥①。"赏僭,则惧及淫人;刑滥,则惧及善人。若不幸而过,宁僭,无滥。与其失善,宁其利淫。无善人,则国从之。

①僭:过分。
【译文】
"善于治理国家的人,赏赐不过分而刑罚不滥用。"赏赐过分,就怕会奖励了坏人;刑罚滥用,就担心会牵连好人。如果不幸而出现过分,那就宁可多赏而不滥罚。与其对好人处理不当,宁可让奸人沾光。没有好人,国家将跟着受害。

古之治民者,劝赏而畏刑,恤民不倦①。

①恤民：忧民，为百姓操心。

【译文】

古时治理人民者乐于赏赐而慎用刑罚，操心民情不知疲倦。

夫小人之性，衅于勇①，啬于祸②，以足其性，而求名焉者，非国家之利也，若何从之？

①衅于勇：借机表现其勇。衅，动。
②啬于祸：以祸贪利。啬，贪。

【译文】

小人的本性是喜欢表现血气之勇，贪求在祸乱中获得好处，以满足其本性并求取虚名，这不符合国家的利益，怎么能听他的呢？

襄公二十七年

服美不称，必以恶终①。

①服美不称，必以恶终：古人衣着、车马、装饰都有严格的等级规定，因此当时人认为超越等级，必有恶果。

【译文】

服饰的华美和人不相称，必将得到恶果。

事未可知，只成恶名，止也。

【译文】

事情成功与否没把握,只会得到坏名声,不能做。

赏罚无章,何以沮劝[1]?

①沮:止,止恶。劝:勉,勉励为善。

【译文】

赏罚没有章法,用什么来止恶劝善?

仕而废其事[1],罪也。

①废其事:指废弃自己的职责。

【译文】

做官而不努力做事,这是罪过。

兵,民之残也,财用之蠹[1],小国之大灾也。

①蠹:蛀虫。

【译文】

战争,是对民众的残害,是消耗国家财力的蠹虫,是小国的大灾难。

求逞志而弃信[1],志将逞乎?志以发言,言以出信,信以立志,参以定之[2]。

①逞志:快心,称愿。

②参以定之:志、言、信三者俱备才能安定。参,通"三"。

【译文】

为了满足自己的意愿而背信弃义,目的能实现吗?有意愿便发而为言语,说出话就形成信用,有了信用便可以实现意愿,这三者是互相关联着的。

匹夫一为不信,犹不可,单毙其死①。若合诸侯之卿,以为不信,必不捷矣②。

①单:通"殚",尽。毙:踣,仆倒。
②捷:成功。

【译文】

普通人一旦做出不守信用的事,尚且不行,一概不得好死。如果会合诸侯的卿做出不守信的事情,必定不会成功的。

"匪交匪敖",福将焉往①?若保是言也,欲辞福禄,得乎?

①"匪交匪敖",福将焉往:《诗经·小雅·桑扈》末章说"彼交匪敖,万福来求",意思是不求侥幸不骄傲,福禄能跑到哪儿去?交,《汉书·五行志》引作"儌"。颜师古注:"儌谓侥幸也。"敖,通"傲",傲慢。

【译文】

"不求侥幸不骄傲",福禄还能跑到哪里去?如果能按照这话去做,即便想拒绝福禄,又哪儿能行呢?

兵之设久矣,所以威不轨而昭文德也。圣人以兴,乱人以废。

【译文】

战争的设置已经很久远了,是用来威慑不法行为和昭明文德的。圣人依靠它而兴起,作乱者因为它而遭废弃。

襄公二十八年

善人富谓之赏,淫人富谓之殃。

【译文】

善人富有是奖赏,坏人富有则是灾殃。

夫民,生厚而用利①,于是乎正德以幅之②,使无黜嫚③,谓之幅利④。利过则为败。

----

①生厚:生活享受丰厚。用利:器物财货富饶。

②幅:限制。

③使无黜嫚:不可不足,也不可过分。黜,不足。嫚,过分。

④幅利:限制其利,不可纵欲奢侈。

【译文】

民众总是想生活富足,器用丰富,所以要端正道德观念来加以限制,使它既不缺乏也不过分,这就是所谓限制欲望。欲望过分了就会败坏。

君子有远虑,小人从迩①。

----

①迩:近。

【译文】

君子有远虑,小人只考虑眼前。

襄公二十九年

松柏之下,其草不殖①。

——

①殖:生长。

【译文】

松柏的下面,草是长不好的。

邻于善①,民之望也。

——

①邻于善:接近于善。

【译文】

与善为邻,这是百姓的期望。

君子务在择人。

【译文】

君子应当致力于选择善人。

襄公三十年

《仲虺之志》云①:"乱者取之,亡者侮之。"推亡固存②,国之利也。

①仲虺：商汤左相。

②推：借为"摧"，摧毁。

【译文】

《仲虺之志》说："动乱的就攻取它，灭亡的就欺侮它。"摧毁灭亡的巩固存在的，是对国家有利的。

善人，国之主也。

【译文】

善人是国家的栋梁。

无欲实难。皆得其欲，以从其事，而要其成①。

①要（yāo）：求。

【译文】

人没欲望其实很难。使他们的欲望得到满足，好让他们为国办事，并以此要求他们把事办好。

襄公三十一年

德不失民，度不失事。民亲而事有序，其天所启也。

【译文】

有德行的人不会失去人民的拥护，有法度就不会办错事。人民亲附而事情有次序，他才是上天所为之打开大门的人。

礼之于政,如热之有濯也。濯以救热,何患之有?
【译文】
礼对于政事,就如天热要洗澡一样。通过洗澡以消除酷热,还会有什么祸患?

其所善者^①,吾则行之;其所恶者,吾则改之,是吾师也。
——
①其:他们,代指百姓。
【译文】
百姓认为好的,我就照办;百姓不赞成的,我就改正,他们实际上是我的老师。

我闻忠善以损怨,不闻作威以防怨。岂不遽止^①?然犹防川。大决所犯^②,伤人必多,吾不克救也。不如小决使道^③,不如吾闻而药之也。
——
①遽:马上。
②大决:河水大决口。
③道:引导,疏通。
【译文】
我听说凭借忠善可以减少怨言,没听说用威势可以防止怨恨。用强硬办法难道不能立刻把人们的口堵住?但就如预防河水决口一样。如果大决口,伤害人必定很多,我没办法解救。不如开小口加以疏通,不如让我听到批评后作为药石来改正。

学而后入政,未闻以政学者也。
【译文】
要学习以后再做官,没听说过把做官作为学习手段的。

君子务知大者、远者,小人务知小者、近者。
【译文】
君子致力于重大、长远的事务,小人只知道小的、眼前的事情。

人心之不同,如其面焉。
【译文】
人心不相同,就像人的面目各不相同一样。

君有君之威仪,其臣畏而爱之,则而象之[①],故能有其国家,令闻长世[②]。臣有臣之威仪,其下畏而爱之,故能守其官职,保族宜家。

①象:仿效。
②令闻:好名声。

【译文】
国君有国君的威仪,臣下就会敬畏并拥护他,以他为榜样而效仿他,所以能保有他的国家,美名流芳百世。臣子有臣子的威仪,他的下属就敬畏并拥护他,所以能保住他的官职,保护家族使家庭和睦。

君子在位可畏,施舍可爱,进退可度,周旋可则[①],容止可观,作事可法,德行可象,声气可乐,动作有文[②],言语有章[③],

以临其下,谓之有威仪也。

---

①周旋:行礼时进退揖让的动作。
②有文:有修养。
③有章:有条理。

【译文】

君子在位使人敬畏,赏赐施与让人拥戴,进退可以作为法度,行礼揖让可以作为准则,仪容举止值得观摩,做事可以让人效法,德行可以视为典范,声音气度可以使人高兴,举止文明优雅,言语有条有理,这样对待下人,就叫做有威仪了。

昭公元年

夫弗及而忧,与可忧而乐,与忧而弗害,皆取忧之道也,忧必及之。

【译文】

与自己无关却忧虑,该忧愁反而高兴,有忧虑却没意识到危害,都是导致忧虑的根由,忧患必定会到来。

临患不忘国,忠也;思难不越官,信也;图国忘死,贞也;谋主三者,义也。

【译文】

身临祸患而不忘国家,这是忠;临难而不放弃职守,这是信;为国考虑而忘死,这是贞;考虑问题从这三样出发,这是义。

患之所生,污而不治,难而不守,所由来也。
【译文】
忧患的产生,在于遇到麻烦而不去解决,碰到祸难而不能坚守,祸患就是由此而来的。

强以克弱而安之,强不义也。不义而强,其毙必速。
【译文】
强大的战胜弱小的而心安理得,强大者就不合道义。不合道义而强大,一定很快灭亡。

一世无道,国未艾也①。

①艾:绝。

【译文】
一代国君无道,国家还不至于陷入绝境。

无礼而好陵人,怙富而卑其上①,弗能久矣。

①怙富:仗恃其富有。

【译文】
无礼而好凌驾于人,仗着富有而瞧不起地位比他高的人,就活不久了。

君子之近琴瑟,以仪节也,非以慆心也①。

① 以仪节也,非以慆(tāo)心也:杜预注:"为心之节仪,使动不过度。"慆心,烦荡心志。

【译文】
君子亲近琴瑟之音,为的是用礼仪来节制自身,不让自己心志佚荡。

昭公二年

君子有信,其有以知之矣。
【译文】
君子有信用,他说话是有根据的。

忠信,礼之器也①;卑让,礼之宗也。

① 礼之器:即载礼之器,礼的载体。
【译文】
忠诚信用,是礼的载体;谦卑逊让,是礼的根本。

辞不忘国,忠信也;先国后己,卑让也。
【译文】
言辞不忘国家,是忠诚信用;先国家后自己,是谦卑逊让。

昭公三年

仁人之言,其利博哉!

【译文】

仁德之人所说的话,产生的好处真大呀!

礼,其人之急也乎!
【译文】

礼仪应该是人所急需的吧!

君子曰:"弗知实难。"知而弗从,祸莫大焉。
【译文】

君子说:"不知祸从何处来就很难防止。"知道了而不加以防止,祸害没有比这更大的了。

《志》曰:"能敬无灾。"又曰:"敬逆来者,天所福也。"
【译文】

《志》说:"能恭敬就没灾祸。"又说:"恭敬地迎接来宾,上天就会赐福。"

公事有公利,无私忌。
【译文】

执行公务只考虑公家的利益,没有私家的忌讳。

昭公四年

恃险与马,不可以为固也,从古以然。是以先王务修德音以亨神人①,不闻其务险与马也。

①亨:同"享"。神人:神灵与祖先。人,祖先。

【译文】

倚仗险要与多马,并不能作为巩固自己的条件,自古以来都是这样的。所以先王致力于修明德行,使神明和祖先高兴,没听说致力于地势险要与多马的。

求逞于人①,不可;与人同欲,尽济。

①逞:快意,称愿。

【译文】

让别人服从自己的愿望,不行;与大多数人愿望相同,就能成功。

汰而愎谏①,不过十年。

①汰(tài):骄泰,骄纵。愎谏:固执己见,不接受别人忠言。

【译文】

骄横而不听从劝谏,用不了十年就会灭亡。

不十年侈,其恶不远,远恶而后弃。善亦如之,德远而后兴。

【译文】

没有十年的骄奢,他的恶名不会远播,臭名远扬后就会被抛弃。善也是,德行远播后才能兴盛。

苟利社稷,死生以之。

【译文】

如果有利于国家,死生都不在乎。

为善者不改其度,故能有济也。

【译文】

做好事的人不改变他的法度,所以能有所成。

民不可逞①,度不可改。

---

①逞:快意,指尽得其欲。

【译文】

百姓不可尽得其欲,法度不可改变。

政不率法,而制于心。民各有心,何上之有?

【译文】

政令不遵循法度,而是由自己的意志来决定。民各有志,怎么会尊崇在上面的人?

昭公五年

为政者不赏私劳,不罚私怨。

【译文】

执政者不赏赐他个人的私劳,不处罚他个人的私怨。

礼,所以守其国,行其政令,无失其民者也。

【译文】

礼是用来保有国家、推行政令、不失去人民的。

能用善人,民之主也。

【译文】

能任用善人,是人民的好主宰。

昭公六年

国将亡,必多制。

【译文】

国家将要灭亡,必然会订立更多法律。

无宁以善人为则,而则人之辟乎?匹夫为善,民犹则之,况国君乎?

【译文】

宁可以善人为学习的榜样,怎能去学别人的邪恶呢?普通人做了善事,人民还以他作为榜样,何况国君呢?

昭公七年

国无政,不用善,则自取谪于日月之灾[①]。故政不可不慎也。务三而已:一曰择人,二曰因民[②],三曰从时[③]。

①谪：灾祸。

②因民：依靠百姓。

③从时：顺从时令。

【译文】

国家没有善政，不用善人，便会在日月之灾中自取其咎。所以政事是不能不谨慎的。只要致力于做好下面三件事就可以了：一是选拔贤人，二是依靠人民，三是顺从天时。

古人有言曰："其父析薪，其子弗克负荷①。"

①其父析薪，其子弗克负荷：比喻父亲勤劳创立家业，其子不能继承。析薪，劈柴。

【译文】

古人有话说："父亲砍柴，儿子却无法把柴背走。"

不媚，不信。不信，民不从也。

【译文】

不取得民众的欢心，民众就不信服。不信服，民众就不会顺从。

兄弟之不睦，于是乎不吊①，况远人，谁敢归之？

①不吊（dì）：不相亲善。

【译文】

兄弟不和睦，就不相亲善，何况远方的人，谁敢来归顺？

礼,人之干也。无礼,无以立。

【译文】

礼是人的主干。无礼就无法立身。

一命而偻,再命而伛,三命而俯①。循墙而走,亦莫余敢侮②。饘于是,鬻于是,以糊余口③。

---

①一命而偻(lǔ),再命而伛(yǔ),三命而俯:形容一次比一次恭敬。偻、伛、俯,都是弯腰恭敬的样子。按:本条选文为宋国大夫正考父家庙鼎上的铭文。正考父曾辅佐宋戴公、武公、宣公三位国君,受三命为上卿,而愈加恭敬。

②循墙而走,亦莫余敢侮:沿着墙快步走,不敢昂首阔步,以示地位愈高愈谦恭。虽如此,人也不敢欺侮。

③饘(zhān)于是,鬻(zhōu)于是,以糊余口:用此鼎煮粥,表示俭朴。饘,米糊,厚粥。鬻,粥。厚曰饘,稀曰粥。

【译文】

一命低头,二命躬身,三命深深弯腰。沿着墙快步走,也没人敢把我欺侮。稠粥在这鼎里煮,稀粥也在这鼎里煮,用来糊口填饱肚子。

能补过者,君子也。

【译文】

能弥补过错的,就是君子。

昭公八年

君子之言,信而有征①,故怨远于其身。小人之言,僭而无征②,故怨咎及之。

①征:证验。
②僭:虚伪,无信。

【译文】

君子的话,诚实而有根据,所以怨言远离其身。小人的话,虚假而没有根据,所以怨言灾祸降临其身。

昭公九年

无囿犹可①,无民,其可乎?

①囿:园林。

【译文】

没有园林关系不大,没有人民行吗?

昭公十年

让,德之主也。让之谓懿德①。

①懿德:美德。

【译文】

谦让是德行的主干,谦让称为美德。

凡有血气,皆有争心,故利不可强,思义为愈①。义,利之本也。蕴利生孽②。姑使无蕴乎！可以滋长。

①愈：胜。
②蕴：积聚。

【译文】

凡有血气的人，都有争竞之心，所以利益不可强取，想到道义才是更胜一筹。道义是利益的根本。蓄积利益会生妖孽。姑且不要让它积聚吧！可以让它慢慢地增长。

非知之实难，将在行之。

【译文】

不是知道困难，而是实行很难。

昭公十一年

天之假助不善①，非祚之也②，厚其凶恶而降之罚也。

①假：借。
②祚：赐福。

【译文】

上天借助坏人，不是赐福给他，是要增加他的凶恶而后降罚给他。

择子莫如父，择臣莫如君。

【译文】

选择儿子没有人比得上父亲，选择臣子没有人比得上国君。

末大必折,尾大不掉①。

——
①末大必折,尾大不掉:比喻臣属势力膨胀,将无法控制。掉,摆动。
【译文】
本细而末大,本将折断;尾大则不能摇摆。

昭公十二年

礼,无毁人以自成也。
【译文】
礼要求不去毁坏别人来成全自己。

昭公十三年

众怒不可犯也。
【译文】
众人的愤怒是不可触犯的。

同恶相求,如市贾焉,何难?
【译文】
有共同的憎恨者而互相需要,犹如市场上的商贾,有什么难的?

志业于好,讲礼于等,示威于众,昭明于神。自古以来,未之或失也。存亡之道,恒由是兴。

【译文】

在友好中记住职责,用等级次序讲习礼仪,向百姓显示威严,向神灵昭明信义。自古以来都没有缺失。存亡之道总由此而发生。

昭公十四年

治国制刑,不隐于亲。
【译文】
治理国家制定刑法,不包庇自己的亲人。

昭公十五年

好恶不愆①,民知所适②,事无不济。

———
①不愆:不过分。
②适:归向。

【译文】
喜爱、厌恶都不过分,人民知道该怎么做,事情就没有办不成的。

力能则进,否则退,量力而行。
【译文】
有力量就前进,否则就后退,要量力而行。

昭公十六年

苟有位于朝,无有不共恪①。

———

①共恪(kè):恭敬。

【译文】

只要在朝廷上有位子的官员,都不要做出不恭敬的事来。

我皆有礼,夫犹鄙我。国而无礼,何以求荣?
【译文】

我们都对他们有礼,尚且鄙视我们。国家如果无礼,凭什么求得光荣?

君子非无贿之难①,立而无令名之患。

———

①贿:财富。难:患。

【译文】

君子不怕没有财富,是怕立身却没有好名声。

为国非不能事大字小之难①,无礼以定其位之患。

———

①字:抚养。

【译文】

治理国家并不难于事奉大国扶持小国,难的是不能按礼仪来安定职位。

昭公十七年

天子失官,学在四夷①。

①天子失官,学在四夷:意思是周、鲁衰弱,典章缺失,而远方小国仍知前古官名之沿革,保存古代官学,保存先代典制。

【译文】

天子的官员失职,官制的学问就保存在四方边远的小国。

昭公十八年

不害而不学,则苟而可。

【译文】

认为没坏处而不学习,就会得过且过。

下陵上替①,能无乱乎?

①替:废,弛。

【译文】

在下者欺凌在上者,在上者政务废弛,能不发生动乱吗?

夫学,殖也①,不学将落。

①殖:种植。

【译文】

学习就如同种植,不学习就会像草木一样枝叶堕落。

国之不可小①,有备故也。

①不可小:指不可被人轻视。

【译文】

国家不被轻视,就是因为有防备的缘故。

昭公十九年

谚曰:"无过乱门。"

【译文】

谚语说:"不经过动乱者的家门。"

抚民者,节用于内,而树德于外,民乐其性①,而无寇仇。

①性:生命。

【译文】

安抚人民的人,在国内节约开支费用,在国外树立德行,人民对生活感到安乐,而没有仇敌。

昭公二十年

奔死免父,孝也;度功而行,仁也;择任而往,知也①;知死不辟,勇也。

①知:同"智"。

【译文】

奔向死亡而使父亲免死,是孝;估计功效而后行动,是仁;选择合适的任务而前往,是明智;明知死而不逃避,是勇敢。

君子不食奸①,不受乱,不为利疚于回②,不以回待人,不盖不义,不犯非礼。

①不食奸:不食奸人之禄。
②疚:心中痛苦。回:奸邪。

【译文】

君子不吃坏人的俸禄,不牵入动乱,不为了私利而受到邪恶的侵蚀,不以邪恶待人,不掩盖不义的事情,不做非礼的事。

守道不如守官。

【译文】

坚守道义不如坚守官职。

和如羹焉,水、火、醯、醢、盐、梅①,以烹鱼肉,燀之以薪②,宰夫和之,齐之以味③,济其不及④,以泄其过⑤。君子食之,以平其心。

①醯(xī):醋。醢(hǎi):肉酱。
②燀(chǎn):炊煮。
③齐:同"剂",调剂。
④济:增加。

⑤泄:减少。

【译文】

和就像羹汤,用水、火、醋、醢、盐、梅来烹调鱼肉,用柴火来煮,厨师加以调和,使味道适中,太淡就加调料,太咸就冲淡。君子吃后,内心平和。

政平而不干①,民无争心。

①不干:不违礼制。

【译文】

政事平和而不违背礼制,人民就没有争竞之心。

声亦如味,一气①,二体②,三类③,四物④,五声⑤,六律⑥,七音⑦,八风⑧,九歌⑨,以相成也。

①气:声音由气来发动。

②体:奏乐有刚柔阴阳之体。

③三类:《风》《雅》《颂》三类。

④四物:用四方之物以制成乐器。

⑤五声:宫、商、角、徵(zhǐ)、羽五音。

⑥六律:审定音乐高低清浊的六种标准,即黄钟、大蔟、姑洗、蕤(ruí)宾、夷则、无射(yì)。

⑦七音:五音再加上变宫、变徵。

⑧八风:八方之风。

⑨九歌:歌九功之德。九功,古谓六府三事为九功。水、火、金、木、

土、谷,谓之六府。正德、利用、厚生,谓之三事。

【译文】

声音也跟味道一样,是由一气、二体、三类、四物、五声、六律、七音、八风、九歌相互组成的。

若以水济水,谁能食之?若琴瑟之专一,谁能听之?

【译文】

如果用水去调剂水,谁能吃得下去?如果琴瑟只有一个音调,谁能听得下去?

唯有德者能以宽服民①,其次莫如猛②。夫火烈,民望而畏之,故鲜死焉;水懦弱,民狎而玩之③,则多死焉。故宽难④。

---

①宽:宽大的政策。

②猛:严厉的政策。

③狎:轻视。

④故宽难:按,这里以水、火比宽、猛之政,说明实行宽政更难。

【译文】

只有有德的人能够用宽大的政策来使百姓服从,其次就不如用严厉的政策。火猛烈,人民望而生畏,所以少有死于火的;水柔弱,人民轻慢而玩弄它,却有很多死于它。因此实行宽政很难。

政宽则民慢①,慢则纠之以猛。猛则民残②,残则施之以宽。宽以济猛,猛以济宽,政是以和。

①慢：怠慢，无视法纪。

②残：伤残。

【译文】

政策宽和了人民就会怠慢，怠慢了就用严厉来纠正。政策严厉会使人民受残害，受到残害又要用宽政来对待。用宽大调剂严厉，用严厉调剂宽大，政事因此调和。

昭公二十一年

《军志》有之："先人有夺人之心①，后人有待其衰。"

①先人：先发制人。

【译文】

《军志》有这样的话："先发制人能够摧毁敌人士气，后发制人则要等待敌人士气衰弱。"

昭公二十三年

作事威克其爱①，虽小，必济。

①克：胜过。

【译文】

做事要是威严胜过感情，虽然弱小，也一定能成。

慎其四竟,结其四援①,民狎其野②,三务成功③,民无内忧,而又无外惧,国焉用城?

①结其四援:结好四邻,以为援助。
②狎其野:指安习农事。
③三务:春、夏、秋三季耕作之事。

【译文】

谨守四方边境,结交四方援兵,人民就可以安心在野外耕作,春、夏、秋三时的农事得到收获,人民既无内忧,又无外患,国都哪里用得着增修城墙?

民弃其上,不亡,何待?

【译文】

人民抛弃了在上位者,不灭亡还等什么?

夫正其疆场,修其土田,险其走集①,亲其民人,明其伍候②,信其邻国,慎其官守,守其交礼③,不僭不贪④,不懦不耆⑤,完其守备,以待不虞,又何畏矣?

①险:巩固。走集:边境的堡垒。
②明其伍候:民有部伍,轮流瞭望侦察。
③交礼:外交礼节。
④僭:差失。
⑤不耆:不强横欺人。耆,强。

【译文】

如果划定疆界,整修田地,巩固边境堡垒,亲近人民,加强瞭望,取信邻国,慎守官吏职责,保持外交礼节,不差失不贪婪,不懦弱不强横,修整防卫设施,以应付意外事件,又有什么可害怕的呢?

昭公二十五年

君子贵其身,而后能及人,是以有礼。

【译文】

君子尊重自己,然后才能尊重他人,这就是有礼。

哀乐而乐哀,皆丧心也。

【译文】

该高兴时却悲哀,应悲哀时却高兴,都是丧失心志。

心之精爽,是谓魂魄。魂魄去之,何以能久?

【译文】

心的精华神明,就叫魂魄。魂魄散失了,怎么可能活得久?

无民而能逞其志者,未之有也,国君是以镇抚其民。

【译文】

没有民众拥护而能实现志向的,还从来没有过,国君因此要安抚民众。

夫礼,天之经也①,地之义也,民之行也。

①经:规范。

【译文】

所谓礼,是上天的规范,大地的准则,人民的行动依据。

哀有哭泣,乐有歌舞,喜有施舍,怒有战斗;喜生于好,怒生于恶。

【译文】

哀伤便有哭泣,欢乐便有歌舞,高兴便有施舍,愤怒便有战斗;高兴从喜好生出,愤怒从厌恶生出。

审行信令,祸福赏罚,以制死生。

【译文】

要使行动审慎,政令有信用,用祸福赏罚来制约死生。

生,好物也;死,恶物也;好物,乐也;恶物,哀也。哀乐不失,乃能协于天地之性,是以长久。

【译文】

生是人们喜好的,死是人们厌恶的;喜好的给人带来欢乐,厌恶的使人产生哀伤。哀伤欢乐不失于礼,才能够和天地本性协和,所以能长久。

礼,上下之纪,天地之经纬也,民之所以生也,是以先王尚之。故人之能自曲直以赴礼者,谓之成人①。

①成人:德才兼备的人。犹完人。

【译文】

礼是上下的纲纪,天地的准则,人民据以生存,所以先王尊崇它。因此人们能够委屈自己或率由本性以到达礼,就称为成人。

众怒不可蓄也,蓄而弗治,将蕴①。蕴蓄,民将生心。生心,同求将合。

①蕴(yùn):聚积。

【译文】

众怒不能蓄积,蓄积了而不加以疏导,将会越来越严重。怨怒蓄积,民众将生出反叛之心。一旦生出叛心,就会和有同样要求的人聚集在一起。

将求于人,则先下之,礼之善物也。

【译文】

将要有求于人,就先自我谦卑,这是合乎礼的好事。

使民不安其土,民必忧。

【译文】

让人民不能在原来的地方安居,人民必定忧患。

昭公二十六年

礼之可以为国也久矣,与天地并。君令臣共①,父慈子孝,兄爱弟敬,夫和妻柔,姑慈妇听②,礼也。君令而不违,臣共而不贰^①;父慈而教,子孝而箴^③;兄爱而友,弟敬而顺;夫和而义^④,妻柔而正;姑慈而从,妇听而婉:礼之善物也。

①共:通"恭"。
②姑:婆婆。妇:媳妇。
③箴(zhēn):谏诫。
④义:通"宜",合理。

【译文】
礼可以用来治理国家已经很久,它和天地同样长久。国君发令臣下恭从,父亲慈爱儿子孝顺,哥哥仁爱弟弟恭敬,丈夫和顺妻子温柔,婆婆仁慈媳妇听话,这是礼。国君发令而没有违背,臣下恭敬而无二心;父亲慈爱而能教诲,儿子孝顺而能谏诫;哥哥仁爱而友善,弟弟恭敬而顺服;丈夫和蔼而合理,妻子温柔而正派;婆婆仁慈而听从规劝,媳妇听话而委婉陈辞:这是礼中的上乘。

昭公二十八年

夫举无他,唯善所在,亲疏一也。

【译文】
举拔没有别的要求,只要是善的所在,亲疏都是一样的。

近不失亲,远不失举,可谓义矣。

【译文】
近的不失去亲属,远的不失去应当举拔的人,可以算得上合乎道义了。

昭公三十一年

君子动则思礼,行则思义;不为利回①,不为义疚。或求名而不得,或欲盖而名章,惩不义也。

---
①回:违背。

【译文】

君子凡有行动就想到礼,办事就想到义;不因为利而背礼,不做不合于义而使自己内疚的事。有人想求名而得不到,有人想掩盖却使名更章显,这是对不义的惩罚。

昭公三十二年

社稷无常奉,君臣无常位,自古以然。

【译文】

社稷没有固定不变的祭祀人,君臣没有固定不变的位子,自古以来就是这样。

定公元年

天之所坏,不可支也。众之所为,不可奸也①。

---
①奸:犯。

【译文】

上天要毁坏谁,没人能保他。众人要怎么做,谁也不能违背。

定公四年

无始乱,无怙富①,无恃宠,无违同,无敖礼②,无骄能③,无复怒④,无谋非德,无犯非义。

---

①怙富:凭恃富有。
②敖礼:傲视有礼的人。敖,同"傲"。
③骄能:恃才骄傲。
④复怒:为同一件事而重复发怒。

【译文】

不要发动祸乱,不要倚仗富有,不要凭仗受宠,不要违背共同的意愿,不要傲视有礼的人,不要仗着有才干而骄傲,不要为同一件事重复发怒,不要谋划不合道德的事,不要触犯不合道义的事。

臣义而行,不待命。

【译文】

为臣之道,看到合道义的就去做,不必等待命令。

困兽犹斗,况人乎?

【译文】

被围困的野兽尚且要做最后的挣扎,更何况人呢?

违强陵弱,非勇也;乘人之约①,非仁也;灭宗废祀,非孝也;动无令名,非知也。

①约:穷。

【译文】

躲避强者欺凌弱者,不是勇;乘人之危,不是仁;灭亡宗族,废弃祭祀,不是孝;行动得不到好名声,不是智。

定公五年

不让,则不和;不和,不可以远征。

【译文】

不谦让,就不和睦;不和睦,就不能远征。

大德灭小怨,道也。

【译文】

大德可以盖过小怨,这是合于道义的。

人各有能有不能。

【译文】

每人都有干得了、干不了的事。

定公六年

尤人而效之,非礼也。

【译文】

怨恨别人却效仿他,这不合礼。

定公十二年

与其素厉①,宁为无勇。

---

①素厉:空有勇猛之名。

【译文】

与其空有勇猛之名,宁可被人认为缺乏勇气。

定公十三年

与其害于民,宁我独死。

【译文】

与其危害人民,宁可我一个人死。

三折肱知为良医①。

---

①肱:手臂。

【译文】

臂膀折断几次便成了良医。

富而能臣,必免于难,上下同之。

【译文】

富有而能守臣礼,必能免于难,无论尊卑都一样。

骄而不亡者,未之有也。

【译文】

骄横而不灭亡的,从来没有。

定公十四年

谚曰:"民保于信。"

【译文】

谚语说:"做人必须有信用。"

定公十五年

夫礼,死生存亡之体也。将左右周旋,进退俯仰,于是乎取之;朝祀丧戎,于是乎观之。

【译文】

礼是生死存亡的体现。左右周旋、进退俯仰,都应该取之于礼;朝会祭祀、丧事战争,也从这里观察。

骄近乱,替近疾①。

①替:废惰,衰退。

【译文】

骄傲引发动乱,衰废预示疾病。

哀公元年

国之兴也以福,其亡也以祸。

【译文】

国家的兴起是由于福分,而灭亡是因为祸难。

国之兴也,视民如伤①,是其福也;其亡也,以民为土芥②,是其祸也。

①视民如伤:指对待百姓就像对待受伤的人一样,不惊动百姓,爱护百姓生命。
②土芥:粪土草芥,形容极其轻贱。

【译文】

国家的兴起,国君对待百姓就像对待伤者一样,这就是它的福分;它的灭亡,国君把人民视同粪土草芥,这就是它的祸难。

哀公五年

私仇不及公,好不废过,恶不去善,义之经也。

【译文】

私仇不涉及公事,喜欢一个人但不掩盖他的过错,厌恶一个人但不抹杀他的优点,这是道义的标准。

不守其位而能久者鲜矣①。

①不守其位:僭越失度。

【译文】

不安于自己的职位而能长久的太少了。

哀公六年

需①,事之下也。

---

①需:犹疑。

【译文】

犹豫不决是处事的下策。

哀公七年

小所以事大,信也。大所以保小,仁也。背大国,不信;伐小国,不仁。

【译文】

小国所用来事奉大国的,是信。大国所用来保护小国的,是仁。背弃大国,就是不信;进攻小国,就是不仁。

民保于城,城保于德,失二德者,危,将焉保?

【译文】

人民靠城邑来保护,城邑靠德行来保护,失去了信和仁这两项德行,就危险了,又怎么能保护呢?

哀公十一年

君子之行也,度于礼;施取其厚,事举其中,敛从其薄。

【译文】

君子办事,要根据礼来考虑;施舍时尽量丰厚,办事时选择适中,征税时尽量微薄。

哀公十二年

长木之毙,无不摽也①;国狗之瘈②,无不噬也。

①摽(biào):击。
②国狗:名狗。瘈(zhì):发狂。

【译文】

高大的树木倒下,必定击毁周围草木;名狗发疯,必定见什么咬什么。

哀公十五年

事死如事生,礼也。

【译文】

事奉死人就如同事奉活人那样,这是礼。

利其禄,必救其患。

【译文】

食人俸禄,就一定要救援他的祸患。

君子死,冠不免。

【译文】

君子死了帽子也不能脱掉。

哀公十六年

礼失则昏,名失则愆①。

①愆:过错。

【译文】

礼失去了就要昏昧,名分丧失就是过错。

失志为昏,失所为愆。

【译文】

丧失了意志就会昏乱,失去了本位就是过错。

与不仁人争明①,无不胜。

①争明:争强,争高下。

【译文】

与不仁的人争高下,没有不胜利的。

周仁之谓信①,率义之谓勇②。

①周:亲。
②率:遵循。

【译文】

亲近仁叫作信,遵循义叫作勇。

复言①,非信也;期死②,非勇也。

①复言:一言既出,不管是否合理,必实行之。
②期死,不管义与不义,必拼一死。

【译文】

只是实践诺言,不算信;只是不怕死,不是勇。

以险侥幸者,其求无餍①,偏重必离②。

①餍(yàn):满足。
②偏重:不公平。

【译文】

通过冒险侥幸成功的人,他的贪欲没有满足的时候,办事不公民众必定会叛离他。

春秋公羊传

　　《春秋公羊传》，简称《公羊传》，又称《公羊春秋》。据传，战国时齐人公羊高师从孔子弟子子夏，口传《春秋》。到汉景帝时，公羊高的后人公羊寿将其著于竹帛。但后人认为，《公羊传》非子夏所传，而是经集体创作，至西汉成书。

　　作为"《春秋》三传"之一，《公羊传》与《左传》不同。《左传》详于记事，而《公羊传》重在以义理解说《春秋》，通过研究《春秋》的用词、造句，即所谓"春秋笔法"，来探求其中隐含的"微言大义"。它从《春秋》所载的各条史事出发，以问答形式引申开来，阐释经义，表达自己的见解。"尊王攘夷"的"大一统"思想、"立適（嫡）以长不以贤，立子以贵不以长"的宗法观念等都是《公羊传》极力维护与宣扬的。

　　西汉董仲舒发挥公羊学"大一统""三世说"等政治观点，对当时及后世都有很大影响。作为今文经学的代表之一，《公羊传》也是研究战国至秦汉间儒家思想的重要文献。

　　本书选文据中华书局三全本《春秋公羊传》。

隐公

何言乎王正月①？大一统也。

———

①王正月：《春秋·隐公元年》："元年，春，王正月。"

【译文】

为什么说是王的正月？是为强调天下政令的统一。

桓公

行权有道①，自贬损以行权，不害人以行权，杀人以自生，亡人以自存，君子不为也。

———

①行权：施行权变，权宜行事。

【译文】

施行权变有准则，只能自我贬损来行权，不能通过害人来行权。杀害他人而使自己生存，灭亡他人而使自己保全，君子是不做的。

庄公

君子之为国也，必有三年之委①。

———

①委：积蓄，储备。此指仓廪所储存的米粟薪刍等物。

【译文】

君子治理国家，一定要有三年的粮草积蓄。

文公

父母之于子,虽有罪,犹若其不欲服罪然。

【译文】

父母对于子女,即使子女有罪,也好像不想让子女服罪的样子。

宣公

君子笃于礼而薄于利,要其人而不要其土①。

①要(yāo):约束,控制。

【译文】

君子笃重礼义而轻视利益,降服其人而不强占他们的土地。

弱者吾威之,强者吾辟之①,是以使寡人无以立乎天下。

①辟(bì):躲避。

【译文】

弱小的人,我就威慑他们,强大的人,我就躲避他们,这样会使我无法在天下立足。

君子见人之厄则矜之①,小人见人之厄则幸之。

①矜:怜悯,同情。

【译文】

君子见人困厄则怜悯,小人见人困厄则庆幸。

昭公

怀恶而讨不义,君子不予也。
【译文】
心怀恶念而去诛讨不义之人,君子不赞同这种行径。

君子之善善也长,恶恶也短。恶恶止其身,善善及子孙。
【译文】
君子褒扬善行,褒扬得长远;憎恶恶行,憎恶得短暂。憎恶恶行,仅限于本人;褒扬善行,恩泽延及子孙。

哀公

不以家事辞王事,以王事辞家事,是上之行乎下也。
【译文】
不可以家事推辞王事,以王事推辞家事,是上命行于下。

君子曷为为《春秋》? 拨乱世①,反诸正,莫近诸《春秋》。

①拨:治。

【译文】
君子为何要作《春秋》? 治理乱世,使之回归正道,没有比作《春秋》更近便的了。

春秋穀梁传

《春秋穀梁传》,简称《穀梁传》,亦称《穀梁春秋》。一般认为是由战国时鲁人穀梁赤为阐释《春秋》而作。相传穀梁赤是子夏的弟子,从子夏学习《春秋》,并为之作传。后人或称《穀梁传》为长期相传,经几代人才写定。

与《公羊传》类似,《穀梁传》也采用问答的形式,通过层层设问与逐一解释,铺陈《春秋》大义,寄褒贬于其中。《穀梁传》主张"尊尊亲亲",即在下位者应尊敬在上位者,亲人之间应相互亲爱。当"亲亲"与"尊尊"发生矛盾时,当以"尊尊"为先。与《公羊传》围绕"大一统"思想阐释义理不同,《穀梁传》更强调"保民善政",以民本思想作为判断统治者行为正确与否的标准。

西汉宣帝时《穀梁传》被立为官学,成为一时显学。其影响虽不如《左传》《公羊传》,但阐述经义较《公羊传》更加简洁、清楚,同样是一部研究战国至秦汉政治思想与学术思想的重要文献。

本书选文据中华书局三全本《春秋穀梁传》。

隐公二年

知者虑①,义者行,仁者守。

①知:同"智"。

【译文】
有智慧的人深谋远虑,有道义的人临事决断,有仁德的人固守国土。

隐公五年

尊不亲小事,卑不尸大功①。

①尸:主。

【译文】
地位尊贵的人不亲自做小事,身份卑微的人不主持大事。

桓公十一年

死君难,臣道也。

【译文】
为国君的危难而死,是做臣下应遵守的道义。

桓公十四年

听远音者,闻其疾而不闻其舒;望远者,察其貌而不察其形。

【译文】

听远处的声音,能听到激扬的而听不到舒缓的;看远处的事物,能看到大体形貌而看不到面色姿容。

民者,君之本也。使人以其死,非正也。

【译文】

百姓,是国君的根本。驱使百姓去作战送死,是不合正道的。

庄公元年

人之于天也,以道受命;于人也,以言受命。不若于道者①,天绝之也;不若于言者,人绝之也。

---

①若:顺从。

【译文】

人对于上天,是通过道义来承受天命的;对于君王、父母,是通过教诲来接受约束的。不顺从天道的人,上天会灭绝他;不顺从教诲的人,众人会弃绝他。

庄公三年

独阴不生,独阳不生,独天不生,三合然后生。

【译文】

只有阴万物不能诞生,只有阳万物不能诞生,只有天万物也不能诞生,三者合在一起了万物才能诞生。

庄公八年

善为国者不师,善师者不陈①,善陈者不战,善战者不死,善死者不亡。

———

①陈:同"阵"。

【译文】

善于治理国家的人不必依靠军队,善于指挥军队的人不必布阵,善于布阵的人不必作战,善于作战的人不会让士兵送死,善于让士兵效死命的人,他的士兵不会逃亡。

庄公二十九年

古之君人者,必时视民之所勤①。民勤于力②,则功筑罕③;民勤于财,则贡赋少;民勤于食,则百事废矣。

———

①时:按时,时时。勤:忧虑,愁苦。
②力:劳役。
③功筑:土木工程。

【译文】

古时候统治百姓的人,一定会时时关注百姓所愁苦的事情。百姓苦于劳役,那么土木工程就减少;百姓苦于无钱,那么赋税就减少;百姓苦于无粮,那所有的事情都停止。

僖公二年

达心则其言略,懦则不能强谏。

【译文】

心智通达就说话简略,懦弱就不会极力劝谏。

僖公十五年

德厚者流光①,德薄者流卑②。

---

①光:通"广",远。

②卑:近。

【译文】

德行深厚的人恩泽流传久远,德行浅薄的人恩泽流传短暂。

僖公十六年

君子之于物,无所苟而已①。

---

①苟:马虎,草率。

【译文】

君子对于事物,没有马虎草率的。

僖公十七年

君子恶恶,疾其始;善善,乐其终。

【译文】

君子憎恨罪恶,从一开始就憎恶;褒扬善行,直到最后也乐于褒扬。

僖公二十二年

礼人而不答,则反其敬①。爱人而不亲,则反其仁。治人而不治,则反其知。过而不改,又之,是谓之过。

---

①反:反省。

【译文】

以礼待人,别人却不回应,就要反思自身是否恭敬。关爱别人,别人却不与自己亲近,就要反思自己是否仁爱。治理民众,民众却得不到治理,就要反思自己的智慧。有过错却不改,再次犯错,这就叫做过错。

君子不推人危,不攻人厄。

【译文】

君子不会在他人处于危境时再推一把,不会在他人处于困境时进攻。

人之所以为人者,言也。人而不能言,何以为人?言之所以为言者,信也。言而不信,何以为言?信之所以为信者,道也。信而不道,何以为道?道之贵者时,其行势也。

【译文】

人之所以是人,在于可以说话。作为人却不能说话,还怎么称为人呢?话之所以成为话,在于守信用。说话却不守信用,还怎么说话呢?

信用所以成为信用,是因为讲道义。讲信用却不讲道义,还怎么讲道义呢?讲道义的可贵之处在于合乎时宜,就是顺应形势而发展。

文公二年

君子不以亲亲害尊尊,此《春秋》之义也。
【译文】
君子不因爱自己的亲人而妨害崇敬尊长,这是《春秋》大的道义。

宣公十五年

为人臣而侵其君之命而用之,是不臣也;为人君而失其命,是不君也。君不君,臣不臣,此天下所以倾也。
【译文】
作为臣下却侵夺了自己国君发布命令的权力而胡作非为,是不行人臣之道;作为国君却失去了发布命令的权力,是不行人君之道。君王不像君王,臣下不像臣下,这就是天下倾覆的原因。

襄公十九年

君不尸小事①,臣不专大名,善则称君,过则称己,则民作让矣。

———
①尸:主持。

【译文】

国君不主持微小之事,臣子不专擅美好的名声,做了好事就称颂君王,犯了过错就归咎于自己,这样百姓就会相互谦让。

襄公二十五年

虽有文事,必有武备。
【译文】
虽然有不动用武力就能解决的事,但是一定要有武力上的准备。

襄公二十九年

身贤,贤也。使贤,亦贤也。
【译文】
自身贤能,是贤能。任用贤能的人,也是贤能。

昭公四年

怀恶而讨,虽死不服。
【译文】
自身怀有恶念而讨伐他人,他人即使死去也不会屈服。

昭公十九年

子既生,不免乎水火①,母之罪也。羁贯成童②,不就师傅③,

父之罪也。

———

①水火：泛指各种意外伤害。

②羁贯：古时成童剪发为饰，女为羁，男为贯。成童：年龄稍大的儿童，或谓八岁以上。

③就：依从，拜。

【译文】

孩子已经出生，没有避免各种意外伤害，是母亲的罪过。到了羁贯之年，不拜老师接受教育，是父亲的过错。

就师学问无方，心志不通，身之罪也。

【译文】

从师学习求教不得方法要领，思想闭塞不通，那是自身的罪过。

  《论语》,相传为孔子弟子及再传弟子编纂。《汉书·艺文志》记载:"《论语》者,孔子应答弟子时人及弟子相与言而接闻于夫子之语也。当时弟子各有所记。夫子既卒,门人相与辑而论纂,故谓之《论语》。"

  《论语》是一部记述孔子及其弟子言行的著作,集中表达了孔子的社会理想和政治追求,以及人生、伦理、教育等多方面的主张。其核心思想为"仁",提倡"仁""义""礼""智""信",所记孔子循循善诱的教诲之言,或简单应答,点到即止;或启发论辩,侃侃而谈;或富于变化,娓娓动人。内容广泛深邃,风格隽永含蓄。《论语》是儒家学派经典之作,对后世产生了重大影响。南宋朱熹将其与《大学》《中庸》《孟子》合为"四书"。

  本书选文据中华书局三全本《论语·孝经》。

学而

学而时习之,不亦说乎①?有朋自远方来②,不亦乐乎?人不知而不愠③,不亦君子乎?

①说:同"悦",高兴,喜悦。
②朋:在同一师门受学者,这里指志同道合的朋友。
③愠(yùn):含怒,怨恨。

【译文】

学习中时时加以温习,不是很愉悦吗?有朋友从远方来,不是很快乐吗?别人虽不了解我,但我不怨恨,这不正是君子吗?

其为人也孝弟①,而好犯上者,鲜矣;不好犯上,而好作乱者,未之有也。君子务本,本立而道生。孝弟也者,其为仁之本与!

①弟:同"悌",敬顺兄长。

【译文】

一个人孝顺父母,敬爱兄长,却喜欢触犯在上位的人,这种人是很少的;不喜欢犯上却喜欢作乱,这种人是不会有的。君子行事致力于根本,确立了根本,道也就产生了。孝悌就是仁道的根本吧!

巧言令色,鲜矣仁!

【译文】

花言巧语,容色伪善,这样的人很少有仁德。

吾日三省吾身①:为人谋而不忠乎?与朋友交而不信乎?传不习乎②?

①三:泛指多次。省:反省检查。
②传:传授,指老师传授的学业。

【译文】

我每天数次自我反省:为别人办事是否尽心尽力了?与朋友交往是否真诚守信了?对老师传授的学业是否认真复习了?

道千乘之国①,敬事而信②,节用而爱人,使民以时③。

①道:治理。乘:古代以四匹马拉的兵车。
②敬事:指严肃的治事态度。
③时:这里指农时。

【译文】

治理一个具有千辆兵车的国家,要严肃治事并有诚信,要节约财用并爱护人民,要根据农时来使用民力。

弟子入则孝①,出则弟,谨而信,泛爱众而亲仁。行有余力,则以学文。

①弟子:指年少者。

【译文】

一个年轻人,在家要孝顺父母,出门要敬顺兄长,谨慎而有信用,泛爱众人而亲近仁者。能做到这些尚有余力,那就去学习文章典籍。

贤贤易色①；事父母，能竭其力；事君，能致其身②；与朋友交，言而有信。虽曰未学，吾必谓之学矣。

①贤贤：尊崇贤者。易：改变。色：女色，这里指好色之心。或说"贤贤易色"专指对妻子应重品德而轻姿色。
②致：奉献。

【译文】

尊崇贤者而改变喜好女色之心，事奉父母能尽心竭力，事奉君上能不惜性命，与朋友交往中说话有诚信。这样的人即使没有经过学习，我也一定说他学习过了。

君子不重则不威①，学则不固。主忠信。无友不如己者②。过，则勿惮改。

①重：庄重。
②不如己：指道德品性不同于己者。

【译文】

君子如果不庄重就不会有威严，他即使学习了也不会牢固。为人要以忠信为主。不要与不同于自己的人交友。有了过失，就不要害怕改正。

慎终追远①，民德归厚矣。

①终：老死寿终，这里指父母去世。追远：追念死亡久远者，这里指祭祀远祖。

【译文】

能谨慎办理父母的丧事,追念死亡已久的远祖,这样就能使百姓的德性趋归敦厚。

父在,观其志①;父没②,观其行;三年无改于父之道,可谓孝矣。

①其:指儿子。
②没:通"殁",死。

【译文】

父亲在世时,观察儿子的志向;父亲去世后,观察儿子的行为;他能三年不改变父亲生前的行事之道,可说是尽孝了。

礼之用,和为贵①。先王之道,斯为美,小大由之。有所不行,知和而和,不以礼节之②,亦不可行也。

①和:和谐,协调。
②节:节制。

【译文】

礼的运用,以和谐为可贵。过去圣明君王的治政之道,美好的地方就在这里,无论小事大事都这样来实行。但是,如遇行不通的时候,只是为了和谐而求和谐,而不用礼加以节制,那也是不可行的。

信近于义,言可复也①。恭近于礼,远耻辱也。因不失其亲②,亦可宗也③。

①复:实践,履行。

②因:依靠,凭藉。旧注或以"因"通"姻",全句意为缔结婚姻择其可亲之人。

③宗:尊敬。

【译文】

所定的信约必须合于道义,这才是能够履行的。态度恭敬应合于礼,这才能远离耻辱。所依靠的都是可亲之人,这也就可尊敬了。

君子食无求饱,居无求安,敏于事而慎于言,就有道而正焉,可谓好学也已。

【译文】

君子饮食不求饱足,居住不求安适,行事勤敏而言语谨慎,能到有道的人那里辨正是非,这可说是好学的了。

子贡曰:"贫而无谄,富而无骄,何如?"子曰:"可也。未若贫而乐①,富而好礼者也。"

①未若贫而乐:一本"乐"下有"道"字。

【译文】

子贡说:"贫困而不对人阿谀奉承,富贵而不骄傲自大,这怎么样?"孔子说:"这样也可以了。但还不如贫困而乐道,富贵而好礼的人。"

不患人之不己知,患不知人也。

【译文】

不担忧别人不了解我,担忧的是我不了解别人。

为政

为政以德,譬如北辰居其所而众星共之①。

①北辰:指北极星。共:同"拱",环绕。

【译文】

以德治政,当政者就会像北极星一样安居其位,而众星都环绕着它。

诗三百①,一言以蔽之②,曰:"思无邪③。"

①诗三百:即《诗经》。《诗经》共三百零五篇,三百举其整数。
②蔽:概括。
③思无邪:语见《诗经·鲁颂·駉》,"思"原为语首助词,无义,这里全句意谓思想感情纯正无邪。

【译文】

《诗经》三百篇,用一句话来概括它,就是"思无邪"。

道之以政①,齐之以刑②,民免而无耻。道之以德,齐之以礼,有耻且格③。

①道:引导。政:政令法规。
②齐:整治。

③格:正。

【译文】

用政令引导民众,用刑法制约民众,民众虽会免于犯罪,但没有羞耻心。用道德引导民众,用礼教规范民众,民众有羞耻心,而且能自觉归正。

吾十有五而志于学①,三十而立,四十而不惑,五十而知天命,六十而耳顺,七十而从心所欲,不逾矩。

①有:通"又"。

【译文】

我十五岁有志于学习,三十岁能立身于世,四十岁对世事不再有疑惑,五十岁懂得什么是天命,六十岁对听到的一切都深明其义,七十岁可随心所欲,却不会违反规矩。

孟武伯问孝①。子曰:"父母唯其疾之忧②。"

①孟武伯:鲁国大夫孟懿子之子,名彘,谥号武。
②其:指子女。全句意谓父母不用担忧子女的为人行事,只担忧其患病。此句或解为要懂得父母唯恐子女患病,以此为忧。或说"其"指父母,意谓子女当担忧父母的疾病。今从第一说。

【译文】

孟武伯问孔子怎样才是孝。孔子说:"让父母只需担忧子女的疾病。"

子游问孝①。子曰:"今之孝者,是谓能养。至于犬马,皆能有养②。不敬,何以别乎?"

①子游:孔子学生,姓言,名偃,字子游。
②"至于"二句:此句有二说,一说犬马也得到人的饲养。另一说犬能守御,马能代劳,即犬马也能养人。今从前说。

【译文】

子游问孔子怎样才是孝。孔子说:"现在的所谓孝,认为能够供养父母就行了。照这样,连犬马也有人喂养着。如果不存孝敬之心,供养父母与喂养犬马有何区别?"

视其所以,观其所由,察其所安①。人焉廋哉②?人焉廋哉?

①安:指心里安乐。
②廋(sōu):隐匿。

【译文】

观察他的所作所为,考察他做事的动机依据,了解他的心情安乐与否。这样,这个人还怎么能隐藏得了呢?这个人还怎么能隐藏得了呢?

温故而知新,可以为师矣。
【译文】
温习旧的知识而能产生新的见解,这可以为人师了。

君子不器①。

①器:器皿。器皿各有其专门的用途,这里用来比喻才识狭隘而不博通。

【译文】

君子不能像器皿一样。

子贡问君子。子曰:"先行其言而后从之。"

【译文】

子贡问怎样才能成为君子。孔子说:"对于想说的话首先要付诸行动,然后才说出来。"

君子周而不比①,小人比而不周。

①周:因忠信而亲密的意思。比:勾结,即以私利相亲。

【译文】

君子团结而不勾结,小人勾结而不团结。

学而不思则罔①,思而不学则殆②。

①罔:迷惘。一说诬罔,即不辨真义,诬罔所学之道。今从前说。
②殆:疑惑。一说疲殆。今取前说。

【译文】

只是学习而不思考,就会迷惘不解。只是思考而不学习,就会疑惑不定。

攻乎异端①,斯害也已。

①攻:致力研究。一说攻伐。今从前说。异端:指各种杂学、技艺等。

【译文】

专力攻治杂学技艺,这是有害的呀。

知之为知之,不知为不知,是知也①。

①知:同"智"。

【译文】

知道就是知道,不知道就是不知道,这才是聪明的。

子张学干禄①。子曰:"多闻阙疑②,慎言其余,则寡尤③;多见阙殆④,慎行其余,则寡悔。言寡尤,行寡悔,禄在其中矣。"

①子张:孔子学生,姓颛孙,名师,字子张。干:求取。禄:官吏的俸禄。
②阙疑:保留有疑惑的问题,不妄作推断。
③尤:过失。
④阙殆:义同"阙疑"。

【译文】

子张请教如何求官得禄。孔子说:"多听别人说,自己保留有疑惑的问题,其余可确定的问题则谨慎表达,那样就能少有过失;多看别人行事,自己不做有疑惑的事情,其余可确定的事情则谨慎实行,那样就能少生后悔。言语少过失,行事少后悔,官禄就在其中了。"

举直错诸枉①,则民服;举枉错诸直,则民不服。

——

①错:通"措",放置。枉:邪曲。

【译文】

举用正直的人,置于邪恶的人之上,那么百姓就会服从;举用邪恶的人,置于正直的人之上,那么百姓就不服从。

季康子问①:"使民敬、忠以劝②,如之何?"子曰:"临之以庄,则敬;孝慈,则忠;举善而教不能,则劝。"

——

①季康子:鲁国大夫,姓季孙,名肥,谥号康。
②劝:勤勉,努力。

【译文】

季康子问:"要使百姓恭敬、忠诚而努力,应该怎么做?"孔子说:"你庄重地对待他们,他们就对你恭敬;你孝顺老者,慈爱幼小,他们就对你忠诚;你举用善人,并教导能力弱的人,他们就会勤奋努力。"

人而无信,不知其可也。

【译文】

一个人如果没有信用,不知道他还可做什么。

见义不为,无勇也。

【译文】

遇见合乎道义的事你却不做,这是没有勇气。

八佾

是可忍也①,孰不可忍也②?

———

①忍:忍心。一说容忍。今取前说。

②孰:什么。

【译文】

这样的事他都忍心去做,还有什么事会不忍心做?

人而不仁,如礼何? 人而不仁,如乐何?

【译文】

一个人没有仁德,怎么来遵循礼? 一个人没有仁德,怎么会懂得音乐?

君子无所争。

【译文】

君子没有什么可争的事。

祭如在①,祭神如神在。

———

①祭:这里指祭祖先。

【译文】

孔子祭祖先时,好像祖先真在那里,祭神时,好像神真在那里。

事君尽礼,人以为谄也。

【译文】

完全按照礼节事奉君主,别人却认为这是谄媚。

定公问①:"君使臣,臣事君,如之何?"孔子对曰:"君使臣以礼,臣事君以忠。"

①定公:鲁国国君,名宋,谥号定。

【译文】

鲁定公问:"君主使用臣子,臣子事奉君主,应该怎么做?"孔子答道:"君主按照礼节使用臣子,臣子忠心耿耿事奉君主。"

《关雎》乐而不淫①,哀而不伤②。

①《关雎》:《诗经·国风》首篇,写一男子追求少女的情思。淫:过度,没有节制。

②伤:这里指过度悲伤。

【译文】

《关雎》这首诗快乐而不放荡,忧哀而不悲伤。

成事不说,遂事不谏①,既往不咎②。

①遂:完成。

②咎:追究罪过。

【译文】

已经做了的事不必再解说,已经完成的事不必再规劝,已经过去的事不必再追究。

子谓《韶》①,"尽美矣,又尽善也"。

①《韶》:舜时乐曲名。

【译文】

孔子论《韶》乐,说:"音乐美极了,表现的内容好极了。"

居上不宽,为礼不敬,临丧不哀,吾何以观之哉?

【译文】

居于上位不宽厚待人,施行礼仪不严肃恭敬,逢临丧事不悲戚哀伤,我怎么能看得下去呢?

里仁

里仁为美①。择不处仁,焉得知②?

①里:居住。
②知:同"智"。

【译文】

居住在有仁德风气的地方是美好的。选择住所而不择有仁风的地方,怎么能说是聪明的呢?

不仁者不可以久处约①,不可以长处乐。仁者安仁,知者利仁。

①约:穷困。

【译文】

不仁之人不能长久处在穷困之中,也不能长久处在安乐之中。有仁德的人安于仁道,聪明的人知道行仁道有利于己。

唯仁者能好人,能恶人。

【译文】

只有仁者能真正喜爱人,能真正厌恶人。

苟志于仁矣,无恶也。

【译文】

如果立志于仁,就没有恶行了。

富与贵,是人之所欲也;不以其道得之,不处也。贫与贱,是人之所恶也;不以其道得之①,不去也。

①得:或以为"去"字之误。今仍据原文译之。

【译文】

财富与官位,是人人所向往的,但若不以正当的方法获得,君子不会去享有这样的富贵。贫穷与卑贱,是人人所厌恶的,但若不是行为失当而得此结果,君子不会去摆脱这样的贫贱。

君子去仁,恶乎成名①?君子无终食之间违仁②,造次必于是③,颠沛必于是。

①恶：疑问代词，何，怎么。
②终食：一顿饭时间。
③造次：急遽，仓促。

【译文】

君子丧失了仁德，又怎么能成就声名？君子即使是一顿饭的片刻时间也不会违背仁德，虽仓促急迫也一定实行仁德，虽颠沛流离也一定实行仁德。

人之过也，各于其党①。观过，斯知仁矣②。

①党：类别。
②仁：通"人"。

【译文】

人的过失，可以各各归入不同的类别。只要审察那人的过失，就能知道他是哪一种人了。

朝闻道，夕死可矣。

【译文】

早晨若得到了真理，当晚死去都可以啊。

士志于道，而耻恶衣恶食者，未足与议也。

【译文】

士人有志于真理，却又以穿旧衣吃劣食为耻辱，这样的人，不值得与他谈论真理。

君子之于天下也,无适也①,无莫也②,义之与比③。

①适(dí):专主。或说"适"通"敌",敌对的意思。今从前说。
②莫:不肯。或说"莫"通"慕",羡慕,与上句敌对义相对。今从前说。
③比:附从,合。

【译文】
君子对于天下之事,没有必定要这样做的,也没有必定不这样做的,所做唯求合乎义。

君子怀德,小人怀土;君子怀刑,小人怀惠。
【译文】
君子心怀道德,小人心怀乡土;君子心怀法度,小人心怀恩惠。

放于利而行①,多怨。

①放:依据。

【译文】
依据个人利益行事,必定招致很多怨恨。

能以礼让为国乎①? 何有? 不能以礼让为国,如礼何?

①礼让:守礼谦让。

【译文】
能以礼让的原则治国吗? 这有什么困难呢? 不能以礼让的原则治

国,那对礼怎么办呢?

不患无位,患所以立。不患莫己知,求为可知也。

【译文】

不要愁没有职位,而应愁自己用什么胜任其位。不要愁没有人知道自己,而应求自己能有什么可以使人知道的。

夫子之道,忠恕而已矣①。

①忠:尽心待人。恕:推己及人。

【译文】

老师的学说,就是忠恕二字呀。

君子喻于义①,小人喻于利。

①喻:知晓。

【译文】

君子懂得的是义,小人懂得的是利。

见贤思齐焉,见不贤而内自省也。

【译文】

看见贤者,就想着向他看齐;看见不贤的人,就反省自己做得怎么样。

事父母几谏①,见志不从,又敬不违,劳而不怨②。

①几(jī)：隐微,这里是委婉的意思。
②劳：忧愁。

【译文】

事奉父母,若父母有过错应委婉地劝阻,看到自己的意思不被听从,仍然恭恭敬敬而不冒犯他们,只是内心忧愁,但不怨恨。

父母在,不远游,游必有方。

【译文】

父母在世,不离家远行,如果要外出也必须有确定的去处。

父母之年,不可不知也①。一则以喜,一则以惧。

①知：记忆,记住。

【译文】

父母的年龄,不可不记在心中。一方面为他们的高寿而欢喜,一方面为他们的衰老而忧惧。

古者言之不出,耻躬之不逮也①。

①躬：自身。逮：及,追上。

【译文】

古人不轻易把话说出口,因为他们以自己的行为跟不上为可耻。

以约失之者鲜矣。

【译文】

对自己加以约束而犯过失的情况是很少的。

君子欲讷于言而敏于行①。

①讷:言语迟钝。

【译文】

君子要出言迟钝而行事敏捷。

德不孤,必有邻。

【译文】

有德之人不会孤单,必定会有与他亲近的人。

事君数①,斯辱矣。朋友数,斯疏矣。

①数(shuò):频频,这里有烦琐、琐屑的意思。

【译文】

事奉君王时过于烦琐,就会遭受羞辱。朋友交往中过于烦琐,就会导致疏远。

公冶长

邦有道,不废;邦无道,免于刑戮。

【译文】

国家政治清明,他不会被废弃不用;国家政治黑暗,他能免遭刑罚。

御人以口给①,屡憎于人。

①御:抵挡,应对。口给:口才敏捷。
【译文】
巧嘴利舌地与人辩对,常常被人讨厌。

朽木不可雕也,粪土之墙不可杇也①。

①杇(wū):粉刷。
【译文】
腐朽的木头不能雕刻,粪土般的墙壁不能粉刷。

始吾于人也,听其言而信其行;今吾于人也,听其言而观其行。
【译文】
先前我对别人,听了他的话便相信他的行为;如今我对别人,听了他的话还得观察他的行为。

我不欲人之加诸我也①,吾亦欲无加诸人。

①加:欺侮,侵凌。
【译文】
我不愿别人欺侮我,我也不愿欺侮别人。

子贡问曰:"孔文子何以谓之'文'也①?"子曰:"敏而好

学,不耻下问②,是以谓之'文'也。"

①孔文子:卫国大夫,名圉,谥号文。
②下问:问在自己之下的人,如以能问不能,以多问寡等。

【译文】

子贡问道:"孔文子根据什么得到'文'的谥号?"孔子说:"他聪敏而又好学,向不及自己的人请教而不以为耻,所以给他'文'的谥号。"

子谓子产①:"有君子之道四焉:其行己也恭,其事上也敬,其养民也惠,其使民也义。"

①子产:郑国大夫,姓公孙,名侨,字子产。在郑国二十余年。

【译文】

孔子评论子产,说:"他有四个方面合于君子之道:他自己的行为庄重谦逊,他事奉君主恭敬有礼,他养护民众有恩惠,他役使民众合于道理。"

晏平仲善与人交①,久而敬之。

①晏平仲:齐国大夫,名婴,字仲,谥号平。

【译文】

晏平仲善于与人交往,相交越久,别人越敬重他。

季文子三思而后行①。子闻之,曰:"再②,斯可矣。"

①季文子:鲁国大夫,姓季孙,名行父,谥号文。

②再:两次。
【译文】
季文子凡事要思考三次才实行。孔子听到了,说:"思考两次,也就可以了。"

子曰:"宁武子①,邦有道,则知;邦无道,则愚。其知可及也,其愚不可及也。"

①宁武子:卫国大夫,姓宁,名俞,谥号武。

【译文】
孔子说:"宁武子这个人,国家政治清明时,就很聪明;国家政治危乱时,则显得很愚笨。他的聪明别人可以达到,他的愚笨是别人达不到的。"

子在陈①,曰:"归与!归与!吾党之小子狂简②,斐然成章③,不知所以裁之④。"

①陈:国名。
②党:古代户籍编制单位,五百家为党。这里是家乡的意思。狂简:谓志向远大。简,大。
③斐然成章:意谓富有文采,文章可观。
④裁:裁剪,这里指对人才的教育培养。

【译文】
孔子在陈国,说:"回去吧!回去吧!我家乡的那些学生怀有远大志向,文采斐然可观,我不知怎样去造就他们。"

子曰:"巧言、令色、足恭①,左丘明耻之②,丘亦耻之。匿怨而友其人,左丘明耻之,丘亦耻之。"

①足:过分。
②左丘明:古代一位名人,或说此即《左传》作者,疑非是。

【译文】

孔子说:"花言巧语,容色伪善,过度恭顺,这种态度,左丘明认为可耻,我也认为可耻。内心藏着怨恨,表面却与人友善,这种行为,左丘明认为可耻,我也认为可耻。"

老者安之,朋友信之,少者怀之。

【译文】

使老人得到安逸,使朋友们信任我,使年轻人怀念我。

子曰:"已矣乎!吾未见能见其过而内自讼者也①。"

①讼:责备。

【译文】

孔子说:"算了吧!我没见过能看到自己的过错而在内心自责的人。"

雍也

不迁怒,不贰过。

【译文】

他有怒气不会发到别人身上,不会重犯同样的过失。

子曰:"赤之适齐也,乘肥马,衣轻裘。吾闻之也:君子周急不继富。"

【译文】

孔子说:"公西赤到齐国去,乘坐着壮马驾的车,穿着轻柔的皮袍。我听说的是:君子周济穷急的人,而不是为富有的人再增富。"

子曰:"贤哉,回也! 一箪食①,一瓢饮,在陋巷,人不堪其忧,回也不改其乐。贤哉,回也!"

———

①箪:盛饭的竹器。

【译文】

孔子说:"颜回多么有修养啊! 一箪饭,一瓢水,住在简陋的小巷,别人受不了这种穷困的忧苦,颜回却不改变他的快乐。颜回多么有修养啊!"

冉求曰:"非不说子之道,力不足也。"子曰:"力不足者,中道而废。今女画①。"

———

①画:停止。

【译文】

冉求说:"不是我不喜欢您的学说,是我的力量不够。"孔子说:"如果力量不够,应是走到中途而停下来。你现在是还未用力就已经停止了。"

子谓子夏曰:"女为君子儒,无为小人儒!"

【译文】

孔子对子夏说:"你要做君子式的儒者,不要做小人式的儒者!"

质胜文则野①**,文胜质则史**②**。文质彬彬**③**,然后君子。**

①质:朴实。文:文采。
②史:指文辞繁多浮夸。
③彬彬:形容交杂而均和的样子。

【译文】

朴实胜过文采就会显得粗野,文采胜过朴实就会显得浮夸。文采与朴实两者兼备,这才是君子。

人之生也直,罔之生也幸而免①**。**

①罔:枉曲,不正直。

【译文】

人能生存于世上是由于正直,而不正直的人也能生存,那只是侥幸地避免了祸害。

知之者不如好之者,好之者不如乐之者。

【译文】

对于学问事业,懂得它的人不如喜好它的人,喜好它的人不如以它为乐的人。

中人以上,可以语上也;中人以下,不可以语上也。

【译文】

中等才智以上的人,可以对他说高深的道理;中等才智以下的人,不可对他说高深的道理。

樊迟问知。子曰:"务民之义①,敬鬼神而远之,可谓知矣。"问仁。曰:"仁者先难而后获,可谓仁矣。"

---

①务:致力。

【译文】

樊迟问怎样才算聪明。孔子说:"把力量用在人事方面的道义之上,尊敬鬼神而远离它,这可说是聪明的。"

樊迟又问怎样才是仁。孔子说:"有仁德的人遇到困难的时候做在前,获取成果的时候退在后,这可说是仁了。"

知者乐水,仁者乐山。知者动,仁者静。知者乐,仁者寿。

【译文】

智者喜好水,仁者喜好山。智者好动,仁者沉静。智者快乐,仁者长寿。

宰我问曰:"仁者,虽告之曰'井有仁焉',其从之也?"子曰:"何为其然也?君子可逝也①,不可陷也;可欺也,不可罔也②。"

---

①逝:往。

②罔:迷惑。

【译文】

宰我问道:"一个有仁德的人,如告诉他井里掉下去一个仁人,他会跟着跳下去吗?"孔子说:"为什么这么做呢?君子可以到井边去设法救人,但不可自己也陷入井中;可以受骗前往,但不可被迷惑而跳入井中。"

君子博学于文,约之以礼,亦可以弗畔矣夫①。

———

①畔:通"叛"。

【译文】

君子广泛地学习文献典籍,并以礼约束自己,也就能不背离道了。

中庸之为德也①,其至矣乎!民鲜久矣。

———

①中庸:孔子倡导的道德标准,即中和可常行之道。中,表示无过无不及。庸,平常。

【译文】

中庸这一道德,应该是至高无上的了。人们缺乏这一道德已经很久了。

夫仁者,己欲立而立人,己欲达而达人。能近取譬①,可谓仁之方也已②。

———

①取譬:寻取比喻,这里的比喻指由自己出发而比方到别人,即"己欲立而立人,己欲达而达人"的意思。

②方:方法,途径。

【译文】

那仁者啊,自己想立身于世,也使别人立身,自己想做事通达,也使别人通达。能从眼前的实际事情这样去做,可说是实行仁道的途径了。

述而

述而不作①,信而好古,窃比于我老彭②。

①作:创始,创造。
②老彭:商朝贤大夫,名见《大戴礼记》,据传他好述古事。

【译文】

只阐述典籍而不进行创造,相信且爱好古代文化,我私下把自己比作老彭。

默而识之①,学而不厌,诲人不倦,何有于我哉?

①识:记住。

【译文】

默默地把所见所闻记在心中,努力学习而不厌弃,教导别人不知疲倦,这些事对于我有什么困难的呢?

德之不修,学之不讲,闻义不能徙①,不善不能改,是吾忧也。

①徙:迁移,这里指迁而从义。

【译文】

品德不加培养,求学问不进行讲习,听到义不能相从,有缺点不能改正,这些是我忧虑的事。

子之燕居①,申申如也,夭夭如也②。

①燕居:闲居。
②申申、夭夭:都是形容舒畅和乐的样子。

【译文】

孔子在家闲居时,是那样的舒畅,那样的和乐。

甚矣吾衰也!久矣吾不复梦见周公①!

①周公:姓姬,名旦,周文王的儿子,周武王的弟弟,鲁国始祖。

【译文】

我真是衰老得厉害了!我很长时间没再梦见周公了!

志于道,据于德,依于仁,游于艺①。

①艺:指古代教育学生的科目,即礼、乐、射、御、书、数六艺。

【译文】

志向在道上,据守在德上,依靠在仁上,游憩在艺上。

子曰:"自行束脩以上①,吾未尝无诲焉。"

①束脩:十条干肉。脩,脯,即干肉。十条脯为一束。这是古人入学拜师的薄礼。一说束脩指束带修饰之礼。今从前说。

【译文】

孔子说:"凡自己带着十条干肉来求见的,我从没有不予教诲的。"

不愤不启①,不悱不发②。举一隅不以三隅反③,则不复也。

①愤:心欲求通而未能做到的意思。
②悱(fěi):口想说而不能说出来的样子。
③隅:指方形物体的角。反:类推。

【译文】

教导学生,不到他力求明白而未能明白的时候,我不去开导他;不到他想说却又说不出的时候,我不去启发他。对他举出一个角,他不能推知另外三个角,我就不再教他了。

子食于有丧者之侧,未尝饱也。

【译文】

孔子在有丧事的人旁边吃饭,从来没有吃饱过。

子于是日哭,则不歌。

【译文】

孔子在那一天哭泣过,就不再唱歌。

用之则行,舍之则藏①,惟我与尔有是夫。

①舍:舍弃。

【译文】

如用我,我就做事,如不用我,我就藏身,只有我和你能够这样吧。

暴虎冯河①,死而无悔者,吾不与也。必也临事而惧,好谋而成者也。

①暴虎:徒手与虎搏斗。冯(píng)河:不乘船而徒步过河。

【译文】

徒手斗虎,徒步过河,死了都不后悔的人,我不会与他共事。与我共事的一定是遇事小心谨慎,善于谋略而能成事的人。

富而可求也,虽执鞭之士①,吾亦为之。如不可求,从吾所好。

①执鞭之士:古代执鞭有两种人,一是为高官开道的差役,一是市场的守门人,这里指贱职。

【译文】

财富如果可以求得,虽是执鞭贱职,我也愿意做。如果不可求得,还是做我喜欢的事情。

子之所慎:齐①,战,疾。

①齐:同"斋",古人在祭祀或重要典礼前整洁身心,表示庄敬,称为"斋"或"斋戒"。

【译文】

孔子谨慎对待三件事:斋戒,战争,疾病。

子在齐闻《韶》,三月不知肉味,曰:"不图为乐之至于斯也。"

【译文】

孔子在齐国听到《韶》乐,很长时间感觉不出肉的滋味,他说:"真没想到音乐之美会达到这样的境界。"

求仁而得仁,又何怨?

【译文】

他们追求仁而得到了仁,又怨恨什么?

子曰:"饭疏食饮水①,曲肱而枕之②,乐亦在其中矣。不义而富且贵,于我如浮云。"

①疏食:粗粝的饭食。
②肱(gōng):手臂。

【译文】

孔子说:"吃粗粮,喝清水,弯着手臂当作枕头,快乐也就在其中啊。如不合道义而得来的富贵,对于我如同浮云一样。"

加我数年,五十以学《易》①,可以无大过矣。

①《易》:书名,即《周易》。古代用于卜筮。

【译文】

给我增加几年寿命,让我在五十岁的时候去学《易》,就可以没有大的过失了。

其为人也,发愤忘食,乐以忘忧,不知老之将至云尔。

【译文】

他的为人啊,发愤而忘了吃饭,快乐而忘记忧愁,不知道衰老将要到来,如此而已。

我非生而知之者,好古,敏以求之者也。

【译文】

我不是生来就有知识的人,而是爱好古代文化,勤奋敏捷地去求得它的人。

子不语怪、力、乱、神。

【译文】

孔子不谈论怪异、强力、叛乱、鬼神。

三人行,必有我师焉。择其善者而从之,其不善者而改之。

【译文】

三人同行,其中一定有人可以作为我的老师。我择取他们的优点而学习效法,看到他们的缺点而借鉴改正。

子以四教：文、行、忠、信。

【译文】

孔子以四项内容教育学生：文献、德行、忠心、诚信。

子曰："圣人，吾不得而见之矣；得见君子者，斯可矣。"

【译文】

孔子说："圣人，我是不能看见了；能看见君子，就可以了。"

子曰："善人，吾不得而见之矣；得见有恒者，斯可矣。亡而为有，虚而为盈，约而为泰①，难乎有恒矣。"

——
①泰：奢侈。

【译文】

孔子说："善人，我是不能看见了，能看见保持操守的人，就可以了。本来没有却装作有，本来空虚却装作充实，本来穷困却装作豪奢，这样的人是很难保持操守的。"

子钓而不纲①，弋不射宿②。

——
①纲：网上的大绳。这里指捕鱼的方式，即以纲系住网截断水流，并在绳上挂钩以取鱼。
②弋：用带丝绳的箭来射。宿：指歇宿巢中的鸟。

【译文】

孔子钓鱼，不用大绳系住网钩截流取鱼；孔子射鸟，不射在巢中栖息的鸟。

子曰:"盖有不知而作之者,我无是也。多闻,择其善者而从之;多见而识之;知之次也①。"

①知之次:《季氏篇》第九章孔子云:"生而知之者,上也;学而知之者,次也。"这里说的"知之次"即指"学而知之者",这是比较"生而知之者"而言。

【译文】

孔子说:"大概有一种无知却凭空造作的人吧,我没有这种毛病。多多地听,选取那好的便依从它;多多地看,把看到的记在心里。这样学的知识,仅次于那种生来就知的情况。"

与其进也①,不与其退也,唯何甚? 人洁己以进,与其洁也,不保其往也。

①与:赞许。

【译文】

我是赞许他的进步,不是赞许他的退步,何必把事情做得太过分呢? 别人怀着洁身自好的想法来了,我赞许他的就是洁身自好的态度,不是确保他过去的表现。

子曰:"仁远乎哉? 我欲仁,斯仁至矣。"

【译文】

孔子说:"仁离我们很远吗? 我想行仁,仁就来了。"

苟有过,人必知之。

【译文】

若有过错,人家一定会知道。

子曰:"若圣与仁,则吾岂敢?抑为之不厌,诲人不倦,则可谓云尔已矣。"

【译文】

孔子说:"若说圣与仁,我怎么敢当?我只是学习工作从不厌烦,教诲别人从不疲倦,可说就是如此罢了。"

子曰:"奢则不孙①,俭则固②。与其不孙也,宁固。"

①孙:通"逊"。

②固:固陋。

【译文】

孔子说:"豪奢就会显得傲慢,省俭就会显得固陋。与其傲慢,宁可固陋。"

君子坦荡荡,小人长戚戚。

【译文】

君子心胸平坦宽广,小人经常局促忧愁。

子温而厉,威而不猛,恭而安。

【译文】

孔子温和而严厉,威严而不刚猛,恭敬而安详。

泰伯

恭而无礼则劳,慎而无礼则葸①,勇而无礼则乱,直而无礼则绞②。

①葸(xǐ):畏惧,胆怯。
②绞:急切,偏激。

【译文】
只讲恭敬而不知礼,就会劳倦不安;只讲谨慎而不知礼,就会胆怯懦弱;只讲勇敢而不知礼,就会犯上作乱;只讲直率而不知礼,就会偏激刺人。

君子笃于亲,则民兴于仁;故旧不遗,则民不偷①。

①偷:轻薄,不厚道,这里特别指人与人感情的冷漠。

【译文】
君子对亲族感情深厚,百姓就会兴起仁风;君子不遗弃故交旧友,百姓就不会冷漠无情。

战战兢兢,如临深渊,如履薄冰。
【译文】
小心谨慎啊,好像身临深渊旁,好像行走薄冰上。

鸟之将死,其鸣也哀。人之将死,其言也善。

【译文】

鸟快死了,它的叫声是悲哀的;人快死了,他说的话是善意的。

君子所贵乎道者三:动容貌,斯远暴慢矣;正颜色,斯近信矣;出辞气,斯远鄙倍矣^①。

①倍:同"背",指违背道理。

【译文】

君子所重视的事有三个方面:使自己容貌严肃,就可远离粗暴懈怠;使自己神色端庄,就近于真诚可信;使自己言辞和顺,就可远离粗蛮无理。

以能问于不能,以多问于寡;有若无,实若虚,犯而不校^①。

①校:计较。

【译文】

虽则有才能却向没有才能的人请教,虽则知识丰富却向知识贫乏的人请教;有就像没有一样,充实就像虚空一样,即使受人侵犯也不计较。

可以托六尺之孤^①,可以寄百里之命^②,临大节而不可夺也,君子人与? 君子人也。

①六尺之孤:指未成年的孤儿。古代尺短,身长六尺一般指十五岁以下孩童。

②百里:指诸侯国。

【译文】

可以把幼小的孤儿托付于他,可以把国家的政令托付于他,面临紧要关节不会动摇屈服,这样的人是君子吗?是君子啊。

士不可以不弘毅①,任重而道远。

①弘:心胸宽广。毅:坚毅。

【译文】

士不可以不宽宏坚毅,因为他们责任重大,路途遥远。

兴于诗,立于礼,成于乐。

【译文】

诗激发人的心志,礼使人立身于社会,乐使人所学得以完成。

民可使由之,不可使知之。

【译文】

对于百姓,可以使他们遵照道理去做,不可使他们知道为什么这样做。

好勇疾贫①,乱也。人而不仁,疾之已甚,乱也。

①疾:厌恶,憎恨。

【译文】

喜好勇力而厌恶贫困,就会生乱。对于不仁之人痛恨得过分,也会生乱。

如有周公之才之美,使骄且吝,其余不足观也已。
【译文】
如果一个人有周公那样优秀的才能,但他骄傲而且吝啬,那其他方面也就不值得一看了。

三年学,不至于谷①,不易得也。

①谷:古代以谷米为俸禄,这里指做官得禄。
【译文】
读书三年,还没有产生做官的心念,这是很难得的。

笃信好学,守死善道。
【译文】
信念坚定而且好学,宁死也坚守大道。

危邦不入,乱邦不居。
【译文】
不进入局势危急的国家,不居住在动荡混乱的国家。

天下有道则见①,无道则隐。邦有道,贫且贱焉,耻也;邦无道,富且贵焉,耻也。

①见:同"现"。
【译文】
天下政治清明就出来效力,天下政治黑暗就隐居。国家政治清明,自己却身处贫贱,这是耻辱;国家政治黑暗,自己却享有富贵,这也是耻辱。

不在其位,不谋其政。
【译文】
不在那个职位上,就不考虑那方面的政事。

狂而不直,侗而不愿①,悾悾而不信②,吾不知之矣。

①侗(tóng):幼稚无知。愿:质朴。
②悾悾(kōng):诚恳的样子。

【译文】
狂妄而不直率,幼稚而不朴实,貌似诚恳而没有诚信,我真不能懂得这样的人。

学如不及,犹恐失之。
【译文】
学习时总觉得像赶不上,学得了还总怕再丢失。

大哉尧之为君也!巍巍乎!唯天为大,唯尧则之①。荡荡乎!民无能名焉。巍巍乎其有成功也,焕乎其有文章②!

①则:效法。
②文章:指礼乐制度等。

【译文】
尧这样的君王多么伟大啊!多么崇高啊!只有天是最大的,只有尧能效法天。多么宽广啊！百姓不知该如何称颂他。他的功绩真壮伟啊，他的礼乐制度真辉煌啊！

子罕

子罕言利与命与仁①。

①罕：少。与：连词。一说赞许，如作此说，那么句子在"利"后断开。今从前说。

【译文】
孔子很少谈到利、命和仁。

大哉孔子！博学而无所成名。

【译文】
孔子真伟大！他学识渊博，而不以一项专长来树立名声。

子绝四：毋意，毋必，毋固，毋我。

【译文】
孔子绝无四种毛病：不凭空揣测，不主观臆断，不固执己见，不唯我为是。

吾少也贱，故多能鄙事。君子多乎哉？不多也。

【译文】
我小时候贫贱，所以学会很多鄙贱的技艺。一个君子会学那么多技艺吗？不会的。

吾不试①,故艺。

①试:任用。

【译文】

我没有为世所用,所以学了不少技艺。

吾有知乎哉?无知也。有鄙夫问于我,空空如也。我叩其两端而竭焉①。

①叩:询问。竭:尽。

【译文】

我有知识吗?没有啊。有一个浅陋的人来向我提问,我对他的问题一无所知。我就从问题的本末终始这样两端向他询问,直至把问题全部搞清楚。

凤鸟不至①,河不出图②,吾已矣夫③!

①凤鸟:即凤凰,古代传说中的神鸟,常作为圣王受命的瑞兆。

②河:黄河。出图:传说伏羲时黄河中有龙马负图而出,后也作为圣王受命的吉兆。

③已:停止。

【译文】

凤凰不飞来了,黄河不出图了,我的一生没有希望了吧!

仰之弥高①,钻之弥坚。瞻之在前,忽焉在后。

①弥:更加。

【译文】

老师的道,抬头仰视,越觉其高,用力钻研,越觉其深。望过去似在前面,忽然间又似在后面。

夫子循循然善诱人①,博我以文,约我以礼,欲罢不能。既竭吾才,如有所立卓尔②。虽欲从之,末由也已③。

①循循然:有顺序的样子。
②卓尔:高峻的样子。
③末:无。

【译文】

老师有步骤地引导着我们,用文献来丰富我的学识,用礼节来约束我的行为,令我想停下来也不可能。我已经竭尽全力,但它如在面前高高地耸立着。虽想攀从,却觉无路可由。

子在川上,曰:"逝者如斯夫!不舍昼夜①。"

①舍:停留,止息。

【译文】

孔子在河边,说:"流逝的时光像这河水一样呀!日夜不停地流去。"

子曰:"吾未见好德如好色者也。"

【译文】

孔子说:"我没有见过喜爱道德如同喜爱美貌一样的人。"

子曰:"譬如为山,未成一篑①,止,吾止也。譬如平地,虽覆一篑,进,吾往也。"

———

①篑:盛土的竹筐。

【译文】

孔子说:"好比积土堆山,只差一筐土就可堆成了,然而停止了,那是我自己停息下来的。好比在平地堆山,虽然才倒上一筐土,但继续堆下去,那是我自己在往前努力。"

吾见其进也,未见其止也。

【译文】

我只看见他不断进步,没见他停下来过。

苗而不秀者有矣夫①!秀而不实者有矣夫!

———

①秀:谷类植物开花抽穗。

【译文】

庄稼有出苗而不开花抽穗的吧!有开花抽穗而不结实的吧!

后生可畏,焉知来者之不如今也?四十、五十而无闻焉,斯亦不足畏也已。

【译文】

年轻人令人畏惧,怎么知道他们的将来比不上现在这辈人呢?如果人到四、五十岁还没有声望,那他也不值得畏惧了。

法语之言①,能无从乎?改之为贵。巽与之言②,能无说乎?绎之为贵③。说而不绎,从而不改,吾末如之何也已矣。

———

①法:指礼法正道。

②巽(xùn):恭顺。与:称赞。

③绎:寻绎,分析。

【译文】

正言相告的话,能不听从吗?但听后改正错误才可贵。谦恭赞许的话,听了能不高兴吗?但听后要分析才可贵。高兴而不加分析,听从而不加改正,这种人我就对他没办法了。

三军可夺帅也,匹夫不可夺志也①。

———

①匹夫:指平民中的男子。

【译文】

军队可被夺去主帅,一个男子却不可被夺走志向。

衣敝缊袍①,与衣狐貉者立②,而不耻者,其由也与?

———

①缊(yùn)袍:用旧丝绵絮制成的袍子。或说以乱麻为絮的袍子。

②狐貉:指用狐貉皮制成的皮袍。

【译文】

穿着破旧的棉袍与穿着狐貉皮袍的人站在一起,而不感到羞惭的,恐怕只有仲由吧。

岁寒,然后知松柏之后雕也①。

---

①雕:通"凋"。

【译文】

到严寒的时候,才知道松柏是最后凋零的。

知者不惑,仁者不忧,勇者不惧。

【译文】

聪明的人不迷惑,仁德的人不忧愁,勇敢的人不畏惧。

可与共学,未可与适道①;可与适道,未可与立;可与立,未可与权②。

---

①适:往,到。
②权:变通,即权衡利弊轻重,因事制宜。

【译文】

可共同学习的人,未必可共同走向道;可共同走向道的人,未必可共同依道立身;可共同依道立身的人,未必可共同通权达变。

乡党

孔子于乡党,恂恂如也①,似不能言者。其在宗庙朝廷,便便言②,唯谨尔。

①恂恂(xún):温和恭顺的样子。
②便便(pián):形容语言流畅。

【译文】

孔子在本土乡里显得温和恭顺,好像不善言辞一样。他在宗庙朝廷,说话明白流畅,只是很谨慎。

朝,与下大夫言①,侃侃如也;与上大夫言,訚訚如也②。君在,踧踖如也③,与与如也④。

①下大夫:职官名。卿以下的大夫。卿即上大夫。
②訚訚(yín):恭敬而正直的样子。
③踧踖(cùjí):恭敬而不安的样子。
④与与:仪容合度的样子。

【译文】

孔子上朝时,与下大夫说话,显得温和快乐;与上大夫说话,显得恭敬正直。君主临朝,孔子显得恭敬不安,仪容合度。

入公门,鞠躬如也①,如不容。立不中门,行不履阈②。

①鞠躬:这里形容恭敬谨慎的样子。
②阈(yù):门槛。

【译文】

孔子走进朝廷大门,显得恭敬谨慎,好像门容不下身子的样子。他不站在门的中间,进去时不踩门槛。

食不厌精,脍不厌细①。

①脍:细切的鱼肉。

【译文】

粮食不嫌舂得精,鱼、肉不嫌切得细。

食饐而餲①,鱼馁而肉败②,不食。色恶,不食。臭恶③,不食。失饪,不食。不时,不食。割不正,不食。不得其酱,不食。

①饐(yì)、餲(ài):都指食物经久而腐臭。

②馁:鱼腐烂。败:肉腐烂。

③臭:气味。

【译文】

粮食霉烂,鱼、肉腐臭,不吃。食物颜色变得难看,不吃。气味变得难闻,不吃。烹调不当,不吃。不到饮食时间,不吃。不按定规切割的肉,不吃。调味的酱醋不合适,不吃。

肉虽多,不使胜食气①。惟酒无量,不及乱。

①食气:饭料,主食。

【译文】

席上肉品虽多,但吃肉的量不超过主食。只有酒不限量,但不能喝醉。

食不语，寝不言。

【译文】

吃饭时不交谈，睡觉时不说话。

席不正，不坐。

【译文】

座席放得不端正，不坐。

厩焚[①]。子退朝，曰："伤人乎？"不问马。

[①]厩：马棚。

【译文】

孔子家的马棚失火了。孔子从朝廷回来，问："伤了人吗？"没有问到马。

入太庙，每事问。

【译文】

孔子进周公庙，对每件事都发问。

寝不尸，居不客[①]。

[①]居：居家。客：一本作"容"。当以"客"为是。

【译文】

睡觉时不像尸体那样直挺着，平日居家不用像做客或待客那样恭敬。

车中不内顾,不疾言,不亲指。

【译文】

在车中,不回头看,不很急地说话,不以手指指点点。

先进

子曰:"回也非助我者也,于吾言无所不说。"

【译文】

孔子说:"颜回啊,他不是一个有助于我的人,他对我所说的话无不心悦诚服。"

季路问事鬼神。子曰:"未能事人,焉能事鬼?"曰:"敢问死。"曰:"未知生,焉知死?"

【译文】

季路问如何奉事鬼神。孔子说:"还不能够奉事人,怎么能够奉事鬼呢?"季路又问:"我大胆地问问死是怎么回事?"孔子说:"还不懂得生,怎么懂得死?"

夫人不言,言必有中。

【译文】

这个人不大说话,一说话就很中肯。

过犹不及。

【译文】

过度和及不上是一样的。

子张问善人之道。子曰:"不践迹,亦不入于室。"
【译文】
子张问善人怎么样。孔子说:"善人不踩着别人的足迹走,但他的道德学问也难以精深入室。"

子曰:"求也退,故进之。由也兼人①,故退之。"

①兼人:指勇力胜过他人。

【译文】
孔子说:"冉求容易退缩,所以要鼓励他。仲由好勇过人,所以要抑制他。"

所谓大臣者,以道事君,不可则止。
【译文】
所谓大臣,应该用大道来事奉君主,如果行不通,宁可辞职不干。

莫春者①,春服既成,冠者五六人②,童子六七人,浴乎沂③,风乎舞雩④,咏而归。

①莫春:即暮春,农历三月。莫,同"暮"。
②冠者:指成年人,古代男子二十岁举行冠礼。
③沂:水名,在今山东曲阜南。
④舞雩(yú):鲁国祭天求雨的场所,在曲阜东南。
【译文】
暮春时节,已经可以穿春装了,我和五六个成人,六七个孩子,在沂水中洗洗,在舞雩被风吹拂着,然后吟唱着回来。

颜渊

克己复礼为仁。一日克己复礼,天下归仁焉①。

①归:称许。

【译文】

约束自己而合于礼,这就是仁。只要有一天能做到约束自己而合于礼,天下的人就会称许你是仁人。

非礼勿视,非礼勿听,非礼勿言,非礼勿动。

【译文】

不合礼的不看,不合礼的不听,不合礼的不说,不合礼的不做。

己所不欲,勿施于人。

【译文】

自己不愿意的事,不要强加于别人。

君子不忧不惧。

【译文】

君子不忧愁,不恐惧。

内省不疚,夫何忧何惧?

【译文】

一个人自我反省没有愧疚,那他还有什么可以忧愁恐惧的呢?

死生有命，富贵在天。
【译文】
死生自有命运，富贵在于天意。

君子敬而无失，与人恭而有礼。四海之内，皆兄弟也。
【译文】
君子做事认真而没有差失，对人恭敬而合于礼，那么天下之人都是兄弟。

子张问明。子曰："浸润之谮①，肤受之愬②，不行焉，可谓明也已矣。浸润之谮，肤受之愬，不行焉，可谓远也已矣。"

①谮（zèn）：谗言，诬陷。
②愬：同"诉"，进谗，诬陷。

【译文】
子张问怎样才叫明察。孔子说："如水润物那样逐渐积聚的谗言，如肌肤所受的那样直接急迫的诬告，在你这里都行不通，那就可以说是明察了。如水润物那样逐渐积聚的谗言，如肌肤所受的那样直接急迫的诬告，在你这里都行不通，那可以说是看得很远了。"

自古皆有死，民无信不立。
【译文】
自古以来人都有一死，但如果人民不信任政府，那么国家就站立不住了。

驷不及舌①。

①驷(sì):驾一辆车的四匹马。

【译文】

一言既出,驷马难追。

文犹质也,质犹文也。虎豹之鞹犹犬羊之鞹①。

①鞹(kuò):去掉毛的兽皮,即皮革。

【译文】

文采与本质,本质与文采,两者同样重要。虎豹皮如果去掉了有花纹的毛,那就和去掉毛的犬羊皮是一个样了。

主忠信,徙义①,崇德也。

①徙义:意谓使自己的思想行为随从义。徙,迁移。

【译文】

以忠信为己之主,使自己从义而行,这就能提高道德。

爱之欲其生,恶之欲其死。既欲其生,又欲其死,是惑也。

【译文】

喜爱一个人,就希望他长寿,厌恶这个人时,又希望他快死。既希望他长寿,又希望他快死,这就是迷惑。

君君,臣臣,父父,子子。
【译文】
国君像个国君,臣子像个臣子,父亲像个父亲,儿子像个儿子。

子曰:"听讼①,吾犹人也。必也使无讼乎!"

①听讼:审理诉讼案件。
【译文】
孔子说:"审理诉讼案件,我也同别人一样。但一定要使诉讼的事不发生才好啊!"

子张问政。子曰:"居之无倦,行之以忠。"
【译文】
子张问怎样治理政事。孔子说:"居于职位不要厌倦懈怠,实施政令要出于忠心。"

博学于文,约之以礼,亦可以弗畔矣夫。
【译文】
君子广泛地学习文献典籍,并以礼约束自己,也就能不背离道了。

君子成人之美,不成人之恶。小人反是。
【译文】
君子成全别人的好事,不促成别人的坏事。小人却与此相反。

季康子问政于孔子。孔子对曰:"政者,正也。子帅以正①,

孰敢不正?"

①帅:带头。

【译文】

季康子向孔子问怎样治政。孔子答道:"政的意思就是正。您带头行正道,谁还敢不正?"

季康子患盗,问于孔子。孔子对曰:"苟子之不欲,虽赏之不窃。"

【译文】

季康子为盗贼很多而忧虑,向孔子求教。孔子答道:"如果您自己不贪欲,即使奖励偷盗,他们也不肯干。"

子为政,焉用杀?子欲善而民善矣。君子之德风,小人之德草。草上之风①,必偃②。

①上:加。
②偃:仆倒。

【译文】

您治理政事,为什么要用杀戮的办法呢?您愿意行善,人民也就从善。君子的德行好比是风,百姓的德行好比是草。风吹到草上,草必定随风而倒。

在邦必闻,在家必闻。

【译文】

在国家任官一定有名声,在卿大夫家任官也一定有名声。

夫达也者,质直而好义,察言而观色,虑以下人①。在邦必达,在家必达。

---

①下人:处于别人之下。

【译文】

所谓达,应该是品质正直,所行合义,善于辨析别人的言语,善于观察别人的脸色,对人心存谦让。这样的人,在国家任官必定显达,在卿大夫家任官也必定显达。

先事后得,非崇德与?攻其恶,无攻人之恶,非修慝与①?一朝之忿,忘其身,以及其亲,非惑与?

---

①修慝(tè):去恶为善。修,治。慝,邪恶。

【译文】

先做事,后考虑所得,这不是提高道德了吗?批评自己的过错,不攻击别人的过错,这不是去恶为善了吗?因为一时的气忿,忘了自身安危,甚至忘了父母亲属,这不是惑而不明事理吗?

举直错诸枉,能使枉者直。

【译文】

推举正直的人置于邪恶的人之上,能使邪恶的人变得正直。

子贡问友。子曰:"忠告而善道之①,不可则止,毋自辱焉。"

①道:引导。

【译文】

子贡问怎样对待朋友。孔子说:"真诚地劝告他,好好地引导他,如果他不听从就适可而止,不要自取侮辱。"

君子以文会友,以友辅仁。

【译文】

君子用文章学问来会聚朋友,用朋友来促进仁德的培养。

子路

子路问政。子曰:"先之劳之。"请益。曰:"无倦。"

【译文】

子路问怎样治理政事。孔子说:"自己做在百姓之前,然后使百姓努力劳作。"子路请求再多讲一些。孔子说:"永远不要倦怠。"

仲弓为季氏宰,问政。子曰:"先有司,赦小过①,举贤才。"

①赦:宽免。

【译文】

仲弓任季氏家宰,问孔子怎样治理政事。孔子说:"先使办事人员各任其事,原谅别人的小过失,举用优秀人才。"

君子于其所不知,盖阙如也①。

———
①阙如:存疑不言。
【译文】
　　君子对于他所不懂的事,应该采取存疑的态度。

名不正,则言不顺;言不顺,则事不成;事不成,则礼乐不兴;礼乐不兴,则刑罚不中;刑罚不中,则民无所措手足。
【译文】
　　名分不符其实,言语就不顺于理;言语不顺于理,事情就做不成;事情做不成,礼乐就不能兴起;礼乐不兴,刑罚就不能得当;刑罚不得当,人民就手足无措,不知如何是好。

君子名之必可言也,言之必可行也。君子于其言,无所苟而已矣。
【译文】
　　君子定下名分,就一定可以言之成理,言之成理,就一定可以实行。君子对自己要说的话,一点都不马虎就是了。

上好礼,则民莫敢不敬;上好义,则民莫敢不服;上好信,则民莫敢不用情①。

———
①情:诚实,真实。
【译文】
　　在上位者重视礼,百姓就没有人敢不尊敬;在上位者行事合理,百姓就没有人敢不服从;在上位者诚恳守信,百姓就没有谁敢不诚实。

其身正,不令而行;其身不正,虽令不从。
【译文】
他自身立得正,不下达命令事情也能实行;他自身不正,虽然下达命令,百姓也不会听从。

善人为邦百年,亦可以胜残去杀矣。
【译文】
善人治理国家连续一百年,也可以遏制残暴去除杀戮了。

苟正其身矣,于从政乎何有? 不能正其身,如正人何?
【译文】
如果自身端正了,那么治理政事还有什么困难呢? 如果不能自正其身,又怎么能端正别人呢?

叶公问政。子曰:"近者说,远者来。"
【译文】
叶公问怎样治理政事。孔子说:"使近地的百姓高兴,使远地的百姓来归附。"

子夏为莒父宰①,问政。子曰:"无欲速,无见小利。欲速则不达,见小利则大事不成。"

———
①莒(jǔ)父:鲁国邑名。

【译文】

子夏任莒父邑宰,问孔子怎样治理政事。孔子说:"不要图快,不要顾小利。一味图快反而不能达到目的,顾及小利则不能成就大事。"

樊迟问仁。子曰:"居处恭,执事敬,与人忠。虽之夷狄,不可弃也。"
【译文】

樊迟问怎样才是仁。孔子说:"平日在家态度恭敬,办事严肃认真,对人忠心真诚。即使到夷狄之国,这些品格也不能丢弃。"

行己有耻,使于四方,不辱君命,可谓士矣。
【译文】

对自己的行为能持有羞耻之心,出使外国不辱君主赋予的使命,这样可以称作士了。

言必信,行必果。
【译文】

说话必定有信用,行为必定果决。

不得中行而与之,必也狂狷乎①!狂者进取,狷者有所不为也。

———

①狂狷:志高激进的人和拘谨自守的人。

【译文】

得不到言行合乎中道的人进行交往,那就一定是与志高激进的人和拘谨自守的人交往了。志高激进的人能够积极进取，拘谨自守的人对有些事能够不做。

君子和而不同①，小人同而不和。

①和：和谐，协调。同：指盲目附从。

【译文】

君子行事讲究和谐，但不盲目附从；小人盲目附从，却不能和谐。

君子易事而难说也。说之不以道，不说也。及其使人也，器之①。小人难事而易说也。说之虽不以道，说也。及其使人也，求备焉。

①器之：根据各人才器合理使用。

【译文】

为君子做事容易，但要得他喜欢却难。不用正道去讨他喜欢，他不会喜欢。而等到他使用人的时候，他则量才而用。为小人做事很难，但讨他喜欢却容易。虽然不用正道去讨他喜欢，他也会喜欢。而等到使用人的时候，他则求全责备。

君子泰而不骄①，小人骄而不泰。

①泰：安宁舒泰。

【译文】

君子舒泰而不骄傲，小人骄傲而不舒泰。

刚、毅、木、讷近仁。

【译文】

刚强、果敢、质朴、慎于言语,具备这四者的人接近于仁。

子路问曰:"何如斯可谓之士矣?"子曰:"切切偲偲①,怡怡如也②,可谓士矣。朋友切切偲偲,兄弟怡怡。"

①切切偲偲(sī):互相批评勉励的样子。
②怡怡:和悦的样子。

【译文】

子路问道:"怎样才可以叫作士?"孔子说:"互相批评勉励,和睦相处,可以叫作士了。朋友之间互相批评勉励,兄弟之间和顺愉悦。"

善人教民七年,亦可以即戎矣①。

①即:就,靠近。戎:兵事,指军队、战争等。

【译文】

善人教导人民七年,也可以使人民上阵作战了。

以不教民战,是谓弃之。

【译文】

用不曾受过教习的人民去作战,这可说是抛弃他们。

宪问

邦有道,谷①。邦无道,谷,耻也。

①谷:指俸禄。
【译文】
国家有道,应做官得禄。国家无道,也做官得禄,这就是耻辱。

士而怀居,不足以为士矣。
【译文】
士如果怀恋安居的生活,那就不足以称为士了。

邦有道,危言危行①;邦无道,危行言孙②。
①危:正直。
②孙:通"逊"。
【译文】
国家有道,言语正直,行为正直;国家无道,行为正直,但言语谦顺。

有德者必有言,有言者不必有德。
【译文】
有道德的人一定有出色的言论,有出色言论的人不一定有道德。

仁者必有勇,勇者不必有仁。
【译文】
仁人一定勇敢,勇敢的人不一定仁。

君子而不仁者有矣夫,未有小人而仁者也。

【译文】

君子中不仁之人是有的吧,但小人中是不会有仁人的。

爱之,能勿劳乎?忠焉,能勿诲乎?
【译文】
爱他,能不叫他辛劳吗?忠于他,能不教诲他吗?

贫而无怨难,富而无骄易。
【译文】
贫困而没有怨恨,难;富贵而不骄傲,容易。

见利思义,见危授命,久要不忘平生之言①,亦可以为成人矣。

——
①久要:旧约。平生:平素。

【译文】
看见利益能想到道义,遇见危难能献出生命,平日与人的约言历久不忘,也可以说是完人了。

夫子时然后言,人不厌其言;乐然后笑,人不厌其笑;义然后取,人不厌其取。
【译文】
他老先生在应该说话的时候才说,所以别人不讨厌他的话;在快乐的时候才笑,所以别人不讨厌他的笑;在合道义的时候才有所取,所以别人不讨厌他的取。

其言之不怍①,则为之也难。

①怍(zuò):羞惭。

【译文】

一个人说起话来大言不惭,那他要实行起来就难了。

君子上达,小人下达①。

①"君子"二句:有多种解说,或说上指仁义,下指财利;或说上指道,下指器,即具体能力;或说上即长进,下即沉沦。今从第一说。

【译文】

君子通达于仁义,小人通达于财利。

古之学者为己,今之学者为人。

【译文】

古代人的学习是为了自己增进修养学识,现在人的学习是为了表现给人看。

君子耻其言而过其行①。

①而:用法同"之"。

【译文】

君子为自己的言语超过行动而感到可耻。

仁者不忧,知者不惑,勇者不惧。

【译文】

有仁德的人不忧愁,智慧的人不迷惑,勇敢的人不畏惧。

子贡方人①。子曰:"赐也贤乎哉?夫我则不暇。"

①方人:讥评别人。方,通"谤"。一说品评议论别人,方即比方的意思。今从前说。

【译文】

子贡讥评别人。孔子说:"赐啊,你就那么好了吗?我就没有这样的闲工夫。"

不患人之不己知,患其不能也。

【译文】

不担心别人不了解自己,只担心自己没有才能。

不逆诈①,不亿不信②,抑亦先觉者③,是贤乎!

①逆:预料,揣度。

②亿:臆测。

③抑:但是。

【译文】

不预先怀疑别人有欺诈,不无端猜测别人没有诚信,但也能及早察觉真相,这样的人是贤者了吧!

骥不称其力①,称其德也。

①骥:千里马。

【译文】

被称为千里马的,不是称赞它的气力,而是称赞它的品德。

或曰:"以德报怨,何如?"子曰:"何以报德?以直报怨,以德报德。"

【译文】

有人问:"用恩惠来回报怨恨,怎么样?"孔子说:"那么又用什么来回报恩惠呢?应该用正直来回报怨恨,用恩惠来回报恩惠。"

不怨天,不尤人①,下学而上达。知我者其天乎!

①尤:责怪。

【译文】

不怨恨天,不责备人,下学人事而上达天命。了解我的大概是天吧!

道之将行也与,命也;道之将废也与,命也。

【译文】

大道将实行呢,这是命;大道将废弃呢,这也是命。

贤者辟世①,其次辟地,其次辟色,其次辟言。

①辟:通"避"。

【译文】

贤者避开昏乱的社会而隐居,次一等的避开一地而另择一地,再次一等的避开难看的脸色,再次一等的避开不好的言语。

莫己知也,斯己而已矣。深则厉,浅则揭①。

①"深则厉"二句:语见《诗经·邶风·匏有苦叶》,意谓如果水深,就索性穿着衣服过去,如果水浅,就提起衣服过去。这里表示个人行为应根据实际情况而定。厉,穿着衣服涉水。

【译文】

没有人了解自己,也就守着自己罢了。如果水深,就穿着衣服过去,如果水浅,就提起衣服过去。

上好礼,则民易使也。

【译文】

在上位的人能够以礼行事,那就容易使百姓听从治理。

子路问君子。子曰:"修己以敬。"曰:"如斯而已乎?"曰:"修己以安人①。"

①人:这里指与自己关系密切的人,如亲族朋友等。

【译文】

子路问怎样才是君子。孔子说:"自我修身而做到严肃认真。"子路说:"这样就够了吗?"孔子说:"自我修身而使亲友安乐。"

修己以安百姓,尧、舜其犹病诸①!

①病:难。

【译文】

能自我修身而使百姓安乐,尧、舜大概也觉得不容易做到吧!

幼而不孙弟①,长而无述焉②,老而不死,是为贼③。

①孙弟:同"逊悌"。

②述:称述。

③贼:有危害的人。

【译文】

你年幼时不懂得逊悌的礼节,年长后没有可以称道的事业成就,年老了只是偷生不死,真是个祸害。

卫灵公

俎豆之事①,则尝闻之矣;军旅之事,未之学也。

①俎豆:行礼仪时盛放食品的礼器,这里借指礼仪之事。

【译文】

礼仪方面的事情,我曾听到过;军旅方面的事情,我没有学过。

君子固穷①,小人穷斯滥矣②。

①固:固有。一说固守。今从前说。

②滥：指没有操守，为所欲为。

【译文】

君子固有困窘的时候，而小人在困窘的时候便胡作非为了。

子张问行①。子曰："言忠信，行笃敬②，虽蛮貊之邦③，行矣。言不忠信，行不笃敬，虽州里④，行乎哉？"

①行：顺遂通达，行得通。

②笃：厚道。

③蛮：古代对南方少数民族部落的泛称。貊（mò）：北方的少数民族部落。

④州里：指乡里本土。二千五百家为州，五家为邻，五邻为里。

【译文】

子张问怎样做事才行得通。孔子说："言语忠诚守信，行为笃厚严肃，即使到蛮貊地区，也能行得通。言语不忠诚守信，行为不笃厚严肃，纵然是在乡里本土，就能行得通吗？"

直哉史鱼①！邦有道，如矢；邦无道，如矢。

①史鱼：卫国大夫，姓史，名䲡，字子鱼。

【译文】

史鱼真是刚直啊！国家有道，他像箭那样直；国家无道，他也像箭那样直。

君子哉蘧伯玉！邦有道，则仕；邦无道，则可卷而怀之①。

①卷：收起。怀：怀藏。

【译文】

蘧伯玉真是个君子啊！国家有道,他出来做官;国家无道,他可以把自己的才能收藏起来。

可与言而不与之言,失人;不可与言而与之言,失言。知者不失人,亦不失言。

【译文】

可以与他谈话的人而不与他谈,这是错失了人;不可与他谈话的人而与他谈了,这是白费了言语。聪明的人既不错失人,也不白费言语。

志士仁人,无求生以害仁,有杀身以成仁。

【译文】

志士仁人,不会贪生怕死而损害仁,只有牺牲生命而成全仁。

工欲善其事,必先利其器。

【译文】

工匠想做好他的事,一定先完善他的工具。

人无远虑,必有近忧。

【译文】

一个人没有长远的考虑,一定会有眼前的忧患。

已矣乎！吾未见好德如好色者也。

【译文】

罢了!我没有看见过喜欢美德就像喜欢美色一样的人。

躬自厚而薄责于人,则远怨矣。
【译文】
责备自己严而责备别人宽,那就远离怨恨了。

不曰"如之何①,如之何"者,吾末如之何也已矣。

①如之何:这里表示对所遇问题的审度思考。

【译文】
一个不考虑"怎么办,怎么办"的人,我也不知道对他怎么办了。

群居终日,言不及义,好行小慧,难矣哉!
【译文】
与人聚集一整天,所谈论的却没有涉及道义的事,只喜欢卖弄小聪明,这就难以长进了。

君子义以为质,礼以行之,孙以出之,信以成之。君子哉!
【译文】
君子把道义作为行事的根本,依据礼节来实行它,用谦逊的言辞来表达它,用诚信的态度来完成它。这才真是君子啊!

君子病无能焉,不病人之不己知也。

【译文】

君子忧虑自己没有才能,不忧虑别人不了解自己。

君子疾没世而名不称焉。
【译文】
君子忧虑的是死后而名声不被传称。

君子求诸己,小人求诸人。
【译文】
君子凡事都要求自己,小人凡事都要求别人。

君子矜而不争①,群而不党。

① 矜:庄重。

【译文】
君子庄重而不与人争执,合群而不结党。

君子不以言举人,不以人废言。
【译文】
君子不根据一个人的言辞就推举他,也不因为一个人品德不好就全部否定他的言辞。

子贡问曰:"有一言而可以终身行之者乎①?"子曰:"其恕乎! 己所不欲,勿施于人。"

①一言：一个字。

【译文】

子贡问道："有没有一个字是可以终身遵循的？"孔子说："大概就是恕吧！自己不愿意的事情，不要施加于别人。"

子曰："吾犹及史之阙文也①。有马者借人乘之②，今亡矣夫！"

①阙文：指存疑而空缺的文字，表示不妄自增益。
②借：凭借。

【译文】

孔子说："我还能够看到史书存疑的地方。有马的人自己不能驯制，就凭借别人的乘用使马驯服，这样的态度在今天是没有了呀！"

巧言乱德。小不忍，则乱大谋。

【译文】

花言巧语会败坏道德。小事情不忍耐会毁坏大谋略。

众恶之，必察焉；众好之，必察焉。

【译文】

大家都厌恶他，一定要进行审察；大家都喜爱他，也一定要进行审察。

人能弘道，非道弘人。

【译文】

人能够弘扬道,不是用道来廓大人。

过而不改,是谓过矣。
【译文】
有错误而不改正,这才真成为错误了。

吾尝终日不食,终夜不寝,以思,无益,不如学也。
【译文】
我曾整天不吃,整夜不睡,尽自思考,但毫无益处,还不如去学习。

君子谋道不谋食。
【译文】
君子谋求道而不谋求衣食。

耕也,馁在其中矣;学也,禄在其中矣。
【译文】
耕田,却常会有饥饿;学习,则常能得到俸禄。

君子忧道不忧贫。
【译文】
君子忧虑的是不能求得道,不是忧虑贫困。

知及之①,仁不能守之,虽得之,必失之。知及之,仁能守之,不庄以涖之②,则民不敬。

①之：指官职。以下"涖之"中的"之"指百姓。
②涖：同"莅"，临，来到。

【译文】

才智足以胜任官职，却不能以仁来持守它，即使得到官职，也一定会失去。才智足以胜任官职，又能以仁来持守它，但不能用严肃的态度来治理百姓，那就不会得到百姓尊敬。

君子不可小知而可大受也，小人不可大受而可小知也。

【译文】

君子不可从小处去了解他，但他可以承受大任；小人不可承受大任，却可从小处了解他。

民之于仁也，甚于水火。水火，吾见蹈而死者矣，未见蹈仁而死者也。

【译文】

百姓对仁道的需要超过对水火的需要。我看见过踏入水火而死了的，却没见过践行仁道而死了的。

当仁，不让于师。

【译文】

如果是担当行仁的事情，对老师也不用谦让。

君子贞而不谅①。

①贞:正道。谅:指小信用。

【译文】

君子坚守正道而不拘泥于小信用。

事君,敬其事而后其食。

【译文】

奉事君主,应是敬守职事,而把得俸禄的事放在后面。

有教无类。

【译文】

对所有的人给予教育,不区分类别。

道不同,不相为谋。

【译文】

所持的道不同,就不互相商议。

辞达而已矣。

【译文】

言辞能表达清楚意思就可以了。

季氏

陈力就列①,不能者止。

①陈:施展。列:指职位。

【译文】

能施展才力就任职,如果不行就辞职。

危而不持,颠而不扶,则将焉用彼相矣①?

①相:扶助盲人的人。

【译文】

如果一个盲人有危险而不去扶持他,要摔倒了而不去搀扶他,那又何必要那个扶助的人呢?

有国有家者,不患寡而患不均,不患贫而患不安①。盖均无贫,和无寡,安无倾。

①"不患寡而患不均"二句:前后句中"寡"与"贫"当互换,下有"均无贫,和无寡,安无倾"承应。

【译文】

有国的诸侯和有家的卿大夫,不担忧贫穷而担忧财富不均,不担忧人口不足而担忧不安定。财富平均就无所谓贫穷,关系和谐就不觉得人口不足,境内安定了也就不会有倾覆之事。

既来之,则安之。

【译文】

他们来了,就让他们安心。

吾恐季孙之忧,不在颛臾,而在萧墙之内也①。

①"吾恐季孙之忧"三句:意谓季氏真实的用意不是针对颛臾,而是针对鲁君。当时季孙把持了鲁国国政,与鲁君存在矛盾,他要攻打颛臾,是担忧颛臾助鲁君而对自己构成威胁,所以孔子这样说。萧墙之内,指鲁君。萧墙,君王宫室内的屏风,臣来见君,至此即肃然起敬。这里萧即肃敬义。

【译文】
恐怕季孙的忧虑不在颛臾,而是在鲁君这里吧。

天下有道,则政不在大夫。天下有道,则庶人不议。
【译文】
天下有道,国政不会落在大夫手中。天下有道,普通百姓不会议论政事。

益者三友,损者三友。友直,友谅,友多闻,益矣。友便辟①,友善柔②,友便佞③,损矣。

①便(pián)辟:谄媚逢迎。
②善柔:当面奉承背后诋毁。
③便(pián)佞:巧言善辩,夸夸其谈。

【译文】
有益的朋友有三种,有害的朋友有三种。与正直的人交朋友,与守信义的人交朋友,与见闻广博的人交朋友,是有益的。与谄媚逢迎的人交朋友,与当面奉承背后诋毁的人交朋友,与巧言善辩的人交朋友,是有害的。

益者三乐,损者三乐。乐节礼乐,乐道人之善,乐多贤友,益矣。乐骄乐,乐佚游,乐晏乐,损矣。

【译文】

有益的快乐有三种,有害的快乐有三种。以礼乐的调节为快乐,以称扬别人的善处为快乐,以多有良友为快乐,这是有益的。以骄纵放肆为快乐,以放纵游荡为快乐,以沉迷酒食为快乐,这是有害的。

侍于君子有三愆:言未及之而言谓之躁,言及之而不言谓之隐,未见颜色而言谓之瞽。

【译文】

侍奉君子易犯三种过失:言谈尚未轮及他而抢先说,叫做急躁;言谈轮及他而不说,叫做隐瞒;不看君子脸色而贸然开口,如同盲人。

君子有三戒:少之时,血气未定,戒之在色;及其壮也,血气方刚,戒之在斗;及其老也,血气既衰,戒之在得。

【译文】

君子有三种情况应该警戒:年轻的时候,血气尚未宁定,要警戒的是迷恋女色;到了壮年,血气正当旺盛,要警戒的是争强好斗;到了老年,血气衰弱,要警戒的是贪得无厌。

君子有三畏:畏天命,畏大人[1],畏圣人之言。小人不知天命而不畏也,狎大人[2],侮圣人之言。

---

[1]大人:指位居高官的人。

[2]狎:轻慢。

【译文】

君子有三种敬畏:敬畏天命,敬畏高官大人,敬畏圣人的言语。小人不懂得天命因而不加敬畏,对高官大人态度轻慢,对圣人的言语多有轻侮。

生而知之者上也,学而知之者次也;困而学之,又其次也;困而不学,民斯为下矣。

【译文】

生来就知道的人是上等,学了然后知道的人是次一等;遇到困难而去学习的人又次一等;遇到困难还不学习,平民百姓就是这种最下等的了。

君子有九思:视思明,听思聪,色思温,貌思恭,言思忠,事思敬,疑思问,忿思难,见得思义。

【译文】

君子有九种考虑:看的时候考虑是否看明白了,听的时候考虑是否听清楚了,对于脸色考虑是否温和,对于容貌考虑是否恭敬,对于言谈考虑是否忠诚,做事时考虑是否认真,遇到疑问考虑如何向人请教,发怒时考虑有何后患,见有可得的时候考虑是否合乎道义。

见善如不及,见不善如探汤[①]。

---

①汤:沸水。

【译文】

看见好的德行就像自己赶不上一样地努力追求,看见不好的德行就像手伸入沸水那样急忙摆脱。

不学诗,无以言。
【译文】
不学诗,就不知如何说话。

不学礼,无以立。
【译文】
不学礼,就不知如何立身。

阳货

日月逝矣,岁不我与。
【译文】
时光流逝,岁月不等人啊。

性相近也,习相远也。
【译文】
人的天性本来相近,因为习惯的影响才相去甚远。

唯上知与下愚不移。
【译文】
只有上等的智者和下等的愚人是不能改变的。

君子学道则爱人,小人学道则易使也。
【译文】
在官位的人学礼乐之道就会爱人,百姓学礼乐之道就容易听从使唤。

子张问仁于孔子。孔子曰:"能行五者于天下为仁矣。""请问之。"曰:"恭、宽、信、敏、惠。恭则不侮,宽则得众,信则人任焉,敏则有功,惠则足以使人。"

【译文】

子张问孔子怎样才是仁。孔子说:"能在天下实行五种品格就是仁了。"子张说:"请问哪五种?"孔子说:"庄重,宽厚,诚信,勤敏,慈惠。庄重就不会遭受侮辱,宽厚就得众人之心,诚信就能被人任用,勤敏就能卓有成效,慈惠就能很好地使唤人。"

亲于其身为不善者,君子不入也。

【译文】

自身做过坏事的那种人,君子是不会去他那儿的。

不曰坚乎,磨而不磷①;不曰白乎,涅而不缁②。

①磷:薄。
②涅:染黑。缁:黑色。

【译文】

不是有真正坚硬的东西吗,那是磨也磨不薄的;不是有真正洁白的东西吗,那是染也染不黑的。

好仁不好学,其蔽也愚①。好知不好学,其蔽也荡。好信不好学,其蔽也贼②。好直不好学,其蔽也绞③。好勇不好学,其蔽也乱。好刚不好学,其蔽也狂。

①蔽：弊病。
②贼：伤害。
③绞：偏激。

【译文】

喜爱仁德而不喜爱学习，它的弊病是愚而不明。喜爱聪明而不喜爱学习，它的弊病是放荡不羁。喜爱诚信而不喜爱学习，它的弊病是自己反受伤害。喜爱直率而不喜爱学习，它的弊病是偏激尖刻。喜爱勇敢而不喜爱学习，它的弊病是作乱惹祸。喜爱刚强而不喜爱学习，它的弊病是轻率狂妄。

《诗》，可以兴①，可以观，可以群，可以怨。迩之事父，远之事君。多识于鸟兽草木之名。

①兴：譬喻，引譬连类。

【译文】

学习《诗》，可以培养联想力，可以提高观察力，可以加强合群性，可以掌握讥讽方法。近可用于事奉父母，远可用于事奉君主，还能从中多学得一些鸟兽草木的名称。

色厉而内荏①，譬诸小人，其犹穿窬之盗也与②？

①荏(rěn)：怯弱。
②穿窬(yú)：穿洞翻墙，指偷盗行为。窬，通"踰"，翻越。

【译文】

外表严厉而内心怯弱的人,如果用小人做比喻,大概像那穿洞翻墙的小偷吧?

乡原①,德之贼也。

①乡原:乡里貌似忠厚,实则没有是非同流合污的人。原,通"愿",谨慎老实。

【译文】

貌似忠厚而没有是非的人,是道德的败坏者。

道听而涂说,德之弃也。

【译文】

在路上听到传言就四处传播,这是道德所摒弃的。

鄙夫可与事君也与哉①?其未得之也,患得之②。既得之,患失之。苟患失之,无所不至矣。

①鄙夫:指品德庸俗低劣的人。
②患得之:或以为当作"患不得之"。

【译文】

那种鄙夫,怎么能同他一起事奉君主呢?他在没有得到职位的时候,担心得不到。当他得到职位以后,又担心失去职位。如果担心失去职位,那就会无所不用其极了。

古者民有三疾,今也或是之亡也。古之狂也肆,今之狂也荡;古之矜也廉①,今之矜也忿戾;古之愚也直,今之愚也诈而已矣。

——

①廉:棱角。比喻人方正峭厉,难以接近。

【译文】

古代人有三种毛病,现在或许没有那个样子的毛病了。古代的狂人肆志直言,现在的狂人荡无所据;古代矜持的人锐不可近,现在矜持的人怒而好争;古代的愚人遂意直行,现在的愚人则是挟私欺诈罢了。

恶紫之夺朱也①,恶郑声之乱雅乐也②,恶利口之覆邦家者。

——

①紫之夺朱:古以朱为正色,紫是间色,即杂色。春秋时一些诸侯国国君以穿紫色衣服为时尚,渐以紫为贵,取代了朱色的地位。
②雅乐:纯正典雅的音乐。

【译文】

我厌恶以紫色取代了朱色,厌恶郑国的音乐扰乱了典雅的正音,厌恶巧嘴利舌而颠覆了国家。

天何言哉?四时行焉,百物生焉,天何言哉?

【译文】

天说了什么呢?四季照样运行,百物照样生长,天说了什么呢?

君子三年不为礼,礼必坏;三年不为乐,乐必崩。

【译文】

君子三年不习礼仪,礼仪必会废弃;三年不奏音乐,音乐必会亡失。

饱食终日,无所用心,难矣哉!不有博弈者乎①?为之,犹贤乎已②。

① 博弈:博和弈是两种棋类游戏。
② 贤:胜过。已:止。

【译文】

整日吃饱了饭,无处用心,难有出息呀!不是有棋类游戏吗?即使做这样的游戏,也比什么都不做好些。

君子义以为上,君子有勇而无义为乱,小人有勇而无义为盗。

【译文】

君子认为义是最可崇尚的,君子只有勇而没有义,就会逆反作乱;小人只有勇而没有义,就会成为强盗。

恶称人之恶者,恶居下流而讪上者①,恶勇而无礼者,恶果敢而窒者②。

① 流:衍文,晚唐前《论语》无此字。讪:毁谤。
② 窒:阻塞不通,指固执而不通事理。

【译文】

我憎恶喜欢议论别人坏处的人,憎恶居下位而毁谤位高者的人,憎恶勇敢而不懂礼的人,憎恶果敢而顽固不化的人。

恶徼以为知者[①],恶不孙以为勇者,恶讦以为直者[②]。

---

①徼(jiǎo):抄袭。
②讦(jié):揭发别人的阴私。

【译文】

我憎恶抄袭别人而自以为聪明的人,憎恶不懂谦虚而自以为勇敢的人,憎恶揭人阴私而自以为正直的人。

唯女子与小人为难养也,近之则不孙,远之则怨。

【译文】

只有女子与小人是最难养的,与他们亲近了,他们就会不逊从;与他们疏远了,他们就会怨恨。

年四十而见恶焉,其终也已。

【译文】

到了四十岁还被人厌恶,这个人的一生是无望了。

微子

直道而事人,焉往而不三黜?枉道而事人,何必去父母之邦?

【译文】

坚守正道而事奉人,到哪里不是屡被罢免?如果按照邪道事奉人,那又何必要离开自己的父母之国呢?

往者不可谏,来者犹可追。
【译文】
以往的已不可挽回,未来的还可以追补。

四体不勤,五谷不分,孰为夫子?
【译文】
你这人四肢不劳动,五谷不能分辨,什么人是你的老师呀?

君子不施其亲①,不使大臣怨乎不以②。故旧无大故③,则不弃也。

———
①施:通"弛",遗弃,忘却。
②以:用。
③大故:指严重的罪恶过失。

【译文】
君子不冷落他的亲族,不使大臣怨恨自己没被任用。老臣故友没有严重的过错,就不要遗弃他。

无求备于一人。
【译文】
不要对一个人求全责备。

子张

士见危致命,见得思义,祭思敬,丧思哀,其可已矣。

【译文】

士人遇见危险能献出生命,见有所得能考虑是否合乎义,祭祀时想到恭敬,居丧时想到哀伤,那也就可以了。

执德不弘,信道不笃,焉能为有?焉能为亡①?

①"焉能为有"二句:意谓这样的人有不足为重,无不足为轻。

【译文】

持守道德却不能光大,信仰大道却不忠诚,这种人怎能算他有?又怎能算他没有?

可者与之,其不可者拒之。

【译文】

可以为友的就与他相交,不可为友的就拒绝与他相交。

君子尊贤而容众,嘉善而矜不能①。

①矜:同情,怜悯。

【译文】

君子尊重贤人而容纳众人,称赞善人而怜悯无能的人。

我之大贤与,于人何所不容?我之不贤与,人将拒我,如之何其拒人也?

【译文】

我若是个大贤呢,对什么人不能容纳?我若是个不贤之人,那别人就会拒绝我,我怎么可能去拒绝别人呢?

虽小道,必有可观者焉,致远恐泥①,是以君子不为也。

———
①泥:滞陷不通。

【译文】

即使是小技艺,也必有可取的地方,但恐怕妨碍远大事业的实现,所以君子不从事小技艺。

日知其所亡,月无忘其所能,可谓好学也已矣。

【译文】

每天能知道自己原来所不知道的,每月能不忘记自己已经学到的,这可说是好学的了。

博学而笃志,切问而近思,仁在其中矣。

【译文】

广博地学习,并能坚守志趣;问与自己所学切近的问题,并思考近前的事,仁就在其中了。

百工居肆以成其事①,君子学以致其道。

———
①肆:手工业作坊。

【译文】

各种工匠居于作坊来完成他们的工作,君子通过学习来获得道。

小人之过也必文。
【译文】
小人有了过错必作掩饰。

君子有三变:望之俨然,即之也温,听其言也厉。
【译文】
君子有三个变化的形象:远远望去庄重威严,与他接近温和可亲,听他说话义正词严。

君子信而后劳其民;未信,则以为厉己也①。信而后谏;未信,则以为谤己也。

———
①厉:虐害,欺压。
【译文】
君子在取得信任后才使唤百姓;未取得信任就这样做,百姓会以为是虐害他们。君子在取得信任后才进谏君主;未取得信任就这样做,君主会以为是诽谤他。

大德不逾闲①,小德出入可也。

———
①闲:栅栏等阻隔物,这里指界限。
【译文】
大的德行不可逾越界限,小的德行有些出入是可以的。

仕而优则学,学而优则仕。

【译文】

做官而有余力便去学习,学习而有余力便去做官。

丧致乎哀而止。
【译文】

居丧能充分表达哀情就可以了。

人未有自致者也①,必也亲丧乎!

---

①致:竭尽,这里指真情不能自已而尽其极。

【译文】

人没有自己竭尽其情的,如有,一定是遇到父母去世的时候吧!

君子恶居下流①,天下之恶皆归焉。

---

①下流:地势低下的处所,比喻恶名归集的地位。

【译文】

君子不肯居于下流之地,以免天下的恶名都归集到他身上。

君子之过也,如日月之食焉。过也,人皆见之;更也,人皆仰之。

【译文】

君子的过失犹如日食月食。有过失的时候,人人都能看见;改正的时候,人人都仰望着。

子贡曰:"譬之宫墙①,赐之墙也及肩,窥见室家之好。夫子之墙数仞②,不得其门而入,不见宗庙之美,百官之富③。得其门者或寡矣。"

——

①宫墙:围墙。

②仞:古代长度单位,一仞为七尺,或说八尺。

③官:房舍。

【译文】

子贡说:"就用围墙作比方吧,我家的围墙只有肩膀那么高,人们可以直接望见墙内房屋的美好。我老师的围墙高达数丈,不找到大门进入,就不能看到宗庙的华美和房舍的富丽。而能找到大门的人或许不多吧。"

仲尼不可毁也。他人之贤者,丘陵也,犹可逾也。仲尼,日月也,无得而逾焉。人虽欲自绝,其何伤于日月乎?多见其不知量也①。

——

①多:通"祇",不过。《正义》:"古人多祇同音。"

【译文】

仲尼是毁谤不了的。其他贤者好比是丘陵,还可以逾越。仲尼好比是日月,不可能逾越。即使有人自己要与日月决绝,那对日月又有什么损害呢?这只是显出他的不自量罢了。

君子一言以为知,一言以为不知,言不可不慎也。

【译文】

君子可由一句话显出他的聪明,也可由一句话显出他的无知,所以出言不可不谨慎啊。

夫子之不可及也,犹天之不可阶而升也。

【译文】

我的老师是不可企及的,犹如天不可用阶梯攀升一样。

尧曰

尧曰:"咨!尔舜!天之历数在尔躬①,允执其中②。四海困穷,天禄永终。"

———
①历数:指帝王相继的次序。
②允:诚信。

【译文】

尧说:"唉!舜啊!上天所定的帝王列位已经落到你身上了,要忠实地执行正确原则。如果四海百姓陷入穷困之中,上天赐你的禄位也就永远终结了。"

朕躬有罪①,无以万方。万方有罪,罪在朕躬。

———
①朕:我。自秦始皇以后专作皇帝的自称。

【译文】

我若有罪,不要牵累天下万方。天下万方若有罪,则归我一人承担。

虽有周亲①,不如仁人。百姓有过,在予一人。

①周亲:至亲。或说此下四句即周武王封诸侯之辞。

【译文】

我虽有至亲,但不如有仁人。如果百姓有过失,由我一人承担。

谨权量①,审法度②,修废官,四方之政行焉。

①权:秤。量:斗斛。
②法度:指量长度的寸、尺、丈等。

【译文】

谨慎检验并审定度量衡,修复废弃不全的官职,四方的政令就通行了。

兴灭国,继绝世,举逸民,天下之民归心焉。

【译文】

复兴灭亡的国家,再续受封者断绝的后代,举用遗逸的人才,天下的百姓都会诚心归附了。

宽则得众,信则民任焉,敏则有功,公则说。

【译文】

宽厚就得民心,诚信就得人任用,勤敏就会有功绩,公平就会使百姓高兴。

子张曰:"何谓五美?"

子曰:"君子惠而不费,劳而不怨,欲而不贪,泰而不骄,威而不猛。"

【译文】

子张问:"五种美德指什么?"

孔子说:"君子施惠于民而自己无所耗费,使唤百姓而百姓不怨恨,有意欲而无所贪求,安泰而不骄傲,威严而不凶猛。"

子张曰:"何谓惠而不费?"

子曰:"因民之所利而利之,斯不亦惠而不费乎?择可劳而劳之,又谁怨?欲仁而得仁,又焉贪?"

【译文】

子张问:"怎样才是施惠于民而自己无所耗费?"

孔子说:"根据百姓能够得到利益的具体所在而使他们得利,这不就是施惠于民而自己无所耗费吗?选择可以使唤百姓的时候而使唤他们,又有谁会怨恨呢?意欲仁道而达到仁道,又贪求什么呢?"

君子无众寡,无小大,无敢慢,斯不亦泰而不骄乎?

【译文】

无论人多人少,无论势力大小,君子都不敢怠慢,这不就是安泰而不骄傲吗?

君子正其衣冠,尊其瞻视①,俨然人望而畏之,斯不亦威而不猛乎?

————

①瞻视:指外观,仪容。

【译文】

君子衣冠整齐,仪容尊严,庄重的神情令人望见就生出敬畏之心,这不就是威严而不凶猛吗?

不知命,无以为君子也。不知礼,无以立也。不知言,无以知人也。

【译文】

不懂得命,不能成为君子。不懂得礼,不能立身于社会。不懂得辨析别人的言语,不能了解人。

孝经

《孝经》的作者，历来众说纷纭，传统说法认为是孔子或曾子所作。《孝经》的成书，至迟不晚于公元前241年，这一年《吕氏春秋》修成，已引用了《孝经》的文字。《孝经》之"经"，是道理、原则、方法之意，与《易经》《诗经》等"六经"之"经"意思不同，并非指经典，在最早成书时固已有之。

《孝经》是一部阐述孝道、以"孝"劝"忠"的政治伦理著作，分十八章，共一千八百余字，记载了孔子向曾参讲述孝道的言论。《孝经》在中国历史上具有其他典籍无可比拟的特殊地位，被视为人伦百行的纲纪、科举仕宦的阶梯、伦理道德的规范。在海外尤其是东亚日本、朝鲜等国也有巨大影响力。

本书选文据中华书局三全本《论语·孝经》。

开宗明义章

夫孝,德之本也,教之所由生也①。

---

①教之所由生也:古有"五教"之说,即:教父以义,教母以慈,教兄以友,教弟以恭,教子以孝。儒家学者认为,孝是一切道德的根本,一切教育的出发点。

【译文】
孝是一切道德的根本,所有的品行教化都是由孝行派生出来的。

身体发肤,受之父母,不敢毁伤①,孝之始也。

---

①毁伤:毁坏,残伤。

【译文】
一个人的身体、四肢、毛发、皮肤,都是从父母那里得来的,所以要特别地加以爱护,不敢损坏伤残,这是孝的开始,是基本的孝行。

立身行道,扬名于后世,以显父母,孝之终也。

【译文】
一个人要建功立业,遵循天道,扬名于后世,使父母荣耀显赫,这是孝的终了,是完满、理想的孝行。

夫孝,始于事亲①,中于事君②,终于立身③。

---

①始于事亲:以侍奉双亲为孝行之始。一说指幼年时期以侍奉双亲

为孝。

②中于事君：以为君王效忠、服务为孝行的中级阶段。一说指中年时期以效忠君王为孝。

③终于立身：以建功扬名、光宗耀祖为孝行之终。一说指老年时期以扬名后世为孝。

【译文】

孝，开始时从侍奉父母做起，中间的阶段是效忠君王，最终则要建树功绩、成名立业，这才是孝的圆满的结果。

天子章

爱亲者，不敢恶于人①；敬亲者，不敢慢于人②。

①"爱亲者"二句：是说天子将对自己父母的亲爱之心（孝心）扩大到天下所有的人的父母。爱亲，亲爱自己的父母。恶（wù），憎恶，厌恶。

②慢：傲慢，不敬。

【译文】

天子能够亲爱自己的父母，也就不会厌恶别人的父母；能够尊敬自己的父母，也就不会怠慢别人的父母。

爱敬尽于事亲，而德教加于百姓①，刑于四海②。盖天子之孝也③。

①德教：道德修养的教育，即孝道的教育。加：施加。

②刑：通"型"，典范，榜样。四海：指全天下，旧说以为我国被四海

包围,因此用"四海"代指全国。唐玄宗注以"四夷"释"四海"。"四夷"即东夷、西戎、南蛮、北狄,泛指四方少数民族。意思是天子的孝行与德教,也是四方异族的榜样。

③盖:句首语气词。

【译文】

天子能以爱敬之心尽力侍奉父母,就会以至高无上的道德教化人民,成为天下人效法的典范。这就是天子的孝道啊!

诸侯章

在上不骄,高而不危;制节谨度①,满而不溢②。高而不危,所以长守贵也。满而不溢,所以长守富也。

①制节:指费用开支节约俭省。谨度:指行为举止谨慎而合乎法度。

②满:指财富充足。溢:指超越标准的奢侈、浪费。邢昺疏引皇侃说:不溢,"谓宫室车旗之类,皆不奢僭也"。僭越礼制,追求超过合乎身份、地位的享受,在古代是严重的犯罪行为。

【译文】

身居高位而不骄傲,那么尽管高高在上也不会有倾覆的危险;俭省节约,慎守法度,那么尽管财富充裕也不会僭礼奢侈。高高在上而没有倾覆的危险,这样就能长久地保守尊贵的地位。资财充裕而不僭礼奢侈,这样就能长久地保守财富。

富贵不离其身,然后能保其社稷①,而和其民人。

①社稷：社，土地神。古人有"五土"之说，认为土地有山林、川泽、丘陵、原隰(低洼湿地)、坟衍(水滨平地)五类，社是"五土"的总神，后以五色土为象征：东方青土、南方赤土、西方白土、北方黑土、中央黄土。相传共工氏之子勾龙，为管理田土之官，即"后土"，后来被当作土地神，祭"社"时立有勾龙神主(牌位)。稷，谷神。"五谷"有黍、稷、菽、麦、麻，这里举"稷"为代表。上古有烈山氏之子柱，被尊为五谷之神。周人的先祖弃，传说生而有神，擅农艺稼穑，率人民播殖百谷，自商汤以来被祀为稷神。土地与谷物是国家的根本，古代立国必先祭社稷之神，因而，"社稷"便成为国家的代称。

【译文】

能够紧紧地把握住富与贵，然后才能保住自己的国家，使自己的人民和睦相处。

卿大夫章

非法不言①，非道不行②；口无择言，身无择行③。

①非法不言：不符合礼法的话不说，言必守法。孔传："必合典法，然后乃言。"

②非道不行：不符合道德的事不做，行必遵道。孔传："必合道谊，然后乃行。"

③"口无"二句：张口说话无须斟酌措词，行动举止无须考虑应当怎样去做。这是说，因为言行都自然而然地能遵循礼法道德，所以无须反复考虑，细细斟酌。

【译文】

不合礼法的话不说，不合道德的事不做。由于言行都能自然而然地遵守礼法道德，开口说话无须斟字酌句，选择言辞，行为举止无须考虑应该做什么、不该做什么。

言满天下无口过①，行满天下无怨恶。

———

①言满天下无口过：虽然言谈传遍天下，但是天下之人都不觉得有什么过错。满，充满，遍布。口过，言语的过失。

【译文】

虽然言谈遍于天下，但从无什么过失；虽然做事遍于天下，但从不会招致怨恨。

士章

以孝事君则忠，以敬事长则顺①。忠顺不失②，以事其上，然后能保其禄位，而守其祭祀③。盖士之孝也。

———

①长：上级，长官。唐玄宗注："移事兄敬以事于长，则为顺矣。"
②忠顺不失：指在忠诚与顺从两个方面都做到没有缺点、过失。
③而守其祭祀：刘炫认为："上云宗庙，此云祭祀者，以大夫尊，详其所祭之处；士卑，指其荐献而说，因等差而详略之耳。"(《复原》)

【译文】

有孝行的人为国君服务必能忠诚，能敬重兄长的人对上级必能顺从。忠诚与顺从，都做到没有什么缺憾和过失，用这样的态度去侍奉国君和上级,就能保住自己的俸禄和职位,维持对祖先的祭祀。这就是士人的孝道啊!

庶人章

用天之道①,分地之利②,谨身节用,以养父母。此庶人之孝也。

---

①天之道:指春温、夏热、秋凉、冬寒季节变化等自然规律。用天道,按时令变化安排农事,则春生、夏长、秋收、冬藏。

②分地之利:这是说应当分别情况,因地制宜,种植适宜当地生长的农作物,以获取地利。

【译文】

利用春、夏、秋、冬节气变化的自然规律,分别土地的不同特点,使之各尽所宜;行为举止小心谨慎,用度花费节约俭省,以此来供养父母。这就是庶民大众的孝道啊!

自天子至于庶人,孝无终始①,而患不及者,未之有也②。

---

①孝无终始:指孝道的义理非常广大。从天子到庶人,不分尊卑,超乎时空,无终无始,永恒存在。不管什么人,在"行孝"这一点上都是一致的。

②未之有也:没有这样的事情。意思是孝行是人人都能做得到的,不会做不到。

【译文】

上自天子,下至庶民,孝道是不分尊卑,超越时空,永恒存在,无终无始的;孝道又是人人都能做得到的,如果有人担心自己做不来,做不到,那是根本不会有的事。

三才章

甚哉,孝之大也!
【译文】
多么博大精深啊,孝道太伟大了!

夫孝,天之经也①,地之义也②,民之行也③。

①天之经:是说孝道是天之道。天空中日月、星辰,永远有规律地照临人世。孝道也是如此,乃是永恒的道理,不可变易的规律。经,常,指永恒不变的道理和规律。

②地之义:是说孝道又如地之道。大地化育万物,生生繁衍,山川原隰为人类提供丰饶的物产,皆有合乎道理的法则。孝道也是如此,乃是必须严格遵从的义务,是有利、有益的准则。义,利物为义。古文本"义"作"谊"。孔传:"谊,宜也。"指应当遵循的道理和原则。

③民之行:是说孝道是人之百行中最根本、最重要的品行。行,品行,行为。

【译文】
孝道,犹如天有它的规律一样,日月星辰的更迭运行有着永恒不变的法则;犹如地有它的规律一样,山川湖泽提供物产之利有着合乎道理的法则;孝道是人的一切品行中最根本的品行,是人民必须遵循的道德,人间永恒不变的法则。

天地之经,而民是则之①。则天之明②,因地之利③,以顺天下④。是以其教不肃而成⑤,其政不严而治。

①则:效法,作为准则。
②天之明:指天空中的日月、星辰。日月、星辰的运行更迭是有规律的,永恒的,这可以成为人民效法的典范。
③地之利:指大地孳生万物,供给丰饶的物产。
④以顺天下:这里是说圣王把天道、地道、人道"三才"融会贯通,用以治理天下,天下自然人心顺从。顺,理顺,治理好。
⑤肃:指严厉的统治手段。

【译文】
天地严格地按照它的规律运动,人民以它们为典范实行孝道。效法天上的日月星辰,遵循那不可变易的规律;凭藉地上的山川湖泽,获取赖以生存的便利,因势利导地治理天下。因此,对人民的教化,不需要采用严肃的手段就能获得成功;对人民的管理,不需要采用严厉的办法就能治理得好。

先之以敬让,而民不争①;导之以礼乐②,而民和睦;示之以好恶③,而民知禁。

①不争:指不为获得利益、好处而争斗、争抢。孔传:"上为敬则下不慢,上好让则下不争,上之化下,犹风之靡草,故每辄以己率先之也。"
②礼:礼仪,指处理人际关系的准则及对社会行为的各种规范。乐:音乐。儒家认为:"乐者,天地之和也;礼者,天地之序也。和,故百物皆化;序,故群物皆别。"(《史记·乐书》)也就是说,"乐"使天地之间万物和

谐，"礼"使天地之间万物尊卑高下皆有秩序；和协使万物融洽共处，有秩序使万物各得其所，有所区别。儒家学者把"礼乐"作为治理天下、教化人民的重要工具。

③好(hǎo)：善。恶(è)：不良行为，罪恶。邢昺疏云："故示有好必赏之令，以引喻之，使其慕而归善也；示有恶必罚之禁，以惩止之，使其惧而不为也。"好恶，或读为 hào wù，亦可通。

【译文】

先代的圣王亲自带头，尊敬别人，谦恭让人，于是，人民就不会互相争斗抢夺；制定了礼仪和音乐，引导和教育人民，于是，人民就能和睦相处；向人民宣传什么是好的，什么是坏的，人民能够辨别好坏，就不会违犯禁令。

孝治章

明王之以孝治天下也，不敢遗小国之臣①，而况于公、侯、伯、子、男乎②？

①小国之臣：指小国派来的使臣。小国之臣容易被疏忽怠慢，明王对他们都礼遇和关注，各国诸侯来朝见天子受到款待就无庸赘言了。

②公、侯、伯、子、男：周朝分封诸侯的五等爵位。《礼记·王制》："公、侯田方百里，伯七十里，子、男五十里。"相传周公摄政，为诸侯扩大封地，公方五百里，侯四百里，伯三百里，子二百里，男百里。除封邑有广狭之别外，诸侯的其他各种待遇，也依爵位高低有所不同。

【译文】

圣明的帝王以孝道治理天下，就连小国的使臣都待之以礼，不敢遗忘与疏忽，何况对公、侯、伯、子、男这样一些诸侯呢？

生则亲安之①,祭则鬼享之,是以天下和平,灾害不生,祸乱不作。

①生则亲安之:生,活着的时候。安,安乐,安宁,安心。之,指双亲。《大戴礼记·曾子大孝》:"养可能也,敬为难;敬可能也,安为难;安可能也,久为难;久可能也,卒为难。"可见曾子认为,实行孝道中,以使父母长久地安乐及有一个完满的终结为最困难。

【译文】

父母在世的时候,能够过着安乐宁静的生活;父母去世以后,灵魂能够安享祭奠。正因为如此,所以天下和和平平,没有风雨、水旱之类的天灾,也没有反叛、暴乱之类的人祸。

圣治章

天地之性①,人为贵。人之行,莫大于孝。

①性:指性命,生灵,生物。

【译文】

天地之间的万物生灵,只有人最为尊贵。人的各种品行中,没有比孝行更加伟大的了。

夫圣人之德,又何以加于孝乎?

【译文】

圣人的德行,又还有哪一种能比孝行更为重要的呢!

亲生之膝下①,以养父母日严②。

①亲生之膝下:这是说子女对父母的亲爱之心在幼年时期即自然天成。明人项霦《孝经述注》云:"孩提之童,无不知爱其亲,自生育膝下,侍奉父母,渐长则严敬之心日加。"亲,亲爱父母之心。膝下,膝盖之下,喻年幼之时。

②日严:日益尊敬。

【译文】

子女对父母的亲爱之心,产生于幼年时期;待到长大成人,奉养父母,便日益懂得了对父母的尊敬。

圣人因严以教敬①,因亲以教爱。

①圣人因严以教敬:这是说圣人以人的自然天性中的尊父之心为凭依,加以教育培养,使之升华为理性的"敬"。

【译文】

圣人根据子女对父母的尊崇的天性,引导他们敬父母;根据子女对父母的亲近的天性,教导他们爱父母。

圣人之教,不肃而成,其政不严而治,其所因者本也。

【译文】

圣人教化人民,不需要采取严厉的手段就能获得成功;他对人民的统治,不需要采用严厉的办法就能管理得很好。这正是由于他能根据人的本性,以孝道去引导人民。

父子之道,天性也,君臣之义也。

【译文】

父子之间的关系,体现了人类天生的本性,同时也体现了君臣关系的义理。

父母生之,续莫大焉①。君亲临之,厚莫重焉②。

①续:指继先传后。这是说父母生下儿子了,使儿子得以继承父母,如此连续不绝,这是人伦关系中最为重要的。

②君亲临之,厚莫重焉:是说父亲对儿子,具有国君与父亲的双重意义的身份,既有君王的尊严,又有为父的亲情,既有君臣之义,又有天性之恩,在人伦关系中,厚重莫过于此。

【译文】

父母生下儿子,使儿子得以上继祖宗,下续子孙,这就是父母对子女的最大恩情。父亲对于儿子,兼具君王和父亲的双重身份,既有为父的亲情,又有为君的尊严,父子关系的厚重,没有任何关系能够超过。

不爱其亲而爱他人者,谓之悖德①;不敬其亲而敬他人者,谓之悖礼。

①悖(bèi)德:违背常识的道理、道德。悖,违背,违反。

【译文】

如果做儿子的不爱自己的双亲而去爱其他什么别的人,这就叫做违背道德;如果做儿子的不尊敬自己的双亲而去尊敬其他什么别的人,这就叫做违背礼法。

言思可道,行思可乐,德义可尊,作事可法,容止可观,进退可度,以临其民。

【译文】

君子说话,要考虑说的话能得到人民的支持,被人民称道;他们做事,要考虑行为举动能使人民高兴;他们的道德和品行,要考虑能受到人民的尊敬;他们从事制作或建造,要考虑能成为人民的典范;他们的仪态容貌,要考虑得到人民的称赞;他们的动静进退,要考虑合乎规矩法度,成为人民的楷模。

纪孝行章

孝子之事亲也,居则致其敬①,养则致其乐②,病则致其忧③,丧则致其哀④,祭则致其严⑤,五者备矣,然后能事亲。

----

①居:平日家居。致:尽。

②养:奉养,赡养。乐:欢乐。孔传:"和颜说(悦)色,致养父母。"郑注:"若进饮食之时,怡颜悦色。"

③致其忧:充分表现出忧伤焦虑的心情。孔传:"父母有疾,忧心惨悴,卜祷尝药,食从病者,衣冠不解,行不正履,所谓致其忧也。"郑注:"若亲之有疾,则冠者不栉,怒不至詈,尽其忧谨之心。"诸家注所举皆"致其忧"的表现,主要是子女不能有愤怒高兴的神态,不能讲究服饰打扮,不能参加娱乐活动,不注重生活享受。

④丧:指父母去世,办理丧事的时候。

⑤祭则致其严:《礼记·祭义》说,祭祀时事死如生,"入室,僾然(微微)必有见乎其位;周还出户,肃然必有闻乎其容声;出户而听,忾然必有

闻乎其叹息之声"。

【译文】

孝子奉事双亲,日常家居,要充分表达出对父母的恭敬;供奉饮食,要充分表达出照顾父母的快乐;父母生病时,要充分表达出对父母健康的忧虑关切;父母去世时,要充分表达出悲伤哀痛;祭祀的时候,要充分表达出敬仰肃穆,这五个方面都能做齐全了,才算是能奉事双亲尽孝道。

事亲者,居上不骄,为下不乱,在丑不争①。

---

①在丑:指处于低贱地位的人。丑,众,卑贱之人。

【译文】

奉事双亲,身居高位,不骄傲恣肆;为人臣下,不犯上作乱;地位卑贱,不相互争斗。

五刑章

要君者无上①,非圣者无法②,非孝者无亲③。此大乱之道也④。

---

①要(yāo):以暴力要挟、威胁。无上:藐视君长,目无君长,即反对或侵凌君长。

②非:责难反对,不以为然。无法:藐视法纪,目无法纪,即反对或破坏法纪。

③无亲:藐视父母,目无父母,即对父母没有亲爱之心而为非作歹。

④此大乱之道也:孔传:"此,'无上''无法''无亲'也,言其不耻、不

仁、不畏、不谊（义），为大乱之本，不可不绝也。"

【译文】

以暴力威胁君王的人，叫做目无君王；非难、反对圣人的人，叫做目无法纪；非难、反对孝行的人，叫做目无父母。这三种人，是造成天下大乱的根源。

广要道章

教民亲爱，莫善于孝①。教民礼顺，莫善于悌②。移风易俗③，莫善于乐④。安上治民，莫善于礼⑤。

---

①"教民亲爱"二句：孔子认为，孝道就是热爱自己的双亲，由此进而推及热爱别人的双亲，人民之间就能亲爱和睦。

②"教民礼顺"二句：悌，就是敬重并服从自己的兄长，由此进而推及敬重并服从所有的长上，人民之间就能有礼、讲理。

③移风易俗：改变旧的、不良的风俗习惯，树立新的、合乎礼教的风俗习惯。

④莫善于乐：儒家学者认为，音乐生于人情人性，通于伦理道德，因此，君王可以利用音乐，转移风气，引导人民接受新的风俗习惯。

⑤莫善于礼：儒家学者认为，礼的作用是"正君臣父子之别，明男女长幼之序"，即维护社会固有的秩序和等级制度。

【译文】

教育人民相亲相爱，再没有比孝道更好的了；教育人民讲礼貌，知顺从，再没有比悌道更好的了；要改变旧习俗，树立新风尚，再没有比音乐更好的了；使国家安定，人民驯服，再没有比礼教更好的了。

礼者，敬而已矣。故敬其父，则子悦；敬其兄，则弟悦；敬其君，则臣悦；敬一人①，而千万人悦②。所敬者寡，而悦者众。

①一人：指父、兄、君，即受敬之人。
②千万人：指子、弟、臣。千万，只是举其大数而已。

【译文】

所谓礼教，归根结底就是一个"敬"字而已。因此，尊敬他的父亲，儿子就会高兴；尊敬他的哥哥，弟弟就会高兴；尊敬他的君王，臣子就会高兴；尊敬一个人，而千千万万的人感到高兴。所尊敬的虽然只是少数人，而感到高兴的却是许许多多的人。

广至德章

君子之教以孝也，非家至而日见之也①。

①家至：到家，即挨家挨户地走到。日见之：天天见面，指当面教人行孝。

【译文】

君子以孝道教化人民，并不是要挨家挨户都走到，天天当面去教人行孝。

教以孝，所以敬天下之为人父者也；教以悌，所以敬天下之为人兄者也；教以臣，所以敬天下之为人君者也。

【译文】

以孝道教育人民，使得天下做父亲的都能受到尊敬；以悌道教育人民,使得天下做兄长的都能受到尊敬;以臣道教育人民,使得天下做君王的都能受到尊敬。

非至德,其孰能顺民,如此其大者乎!

【译文】

如果没有至高无上的道德,有谁能够教化人民,使得人民顺从归化,创造这样伟大的事业啊!

广扬名章

君子之事亲孝,故忠可移于君①;事兄悌,故顺可移于长②;居家理,故治可移于官③。

---

①"君子"二句:这是儒家学者"移孝作忠"的理论。孔传:"能孝于亲,则必能忠于君矣。求忠臣必于孝子之门也。"

②"事兄悌"二句:孔传:"善事其兄,则必能顺于长也。忠出于孝,顺出于弟(悌)。"

③"居家理"二句:指家务、家政管理得好,就能把管理家政的经验移于做官,管理好国政。孔传:"君子之于人……内察其治家,所以知其治官。"

【译文】

君子奉事父母能尽孝道,因此能够将对父母的孝心,移作奉事君王的忠心;奉事兄长知道服从,因此能够将对兄长的服从,移作奉事官长的顺从;管理家政有条有理,因此能够把理家的经验移于做官,用于办理公务。

行成于内①,而名立于后世矣②。

①行:指孝、悌、善于理家三种优良的品行。内:家内。

②名立于后世:由于在家内养成了美好的品德,在外必能成为忠臣,成为驯顺可靠的部下,成为善于治理一方的行政官员,因而,就能扬名于后世。立,树立。这里指名声长远地流传。

【译文】

在家中养成了美好的品行道德,在外也必然会有美好的名声,美好的名声将流传百世。

谏诤章

士有争友,则身不离于令名①;父有争子,则身不陷于不义。

①令名:好名声。令,善,美好。

【译文】

士身边有敢于直言劝谏的朋友,那么他就能保持美好的名声;父亲身边有敢于直言劝谏的儿子,那么他就不会陷入错误之中,干出不义的事情。

故当不义,则子不可以不争于父;臣不可以不争于君;故当不义则争之。从父之令,又焉得为孝乎!

【译文】

如果父亲有不义的行为,做儿子的不能够不去劝谏;如果君王有不义的行为,做臣僚的不能够不去劝谏;面对不义的行为,一定要劝谏。做儿子的只听从父亲的命令,又哪里能算得上是孝呢!

感应章

修身慎行,恐辱先也。

【译文】

重视修养道德,行为谨慎小心,这是害怕自己出现过错,玷辱先祖的荣誉。

孝悌之至,通于神明,光于四海①,无所不通。

---

①光:通"横",充满,塞满。《礼记·祭义》:"夫孝,置之而塞乎天地,溥之而横乎四海。"《尚书·尧典》:"光被四表。"《汉书》引作"横被四表"。

【译文】

真正能够把孝敬父母、顺从兄长之道做得尽善尽美,就会感动天地之神;这伟大的孝道,将充塞于天下,磅礴于四海,没有任何一个地方它不能达到,没有任何一个问题它不能解决。

事君章

君子之事上也,进思尽忠①,退思补过②,将顺其美③,匡救其恶,故上下能相亲也④。

---

①进:上朝见君。孔传:"进见于君,则必竭其忠贞之节,以图国事,

直道正辞,有犯无隐。"

②退:下朝回家。孔传:"退还所职,思其事宜,献可替否,以补主过。"按,"进""退"对举,是一种修辞手段,不能过于死板生硬地理解它们的意义。

③将顺其美:这里是说,君王的政令、政教是正确的、美好的,那么就顺从地去执行。将,执行,实行。

④上下能相亲也:概括而言,臣能效忠于君,君能以礼待臣,君臣同心同德,就能相亲相爱。

【译文】

君子奉事君王,在朝廷之中,尽忠竭力,谋划国事;回到家里,考虑补救君王的过失。君王的政令是正确的,就遵照执行,坚决服从;君王的行为有了过错,就设法制止,加以纠正。君臣之间同心同德,所以,上上下下能够相亲相爱。

丧亲章

丧不过三年①,示民有终也②。

①丧不过三年:孝子为父母之死服丧三年。《礼记·三年问》:"三年之丧,二十五月而毕。""孔子曰:'子生三年,然后免于父母之怀。'夫三年之丧,天下之达丧也。"三年之丧,实际上是二十五个月;服丧期间,孝子单独居住在服舍(服丧的庐舍)内,不能参加政治、文化和娱乐活动。

②示民有终也:唐玄宗注:"圣人以三年为制者,使人知有终竟之限也。"终,指礼制上的终结。对于父母之丧,孝子虽有终身之忧,但丧礼是有终结的。

【译文】

为父母服丧,不超过三年,这是为了使人民知道丧事是有终结的。

生事爱敬,死事哀戚,生民之本尽矣,死生之义备矣,孝子之事亲终矣。

【译文】

父母活着的时候,以爱敬之心奉养父母;父母去世之后,以哀痛之情料理后事,能够做到这些,人民就算尽到了孝道,完成了父母生前与死后应尽的义务,孝子奉事父母,到这里就算是结束了。

尔雅

《尔雅》之名,汉刘熙《释名·释典艺》云:"尔,昵也;昵,近也。雅,义也;义,正也。"雅言指古代的通语、规范语,以"尔雅"为"近正",即接近、符合雅言之意。其成书,或称周公所著,或称战国末年齐鲁儒生所作,或称秦汉间学《诗》者纂集,迄无定论。

《尔雅》最初是一本供儒生解读儒家经典的工具书,被称为"六籍之户牖,学者之要津"。传世《尔雅》共十九篇,其中《释诂》《释言》《释训》是对古汉语词的通释,《释亲》是对亲属关系的辨正,《释宫》《释器》《释乐》是对居室、器物等名物的解释,《释天》《释地》《释丘》《释山》《释水》《释草》《释木》《释虫》《释鱼》《释鸟》《释兽》《释畜》则广泛涉及天文、地理、植物、动物等多个学科领域。

《尔雅》是我国第一部内容与体例都较为完备的词典,它的出现是训诂学诞生的重要标志,书中保存的大量故训,对研究古汉语词汇极具价值。同时,它也是一部古代百科辞典,对研究古代名物、制度、思想都有很大帮助。

本书选文据中华书局三全本《尔雅》。

释训

子子孙孙,引无极也①。

---

①子子孙孙,引无极也:郭璞注:"世世昌盛长无穷。"《诗经·小雅·楚茨》:"子子孙孙,勿替引之。"毛传:"替,废;引,长也。"

【译文】

子孙昌盛,永远延续。

颙颙、卬卬①,君之德也。

---

①颙颙(yóng):庄重恭敬的样子。卬卬(áng):气宇轩昂的样子。《诗经·大雅·卷阿》:"颙颙卬卬,如圭如璋,令闻令望。"毛传:"颙颙,温貌。卬卬,盛貌。"郑玄笺:"令,善也。"

【译文】

颙颙是庄重恭敬的样子,卬卬是气宇轩昂的样子:它们都是描写君王德行美善的样子。

丁丁、嘤嘤①,相切直也②。

---

①丁丁(zhēng):伐木的声音。嘤嘤(yīng):鸟和鸣的声音。《诗经·小雅·伐木》:"伐木丁丁,鸟鸣嘤嘤。"毛传:"兴也。丁丁,伐木声也。"郑玄笺:"嘤嘤,两鸟声也。"

②相切直:郭璞注:"喻朋友切磋相正。"

【译文】

丁丁是伐木的声音,嘤嘤是鸟和鸣的声音;它们都是起兴,用来比喻朋友间切磋相正的景况。

蔼蔼①、萋萋②,臣尽力也。噰噰喈喈③,民协服也。

①蔼蔼:贤臣众多的样子。《诗经·大雅·卷阿》:"蔼蔼王多吉士,维君子使,媚于天子。"毛传:"蔼蔼犹济济也。"

②萋萋:梧桐茂盛的样子,比喻君德盛大。

③噰噰(yōng)喈喈(jiē):鸟和鸣的声音,比喻民臣和协。噰噰,同"雝雝"。《诗经·大雅·卷阿》:"菶菶萋萋,雝雝喈喈。"毛传:"梧桐盛也,凤皇鸣也。臣竭其力,则地极其化;天下和洽,则凤皇乐德。"郑玄笺:"菶菶萋萋,喻君德盛也。雝雝喈喈,喻民臣和协。"

【译文】

蔼蔼是贤臣众多的样子,萋萋比喻君德盛大,众多贤臣都尽力辅君。噰噰喈喈是鸟和鸣的声音,比喻民众顺从悦服。

哀哀①、悽悽②,怀报德也。

①哀哀:悲伤不已的样子。《诗经·小雅·蓼莪》:"哀哀父母,生我劬劳。"郑玄笺:"哀哀者,恨不得终养父母,报其生长己之苦。"

②悽悽:同"萋萋",兴喻悲伤凄凉的样子。《诗经·小雅·杕杜》:"有杕之杜,其叶萋萋……王事靡盬,忧我父母。"邵晋涵正义:"《释文》:'悽,郭本或作萋。'《小雅·杕杜》云'其叶萋萋',下云'忧我父母',兴喻之义与《蓼莪》同。"

【译文】

哀哀是悲伤不已的样子,悽悽是悲伤凄凉的样子;它们都是描写报答父母恩德的忧思情状。

"如切如磋",道学也。"如琢如磨",自修也。"瑟兮僴兮",恂栗也。"赫兮咺兮",威仪也。"有斐君子,终不可谖兮",道盛德至善,民之不能忘也①。

——

①"如切如磋"十二句:《诗经·卫风·淇澳》:"有匪君子,如切如磋,如琢如磨。瑟兮僴兮,赫兮咺兮。有匪君子,终不可谖兮。"毛传:"瑟,矜庄貌。僴,宽大也。赫,有明德赫赫然。咺,威仪容止宣著也。谖,忘也。"如切如磋,比喻互相商讨砥砺。如琢如磨,比喻自我修养。瑟兮僴(xiàn)兮、恂栗,形容衿庄宽大。赫兮咺(xuān)兮,形容光明磊落。咺,同"咺"。有斐君子,终不可谖(xuān)兮,谓君子有善德,百姓不能忘记。谖,通"萱"。

【译文】

"如切如磋",比喻互相商讨砥砺;"如琢如磨",比喻自我修养;"瑟兮僴兮",形容衿庄宽大;"赫兮咺兮",形容光明磊落;"有斐君子,终不可谖兮",是君子有善德,百姓不能忘记的意思。

"张仲孝友",善父母为孝,善兄弟为友①。

——

①"张仲孝友",善父母为孝,善兄弟为友:《诗经·小雅·六月》:"侯谁在矣,张仲孝友。"毛传:"侯,维也。张仲,贤臣也。善父母为孝,善兄弟为友。"

【译文】

"张仲孝友",善事父母叫做孝,善待兄弟叫做友。

美士为彦①。

①彦:贤士、俊才。《诗经·郑风·羔裘》:"彼其之子,邦之彦兮。"毛传:"彦,士之美称。"

【译文】

贤士、俊才称为彦。

"其虚其徐"①,威仪容止也。

①其虚其徐:谦虚从容。今本《诗经》"徐"作"邪"。《诗经·邶风·北风》:"其虚其邪,既亟只且。"郑玄笺:"邪读如徐"。孔颖达疏:"虚徐者,谦虚闲徐之义。"亟,急。只且(jū),句末语气助词,表感叹。

【译文】

"其虚其徐",谦虚从容,描写庄重的仪容举止。

　　《孟子》是记述孟子思想言行的一部著作。孟子,名轲,战国时邹(今山东邹城)人,儒家学派的代表人物之一,后世将其与孔子并称"孔孟"。孟子曾"受业子思之门人",学成以后,曾游历齐、鲁、宋、滕、梁等国,宣扬自己的仁政主张,但不为统治者所用。晚年孟子回到家乡,跟学生万章等一起编定了《孟子》一书。

　　《孟子》一书一共七篇,内容丰富,涉及政治、伦理、哲学、经济、教育、文艺等多个方面,对于后世影响极为深远。性善论是孟子哲学思想的核心,在性善论的基础上,孟子提出了仁政的主张。他说:"人皆有不忍人之心,先王有不忍人之心,斯有不忍人之政矣。"不忍人之心即善心,不忍人之政即仁政。孟子在前人民本思想的基础上,进一步提出了"民为贵,社稷次之,君为轻"的民贵君轻思想。孟子所提倡的舍生取义、"富贵不能淫,贫贱不能移,威武不能屈"的人格精神,也具有重要意义。《孟子》的文风气势雄健、感情充沛,对中国古代文学也有重要影响。

　　本书选文据中华书局三全本《孟子》。

梁惠王上

苟为后义而先利①,不夺不餍②。

———

①苟:如果。

②餍(yàn):满足。

【译文】

如果轻仁义而重私利,那大夫不把国君的全部财产夺去,就永远不会满足。

未有仁而遗其亲者也①,未有义而后其君者也②。

———

①遗:抛弃。

②后:朱熹注:"后,不急也。"

【译文】

从来没有重仁的人抛弃他父母的,从来没有重义的人怠慢他君主的。

古之人与民偕乐,故能乐也。

【译文】

古时的君王和百姓一同快乐,所以能够感到快乐。

不违农时,谷不可胜食也。数罟不入洿池①,鱼鳖不可胜食也。斧斤以时入山林,材木不可胜用也。

①数罟(cù gǔ)：细密的鱼网。数，密。罟，鱼网。洿(wū)池：池塘。

【译文】

不违背农时，粮食就吃不完。细密的鱼网不到池沼，鱼鳖就吃不完。斧头按时间进入山林，木材也用不完。

养生丧死无憾①，王道之始也。

①憾：恨。

【译文】

百姓养生送死没有什么不满，这就是王道的开始。

庖有肥肉①，厩有肥马②，民有饥色，野有饿莩③，此率兽而食人也。兽相食，且人恶之④，为民父母，行政不免于率兽而食人，恶在其为民父母也⑤？

①庖(páo)：厨房。

②厩(jiù)：马棚。

③饿莩(piǎo)：饿死的人。莩，通"殍"，饿死的人。

④且：尚且。

⑤恶(wū)：疑问代词，何。

【译文】

厨房里有肥肉，马栏里有肥马，百姓却面带饥色，野外却有饿死的人，这等于率领野兽来吃人。野兽互相残杀，人尚且厌恶，做百姓的父母官，施行政事却不免率兽来吃人，又怎样做百姓的父母官呢？

仲尼曰:"始作俑者①,其无后乎?"

①俑(yǒng):古代殉葬用的土偶或木偶。

【译文】

孔子说:"第一个制造土偶、木偶来殉葬的人,该会断子绝孙吧?"

仁者无敌。

【译文】

施行仁政的人天下无敌。

"天下恶乎定①?"吾对曰:"定于一。""孰能一之?"对曰:"不嗜杀人者能一之。"

①恶(wū):疑问代词,何。

【译文】

"天下怎样才会安定?"我回答说:"天下统一才会安定。"又问:"谁能统一天下?"我答道:"不喜欢杀人的国君能统一天下。"

天油然作云①,沛然下雨②,则苗浡然兴之矣③。

①油然:云兴起的样子。
②沛然:雨大的样子。
③浡然:禾苗勃勃兴起的样子。浡,同"勃"。

【译文】

忽然天空乌云兴起,大雨倾盆,禾苗就会生机勃勃地生长起来。

君子之于禽兽也,见其生,不忍见其死;闻其声,不忍食其肉。是以君子远庖厨也。

【译文】

君子对于禽兽,看见它们活着,就不忍心看到它们死去;听见它们的哀叫声,就不忍心吃它们的肉。所以君子远离厨房。

夫子言之,于我心有戚戚焉①。

①戚戚:心动的样子。

【译文】

您这一番话,使我心有所动。

一羽之不举,为不用力焉;舆薪之不见,为不用明焉;百姓之不见保,为不用恩焉。

【译文】

举不起一根羽毛,是自己不肯用力气;看不见一车柴草,是自己不用眼去看;百姓得不到安抚,是自己没有施行恩惠。

老吾老①,以及人之老;幼吾幼②,以及人之幼。

①老:前一个"老"是动词,敬爱。后一个"老"是名词,老人。
②幼:前一个"幼"是动词,爱护。后一个"幼"是名词,幼儿。

【译文】

敬爱自己家的老人,进而敬爱别人家的老人;爱护自己家的孩子,进而爱护别人家的孩子。

推恩足以保四海,不推恩无以保妻子。古之人所以大过人者,无他焉,善推其所为而已矣。

【译文】

广施恩惠足以安定天下,不广施恩惠连自己的妻儿都不能保护好。古代的贤君远远超过一般人,没有别的原因,只不过善于推己及人罢了。

权^①,然后知轻重;度,然后知长短。

①权:原指秤锤,这里是动词,称物。

【译文】

用秤称一称,然后知道轻重;用尺量一量,然后知道长短。

小固不可以敌大,寡固不可以敌众,弱固不可以敌强。

【译文】

小国本来就不可能战胜大国,人数少的肯定不能战胜人数多的,力量弱小的肯定不能战胜力量强大的。

无恒产而有恒心者,惟士为能。

【译文】

没有固定产业而有坚定的信念,只有士能够做到。

若民,则无恒产,因无恒心。苟无恒心,放辟邪侈^①,无不为已。

①放辟邪侈:肆意为非作歹。

【译文】

像百姓,没有一定的产业,因而没有坚定的信念。如果没有坚定的信念,就会胡作非为,为所欲为。

明君制民之产,必使仰足以事父母,俯足以畜妻子,乐岁终身饱,凶年免于死亡。然后驱而之善,故民之从之也轻。

【译文】

贤明的君主规定百姓的产业,必然使他们上足以侍奉父母,下足以养活妻儿,丰年吃得饱,荒年不至于死亡。然后引导他们向善,百姓也就很容易听从了。

谨庠序之教①,申之以孝悌之义②。

---

①庠(xiáng)序:古时的学校,商朝叫序,周朝叫庠。
②申:反复陈述。孝:善事父母为孝。悌(tì):善事兄长为悌。

【译文】

用心办好学校教育,反复地强调孝顺父母、敬爱兄长的道理。

梁惠王下

以大事小者,乐天者也。以小事大者,畏天者也。乐天者保天下,畏天者保其国。

【译文】

以大国之位侍奉小国,是乐天之德的人。以小国之位侍奉大国,是畏天之威的人。乐天之德的人能安抚天下,畏天之威的人能保住他的国家。

乐民之乐者,民亦乐其乐;忧民之忧者,民亦忧其忧。乐以天下,忧以天下,然而不王者,未之有也。

【译文】

以百姓的快乐为快乐,百姓也以他的快乐为快乐;以百姓的忧愁为忧愁,百姓也以他的忧愁为忧愁。与天下人同乐,与天下人同忧,还不能称王天下的,从来没有过。

春省耕而补不足,秋省敛而助不给。

【译文】

春天省视耕种,对贫困的加以补助;秋天视察收割,救济歉收的。

先王无流连之乐①,荒亡之行②。

———

①流连:《孟子·梁惠王下》:"从流下而忘反谓之流,从流上而忘反谓之连。"从上游顺流而下游玩忘归,叫做流;从下游向上游玩忘归,叫做连。

②荒亡:《孟子·梁惠王下》:"从兽无厌谓之荒,乐酒无厌谓之亡。"无休止地沉溺于打猎,叫做荒;无节制地喝酒,叫做亡。

【译文】

先王没有流连之乐,没有荒亡之行。

王顾左右而言他。

【译文】

齐宣王左右张望扯开了话题。

所谓故国者,非谓有乔木之谓也,有世臣之谓也①。

①世臣:累世修德之臣。

【译文】

所谓古老的国家,并不是有年代久远的高大树木,而是有累世修德的大臣。

国君进贤,如不得已,将使卑逾尊①,疏逾戚,可不慎与?

①逾:超过。

【译文】

国君起用贤才,如果迫不得已,就要使卑贱的超过尊贵的,疏远的超过亲近的,能不小心吗?

左右皆曰贤,未可也。诸大夫皆曰贤,未可也。国人皆曰贤,然后察之;见贤焉,然后用之。

【译文】

左右的人都说贤能,不行。各位大夫都说贤能,不行。全国人都说贤能,然后考察他;发现他确实有才能,然后起用他。

贼仁者谓之贼,贼义者谓之残,残贼之人谓之一夫①。闻诛一夫纣矣,未闻弑君也。

①一夫:一独夫,即一孤立之人。

【译文】

破坏仁的叫做"贼",破坏义的叫做"残",既"残"又"贼"的人叫做"独夫"。我只听说过杀了一独夫纣,没有听说过杀了国君的事。

君行仁政,斯民亲其上、死其长矣。

【译文】

假如您施行仁政,那么百姓就会亲近他的上级,愿意为他们献身了。

苟为善,后世子孙必有王者矣。

【译文】

如果能为政行善,后世子孙一定有称王天下的。

君子创业垂统^①,为可继也。若夫成功,则天也。君如彼何哉?强为善而已矣^②。

---

①垂统:把基业留传下去。
②强:努力。

【译文】

君子创立事业传给子孙,正是为了世世代代继承下去。成功与否,就要看天意了。您对齐国能怎么样呢?努力施行善政就行了。

公孙丑上

齐人有言曰:"虽有智慧,不如乘势。虽有镃基^①,不如待时。"

①镃(zī)基：锄头。

【译文】

齐人有谚语说："即使有智慧，还得凭借形势。即使有锄头，还得等待农时。"

行仁政而王，莫之能御也。

【译文】

实行仁政称王天下，没有人能阻挡得了。

饥者易为食，渴者易为饮。

【译文】

饥饿的人不挑剔食物，口渴的人不选择饮料。

万乘之国行仁政，民之悦之，犹解倒悬也。

【译文】

拥有万辆战车的国家施行仁政，百姓的高兴，就像倒吊的人被解救一样。

自反而缩①，虽千万人，吾往矣。

①缩：纵，直，犹所谓"理直气壮"之"直"。

【译文】

扪心自问，自己有理，即使是千军万马，我也勇往直前。

夫志,气之帅也;气,体之充也。夫志,至焉;气,次焉。故曰:"持其志,无暴其气①。"

①暴:乱。

【译文】

思想意志,是意气感情的主帅;意气感情,是充满体内的力量。有了思想意志,才有意气感情。所以说:"坚定自己的思想意志,不要意气用事。"

志壹则动气,气壹则动志也。

【译文】

思想意志专一,就会影响意气感情;意气感情专一,就会影响思想意志。

"敢问何谓浩然之气①?"曰:"难言也。其为气也,至大至刚,以直养而无害,则塞于天地之间。其为气也,配义与道;无是,馁也②。是集义所生者,非义袭而取之也③。行有不慊于心④,则馁矣。我故曰告子未尝知义⑤,以其外之也。必有事焉而勿正⑥,心勿忘,勿助长也。"

①浩然:盛大流行的样子。
②馁:饥饿。
③袭:朱熹注:"袭,掩取也,如齐侯袭莒之袭。"
④慊(qiè):满足。
⑤告子:名不害,兼治儒墨之道,尝学于孟子。

⑥正:止。《诗经·邶风·终风序》:"见侮慢而不能正也。"郑玄注:"正,犹止也。"

【译文】

"请问什么是浩然之气?"孟子说:"很难说清楚。它作为气,最广大最刚强,用正直来培养它而不加伤害,就会充满在天地之间。这种气,与义和道相配合;没有它,就没有力量。它是正义在心中积累而产生的,并不是偶然形成的。如果行为使心里产生了愧疚感,就没有力量了。所以我说告子不曾知道什么是义,因为他把义看作心外之物。应时时培育它不能停止,心要精诚专一,不能人为地帮助它。"

助之长者,揠苗者也①,非徒无益②,而又害之。

①揠(yà):拔。
②非徒:不但。

【译文】

帮助禾苗长高的,是拔苗助长的人,这么做不但没有好处,反而损害了它。

学不厌,智也;教不倦,仁也。

【译文】

学习不知满足,这是智;诲人不知疲倦,这是仁。

自有生民以来,未有孔子也。

【译文】

自从有人类以来,没有人能比得上孔子。

见其礼而知其政,闻其乐而知其德。

【译文】

观察一个国家的礼制,就可以知道它的政事;听到一个国家的音乐,就可以了解它的德教。

麒麟之于走兽,凤凰之于飞鸟,泰山之于丘垤①,河海之于行潦②,类也。圣人之于民,亦类也。出于其类,拔乎其萃③,自生民以来,未有盛于孔子也。

①垤(dié):小土堆。

②行潦(lǎo):路上积水。

③萃:群、类,指聚在一起的人或物。

【译文】

麒麟对于走兽,凤凰对于飞鸟,泰山对于小土堆,河海对于小溪,都是同类。圣人对于民众,也是同类。但远远超过了他那一类,大大高出他那一群,自从有人类以来,没有人比孔子成就更大的了。

以力假仁者霸①,霸必有大国。以德行仁者王,王不待大②。

①假:借。

②待:依靠。

【译文】

依靠武力假借仁义的能称霸天下,称霸必须要有强大的国家。依靠道德施行仁政的能天下称王,称王不需要国家的强大。

以力服人者,非心服也,力不赡也①。以德服人者,中心悦而诚服也。

———

①赡:足够。

【译文】

依靠武力征服别人的,别人并不是从心里服从他,而是实力不足。依靠道德使他人服从的,是心中高兴出自内心的服从。

仁则荣,不仁则辱。

【译文】

实行仁政就光荣,不实行仁政就耻辱。

今恶辱而居不仁,是犹恶湿而居下也。

【译文】

现在人们厌恶耻辱却安于不仁,好像厌恶潮湿却居住在低洼的地方一样。

祸福无不自己求之者。

【译文】

灾祸和幸福无不是自己造成的。

人皆有不忍人之心。

【译文】

每个人都有同情他人之心。

先王有不忍人之心,斯有不忍人之政矣。以不忍人之心,行不忍人之政,治天下可运之掌上。

【译文】

古代圣君有同情他人之心,因此才有同情百姓的政治。用同情他人之心,施行同情他人的政治,治理天下就像把它放在手掌中转动一样容易。

无恻隐之心,非人也;无羞恶之心,非人也;无辞让之心,非人也;无是非之心,非人也。

【译文】

没有同情之心,不能算人;没有羞耻之心,不能算人;没有谦让之心,不能算人;没有是非之心,不能算人。

恻隐之心,仁之端也①;羞恶之心,义之端也;辞让之心,礼之端也;是非之心,智之端也。人之有是四端也,犹其有四体也。有是四端而自谓不能者,自贼者也②。谓其君不能者,贼其君者也。凡有四端于我者,知皆扩而充之矣,若火之始然③,泉之始达。苟能充之,足以保四海;苟不充之,不足以事父母。

———

①端:开始。

②贼:暴弃。

③然:同"燃"。

【译文】

同情之心,是仁的开始;羞耻之心,是义的开始;辞让之心,是礼的开始;是非之心,是智的开始。人们有这四个开始,就像有四肢一样。有这四个开始自己却说不能的人,是自暴自弃的人。认为他的君主不能的人,是残害他君主的人。凡是自己有这四个开始的,知道将它扩大发展起来,就像火开始燃烧,泉水开始流出一样。如果能够将它扩充,便足以安定天下;如果不能扩充,连奉养父母都办不到。

夫仁,天之尊爵也,人之安宅也。

【译文】

仁是上天最高贵的爵位,是人们安逸的住所。

不仁不智,无礼无义,人役也。

【译文】

不仁不智,无礼无义,只能被他人奴役。

仁者如射,射者正己而后发,发而不中,不怨胜己者,反求诸己而已矣。

【译文】

实行仁义的人好比射箭的人,射箭的人先要端正姿势然后开弓,箭射出去没有射中目标,不埋怨胜过自己的人,而反过来审察自己的不足罢了。

子路①,人告之以有过,则喜。

———
①子路:即仲由,字子路,又字季路,孔子弟子,孔门十哲之一。

【译文】

子路,别人指出他的过错,便很高兴。

善与人同,舍己从人,乐取于人以为善。
【译文】
愿意同别人一道行善,舍弃自己的不足学习别人的长处,乐意吸收别人的优点来行善。

取诸人以为善,是与人为善者也,故君子莫大乎与人为善。
【译文】
吸收别人的优点来行善,是同别人一道来行善,所以君子没有比同人一起行善更伟大的了。

非其君不事,非其友不友,不立于恶人之朝,不与恶人言。
【译文】
不是理想的君主就不侍奉,不是理想的朋友就不结交,不在坏人的朝廷里做官,不同坏人说话。

公孙丑下

天时不如地利,地利不如人和。
【译文】
天时不如地利,地利不如人和。

域民不以封疆之界①,固国不以山谿之险,威天下不以兵革之利。得道者多助,失道者寡助。寡助之至,亲戚畔之②;多助之至,天下顺之。以天下之所顺攻亲戚之所畔,故君子有不战,战必胜矣。

①域:界限,限制。
②畔:通"叛"。

【译文】

限制人民不依靠国家的疆界,巩固国防不依靠山河的险要,威慑天下不依靠军队的强大。得到正义的帮助他的人就多,失掉正义的帮助他的人就少。帮助他的人少到极点,连亲戚朋友都会背叛他;帮助他的人多到极点,天下人都会归顺他。用天下都顺从的力量去攻打连亲戚都背叛的力量,所以圣贤的君主要么不进行战争,进行战争就一定能取得胜利。

内则父子,外则君臣,人之大伦也。父子主恩,君臣主敬。

【译文】

在家父子关系,在外君臣关系,这是人与人之间最重要的关系。父子以慈爱为主,君臣以尊敬为主。

曾子曰①:"晋、楚之富,不可及也。彼以其富,我以吾仁;彼以其爵,我以吾义。吾何慊乎哉②?"

①曾子:即曾参,字子舆,孔子晚期弟子,儒家学派的重要代表人物。
②慊:赵岐注:"慊,少也。"

【译文】

曾子说:"晋国和楚国的财富,是不能相比的。他凭的是财富,我靠的是我的仁；他凭的是爵位，我靠的是我的义。我比他少什么呢？"

天下有达尊三：爵一，齿一，德一。朝廷莫如爵，乡党莫如齿，辅世长民莫如德。
【译文】
天下有三样人们尊贵的东西：一样是爵位，一样是年龄，一样是道德。在朝廷上先要论爵位，在乡里先要论年龄，辅佐君主长养人民以道德为上。

焉有君子而可以货取乎？
【译文】
哪里有君子可以用钱收买的呢？

有官守者，不得其职则去。有言责者，不得其言则去。
【译文】
有官职的人，不能尽其职责就弃官而去。有进言职责的人，进谏不被采纳便辞官而去。

君子不以天下俭其亲。
【译文】
君子不会因为天下人而在父母身上节俭。

古之君子，过则改之；今之君子，过则顺之。
【译文】
古时的君子，有错就改；而现在的君子，将错就错。

古之君子,其过也如日月之食①,民皆见之;及其更也,民皆仰之。今之君子,岂徒顺之?又从为之辞。

①食:通"蚀"。

【译文】

古时的君子,他的错误就好像日蚀月蚀一样,百姓都看得见;等到他改正了,百姓都抬头仰望。现在的君子,哪里只是将错就错?还编造出一番理由为自己的错误辩白。

人亦孰不欲富贵?

【译文】

哪个人不想富贵?

彼一时,此一时也。

【译文】

那时是那时,现在是现在。

五百年必有王者兴,其间必有名世者。

【译文】

五百年一定有一个行王道的君主出现,这中间一定有命世之才出来。

夫天未欲平治天下也,如欲平治天下,当今之世,舍我其谁也?

【译文】

上天不想治理天下罢了,如果想治理天下,当今的社会,除了我还有谁呢?

滕文公上

上有好者,下必有甚焉者矣。
【译文】
居于上位的人喜好什么,下面的人必定加倍地喜好。

民事不可缓也。
【译文】
与老百姓有关的事情不能耽搁。

民之为道也,有恒产者有恒心,无恒产者无恒心。苟无恒心,放辟邪侈,无不为已。
【译文】
老百姓的规律,就是有固定产业的有一定的操守,没有固定产业的便不会有一定的操守准则。一旦没有一定的操守,就会放纵胡为,什么事情都做得出来。

阳虎曰[①]:"为富不仁矣,为仁不富矣。"

---

①阳虎:鲁国执政大夫季孙氏的家臣,曾操纵国政。

【译文】

阳虎说:"要想发财就讲不得仁爱,要想仁爱就不可能发财。"

人伦明于上,小民亲于下。

【译文】

居于上位的人懂得了如何相处,那么下面的普通百姓就会和睦地生活在一起。

无君子,莫治野人;无野人,莫养君子。

【译文】

没有官吏,就没人管理农夫;没有农夫,就没有东西供养官吏们。

死徙无出乡,乡田同井,出入相友,守望相助①,疾病相扶持,则百姓亲睦。

①守望相助:抵御盗贼,互相帮助。守望,守卫瞭望,指防盗。

【译文】

丧葬或迁居都不能离开本乡本土,同耕井田的人家,出入要互相作伴,抵御盗贼要互相帮助,有了疾患要互相照顾,那么百姓之间便能友好和睦。

劳心者治人,劳力者治于人;治于人者食人①,治人者食于人,天下之通义也。

①食(sì):供养。

【译文】

劳心的人统治别人,劳力的人被人统治;被人统治的养活别人,统治别人的则被人养活,这是普天通行的道理。

父子有亲,君臣有义,夫妇有别,长幼有叙,朋友有信。

【译文】

父子之间要有骨肉之亲,君臣之间要有礼义之道,夫妇之间要内外有别,长幼之间要尊卑有序,朋友之间要有诚信。

分人以财谓之惠,教人以善谓之忠,为天下得人者谓之仁。

【译文】

把钱财分给别人叫做惠,把为善的道理教给别人是忠,为天下民众找到好的人才叫做仁。

以天下与人易,为天下得人难。

【译文】

把天下让给别人简单,为了天下找到人才却很难。

吾闻出于幽谷迁于乔木者,未闻下乔木而入于幽谷者。

【译文】

我只听说过鸟儿飞离幽暗的谷地,到高大的树木上去;没有听闻有从高大的树木上飞离,到幽暗的谷地里去的。

夫物之不齐,物之情也。

【译文】

物品之间存在区别是自然的。

爱无差等,施由亲始。
【译文】
对人的爱应该没有差别,并从父母开始施行。

滕文公下

志士不忘在沟壑,勇士不忘丧其元①。

———

①元:脑袋。

【译文】
有志之士不怕葬身山沟,英勇之士不怕掉脑袋。

枉尺而直寻者①,以利言也。如以利,则枉寻直尺而利,亦可为与?

———

①枉:弯曲。寻:古代长度单位,一般为八尺。

【译文】
所谓"弯曲一尺,伸直八尺",那是从利益角度上讲的。若是从利益上讲,如果弯曲八尺伸直一尺有利可得,也可以去做啰?

枉己者①,未有能直人者也。

①枉：邪曲，不正直。

【译文】

自身不正的人，是从来不能匡正别人的。

居天下之广居，立天下之正位，行天下之大道。得志与民由之，不得志独行其道。富贵不能淫①，贫贱不能移②，威武不能屈③，此之谓大丈夫。

①淫：乱其心。
②移：变其节。
③屈：挫其志。

【译文】

男子应该居住在天下最广大的住所中，站在天下最正确的位置上，走天下最宽阔的道路。如果能实现志向则与百姓一块儿实现，不能实现志向则独自坚持原则。富贵无法使其动心，贫贱无法使其变节，威逼无法让其屈服，这才是真正的大丈夫。

古之人未尝不欲仕也，又恶不由其道。不由其道而往者，与钻穴隙之类也。

【译文】

古代的读书人没有不想出仕为官的，但是嫌恶不择手段找官做的做法。不择手段地求官，正和男女钻洞扒缝一样。

救民于水火之中，取其残而已矣①。

①取其残：去掉残害人的君主。

【译文】

把人民从水深火热中救出来，只是杀掉残暴的君王而已。

天下之生久矣，一治一乱。

【译文】

天下形成久远，总是时乱时治。

世衰道微，邪说暴行有作，臣弑其君者有之，子弑其父者有之。孔子惧，作《春秋》。《春秋》，天子之事也。是故孔子曰："知我者其惟《春秋》乎！罪我者其惟《春秋》乎！"

【译文】

世道衰微，邪说和暴行又起来了，有大臣杀主子的，有儿子杀父亲的。孔子为此十分忧虑，于是写了《春秋》这部书。《春秋》所写的是天子的事情。所以孔子说："人们了解我，只有通过《春秋》，怪罪我也只有通过《春秋》。"

圣王不作，诸侯放恣①，处士横议②。

①恣：放纵。
②处士：未出仕的士人。横议：胡乱发表言论。

【译文】

没有圣人出现，诸侯放纵无度，读书人在家胡乱评论。

杨朱、墨翟之言盈天下①。天下之言不归杨则归墨。杨氏为我,是无君也②;墨氏兼爱,是无父也③。无父无君,是禽兽也。

——

①杨朱:战国时期道家学派代表人物之一。墨翟:春秋末期宋国人,墨家学派创始人。

②无君:杨朱提倡"为我""贵生",主张看重自己的生命,所以孟子认为他眼中没有君王,是"无君"。

③无父:墨翟提倡"兼爱",即爱无差等。孟子因而认为墨翟没有亲疏差别,是眼中"无父"。

【译文】

杨朱、墨翟的言论充斥天下。天下的学说不是杨朱的就是墨翟的。杨朱提倡"为我",这是目无君主;墨翟主张"兼爱",这是目无父母。不把君主和父母放在眼里,这和禽兽有什么两样?

作于其心,害于其事;作于其事,害于其政。

【译文】

邪说从心底滋生,会危害他们从事的工作;工作受到危害,就会影响政事。

离娄上

不以规矩①,不能成方员②。

——

①规矩:画圆和画方的工具。规,画圆的工具。矩,画方的工具。

②员:同"圆"。
【译文】
没有圆规曲尺,就不能画出方、圆。

尧、舜之道,不以仁政,不能平治天下。
【译文】
有尧、舜之道,没有仁政也不能治理好天下。

今有仁心仁闻而民不被其泽①,不可法于后世者,不行先王之道也。

———
①仁心:爱人之心。仁闻(wèn):实行仁爱的名声。闻,声誉、名声。
【译文】
有仁爱之心,有仁爱之名,但是百姓得不到恩泽,不能成为后世取法的榜样,这是因为他们不实行先王之道。

徒善不足以为政①,徒法不能以自行。

———
①徒:仅有。善:好心。
【译文】
光有好心不足以治理好天下,光有法度也不能自行实施。

为高必因丘陵①,为下必因川泽,为政不因先王之道,可谓智乎?

①因:依靠,凭借。

【译文】

筑高一定要依傍丘陵,凿深一定要依傍河泽,施政不依靠先王之道,能说是明智的吗?

不仁而在高位,是播其恶于众也。

【译文】

不仁爱却处在高位,就会向民众传播他的恶行。

上无道揆也①,下无法守也,朝不信道②,工不信度,君子犯义,小人犯刑,国之所存者幸也③。

①道:义理。揆(kuí):度量。
②朝:朝廷。
③幸:侥幸。

【译文】

在上者没有道德尺度,在下者不守法规,朝廷不相信道义,工匠不相信尺度,官吏触犯义理,百姓违反刑法,国家还能存在那是太侥幸了。

城郭不完①,兵甲不多,非国之灾也;田野不辟②,货财不聚,非国之害也。上无礼,下无学,贼民兴,丧无日矣。

①完:坚固。
②辟:开辟,垦殖。

【译文】

城墙不坚固,军备不充足,不是国家的灾难;田野不开垦,钱财得不到积蓄,也不是国家的危害。在上者没有礼数,在下者没有学识,胡作非为的人起来了,那国家灭亡的日子就快到了。

事君无义,进退无礼,言则非先王之道者,犹沓沓也①。

①沓沓(tà):同"泄泄",话多的样子。

【译文】

侍奉君主不讲忠义,进退失礼,开口便诋毁先王之道的,就是聒噪。

责难于君谓之恭,陈善闭邪谓之敬,吾君不能谓之贼。

【译文】

严格要求君主叫"恭",宣讲善义摈斥邪说叫"敬",认为君主无法为善叫"贼"。

规矩,方员之至也①;圣人,人伦之至也。

①员:同"圆"。至:极。

【译文】

圆规和曲尺,是方和圆的极致;圣人,是做人的极致。

欲为君,尽君道;欲为臣,尽臣道。

【译文】

要做君主,就要尽做君主的道义;要做臣子,就要尽做臣子的道义。

暴其民甚,则身弑国亡①;不甚,则身危国削。

①弑:臣子杀君主。

【译文】

暴虐百姓过分了,就会身死国丧;即便不过分,也会自身危险,国力削弱。

三代之得天下也以仁①,其失天下也以不仁。国之所以废兴存亡者亦然②。

①三代:夏、商、周。
②国:诸侯国。

【译文】

夏、商、周三代凭着仁爱得到天下,也因为不仁失去天下。国家所以兴盛、衰亡、生存、没落也因为此。

天子不仁,不保四海;诸侯不仁,不保社稷①;卿大夫不仁,不保宗庙②;士庶人不仁,不保四体。

①社稷:土、谷之神,后用来指代国家政权。
②宗庙:天子、诸侯祭祀祖先的地方。这里指代卿大夫的采邑而言。

【译文】

天子不仁爱,四海就保不住;诸侯不仁爱,政权就保不住;卿大夫不仁爱,采邑就保不住;士人、平民不仁爱,自身就保不住。

今恶死亡而乐不仁,是犹恶醉而强酒。

【译文】

如今怕死却以不仁为乐,就好比讨厌酒醉却要喝酒一样。

爱人不亲,反其仁①;治人不治,反其智②;礼人不答,反其敬。

①反:反省。
②智:智能。

【译文】

关爱别人,别人却不亲近我,就要反省自己关爱是否足够;管理百姓,百姓却没有管理好,就应该反省自己是否足够智能;礼遇别人,别人却不加理会,就要反省自己是否足够有敬意。

行有不得者皆反求诸己,其身正而天下归之。

【译文】

行事没有达到预期的目的就应该到自身寻找原因,自己身正了,天下才会归顺。

人有恒言①,皆曰:"天下国家。"天下之本在国,国之本在家,家之本在身。

①恒:常。

【译文】

人们有句老话,都说:"天下国家。"天下的根本在国,国的根本在家,家的根本在自己身上。

天下有道,小德役大德①,小贤役大贤;天下无道,小役大,弱役强。

① 役:后省略了"于",役于,听命。

【译文】

天下政治清明的时候,道德不高的人听命于道德高的人,小贤之人听命于大贤之人;天下混乱的时候,力量小的被力量大的所役使,势弱的被势强的所役使。

顺天者存,逆天者亡。

【译文】

顺从天道的就能生存,忤逆天道的则要灭亡。

孔子曰:"仁不可为众也。夫国君好仁,天下无敌。"今也欲无敌于天下而不以仁,是犹执热而不以濯也。

【译文】

孔子说:"仁爱不是以人数多少计算的。如果国君信奉仁,那就天下无敌了。"如今也想要无敌于天下,却不依靠仁爱,好比拿了烫手的东西却不用冷水冲洗。

不仁者可与言哉?安其危而利其菑①,乐其所以亡者②。不仁而可与言,则何亡国败家之有?

①菑(zāi)：同"灾"，灾难。

②乐：沉迷。

【译文】

不讲仁爱的人可以同他交谈吗？他们在危险中贪求苟安，在灾难中捞取利益，沉迷于让他们丧身的事情中。如果不仁的人也可以和他讲道理，那么怎么会有亡国败家的灾难发生呢？

沧浪之水清兮①，可以濯我缨②；沧浪之水浊兮，可以濯我足。

①沧浪：青苍色。多指水色。

②濯：洗涤。缨：帽子的丝带。

【译文】

沧浪的水多清啊，可以洗我的帽缨；沧浪的水多浊啊，可以洗我的双脚。

夫人必自侮，然后人侮之；家必自毁，而后人毁之；国必自伐①，而后人伐之。

①自伐：赵岐注："国先自为可诛伐之政，故见伐也。"即自戕、自我败坏之意。

【译文】

人必定是自己不尊重自己，别人才会来侮辱你；家必定自己做了毁坏的事情，别人才会来毁坏它；国家必定是做了自我败坏的事情，别国才会来捣毁它。

桀纣之失天下也^①,失其民也;失其民者,失其心也。

①桀纣:夏、商两代的亡国之君。

【译文】

桀纣之所以失去天下,是因为他们失去了百姓;之所以失去百姓,是因为他们失去了百姓的心。

得天下有道,得其民,斯得天下矣^①;得其民有道,得其心,斯得民矣;得其心有道,所欲与之聚之^②,所恶勿施,尔也^③。

①斯:这样,如此。
②聚:积蓄,累计。
③尔也:如此而已。

【译文】

获取天下是有方法的,获取民众,就能获取天下;获取民众也有方法,博取百姓的心,就能获取民众;得到民众的心是有方法的,他们想要的就积聚起来给他们,他们嫌恶的就不要强加,如此而已。

民之归仁也,犹水之就下、兽之走圹也^①。

①圹(kuàng):旷野。

【译文】

民众归依仁德,就像水往低处流、兽往旷野跑一样。

苟为不畜①,终身不得。苟不志于仁,终身忧辱,以陷于死亡。

①畜(xù):积蓄。

【译文】

如果平时不积累,一辈子也得不到。如果无意于仁政,那就会终身罹忧受辱,及至陷于死亡。

自暴者①,不可与有言也;自弃者,不可与有为也。言非礼义②,谓之自暴也;吾身不能居仁由义③,谓之自弃也。

①暴:损害。

②非:非议,诋毁。

③由:遵循。

【译文】

自己损害自己的人,是不可能和他谈出什么的;自己放弃自己的人,是不可能和他干出什么来的。言语诋毁礼义的,叫做自己损害自己;自身不能遵循仁义行事的,叫做自己放弃自己。

仁,人之安宅也;义,人之正路也。旷安宅而弗居①,舍正路而不由,哀哉!

①旷:空置。

【译文】

仁,是人安适的住宅;义,是人正当的道路。空着安适的住宅不住,舍弃正当的道路不走,多可悲啊!

道在迩而求诸远①,事在易而求诸难。人人亲其亲、长其长,而天下平。

①迩:近。

【译文】

道在近处却到远处寻找,事情本容易办成却往难处着手。人人都亲近自己的双亲,尊敬自己的长辈,那么天下也就太平了。

居下位而不获于上①,民不可得而治也。获于上有道,不信于友,弗获于上矣;信于友有道,事亲弗悦,弗信于友矣;悦亲有道,反身不诚②,不悦于亲矣;诚身有道,不明乎善,不诚其身矣。

①不获于上:不能得到上级的信任。
②反身不诚:朱熹注:"反求诸身而其所以为善之心有不实也。"

【译文】

作为臣子不能获得君王的信任,民众就不能管理好。要获得君王的信任是要有方法的,不能取信于朋友,就不能取信于君王;获得朋友的信任也讲方法,不能侍奉好双亲,就不能取信于朋友;侍奉双亲要讲方法,自己不真诚,就不能侍奉好父母;自己做到真诚有方法,不懂得善,就不能做到真诚。

诚者,天之道也;思诚者,人之道也。至诚而不动者,未之有也;不诚,未有能动者也。

【译文】

真诚,是上天的准则;追求真诚,是做人的准则。真心诚意还不能被打动的人从来没有过,而不诚心是从来没法打动别人的。

诸侯有行文王之政者①,七年之内,必为政于天下矣。

①文王:指周文王,名昌,周武王之父,儒家推崇的古代圣王之一。

【译文】

诸侯里如果有能施行周文王的仁政的,七年之内,必定能够执政天下。

君不行仁政而富之,皆弃于孔子者也,况于为之强战?争地以战,杀人盈野;争城以战,杀人盈城,此所谓率土地而食人肉,罪不容于死。故善战者服上刑①,连诸侯者次之②,辟草莱、任土地者次之③。

①上刑:重刑。
②连:联络,连接。
③辟草莱:开垦土地。任土地:分土授民。

【译文】

君王不施行仁政而去搜罗别人的财富,是为孔夫子所唾弃的,更何况为了钱财用强力发动征战?为了争夺土地发动战争,杀死的人铺满整个田野;为了争夺城池发动战争,死去的人充满整座城,这就是所谓带领土地来吃人,其罪连死都不足以宽恕。所以好打仗的服最重的刑罚,联结诸侯的人次之,开垦荒地、分配土地引发混乱的刑罚再次一等。

存乎人者^①,莫良于眸子^②。眸子不能掩其恶。胸中正,则眸子瞭焉;胸中不正,则眸子眊焉^③。听其言也,观其眸子,人焉廋哉^④?

———

①存:察,观察。

②眸子:瞳仁,亦指眼睛。

③眊(mào):朦胧,看不清楚的样子。

④廋(sōu):躲藏,隐匿。

【译文】

观察人没有比观察眼睛更好的了。眼睛不能掩饰人的丑恶。胸怀端正坦荡,眼睛就会明亮;胸怀不正邪僻,眼睛就会灰暗。听一个人说话,观察他的眼睛,这个人哪里可以躲藏得了?

恭者不侮人,俭者不夺人。

【译文】

恭敬的人不会侮辱他人,节俭的人不会掠夺他人。

嫂溺不援^①,是豺狼也。男女授受不亲^②,礼也;嫂溺,援之以手者,权也^③。

———

①援:牵持。

②授:给予。受:取。

③权:权变,变通。

【译文】

嫂子掉入水中不伸手去救,那是豺狼。男女不亲手递送,是礼;嫂子溺水,伸手去救助,是变通。

天下溺,援之以道;嫂溺,援之以手,子欲手援天下乎?

【译文】

天下掉入水中,要用道来救助;嫂子掉入水中,要用手来救助,您想用手来救助天下吗?

教者必以正①,以正不行,继之以怒。继之以怒,则反夷矣②。"夫子教我以正③,夫子未出于正也。"则是父子相夷也。父子相夷,则恶矣。古者易子而教之,父子之间不责善。责善则离,离则不祥莫大焉。

---

①正:正道。

②夷:伤。

③夫子:指父亲。

【译文】

教育一定要教正道,正道行不通,接着就会发怒。一旦发怒就会伤感情。"您用正道教导我,您自己却不按照正道做。"这样就父子互相伤害。父子互相伤害,这样就不好了。古代君子交换子女来教导,父子之间便能不因向善而互相责备。因向善而互相责备,父子间就会产生隔阂,没有比这更不好的了。

事,孰为大? 事亲为大。守,孰为大? 守身为大。不失其身而能事其亲者,吾闻之矣;失其身而能事其亲者,吾未之闻也。孰不为事?事亲,事之本也。孰不为守?守身,守之本也。

【译文】

侍奉谁最重要?侍奉双亲最重要。守护什么最重要?守护自身的节操最重要。不失去自身的节操而又能侍奉好双亲,我听说过;失去节操而能侍奉好双亲的,我从来没有听说过。谁没有侍奉的事情要做?侍奉双亲,是侍奉的根本。谁没有东西要守护?守护自身的节操,是守护的根本。

人不足与适也①,政不足间也②,惟大人为能格君心之非③。

①适:通"谪",责备。
②间(jiàn):非议。
③格:纠正。

【译文】

一般人不够去责备君王,一般政事也不值得去非议,只有贤德的人才能纠正君王内心的错误。

君仁,莫不仁;君义,莫不义;君正,莫不正。一正君而国定矣。

【译文】

君王仁爱了,就没有人不仁爱了;君王忠义了,就没有人不忠义了;君王身正了,就没有人不正了。只要君王正了,国家也就安定了。

有不虞之誉①,有求全之毁。

①虞:料想。

【译文】

有料想不到的荣誉,有苛求完美的诋毁。

人之易其言也①,无责耳矣②。

①易:轻易。

②无责:不值得责备。对于此句解释纷纭,有人认为是没有责任心的意思。

【译文】

人说话轻率,就不值得责备了。

人之患在好为人师。

【译文】

人们的祸患在于喜好当他人的老师。

不孝有三,无后为大。

【译文】

不孝顺的事情有三种,其中尤其以没有子嗣为最重大。

仁之实,事亲是也;义之实,从兄是也;智之实,知斯二者弗去是也;礼之实,节文斯二者是也①;乐之实,乐斯二者,乐则生矣,生则恶可已也②,恶可已,则不知足之蹈之手之舞之。

①节：调节。文：修饰。
②已：停止。

【译文】

仁爱的实质，是侍奉双亲；义的实质，是顺从兄长；智慧的实质，是懂得这两者并且不放弃；礼义的实质，是调节、修饰这两者；快乐的实质，是以这两者为乐，欢乐从中产生，产生了又怎能停止，不能停止，就情不自禁地手舞足蹈起来。

不得乎亲，不可以为人；不顺乎亲，不可以为子。

【译文】

不能取悦双亲的人，没有资格做人；不顺从双亲的人，没有资格做子女。

离娄下

为政者，每人而悦之，日亦不足矣。

【译文】

管理政务的人，要想一个一个地去取悦别人，连时间都不够。

君之视臣如手足①，则臣视君如腹心；君之视臣如犬马，则臣视君如国人②；君之视臣如土芥③，则臣视君如寇雠④。

①视：看待。
②国人：这里指路人，陌生人。

③土：尘土。芥：小草。
④寇雠：强盗，敌人。

【译文】

君王看待臣下好像手足，那么臣下看待君主就像心腹；君王看待臣下好像狗马，那臣下看待君主就会像陌生人；君王看待臣下像尘土小草一样，那臣下看待君主就像仇敌。

无罪而杀士，则大夫可以去；无罪而戮民，则士可以徙。

【译文】

士人没有犯罪却被处死，那么大夫可以离开了；百姓没有犯罪却被处死，那么士人可以迁居了。

非礼之礼，非义之义，大人弗为。

【译文】

不符合礼的礼，不符合义的义，有德行的人是不做的。

中也养不中①，才也养不才，故人乐有贤父兄也。如中也弃不中，才也弃不才，则贤不肖之相去，其间不能以寸②。

①养：朱熹注："谓涵育熏陶，俟其自化也。"
②其间不能以寸：其间不能以寸量之意，指相差无几。

【译文】

能守中的熏陶不能守中的，有才能的影响没有才能的，所以人们都以有贤德的父兄为乐。如果守中的离弃不能守中的，有才能的离弃没有才能的，那么贤德和不贤德之间的差距不到一寸。

人有不为也,而后可以有为。
【译文】
人要有所不为,然后才会有所作为。

言人之不善,当如后患何?
【译文】
说别人的不是,引出的后果该如何处置呢?

仲尼不为已甚者。
【译文】
孔子是做事不过分的人。

大人者,言不必信,行不必果,惟义所在。
【译文】
贤德的人,说出的话不一定信守,做事不一定果敢,只要有义在就可以了。

大人者,不失其赤子之心者也。
【译文】
贤德的人,就是能不失童贞之心的人。

养生者不足以当大事,惟送死可以当大事。
【译文】
养活父母不值得当成大事,只有为他们送终才当得上大事。

君子深造之以道,欲其自得之也。自得之则居之安,居之安则资之深①,资之深则取之左右逢其原②,故君子欲其自得之也。

---

①资:凭借。
②原:同"源"。

【译文】

君子用大道来提升自己的造诣,是想自己有所心得。自己有所心得就能泰然地掌握它,泰然地掌握它就能更深入地凭借它,深入地凭借它就能在运用的时候左右逢源,所以君子想自己对此有所心得。

博学而详说之,将以反说约也。

【译文】

广博地学习并用详细的语言描述,是为了能用简单的话来表述其中真意。

以善服人者,未有能服人者也;以善养人,然后能服天下。天下不心服而王者,未之有也。

【译文】

用善来使人服气的,没有能折服他人的;用善来影响他人,才能使天下人服气。不使天下的人在心里折服而能称王天下的,从来没有过。

言无实不祥,不祥之实,蔽贤者当之。

【译文】

凭空说话不好,这个不好的结果,和遮蔽贤德的人一样。

原泉混混①,不舍昼夜,盈科而后进②,放乎四海。有本者如是,是之取尔。苟为无本,七八月之间雨集,沟浍皆盈③,其涸也,可立而待也。故声闻过情④,君子耻之。

①原:同"源"。混混:同"滚滚",水流浩荡。
②科:坎。
③浍(kuài):田间水道。
④声闻:名声。情:实情。

【译文】

有本源的水滚滚向前,不分白天和黑夜,把沟坎填满了就继续前进,奔流到四海。有源头的都如此,孔子看中的就是这一点。如果没有源头,七八月的时候雨水充沛,盈满了沟渠和水道,但干涸的日子也是立等可待的。所以名过其实是君子觉得可耻的。

人之所以异于禽兽者几希①,庶民去之,君子存之。舜明于庶物,察于人伦,由仁义行,非行仁义也。

①几希:无几,极少。

【译文】

人不同于禽兽的地方很少,一般的百姓把它丢了,君子保存下来。舜了解万物,懂得做人的道理,完全顺着天性的仁义去做,而不是认为仁义对自己有利而勉强去做。

禹恶旨酒而好善言。汤执中①,立贤无方。文王视民如伤,望道而未之见。武王不泄迩②,不忘远。周公思兼三王,以施四事③,其有不合者,仰而思之,夜以继日,幸而得之,坐以待旦。

①执中:持中正之道。
②泄:赵岐注为"狎",亲近之意。迩:近。
③四事:指禹、汤、文王、武王四人的行事。

【译文】

大禹厌恶好酒但喜好至理名言。汤持中正之道,选拔贤者不按陈规。文王对待百姓总像他们受了委屈,秉持正道仍像还没有见到它那样努力。武王不过分亲近近臣,也不怠慢远臣。周公想兼夏、商、周三朝君王之能事,来实施禹、汤、文、武四王的功业,如遇到不能符合的地方,便抬头沉思,通宵达旦直到有幸想通了,就坐等着天明可以实施。

王者之迹熄而《诗》亡①,《诗》亡然后《春秋》作。

①王者之迹熄:是指古代采诗制度消亡了。

【译文】

采诗制度消亡了,《诗》也亡佚了,《诗》亡佚后才出现了《春秋》。

君子之泽五世而斩①,小人之泽五世而斩。

①泽:恩泽。斩:断绝。

【译文】

君子的影响五世之后断绝,小人的影响也是五世之后断绝。

可以取,可以无取,取伤廉;可以与,可以无与,与伤惠;可以死,可以无死,死伤勇。

【译文】

可以拿,可以不拿,拿了就损害了廉洁;可以给,可以不给,给了就损害了恩泽;可以死,可以不死,死了就损害了勇气。

君子所以异于人者,以其存心也①。君子以仁存心,以礼存心。

①存心:指仁爱、礼义之心存在于心。

【译文】

君子之所以与常人不同,是因为他居心不同。君子心里存在着仁爱,存在着礼义。

仁者爱人,有礼者敬人。爱人者,人恒爱之;敬人者,人恒敬之。

【译文】

仁者爱护他人,讲礼义的人尊敬他人。爱护他人的人,人们常常爱戴他;尊敬他人的人,人们常常尊重他。

君子有终身之忧,无一朝之患也。乃若所忧则有之①:舜,人也;我,亦人也。舜为法于天下,可传于后世,我由未免为乡人也②,是则可忧也。忧之如何?如舜而已矣。

①乃若:至于。

②由：通"犹"。乡人：普通人。

【译文】

君子有终身的忧虑，没有一时的担心。这样的忧虑则是有的：舜是人；我也是人。舜被天下的人效法，传及后世，我却免不了只是一个普通人，这才是要忧虑的。担忧这个做什么呢？想像舜那样。

非仁无为也，非礼无行也。如有一朝之患，则君子不患矣。

【译文】

不仁爱的事情不做，不合于礼义的事情不做。即使有一时的祸患，君子也不忧虑。

禹思天下有溺者①，由己溺之也；稷思天下有饥者②，由己饥之也。

①禹：传说中上古圣王之一，尧舜时期主持治理洪水，三过家门而不入。

②稷：即后稷，传说中周人的始祖，善于种地，尧舜时期曾担任农官。

【译文】

禹想到天下有人遭了水淹，就好像是自己让他们淹的一样；稷想到天下有饿着的人，就好像是自己让他们挨了饿一样。

世俗所谓不孝者五：惰其四支，不顾父母之养，一不孝也；博弈好饮酒①，不顾父母之养，二不孝也；好货财，私妻子，不顾父母之养，三不孝也；从耳目之欲②，以为父母戮③，四不

孝也;好勇斗很④,以危父母,五不孝也。

①博弈:当时的棋类游戏。
②从:同"纵",放纵。
③戮:羞辱。
④很:通"狠",凶狠。

【译文】
世俗认为的不孝顺的事有五种:四肢不勤,不管父母的赡养,是一不孝;沉迷下棋,好喝酒,不管父母的赡养,是二不孝;贪钱财,偏爱妻子儿女,不管父母的赡养,是三不孝;放纵耳目的享受,使父母蒙受羞辱,是四不孝;尚武好斗,危及父母,是五不孝。

责善,朋友之道也;父子责善,贼恩之大者。

【译文】
因为善而互相责备是朋友相处的原则;父子间因为善而互相责备,是最伤感情的。

万章上

父母爱之,喜而不忘;父母恶之,劳而不怨①。

①"父母爱之"四句:见于《礼记·祭义》,曾子语,文字略有不同。劳,忧愁。

【译文】
父母喜爱自己,就高兴而不忘怀;父母嫌恶自己,即使心里忧愁,也不会因此而怨恨。

为不顺于父母,如穷人无所归①。

——
①穷人:困窘之人。

【译文】
只是因为不讨父母的喜欢,就好像困窘的人找不到依靠一样。

人少,则慕父母;知好色,则慕少艾①;有妻子,则慕妻子;仕则慕君,不得于君则热中②。

——
①少艾:年轻美貌的少女。
②热中:焦躁。

【译文】
人幼小的时候,就依恋父母;年纪稍长,知道女子美丽,就思恋貌美的少女;有了妻子儿女,就眷恋妻子儿女;做了官,就讨好君主,得不到君主的欢心便焦躁不安。

大孝终身慕父母。

【译文】
真正最孝顺的人是终身怀恋父母的。

君子可欺以其方①,难罔以非其道。

——
①方:合乎情理的方法。

【译文】

对于君子,可以用合乎情理的方法去欺骗他,却无法用违背道理的方法去诳骗他。

仁人之于弟也,不藏怒焉,不宿怨焉^①,亲爱之而已矣。亲之欲其贵也,爱之欲其富也。

①宿怨:怀恨于心。

【译文】

仁人对于弟弟,不存怒气,不积怨恨,只是亲近他爱护他。亲近他,就想让他显贵,爱护他,就想让他富有。

盛德之士,君不得而臣,父不得而子。

【译文】

道行极高的人,君王不能拿他当臣子,父亲不能拿他当儿子。

说《诗》者,不以文害辞^①,不以辞害志。以意逆志^②,是为得之。

①文:字。辞:语。
②逆:推测,揣测。

【译文】

解说《诗》的人,不能拘泥于文字而误解了诗句,也不能只停留在诗句上而误解了诗歌的原意。用自己的体会去揣测诗歌的原意,这才能得到正确的理解。

孝子之至,莫大乎尊亲;尊亲之至,莫大乎以天下养。为天子父,尊之至也;以天下养,养之至也。

【译文】

孝子最大的孝行,没有超过尊敬双亲的;尊敬双亲的极致,没有超过用天下来供养父母的。作为天子的父亲,可说是尊贵到了极点;用天下来供养父亲,可说是供养的极致了。

莫之为而为者,天也;莫之致而至者,命也。

【译文】

没有人叫他们做他们却做到了,这是天意;没有刻意去做却得到了,这是命运。

非其义也,非其道也,禄之以天下,弗顾也;系马千驷,弗视也。非其义也,非其道也,一介不以与人①,一介不以取诸人。

①介:同"芥",指非常细小、微不足道的东西。

【译文】

如果不符合道义,即使给他整个天下作为俸禄,也不会回头看一眼;即使给他四千马匹,也不会放在眼里。如果不符合道义,即使是一丝一毫他也不会给别人,也不会从别人那里拿取一丝一毫。

天之生此民也,使先知觉后知,使先觉觉后觉也。予①,天民之先觉者也;予将以斯道觉斯民也。非予觉之,而谁也?

----

①予:我,此指伊尹。

【译文】

上天创造民众,就是要让先知理的人教育后知理的人,让先觉悟的人启发后觉悟的人。我就是上天创造的民众中先觉悟的人,所以我要用上天之道去启发上天创造的民众。不是我去启发他们,还有谁去启发他们呢?

吾未闻枉己而正人者也,况辱己以正天下者乎?

【译文】

我从来没听说过自己不端正却能端正别人的,更何况自己侮辱自己来匡正天下的呢?

圣人之行不同也,或远或近,或去或不去,归絜其身而已矣①。

----

①絜(jié):通"洁"。

【译文】

圣人们的行为处事可能各有不同,有的疏远君王,有的接近君王,有的离开朝廷,有的留在朝廷,但归根结底都要保持自身的高洁。

万章下

伯夷①,目不视恶色,耳不听恶声,非其君不事,非其民不使,治则进,乱则退。

①伯夷:商末孤竹国君的长子。孤竹国君去世后,伯夷与其弟叔齐互相谦让,双双逃往周国。他们极力反对伐纣,后武王得天下,两人不食周粟,饿死在首阳山中。

【译文】

伯夷这个人,双眼不看丑恶的事物,双耳不听丑恶的声音,不是他理想中的君王就不去侍奉,不是他理想中的百姓就不去驱使,天下太平就出来做官,天下混乱就退隐归田。

思天下之民匹夫匹妇有不与被尧、舜之泽者,如己推而内之沟中①,其自任以天下之重也。

①己:自己,此指伊尹。

【译文】

想到天下的百姓,哪怕有一个人没有受到尧、舜之道的恩泽,就好像自己把他推入沟中一样,伊尹就是这样挑起了天下的重担。

柳下惠①,不羞污君,不辞小官;进不隐贤,必以其道;遗佚而不怨②,厄穷而不悯③。

①柳下惠:春秋时期鲁国大夫。
②遗佚:被君王遗弃不用。
③厄穷:艰难困苦。悯:忧愁。

【译文】

柳下惠不以侍奉昏君为耻辱,也不因为官小就辞掉。入朝为官不隐藏自己的才能,必定按自己的方式行事;遭到冷落也不怨恨,处境艰难也不忧愁。

可以速而速,可以久而久,可以处而处,可以仕而仕,孔子也。

【译文】
该快就快,该慢就慢,该归隐就归隐,该做官就做官,这就是孔子。

伯夷,圣之清者也;伊尹,圣之任者也;柳下惠,圣之和者也;孔子,圣之时者也。

【译文】
伯夷,是圣人中的清高者;伊尹,是圣人中的尽责者;柳下惠,是圣人中的随和者;孔子,是圣人中的识时务者。

孔子之谓集大成。集大成也者,金声而玉振之也①。金声也者,始条理也②;玉振之也者,终条理也。始条理者,智之事也;终条理者,圣之事也。智,譬则巧也;圣,譬则力也。由射于百步之外也③,其至,尔力也;其中,非尔力也。

———
①金声而玉振:金,指钟类乐器。玉,指磬类乐器。古时奏乐以钟声起音,以磬声收尾。
②条理:节奏次第。
③由:通"犹"。

【译文】
孔子可以称之为集大成的人。所谓集大成的人,就像奏乐时以钟声起音、以磬声收尾一样。以钟声起音,是使节奏有序地开始;以磬声收尾,是使节奏有序地终结。有序地开始在于智能,有序地终结在于圣明。智能好比技巧,圣明好比气力。就像在百步以外射箭,射到靠的是气力,而要射中,靠的就不全是气力了。

不挟长、不挟贵、不挟兄弟而友①。友也者,友其德也,不可以有挟也。

———
①挟:倚仗。

【译文】

应该不倚仗年长、不倚仗显贵、不倚仗兄弟的富贵来交朋友。交朋友,看中的是别人的德行,不应该倚仗别的什么。

用下敬上①,谓之贵贵;用上敬下,谓之尊贤。贵贵、尊贤,其义一也。

———
①用:以。

【译文】

地位低的人敬重地位高的人,就叫做尊敬贵人;地位高的人敬重地位低的人,就叫做尊敬贤人。尊敬贵人和尊敬贤人,道理是一样的。

仕非为贫也,而有时乎为贫;娶妻非为养也,而有时乎为养。为贫者,辞尊居卑,辞富居贫。

【译文】

做官不是因为贫困,但有时候是因为贫困;娶妻不是为了奉养父母,但有时候是为了奉养父母。如果是因为贫困才做官,就应该拒绝高位,担任卑职,拒绝厚禄,接受薄俸。

位卑而言高,罪也;立乎人之本朝,而道不行,耻也。
【译文】
如果地位卑微却要议论国家大事,这是错的;但如果在朝廷上任要职,却不能使自己的主张得以推行,那是耻辱的。

欲见贤人而不以其道,犹欲其入而闭之门也。夫义,路也;礼,门也。惟君子能由是路,出入是门也。
【译文】
想见贤人却不用适当的方式,就像要请他进来却把门关上了。义就像是路,礼就像是门。只有君子才能沿着义这条路,进出礼这道门。

一乡之善士①,斯友一乡之善士;一国之善士,斯友一国之善士;天下之善士,斯友天下之善士。以友天下之善士为未足,又尚论古之人②。颂其诗③,读其书,不知其人,可乎?是以论其世也。是尚友也。

①善士:优秀的人。
②尚:通"上",指向上追溯。
③颂:通"诵"。

【译文】
一个乡里优秀的人,就会和乡里其他优秀的人来往;一个国家优秀的人,就会和国内其他优秀的人来往;天下优秀的人,就会和天下其他优秀的人来往。如果和天下优秀的人来往还觉得不够,就会追溯到古时的人。但是如果只是诵读他们的诗歌,阅读他们的著作,却不知道他们是怎样的人,这样可以吗?所以还应该研究他们所处的时代。这就是与古人交往。

告子上

人性之无分于善不善也,犹水之无分于东西也。

【译文】

人的本性不分善恶,就好像水流不分东西一样。

人性之善也,犹水之就下也。人无有不善,水无有不下。

【译文】

人的本性是善的,就好像水总是向低处流。人的本性没有不善的,水没有不向低流的。

恻隐之心,人皆有之;羞恶之心,人皆有之;恭敬之心,人皆有之;是非之心,人皆有之。恻隐之心,仁也;羞恶之心,义也;恭敬之心,礼也;是非之心,智也。仁、义、礼、智,非由外铄我也①,我固有之也,弗思耳矣。

——

①铄:从外部给予、授予。

【译文】

同情之心,是人人都有的;羞耻之心,是人人都有的;恭敬之心,是人人都有的;是非之心,也是人人都有的。同情之心,就是仁;羞耻之心,就是义;恭敬之心,就是礼;是非之心,就是智。仁、义、礼、智,都不是外部环境给予的,而是本性就有的,只是没有好好思考它罢了。

富岁,子弟多赖①;凶岁,子弟多暴,非天之降才尔殊也,其所以陷溺其心者然也。

① 赖:同"懒"。

【译文】

丰年的时候,子弟大多懒惰;荒年的时候,子弟大多横暴,并不是上天赋予的资质不同,而是那些迷惑他们内心的外物造成的。

口之于味也,有同耆焉①;耳之于声也,有同听焉;目之于色也,有同美焉。至于心,独无所同然乎?心之所同然者何也?谓理也,义也。

① 耆(shì):喜好,嗜好。

【译文】

口对于味道,有相同的嗜好;耳朵对于声音,有相同的听觉;眼睛对于容貌,有相同的美感。而人的内心,难道就偏偏没有相同的地方吗?人的内心相同的地方是什么呢?是理,是义。

苟得其养,无物不长;苟失其养,无物不消。

【译文】

如果得到滋养,没有什么会不生长的;如果失去了滋养,没有什么会不消亡的。

孔子曰："操则存，舍则亡；出入无时，莫知其乡①。"惟心之谓与？

---

①乡：同"向"。

【译文】

孔子说："把握着，它就存在；舍弃它，它就消失。来去都没有固定的时间，也不知道它去往何方。"这指的就是人心吧？

鱼，我所欲也，熊掌亦我所欲也。二者不可得兼，舍鱼而取熊掌者也。生亦我所欲也，义亦我所欲也。二者不可得兼，舍生而取义者也。

【译文】

鱼是我想要的，熊掌也是我想要的。如果两者不能同时得到，就舍弃鱼而选择熊掌。生命是我所热爱的，道义也是我所热爱的。如果两者不能同时得到，就舍弃生命而选择道义。

生亦我所欲，所欲有甚于生者，故不为苟得也；死亦我所恶，所恶有甚于死者，故患有所不辟也①。

---

①辟：同"避"，逃避，躲避。

【译文】

生命是我热爱的，但我所热爱的还有胜过生命的，所以决不苟且偷生；死亡是我厌恶的，但我所厌恶的还有胜过死亡的，所以有的祸患决不逃避。

仁,人心也;义,人路也。舍其路而弗由,放其心而不知求①,哀哉!

①放:丢失,失去。

【译文】

仁,是人的心;义,是人的路。舍弃正路不走,丢失了善心也不知道寻找,多么可悲啊!

学问之道无他,求其放心而已矣。

【译文】

学问的道理没有别的,就是把丢失的善心找回来罢了。

人之于身也,兼所爱。兼所爱,则兼所养也。

【译文】

人对于自己的身体,每个部分都很爱惜。因为每个部分都很爱惜,所以每个部分都悉心保养。

体有贵贱,有小大。无以小害大,无以贱害贵。养其小者为小人,养其大者为大人。

【译文】

身体有重要的部分,有次要的部分,有小的部分,也有大的部分。不应该因为小的部分而损害大的部分,因为次要的部分而损害重要的部分。保养小的部分的人是小人,而保养大的部分的人是君子。

耳目之官不思①,而蔽于物,物交物,则引之而已矣。心之官则思,思则得之,不思则不得也。

①官:器官。

【译文】

耳朵眼睛这样的器官是不会思考的,所以容易被外物蒙蔽,一和外物接触,就容易被引向歧途。而心这样的器官是会思考的,思考了就有所得,不思考就没有所得。

先立乎其大者,则其小者弗能夺也。

【译文】

先确立了重要的部分,那次要的部分就没办法与之抗衡了。

有天爵者,有人爵者。仁、义、忠、信,乐善不倦,此天爵也;公、卿、大夫,此人爵也。古之人修其天爵,而人爵从之。今之人修其天爵,以要人爵;既得人爵,而弃其天爵,则惑之甚者也,终亦必亡而已矣。

【译文】

有天赐的爵位,有人赐的爵位。仁、义、忠、信,乐于行善不知疲倦,这是天赐的爵位;公、卿、大夫,这是人赐的爵位。古时候的人培养他们天赐的爵位,那么人赐的爵位也就跟着得到了。而现在的人培养他们天赐的爵位,是为了来追求人赐的爵位;一旦得到人赐的爵位,就舍弃了天赐的爵位,那就实在太糊涂了,最终也一定会失去人赐的爵位。

欲贵者,人之同心也。人人有贵于己者,弗思耳。

【译文】

希望显贵,这是人人都有的心理。人人身上都有值得尊贵的东西,只是没有好好思考罢了。

仁之胜不仁也,犹水胜火。

【译文】

仁能战胜不仁,就好像水能扑灭火一样。

五谷者,种之美者也;苟为不熟,不如荑稗①。夫仁,亦在乎熟之而已矣。

①荑(tí):通"稊",稗子一类的草。稗(bài):一种田间杂草,形状像稻。

【译文】

五谷,是粮食中最好的;但如果不熟,就还比不上稊和稗这样的杂草。仁,也就是要使它成熟罢了。

羿之教人射,必志于彀①;学者亦必志于彀。大匠诲人,必以规矩;学者亦必以规矩。

①彀(gòu):把弓拉满。

【译文】

羿教人射箭,一定要求把弓拉满;学习的人也必须努力把弓拉满。高明的木匠教徒弟,一定要求依据规矩;学习的人也必须努力依据规矩。

告子下

不揣其本而齐其末①,方寸之木可使高于岑楼②。

①揣:衡量。
②岑楼:尖顶的高楼。

【译文】
如果不将底端对齐,而只比较顶端,那么一寸高的木头也可能让它比高楼还高。

夫道,若大路然,岂难知哉?人病不求耳。

【译文】
道,就好像大路,哪有那么难了解呢?怕的只是人们不去寻找。

先名实者①,为人也;后名实者,自为也。

①名:名誉。实:事功。

【译文】
重视名誉事功的人,是为了造福百姓;轻视名誉事功的人,是为了独善己身。

君子亦仁而已矣,何必同?

【译文】
君子只要有仁德就可以了,做法又何必相同呢?

有诸内,必形诸外。
【译文】
里面有的就一定会表现在外面。

尊贤育才,以彰有德。
【译文】
要尊重贤人,培养人才,来表彰有德之人。

敬老慈幼,无忘宾旅。
【译文】
要尊敬老人,爱护幼儿,不怠慢远到的宾客和旅人。

不教民而用之,谓之殃民。
【译文】
不教导百姓就驱使百姓打仗,这叫祸害百姓。

君子不亮①,恶乎执?

①亮:通"谅",诚信。
【译文】
君子不诚信的话,又怎么能保持节操呢?

天将降大任于是人也,必先苦其心志,劳其筋骨,饿其体肤,空乏其身,行拂乱其所为①,所以动心忍性,曾益其所不能②。

①拂:拂戾,违背。

②曾:同"增"。

【译文】

天要把重任降临给某个人的话,一定会先磨砺他的心志,劳累他的筋骨,饥饿他的身体,穷困他的生活,他的每一个行为都被扰乱,这样来触动他的内心、坚忍他的性格,增加他过去所没有的能力。

人恒过,然后能改。

【译文】

人们常常是有了过错才会去改正。

困于心,衡于虑①,而后作;征于色②,发于声,而后喻。

①衡:通"横",不顺。

②征:征验,表现。

【译文】

内心困苦、思虑阻塞才会有所奋发;显露于形貌、流露于言谈才能被人了解。

入则无法家拂士①,出则无敌国外患者,国恒亡。

①拂(bì)士:同"弼士",辅弼的贤士。

【译文】

一个国家,国内没有执法的严臣、辅弼的贤士,国外也没有抗衡的国家、外在的忧患,这样的国家常常是会灭亡的。

生于忧患而死于安乐也。
【译文】
忧患能促人生存而安乐常使人死亡啊。

尽心上

尽其心者①,知其性也②。知其性,则知天矣③。存其心,养其性,所以事天也④。夭寿不贰⑤,修身以俟之,所以立命也。

---

①心:本心,指人生来具有的恻隐、羞恶、辞让、是非这四种善心。

②性:本性,指与上述四种善心相对应的仁、义、礼、智四种道德的开端。

③天:天道。

④事天:遵循天道而行,使天道不堕,即为事天。

⑤不贰:没有二心,即不怀疑天道好善。

【译文】
极力发展人的善良的本心,就可以认识到人的本性。认识了人的本性,就会懂得上天好善的道理。保持人的本心,培养人的本性,这才是侍奉天道的方法。不管寿命是短是长,都不怀疑天道,只一心修正自身等待天命之年的到来,这才是安身立命的方法。

莫非命也,顺受其正①。是故知命者不立乎岩墙之下②。

尽其道而死者,正命也;桎梏死者③,非正命也。

①正:正命,原来的命运。
②岩墙:危墙。
③桎梏:脚镣和手铐。

【译文】

无一不是命运,顺应天理而接受的就是原来的命运。所以知晓命运的人不会站在危墙之下。尽力行道而死的人,接受的是原来的命运;犯罪受刑而死的人,接受的不是原来的命运。

求则得之,舍则失之,是求有益于得也,求在我者也。求之有道,得之有命,是求无益于得也,求在外者也。

【译文】

追求就会得到,放弃就会失去,这说明追求有益于获得,因为追求在于自己的努力。按一定的方法去追求,而能否得到却要看命运,这说明追求无益于获得,因为追求的是外在事物啊。

万物皆备于我矣。反身而诚①,乐莫大焉。强恕而行②,求仁莫近焉。

①诚:真实,无妄。
②恕:指儒家推己及人的恕道。

【译文】

一切事物的根本原理我都具备了。反躬自省,只要觉得自己真实无妄,就是最大的快乐。尽力按恕道去做,是追求仁的最近的道路。

行之而不著焉①,习矣而不察焉,终身由之而不知其道者②,众也③。

①著:明白。
②由:用。
③众:众庶。

【译文】

做了却不明白为何这样做,习惯了就不去深究其原因,终身运用却不懂得其中的道理,大多数人都是这样。

人不可以无耻。无耻之耻,无耻矣。

【译文】

人不可以不知羞耻。不知羞耻这种羞耻,是真的没有羞耻了。

耻之于人大矣,为机变之巧者①,无所用耻焉。不耻不若人,何若人有?

①机变:机谋巧诈。

【译文】

羞耻对于人来说,关系大了!玩弄机谋巧诈的人却没有什么地方可以用得上羞耻。不以比不上别人为羞耻,如何能赶上别人呢?

尊德乐义,则可以嚣嚣矣①。故士穷不失义②,达不离道。穷不失义,故士得己焉③;达不离道,故民不失望焉。古之人,得志,泽加于民;不得志,修身见于世④。穷则独善其身,达则兼善天下。

————

①嚣嚣:自得无欲的样子。

②穷:政治上不得志,与下文"达"相对。

③得己:自得。

④见:赵岐注:"见,立也。"

【译文】

崇尚德,喜爱义,就可以自得其乐了。所以士人穷困时不丧失义,显达时不离开道。穷困时不丧失义,所以士人自得其乐;显达时不离开道,所以老百姓不会失望。古代的人,得志时恩泽广被百姓,不得志时就修养自身品格以此立于人世。也就是说,穷困便独善其身,显达就兼善天下。

以佚道使民①,虽劳不怨。以生道杀民,虽死不怨杀者。

————

①佚道:同"逸道"。赵岐注:"谓教民趋农,役有常时,不使失业,当时虽劳,后获其利,则佚矣。"

【译文】

为了使百姓安逸而役使百姓,百姓虽然劳累也不会怨恨。为了使百姓生存而杀人,被杀的人虽然死去也不会怨恨杀他的人。

霸者之民,欢虞如也①。王者之民,皞皞如也②。杀之而不怨,利之而不庸③,民日迁善而不知为之者。

————

①欢虞:同"欢娱"。

②皞皞:同"浩浩",广大自得的样子。

③庸:功劳,此处意为酬功。

【译文】

以武力称霸的君王,他的百姓欢喜快乐。以仁德治国的君王,他的百姓怡然自得。杀了他们也不怨恨,使他们得到好处他们也不知感谢,百姓一天天地向善的方向发展,却不知道是谁使他们向善。

夫君子所过者化,所存者神,上下与天地同流①,岂曰小补之哉?

①上下:上指君王,下指臣民。

【译文】

圣君所经过的地方,百姓得到教化;所停留驻足的地方,影响更加神妙。上下和天地同运并行,和谐统一,怎么能说是小小的补益呢?

仁言不如仁声之入人深也①,善政不如善教之得民也。善政民畏之,善教民爱之。善政得民财,善教得民心。

①声:音乐声。

【译文】

仁德的语言不如仁德的乐声那样深入人心,良好的政治措施不如良好的教化那样获取民心。良好的政治措施只是使百姓畏惧,良好的教化却令百姓热爱。良好的政治措施得到的是百姓的财产,良好的教化得到的却是百姓的心。

人之所不学而能者,其良能也①;所不虑而知者,其良知也。孩提之童②,无不知爱其亲者;及其长也,无不知敬其兄也。亲亲,仁也;敬长,义也。无他,达之天下也。

①良:朱熹注:"良者,本然之善也。"
②孩提之童:二三岁的小孩子。

【译文】

人不经过学习就能做到的,是人的良能;不经过思考就能明白的,是人的良知。两三岁的小孩子,没有不知道爱自己父母的;等到他长大了,没有不知道敬重兄长的。爱父母,是仁;尊敬兄长,是义。之所以会这样,没有其他的原因,因为这两种品格遍布天下。

无为其所不为,无欲其所不欲,如此而已矣。

【译文】

不做他不想做的事,不要他不想要的东西,这样就可以了。

人之有德、慧、术、知者①,恒存乎疢疾②。独孤臣孽子③,其操心也危④,其虑患也深,故达⑤。

①德、慧、术、知(zhì):指德行、智能、道术、才智。知,同"智"。
②疢(chèn)疾:灾患。
③孤臣:指失去国家的臣子。孽子:庶子,非正妻所生,地位卑贱。
④危:不安。
⑤达:显达。

【译文】

人们中具有德行、智能、道术、才智的，经常是那些处在灾患中的人。只有失去国家的臣子和地位卑贱的庶子，他们不安地运用着心思，深远地考虑着灾患，所以才能显达。

有事君人者，事是君则为容悦者也；有安社稷臣者，以安社稷为悦者也；有天民者①，达可行于天下而后行之者也；有大人者②，正己而物正者也。

---

①天民：赵岐注："天民，知道者也。可行而行，可止而止。"
②大人：圣人。

【译文】

有侍奉君主个人的，侍奉君主就是为了使君主高兴；有安定国家的臣子，那是把安定国家作为快乐的人；有天民，那是因为他的道可以在天下普遍实行而后才去实行的人；有圣人，那是端正了自己，外物便随之端正的人。

君子有三乐，而王天下不与存焉。父母俱存，兄弟无故①，一乐也。仰不愧于天，俯不怍于人②，二乐也。得天下英才而教育之，三乐也。君子有三乐，而王天下不与存焉。

---

①故：灾患疾病。
②怍（zuò）：惭愧。

【译文】

君子有三件乐事，但称王天下不包括在内。父母都健在，兄弟没有疾病灾患,这是第一件乐事。抬头无愧于天,低头无愧于人,这是第二件乐事。得到天下的英才,教育培养他们,这是第三件乐事。君子有三件乐事,但称王天下不包括在内。

广土众民,君子欲之,所乐不存焉;中天下而立,定四海之民,君子乐之,所性不存焉。

【译文】
广大的土地和众多的百姓,是君子想得到的,他的乐趣却不在这里;站在天下的中央,安定天下的百姓,是君子高兴做的事,但他的本性却不在这里。

君子所性,虽大行不加焉①,虽穷居不损焉,分定故也。君子所性,仁、义、礼、智根于心。其生色也睟然②,见于面,盎于背③,施于四体④,四体不言而喻。

①大行:赵岐注:"行政于天下。"
②睟(suì)然:清和润泽的样子。
③盎:充盈。
④施(yì):延及。

【译文】
君子的本性,即使他统治天下也不会增加,即使他穷困自处也不会减少,因为他的本性是天定的。君子的本性,仁、义、礼、智在心中生根,它们产生的颜色清和润泽,表现在脸上,充盈在背上,延伸到四肢,只是通过四肢的动作,无需言语,就能让人明白。

易其田畴①,薄其税敛,民可使富也。食之以时,用之以礼,财不可胜用也。

①易:治。田畴(chóu):田地。

【译文】

整治耕地,减轻赋税,便可使民众富有起来。依照时令饮食,按照礼仪花费,财物便会不可胜用。

圣人治天下,使有菽粟如水火①。菽粟如水火,而民焉有不仁者乎?

①菽粟:豆和小米。泛指粮食。

【译文】

圣人治理天下,要使民众拥有粮食如同水、火那样充足。如果粮食像水、火那样充足,民众哪有不仁爱的呢?

孔子登东山而小鲁,登泰山而小天下。故观于海者难为水,游于圣人之门者难为言。

【译文】

孔子登上东山,觉得鲁国变小了;登上泰山,觉得天下变小了。所以看过大海的人很难被其他的水所吸引,在圣人门下学习过的人很难被其他的言论所吸引。

观水有术,必观其澜。

【译文】

观赏水有一定的方法,一定要观赏它的波澜。

日月有明,容光必照焉①。流水之为物也,不盈科不行②;君子之志于道也,不成章不达③。

———

①容光:微小的缝隙。

②科:坑坎。

③成章:古称乐曲终结为一章。此处指事物达到一定程度,具有一定规模。

【译文】

太阳和月亮都有光辉,连微小的缝隙都一定能照亮。流水这种东西,不填满坑坑坎坎就不往前流;君子立志追求道,不达到一定的程度就不能通达。

鸡鸣而起,孳孳为善者①,舜之徒也;鸡鸣而起,孳孳为利者,跖之徒也②。欲知舜与跖之分,无他,利与善之间也③。

———

①孳孳:勤勉之意。

②跖(zhí):即盗跖。

③间(jiàn):异,不同。

【译文】

鸡叫便起身,孜孜不倦行善的人,是舜一类的人;鸡叫便起身,孜孜不倦营利的人,是盗跖一类的人。想要知道舜和盗跖的区别,没有别的,就是营利和行善的不同。

杨子取为我①,拔一毛而利天下,不为也。墨子兼爱,摩顶放踵利天下,为之。子莫执中②,执中为近之。执中无权③,犹执一也。所恶执一者,为其贼道也④,举一而废百也。

①杨子:即杨朱。取:主张。
②子莫:鲁国的贤人。
③权:权变,变通。
④贼:损害。

【译文】

杨朱主张为我,拔一根毛发对天下有利都不愿做。墨子主张兼爱,只要对天下有利,摩秃头顶,走破脚跟也要去做。子莫主张中道,主张中道是最接近仁义之道的。但主张中道如果不知变通,就跟偏执于一端一样了。厌恶偏执一端的原因是它会损害仁义之道,只拣起一点却丢弃了其余。

饥者甘食,渴者甘饮,是未得饮食之正也,饥渴害之也。

【译文】

饥饿的人吃什么都香,口渴的人喝什么都甜,但这并非食物饮料本来的滋味,是饥渴妨害了人的味觉。

人能无以饥渴之害为心害,则不及人不为忧矣。

【译文】

人如果能不让饥渴的灾害成为心的灾害,那么比不上别人就不会成为忧虑了。

有为者辟若掘井①,掘井九轫而不及泉②,犹为弃井也。

①辟:同"譬"。
②轫:同"仞"。七尺曰仞。

【译文】

做一件事就好像挖井,挖了很深却没挖到泉水,还是一口废井。

君子居是国也,其君用之,则安富尊荣;其子弟从之,则孝悌忠信。

【译文】

君子住在这个国家,君王任用他,就能安定富足、尊贵荣耀;他的子弟跟从他,就会孝顺友爱、忠诚守信。

杀一无罪,非仁也;非其有而取之,非义也。居恶在?仁是也;路恶在?义是也。居仁由义,大人之事备矣。

【译文】

杀死一个无罪的人,就是不仁;不是自己的东西却占有,就是不义。住处在哪里?以仁为家;道路在哪里?以义为路。以仁为家,以义为路,身在高位的人的事情就完备了。

居移气,养移体,大哉居乎!

【译文】

居所改变气度,奉养改变体质,环境真重要啊!

食而弗爱,豕交之也①;爱而不敬,兽畜之也。恭敬者,币之未将者也②。恭敬而无实,君子不可虚拘③。

① 豕(shǐ):猪。
② 币:缯帛。古时常用作祭祀或馈赠的礼品。将:送。
③ 拘:止,留。

【译文】

喂养却不爱他,是用对待猪的方式和他交往;爱他却不尊敬他,是用对待兽的方式畜养他。恭敬的心,是在礼物未送前就具备的。恭敬却没有实质,君子不能因为虚礼留下来。

形色①,天性也。惟圣人然后可以践形②。

① 形:指君子之体貌。色:指妇人妖丽之容。
② 践形:焦循《孟子正义》:"圣人尽人之性,正所以践人之形。苟拂乎人性之善,则以人之形而入于禽兽矣,不践形矣。"

【译文】

美的形体和容貌,是天生的。只有圣人才能够用善的人性真正实现外形的美。

君子之所以教者五:有如时雨化之者,有成德者,有达财者①,有答问者,有私淑艾者②。此五者,君子之所以教也。

① 财:同"才"。
② 私淑艾:焦循《孟子正义》云:"私淑艾者,即私拾取也。亲为门徒,面相授受,直也。未得为孔子之徒,而拾取于相传之人,故为私。"

【译文】

君子用来教育的方式有五种:有像及时雨那样滋润万物的,有成全德行的,有培养才能的,有解答疑问的,有流传后世为后人所私下学习的。这五种就是君子用来教育的方式。

大匠不为拙工改废绳墨,羿不为拙射变其彀率[①]。君子引而不发,跃如也。中道而立,能者从之。

———

①彀率(gòu lǜ):拉开弓的标准。

【译文】

高明的工匠不会为了拙劣的工匠改变废弃绳墨,后羿不会为了拙劣的射手变更拉开弓的标准。君子拉开弓却不发箭,作出跃跃欲试的样子。在道路中央站立,有能力的人便会跟从他。

天下有道,以道殉身[①];天下无道,以身殉道。未闻以道殉乎人者也。

———

①殉:从。

【译文】

天下清明,以道跟随自身,使道得以施行;天下黑暗,以自身跟随道,为了道不惜牺牲自己。没听说牺牲道来迁就人的。

挟贵而问,挟贤而问,挟长而问,挟有勋劳而问,挟故而问,皆所不答也。

【译文】

倚仗显贵发问,倚仗贤能发问,倚仗年长发问,倚仗有功劳发问,倚仗老交情发问,都是我所不愿回答的。

于不可已而已者,无所不已。于所厚者薄,无所不薄也。其进锐者,其退速。

【译文】

对不该停止的事情却停止了,那就没什么事不会半途而废。对该厚待的人却刻薄,那就没什么人不会刻薄对待。那些前进时迅猛的人,他们后退得也迅速。

君子之于物也,爱之而弗仁;于民也,仁之而弗亲。亲亲而仁民,仁民而爱物。

【译文】

君子对于万物,爱惜它们却不仁爱;对于百姓,仁爱他们却不亲近。君子由亲近亲人推广到仁爱百姓,由仁爱百姓推广到爱惜万物。

知者无不知也,当务之为急;仁者无不爱也,急亲贤之为务。

【译文】

智者没有什么不能知道,但当前在做的事是他们最急于了解的;仁者没有什么不爱的,但爱亲人和贤能的人是他们的第一要务。

尽心下

仁者以其所爱及其所不爱,不仁者以其所不爱及其所爱。
【译文】
仁德的人把他对所爱的人的恩德推及到他所不爱的人的身上,不仁的人把他加给所不爱的人的祸害推及到他所爱的人身上。

春秋无义战。
【译文】
春秋时代没有正义的战争。

征者,上伐下也,敌国不相征也。
【译文】
征是指天子讨伐诸侯,诸侯国之间不能相互征讨。

尽信《书》①,则不如无《书》。

①《书》:指《尚书》。

【译文】
完全相信《书》,不如没有《书》。

国君好仁,天下无敌焉。
【译文】
如果国君喜爱仁,就会天下无敌。

梓、匠、轮、舆能与人规矩①,不能使人巧。

①梓：古代专门做器具的工匠。匠：古代专造房屋的工匠。轮：古代专造车轮的工匠。舆：古代专造车厢的工匠。

【译文】

做器具的、盖房屋的、造车轮的、造车厢的，只能传授给人制作的方法和规格，却无法使人心灵手巧。

身不行道，不行于妻子；使人不以道，不能行于妻子。

【译文】

自己如果不依道而行，妻子儿女也不会依道而行；役使人如果不合乎道，就连妻子儿女也役使不动。

周于利者①，凶年不能杀②；周于德者，邪世不能乱。

①周：足。
②杀：窘困。

【译文】

财富充足的人，荒年也不会窘困；道德高尚的人，乱世也不会迷惑。

不信仁贤，则国空虚；无礼义，则上下乱；无政事，则财用不足。

【译文】

不信任仁者贤者，国家就会空若无人；没有礼义，上下关系就会混乱；没有行政事务，财用就会不充足。

不仁而得国者,有之矣;不仁而得天下,未之有也。
【译文】
不仁却得到国家是有的,不仁却得到天下是不曾有的。

民为贵,社稷次之,君为轻。
【译文】
百姓最为重要,其次是土谷之神,君主为轻。

圣人,百世之师也,伯夷、柳下惠是也。故闻伯夷之风者,顽夫廉①,懦夫有立志;闻柳下惠之风者,薄夫敦,鄙夫宽。奋乎百世之上,百世之下,闻者莫不兴起也。

———
①顽:贪。

【译文】
圣人是百代的老师,伯夷、柳下惠就是这样的人。所以听说了伯夷风范的人,贪婪的变得清廉,懦弱的有了自立的志向;听说了柳下惠风范的人,刻薄的变得敦厚,狭隘的变得宽容。他们在百代之前发奋,百代之后,听说他们风范的人无不奋发振作。

仁也者,人也。合而言之,道也。
【译文】
仁就是人。仁和人合起来说,就是道。

贤者以其昭昭,使人昭昭;今以其昏昏,使人昭昭。

【译文】

贤人自己明白了,再使别人明白;现在的人自己稀里糊涂,却想使人明白。

口之于味也,目之于色也,耳之于声也,鼻之于臭也,四肢之于安佚也,性也。有命焉,君子不谓性也。仁之于父子也,义之于君臣也,礼之于宾主也,知之于贤者也,圣人之于天道也,命也。有性焉,君子不谓命也。

【译文】

嘴巴对于美味,眼睛对于美色,耳朵对于音乐,鼻子对于香气,四肢对于安逸,都很喜爱,这是人的天性。但能否得到,有命运在安排,所以君子不说这是天性。仁爱对于父子,义理对于君臣,礼节对于宾主,智能对于贤人,圣人对于天道,能否实现,都是命运。但有天性存在其中,所以君子不说这是命运。

可欲之谓善,有诸己之谓信,充实之谓美,充实而有光辉之谓大,大而化之之谓圣,圣而不可知之之谓神。

【译文】

值得别人喜爱就叫善,自己确实拥有善就叫信,充实自身的善信就叫美,充实自身的善信并使之照耀四方就叫大,大力推行善信使天下人受其教化就叫圣,圣达到不可测知的程度就叫神。

诸侯之宝三:土地、人民、政事。宝珠玉者,殃必及身。

【译文】

诸侯的宝物有三件:土地、人民、政治事务。把珍珠美玉当作宝物的诸侯,灾祸一定会降临他自身。

夫子之设科也,往者不追,来者不拒。
【译文】
先生开设课程,对走的人不追回,对来的人也不拒绝。

人皆有所不忍,达之于其所忍,仁也;人皆有所不为,达之于其所为,义也。人能充无欲害人之心,而仁不可胜用也;人能充无穿逾之心①,而义不可胜用也;人能充无受尔汝之实②,无所往而不为义也。士未可以言而言,是以言餂之也③;可以言而不言,是以不言餂之也。是皆穿逾之类也。

———
①穿逾:挖墙洞和爬墙头。赵岐注:"穿墙逾屋,奸利之心也。"
②尔汝:平辈间以尔汝称,有轻贱之意。
③餂(tiǎn):取。

【译文】
人都有不忍心做的事,把这种不忍心推广到忍心做的事上,就是仁;人都有不愿做的事,把这种不愿的心推广到愿意做的事上,就是义。如果人能扩充不想害人的心,那么仁就用不完了;如果人能扩充不挖洞跳墙的心,那么义就用不完了;如果人能扩充不肯受轻贱的言行,那么没有哪里他不行仁义的。士人不可以同他谈论却同他谈论,这是用言语诱取他;可以同他谈论却不同他谈论,这是用无言诱取他。这些都是挖洞跳墙之类的行径啊。

言近而指远者,善言也;守约而施博者,善道也。

【译文】

语言浅近却意旨深远,就是善言;遵守起来简便但施行起来恩泽广被,就是善道。

君子之言也,不下带而道存焉①;君子之守,修其身而天下平。

———

① 不下带:朱熹注:"古人视不下于带,则带之上及目前常见至近之处也。举目前之近事,而至理存焉,所以为言近而指远也。"

【译文】

君子的言论,都是眼前的事情,但真理却蕴涵其中;君子的操守,只是修养自身却能使天下太平。

人病舍其田而芸人之田,所求于人者重,而所以自任者轻。

【译文】

一般人的毛病就在于舍弃自己的田地却去耕种别人的田地,向别人要求得很多,自己承担的责任却很轻。

动容周旋中礼者,盛德之至也。

【译文】

动作容仪与人交往无不合乎礼的,是美德的最高境界了。

经德不回①,非以干禄也②;言语必信,非以正行也。君子行法,以俟命而已矣。

①经:行。回:通"违"。
②干:求取。
【译文】
遵行道德而不违背,不是因为要求取官职;说的话一定真实,不是用来表明自己的行为端正。君子行事依据法度,以此等待天命罢了。

说大人则藐之,勿视其巍巍然。
【译文】
游说诸侯就要藐视他,不要看他高高在上。

养心莫善于寡欲。
【译文】
修养心性没有比减少欲望更好的方法了。

其为人也寡欲,虽有不存焉者,寡矣;其为人也多欲,虽有存焉者,寡矣。
【译文】
他的为人如果欲望少,善性即使有所丧失,也是很少;他的为人如果欲望多,善性即使有所存留,也是很少。

非之无举也,刺之无刺也,同乎流俗,合乎污世,居之似忠信,行之似廉洁,众皆悦之,自以为是,而不可与入尧、舜之道,故曰"德之贼"也。

【译文】

非难他又举不出他有什么错,指责他又没什么好指责的,他只是和世俗同流合污,为人似乎忠诚老实,行为似乎廉洁方正,大家都喜欢他,他也自以为正确,但他却不能归入尧、舜之道,所以孔子说他是"戕害道德的人"。

孔子曰:"恶似而非者:恶莠①,恐其乱苗也;恶佞②,恐其乱义也;恶利口,恐其乱信也;恶郑声,恐其乱乐也;恶紫,恐其乱朱也;恶乡原③,恐其乱德也。"君子反经而已矣④。经正,则庶民兴;庶民兴,斯无邪慝矣⑤。

①莠:即狗尾草,常见于田间,似禾非禾,秀而不实。
②佞:巧言谄媚。
③乡原:即乡愿,指乡里伪善欺世、博取好名的所谓好好先生。
④反经:恢复常道。反,同"返"。经,正道,常道。
⑤慝(tè):恶。

【译文】

孔子说:"我厌恶似是而非的东西:厌恶狗尾巴草,是怕它混淆禾苗;厌恶巧言谄媚,是怕它迷乱义;厌恶夸夸其谈,是怕它扰乱真实;厌恶郑国的音乐,是怕它搅乱雅乐;厌恶紫色,是怕它混乱大红色;厌恶好好先生,是怕他搞乱道德。"君子使这类事物回归正道就可以了。正道不被歪曲,老百姓就会兴起有作为;老百姓兴起有作为,就没有邪恶了。

主题分类索引

为方便读者查找相关主题的选文,特编制本索引。

一、索引分类。本索引根据选文内容将全书全部2251条选文分为48类,各条选文均只分入某一主题,不重复分类。类目设置既体现传统文化,又兼顾当代读者实用之需。

类目索引

类目	索引页码	类目	索引页码
1.治国理政	2～7	20.交际	44～47
2.治乱兴衰	7～10	21.交友	47～47
3.领导力	10～16	22.齐家	47～49
4.为官	16～20	23.修身	49～56
5.民本	20～22	24.圣人	56～57
6.民心	23～23	25.君子	58～61
7.爱民	23～24	26.人格	61～62
8.治民	24～25	27.修德	62～65
9.用人	25～27	28.行善去恶	66～66
10.观人	27～28	29.中和	66～67
11.赏罚	28～28	30.孝道	67～69
12.法治	29～29	31.诚信	70～70
13.以德治国	29～31	32.谦逊	70～71
14.礼乐	31～35	33.谨慎	71～71
15.教化	35～36	34.操守	72～73
16.外交	36～36	35.修己	73～74
17.军事	36～38	36.改过	74～74
18.生态	39～39	37.言行	74～76
19.处世	39～44	38.日常礼仪	76～77

续表

类目	索引页码	类目	索引页码
39.学习	78～80	44.世情	86～87
40.师教	80～81	45.哲理	87～88
41.天道	81～82	46.事理	88～92
42.人性	82～84	47.物理	92～93
43.情思	84～86	48.风物	93～93

二、索引排序。各类大体依治国、处世、齐家、修身及道理为序,而各类内部则依本书页码排序。

三、索引条目体例。各条均先列明原文,括注出处,标明页码。例如:

敷纳以言,明庶以功,车服以庸。(《尚书·皋陶谟》)　84

四、需要说明的是,在编写本索引的过程中,我们深感经典著作的内容极其复杂,选文意蕴也极为丰富,合理设置类目并加以精准分类极为不易,本索引的分类只是力求为读者提供方便,类目设置及分类不当之处,在所难免,敬请海涵。

治国理政(119条)

天地以顺动,故日月不过,而四时不忒。圣人以顺动,则刑罚清而民服。(《周易·豫》)　20

甘临,无攸利;既忧之,无咎。(《周易·临》)　23

至临,无咎。(《周易·临》)　23

知临,大君之宜。(《周易·临》)23

"大君之宜",行中之谓也。(《周易·临》)　23

敦临,吉,无咎。(《周易·临》)24

五载一巡守。群后四朝,敷奏以言,明试以功,车服以庸。(《尚书·尧典》)　76

食哉惟时,柔远能迩,惇德允元,而难任人,蛮夷率服。(《尚书·尧典》)　77

敷纳以言,明庶以功,车服以庸。(《尚书·皋陶谟》)　84

八政:一曰食,二曰货,三曰祀,四曰司空,五曰司徒,六曰司寇,七曰宾,

八曰师。(《尚书·洪范》) 91

三德:一曰正直,二曰刚克,三曰柔克。平康正直。强弗友刚克,燮友柔克。沉潜刚克,高明柔克。(《尚书·洪范》) 93

岁、月、日时无易,百谷用成,乂用明,俊民用章,家用平康。(《尚书·洪范》) 95

克明德慎罚,不敢侮鳏寡,庸庸,祗祗,威威,显民。(《尚书·康诰》) 96

柔远能迩,安劝小大庶邦。(《尚书·顾命》) 108

后克艰厥后,臣克艰厥臣,政乃乂,黎民敏德。(《尚书·大禹谟》) 114

嘉言罔攸伏,野无遗贤,万邦咸宁。(《尚书·大禹谟》) 115

正德、利用、厚生,惟和。(《尚书·大禹谟》) 117

临下以简,御众以宽。(《尚书·大禹谟》) 118

威克厥爱,允济;爱克厥威,允罔功。(《尚书·胤征》) 125

立爱惟亲,立敬惟长,始于家邦,终于四海。(《尚书·伊训》) 129

君罔以辩言乱旧政,臣罔以宠利居成功,邦其永孚于休。(《尚书·太甲下》) 133

知之曰明哲,明哲实作则。(《尚书·说命上》) 136

明王奉若天道,建邦设都,树后王君公。承以大夫师长,不惟逸豫,惟以乱民。(《尚书·说命中》) 137

人求多闻,时惟建事,学于古训乃有获。事不师古,以克永世,匪说攸闻。(《尚书·说命下》) 141

受有亿兆夷人,离心离德,予有乱臣十人,同心同德。(《尚书·泰誓中》) 144

不作无益害有益,功乃成;不贵异物贱用物,民乃足。(《尚书·旅獒》)148

不宝远物,则远人格;所宝惟贤,则迩人安。(《尚书·旅獒》) 148

率自中,无作聪明乱旧章,详乃视听,罔以侧言改厥度。(《尚书·蔡仲之命》) 150

庶政惟和,万国咸宁。(《尚书·周官》) 151

政贵有恒,辞尚体要,不惟好异。(《尚书·毕命》) 158

溥天之下,莫非王土;率土之滨,莫非王臣。(《诗经·小雅·北山》)214

周虽旧邦,其命维新。(《诗经·大雅·文王》) 223

昭兹来许,绳其祖武。於万斯年,受天之祜。(《诗经·大雅·下武》)227

诒厥孙谋,以燕翼子。(《诗经·大雅·文王有声》) 227

名者,人治之大者也,可无慎乎?(《仪礼·丧服》) 267

国奢则示之以俭,国俭则示之以礼。(《礼记·檀弓下》) 287

苛政猛于虎也!(《礼记·檀弓下》) 288

修其教,不易其俗;齐其政,不易

其宜。(《礼记·王制》) 291

天地始肃,不可以赢。(《礼记·月令》) 293

凡举大事,毋逆大数,必顺其时,慎因其类。(《礼记·月令》) 294

大道之行也,天下为公。(《礼记·礼运》) 295

国有礼,官有御,事有职,礼有序。(《礼记·礼运》) 297

大臣法,小臣廉,官职相序,君臣相正,国之肥也。(《礼记·礼运》) 298

天子以德为车,以乐为御,诸侯以礼相与,大夫以法相序,士以信相考,百姓以睦相守,天下之肥也。(《礼记·礼运》) 298

先王之所以治天下者五:贵有德,贵贵,贵老,敬长,慈幼。(《礼记·祭义》) 321

惠均则政行,政行则事成,事成则功立。(《礼记·祭统》) 323

义与信,和与仁,霸、王之器也。(《礼记·经解》) 324

古之为政,爱人为大。所以治爱人,礼为大。所以治礼,敬为大。(《礼记·哀公问》) 325

君子兴敬为亲,舍敬,是遗亲也。弗爱不亲,弗敬不正。爱与敬,其政之本与?(《礼记·哀公问》) 325

人道敏政,地道敏树。(《礼记·中庸》) 336

所谓治国必先齐其家者,其家不可教而能教人者,无之。(《礼记·大学》) 359

生财有大道。(《礼记·大学》) 363

生之者众,食之者寡,为之者疾,用之者舒,则财恒足矣。(《礼记·大学》) 363

国不以利为利,以义为利也。(《礼记·大学》) 364

为国家者,见恶如农夫之务去草焉,芟夷蕴崇之,绝其本根,勿使能殖,则善者信矣。(《左传·隐公六年》) 374

政以治民,刑以正邪。既无德政,又无威刑,是以及邪。(《左传·隐公十一年》) 376

国家之立也,本大而末小,是以能固。(《左传·桓公二年》) 377

周谚有之:"匹夫无罪,怀璧其罪。"(《左传·桓公十年》) 378

得一夫而失一国,与恶而弃好,非谋也。(《左传·庄公十二年》) 381

不去庆父,鲁难未已。(《左传·闵公元年》) 385

亲有礼,因重固,间携贰,覆昏乱,霸王之器也。(《左传·闵公元年》) 386

唯则定国。(《左传·僖公九年》) 391

背施,无亲;幸灾,不仁;贪爱,不祥;怒邻,不义。四德皆失,何以守国?(《左传·僖公十四年》) 392

弃信,背邻,患孰恤之?无信患作,失援必毙。(《左传·僖公十四年》) 393

背施、幸灾,民所弃也。近犹仇

之,况怨敌乎?(《左传·僖公十四年》) 393

无始祸,无怙乱,无重怒。(《左传·僖公十五年》) 393

信,国之宝也,民之所庇也。(《左传·僖公二十五年》) 398

文不犯顺,武不违敌。(《左传·僖公三十三年》) 401

闰以正时,时以作事,事以厚生,生民之道,于是乎在矣。(《左传·文公六年》) 403

先君周公制《周礼》曰:"则以观德,德以处事,事以度功,功以食民。"(《左传·文公十八年》) 408

君能制命为义,臣能承命为信,信载义而行之为利。(《左传·宣公十五年》) 413

唯器与名,不可以假人,君之所司也。名以出信,信以守器,器以藏礼,礼以行义,义以生利,利以平民,政之大节也。若以假人,与人政也。政亡,则国家从之,弗可止也已。(《左传·成公二年》) 416

忠,社稷之固也,所盖多矣。(《左传·成公二年》) 417

共俭以行礼,而慈惠以布政。政以礼成,民是以息。(《左传·成公十二年》) 420

国之大事,在祀与戎。(《左传·成公十三年》) 420

民生厚而德正,用利而事节,时顺而物成。(《左传·成公十六年》) 422

上下和睦,周旋不逆,求无不具,各知其极。(《左传·成公十六年》) 422

善则赏之,过则匡之,患则救之,失则革之。(《左传·襄公十四年》) 428

会朝,礼之经也;礼,政之舆也;政,身之守也。怠礼,失政;失政,不立,是以乱也。(《左传·襄公二十一年》) 431

君人执信,臣人执共,忠、信、笃、敬,上下同之,天之道也。(《左传·襄公二十二年》) 431

毋宁使人谓子"子实生我",而谓"子浚我以生"乎?(《左传·襄公二十四年》) 433

政如农功,日夜思之,思其始而成其终,朝夕而行之。行无越思,如农之有畔,其过鲜矣。(《左传·襄公二十五年》) 435

无欲实难。皆得其欲,以从其事,而要其成。(《左传·襄公三十年》) 442

君有君之威仪,其臣畏而爱之,则而象之,故能有其国家,令闻长世。臣有臣之威仪,其下畏而爱之,故能守其官职,保族宜家。(《左传·襄公三十一年》) 444

好恶不愆,民知所适,事无不济。(《左传·昭公十五年》) 457

为国非不能事大字小之难,无礼以定其位之患。(《左传·昭公十六年》) 458

政平而不干,民无争心。(《左传·昭公二十年》) 462

唯有德者能以宽服民,其次莫如猛。夫火烈,民望而畏之,故鲜死焉;水懦弱,民狎而玩之,则多死焉。故宽难。(《左传·昭公二十年》) 463

政宽则民慢,慢则纠之以猛。猛则民残,残则施之以宽。宽以济猛,猛以济宽,政是以和。(《左传·昭公二十年》) 463

慎其四竟,结其四援,民狎其野,三务成功,民无内忧,而又无外惧,国焉用城?(《左传·昭公二十三年》)465

夫正其疆场,修其土田,险其走集,亲其民人,明其伍候,信其邻国,慎其官守,守其交礼,不僭不贪,不懦不耆,完其守备,以待不虞,又何畏矣?(《左传·昭公二十三年》) 465

无始乱,无怙富,无恃宠,无违同,无敖礼,无骄能,无复怒,无谋非德,无犯非义。(《左传·定公四年》) 471

何言乎王正月?大一统也。(《春秋公羊传·隐公》) 481

为人臣而侵其君之命而用之,是不臣也;为人君而失其命,是不君也。君不君,臣不臣,此天下所以倾也。(《春秋穀梁传·宣公十五年》) 490

虽有文事,必有武备。(《春秋穀梁传·襄公二十五年》) 491

道千乘之国,敬事而信,节用而爱人,使民以时。(《论语·学而》) 495

定公问:"君使臣,臣事君,如之何?"孔子对曰:"君使臣以礼,臣事君以忠。"(《论语·八佾》) 506

自古皆有死,民无信不立。(《论语·颜渊》) 548

君君,臣臣,父父,子子。(《论语·颜渊》) 550

名不正,则言不顺;言不顺,则事不成;事不成,则礼乐不兴;礼乐不兴,则刑罚不中;刑罚不中,则民无所措手足。(《论语·子路》) 554

善人为邦百年,亦可以胜残去杀矣。(《论语·子路》) 555

有国有家者,不患寡而患不均,不患贫而患不安。盖均无贫,和无寡,安无倾。(《论语·季氏》) 574

既来之,则安之。(《论语·季氏》) 574

天下有道,则政不在大夫。天下有道,则庶人不议。(《论语·季氏》) 575

谨权量,审法度,修废官,四方之政行焉。(《论语·尧曰》) 592

兴灭国,继绝世,举逸民,天下之民归心焉。(《论语·尧曰》) 592

古之人与民偕乐,故能乐也。(《孟子·梁惠王上》) 623

以力假仁者霸,霸必有大国。以德行仁者王,王不待大。(《孟子·公孙丑上》) 635

以力服人者,非心服也,力不赡也。以德服人者,中心悦而诚服也。(《孟子·公孙丑上》) 636

仁则荣,不仁则辱。(《孟子·公孙丑上》) 636

无君子,莫治野人;无野人,莫养君子。(《孟子·滕文公上》) 644

有仁心仁闻而民不被其泽,不可法于后世者,不行先王之道也。(《孟子·离娄上》) 650

徒善不足以为政,徒法不能以自行。(《孟子·离娄上》) 650

为高必因丘陵,为下必因川泽,为政不因先王之道,可谓智乎?(《孟子·离娄上》) 650

欲为君,尽君道;欲为臣,尽臣道。(《孟子·离娄上》) 652

敬老慈幼,无忘宾旅。(《孟子·告子下》) 689

有事君人者,事是君则为容悦者也;有安社稷臣者,以安社稷为悦者也;有天民者,达可行于天下而后行之者也;有大人者,正己而物正者也。(《孟子·尽心上》) 697

不仁而得国者,有之矣;不仁而得天下,未之有也。(《孟子·尽心下》) 708

孔子曰:"恶似而非者:恶莠,恐其乱苗也;恶佞,恐其乱义也;恶利口,恐其乱信也;恶郑声,恐其乱乐也;恶紫,恐其乱朱也;恶乡原,恐其乱德也。"君子反经而已矣。经正,则庶民兴;庶民兴,斯无邪慝矣。(《孟子·尽心下》) 713

治乱兴衰(63条)

革而当,其悔乃亡。天地革而四时成,汤武革命,顺乎天而应乎人。革之时大矣哉!(《周易·革》) 41

危者,安其位者也;亡者,保其存者也;乱者,有其治者也。是故君子安而不忘危,存而不忘亡,治而不忘乱,是以身安而国家可保也。(《周易·系辞下》) 61

天用剿绝其命,今予惟恭行天之罚。(《尚书·甘誓》) 86

时日曷丧,予及汝皆亡!(《尚书·汤誓》) 86

惟不敬厥德,乃早坠厥命。(《尚书·召诰》) 101

训有之,内作色荒,外作禽荒。甘酒嗜音,峻宇雕墙。有一于此,未或不亡。(《尚书·五子之歌》) 123

德惟治,否德乱。与治同道,罔不兴;与乱同事,罔不亡。(《尚书·太甲下》) 132

制治于未乱,保邦于未危。(《尚书·周官》) 150

王事多难,维其棘矣。(《诗经·小雅·出车》) 201

君子信盗,乱是用暴。(《诗经·小雅·巧言》) 210

营营青蝇,止于棘。谗人罔极,交乱四国。(《诗经·小雅·青蝇》) 218

出话不然,为犹不远。靡圣管管,不实于亶。(《诗经·大雅·板》) 231

多将熇熇,不可救药。(《诗经·大雅·板》) 233

殷鉴不远，在夏后之世。(《诗经·大雅·荡》) 235

肆皇天弗尚，如彼泉流，无沦胥以亡。(《诗经·大雅·抑》) 236

邦靡有定，士民其瘵。蟊贼蟊疾，靡有夷届。罪罟不收，靡有夷瘳。(《诗经·大雅·瞻卬》) 244

妇有长舌，维厉之阶。乱匪降自天，生自妇人。(《诗经·大雅·瞻卬》) 245

人之云亡，邦国殄瘁。(《诗经·大雅·瞻卬》) 245

国家将兴，必有祯祥；国家将亡，必有妖孽。(《礼记·中庸》) 339

贱妨贵，少陵长，远间亲，新间旧，小加大，淫破义，所谓六逆也。君义，臣行，父慈，子孝，兄爱，弟敬，所谓六顺也。去顺效逆，所以速祸也。(《左传·隐公三年》) 371

国家之败，由官邪也。官之失德，宠赂章也。(《左传·桓公二年》) 377

政成而民听，易则生乱。(《左传·桓公二年》) 377

并后、匹嫡、两政、耦国，乱之本也。(《左传·桓公十八年》) 380

君使民慢，乱将作矣。(《左传·庄公八年》) 380

宗邑无主，则民不威；疆场无主，则启戎心。戎之生心，民慢其政，国之患也。(《左传·庄公二十八年》) 384

国将兴，听于民；将亡，听于神。神，聪明正直而壹者也，依人而行。(《左传·庄公三十二年》) 385

戎狄豺狼，不可厌也。诸夏亲昵，不可弃也。宴安鸩毒，不可怀也。(《左传·闵公元年》) 385

国将亡，本必先颠，而后枝叶从之。(《左传·闵公元年》) 386

下义其罪，上赏其奸，上下相蒙，难与处矣!(《左传·僖公二十四年》) 396

庸勋、亲亲、昵近、尊贤，德之大者也。即聋、从昧、与顽、用嚚，奸之大者也。弃德崇奸，祸之大者也。(《左传·僖公二十四年》) 397

夫恃才与众，亡之道也。(《左传·宣公十五年》) 414

天反时为灾，地反物为妖，民反德为乱。乱则妖灾生。(《左传·宣公十五年》) 415

世之治也，君子尚能而让其下，小人农力以事其上，是以上下有礼，而谗慝黜远，由不争也，谓之懿德。及其乱也，君子称其功以加小人，小人伐其技以冯君子，是以上下无礼，乱虐并生，由争善也，谓之昏德。国家之敝，恒必由之。(《左传·襄公十三年》) 427

国多宠而王弱，国不可为也。(《左传·襄公二十一年》) 430

生于乱世，贵而能贫，民无求焉，可以后亡。(《左传·襄公二十二年》) 432

《仲虺之志》云："乱者取之，亡者侮之。"推亡固存，国之利也。(《左

传·襄公三十年》） 441

强以克弱而安之,强不义也。不义而强,其毙必速。(《左传·昭公元年》） 446

一世无道,国未艾也。(《左传·昭公元年》） 446

泆而愎谏,不过十年。(《左传·昭公四年》） 449

国将亡,必多制。(《左传·昭公六年》） 451

志业于好,讲礼于等,示威于众,昭明于神。自古以来,未之或失也。存亡之道,恒由是兴。(《左传·昭公十三年》） 456

天子失官,学在四夷。(《左传·昭公十七年》） 458

下陵上替,能无乱乎？(《左传·昭公十八年》） 459

社稷无常奉,君臣无常位,自古以然。(《左传·昭公三十二年》） 470

国之兴也以福,其亡也以祸。(《左传·哀公元年》） 474

国之兴也,视民如伤,是其福也；其亡也,以民为土芥,是其祸也。(《左传·哀公元年》） 475

民保于城,城保于德,失二德者,危,将焉保？(《左传·哀公七年》) 476

吾恐季孙之忧,不在颛臾,而在萧墙之内也。(《论语·季氏》） 575

恶紫之夺朱也,恶郑声之乱雅乐也,恶利口之覆邦家者。(《论语·阳货》） 582

要君者无上,非圣者无法,非孝者无亲。此大乱之道也。(《孝经·五刑章》） 609

五百年必有王者兴,其间必有名世者。(《孟子·公孙丑下》） 642

天下之生久矣,一治一乱。(《孟子·滕文公下》） 648

世衰道微,邪说暴行有作,臣弑其君者有之,子弑其父者有之。孔子惧,作《春秋》。《春秋》,天子之事也。是故孔子曰:"知我者其惟《春秋》乎！罪我者其惟《春秋》乎！"(《孟子·滕文公下》） 648

上无道揆也,下无法守也,朝不信道,工不信度,君子犯义,小人犯刑,国之所存者幸也。(《孟子·离娄上》)651

城郭不完,兵甲不多,非国之灾也；田野不辟,货财不聚,非国之害也。上无礼,下无学,贼民兴,丧无日矣。(《孟子·离娄上》） 651

暴其民甚,则身弑国亡；不甚,则身危国削。(《孟子·离娄上》） 653

三代之得天下也以仁,其失天下也以不仁。国之所以废兴存亡者亦然。(《孟子·离娄上》） 653

天下有道,小德役大德,小贤役大贤；天下无道,小役大,弱役强。(《孟子·离娄上》） 655

顺天者存,逆天者亡。(《孟子·离娄上》） 655

夫人必自侮,然后人侮之；家必自毁,而后人毁之；国必自伐,而后人伐

之。(《孟子·离娄上》) 656

王者之迹熄而《诗》亡,《诗》亡然后《春秋》作。(《孟子·离娄下》) 670

入则无法家拂士,出则无敌国外患者,国恒亡。(《孟子·告子下》) 690

不信仁贤,则国空虚;无礼义,则上下乱;无政事,则财用不足。(《孟子·尽心下》) 707

领导力(147条)

"冥豫"在上,何可长也?(《周易·豫》) 21

九五,观我生,君子无咎。(《周易·观》) 25

上九,观其生,君子无咎。(《周易·观》) 25

说以先民,民忘其劳;说以犯难,民忘其死。说之大,民劝矣哉!(《周易·兑》) 45

说以行险,当位以节,中正以通。天地节而四时成。节以制度,不伤财,不害民。(《周易·节》) 45

"亢龙有悔。"子曰:"贵而无位,高而无民,贤人在下位而无辅,是以动而有悔。"(《周易·系辞上》) 53

曰若稽古,帝尧曰放勋。钦明文思安安,允恭克让,光被四表,格于上下。克明俊德,以亲九族。九族既睦,平章百姓。百姓昭明,协和万邦。黎民于变时雍。(《尚书·尧典》) 75

夙夜惟寅,直哉惟清。(《尚书·尧典》) 77

慎厥身,修思永。惇叙九族,庶明励翼,迩可远在兹。(《尚书·皋陶谟》) 79

在知人,在安民。(《尚书·皋陶谟》) 79

知人则哲,能官人。安民则惠,黎民怀之。(《尚书·皋陶谟》) 79

安汝止,惟几惟康。其弼直,惟动丕应。(《尚书·皋陶谟》) 82

率作兴事,慎乃宪,钦哉!屡省乃成,钦哉!(《尚书·皋陶谟》) 85

元首明哉,股肱良哉,庶事康哉!(《尚书·皋陶谟》) 85

元首丛脞哉,股肱惰哉,万事堕哉!(《尚书·皋陶谟》) 85

邦之臧,惟汝众;邦之不臧,惟予一人有佚罚。(《尚书·盘庚》) 88

天子作民父母,以为天下王。(《尚书·洪范》) 93

惟辟作福,惟辟作威,惟辟玉食;臣无有作福作威玉食。臣之有作福作威玉食,其害于而家,凶于而国,人用侧颇僻,民用僭忒。(《尚书·洪范》) 94

汝则有大疑,谋及乃心,谋及卿士,谋及庶人,谋及卜筮。(《尚书·洪范》) 95

惟王受命,无疆惟休,亦无疆惟恤。(《尚书·召诰》) 100

天亦哀于四方民,其眷命用懋,王其疾敬德。(《尚书·召诰》) 100

自朝至于日中昃,不遑暇食,用咸和万民。(《尚书·无逸》) 104

无皇曰:"今日耽乐。"乃非民攸训,非天攸若,时人丕则有愆。(《尚书·无逸》) 104

厥或告之曰:"小人怨汝詈汝!"则皇自敬德。厥愆,曰:"朕之愆。"(《尚书·无逸》) 105

一人有庆,兆民赖之。(《尚书·吕刑》) 110

邦之杌陧,曰由一人;邦之荣怀,亦尚一人之庆。(《尚书·秦誓》) 114

稽于众,舍己从人,不虐无告,不废困穷,惟帝时克。(《尚书·大禹谟》) 115

无怠无荒,四夷来王。(《尚书·大禹谟》) 117

无稽之言勿听,弗询之谋勿庸。(《尚书·大禹谟》) 121

予临兆民,懔乎若朽索之驭六马,为人上者,奈何不敬?(《尚书·五子之歌》) 123

弗慎厥德,虽悔可追?(《尚书·五子之歌》) 124

火炎昆冈,玉石俱焚。天吏逸德,烈于猛火。歼厥渠魁,胁从罔治。旧染污俗,咸与惟新。(《尚书·胤征》) 124

惟王不迩声色,不殖货利。(《尚书·仲虺之诰》) 125

德日新,万邦惟怀;志自满,九族乃离。(《尚书·仲虺之诰》) 126

王懋昭大德,建中于民,以义制事,以礼制心,垂裕后昆。(《尚书·仲虺之诰》) 127

其尔万方有罪,在予一人;予一人有罪,无以尔万方。(《尚书·汤诰》) 128

居上克明,为下克忠。与人不求备,检身若不及,以至有万邦。(《尚书·伊训》) 129

尔惟德罔小,万邦惟庆;尔惟不德罔大,坠厥宗。(《尚书·伊训》) 129

惟天无亲,克敬惟亲。民罔常怀,怀于有仁。鬼神无常享,享于克诚。(《尚书·太甲下》) 131

有言逆于汝心,必求诸道;有言逊于汝志,必求诸非道。(《尚书·太甲下》) 133

一人元良,万邦以贞。(《尚书·太甲下》) 133

天难谌,命靡常。常厥德,保厥位;厥德匪常,九有以亡。(《尚书·咸有一德》) 134

七世之庙,可以观德。万夫之长,可以观政。(《尚书·咸有一德》) 136

木从绳则正,后从谏则圣。(《尚书·说命上》) 137

无启宠纳侮,无耻过作非。(《尚书·说命中》) 140

德盛不狎侮。狎侮君子,罔以尽人心;狎侮小人,罔以尽其力。(《尚书·旅獒》) 147

蓄疑败谋,怠忽荒政。(《尚书·周官》) 153

功崇惟志,业广惟勤。惟克果断,乃罔后艰。(《尚书·周官》) 153

尔身克正,罔敢弗正,民心罔中,惟尔之中。(《尚书·君牙》) 160

出入起居,罔有不钦;发号施令,罔有不臧。(《尚书·冏命》) 161

弗躬弗亲,庶民弗信。弗问弗仕,勿罔君子。(《诗经·小雅·节南山》) 206

不自为政,卒劳百姓。(《诗经·小雅·节南山》) 206

毋教猱升木,如涂涂附。君子有徽猷,小人与属。(《诗经·小雅·角弓》) 221

天难忱斯,不易维王。(《诗经·大雅·大明》) 224

倬彼云汉,为章于天。周王寿考,遐不作人?(《诗经·大雅·棫朴》)224

追琢其章,金玉其相。勉勉我王,纲纪四方。(《诗经·大雅·棫朴》)225

不闻亦式,不谏亦入。(《诗经·大雅·思齐》) 226

假乐君子,显显令德。宜民宜人,受禄于天。(《诗经·大雅·假乐》)228

穆穆皇皇,宜君宜王。不愆不忘,率由旧章。(《诗经·大雅·假乐》)229

威仪抑抑,德音秩秩。无怨无恶,率由群匹。(《诗经·大雅·假乐》)229

颙颙卬卬,如圭如璋,令闻令望。岂弟君子,四方为纲。(《诗经·大雅·卷阿》) 230

我言维服,勿以为笑。先民有言:询于刍荛。(《诗经·大雅·板》) 232

不明尔德,时无背无侧。尔德不明,以无陪无卿。(《诗经·大雅·荡》) 234

无竞维人,四方其训之。有觉德行,四国顺之。(《诗经·大雅·抑》) 235

訏谟定命,远犹辰告。(《诗经·大雅·抑》) 236

维此惠君,民人所瞻。秉心宣犹,考慎其相。维彼不顺,自独俾臧。自有肺肠,俾民卒狂。(《诗经·大雅·桑柔》) 240

明明天子,令闻不已。矢其文德,洽此四国。(《诗经·大雅·江汉》)243

无竞维人,四方其训之。不显维德,百辟其刑之。(《诗经·周颂·烈文》) 246

敬之敬之,天维显思,命不易哉。(《诗经·周颂·敬之》) 247

无曰高高在上,陟降厥士,日监在兹。(《诗经·周颂·敬之》) 248

不竞不绿,不刚不柔,敷政优优,百禄是遒。(《诗经·商颂·长发》)250

天命降监,下民有严。不僭不滥,不敢怠遑。(《诗经·商颂·殷武》)250

语曰:"乐正司业,父师司成,一有元良,万国以贞。"(《礼记·文王世子》) 294

圣王所以顺,山者不使居川,不使渚者居中原,而弗敝也。(《礼记·礼运》) 298

张而不弛,文武弗能也。弛而不张,文武弗为也。一张一弛,文武之道也。(《礼记·杂记下》) 320

君为正,则百姓从政矣。(《礼记·哀公问》) 325

君子言不过辞,动不过则,百姓不命而敬恭。(《礼记·哀公问》) 326

天无二日,土无二王,家无二主,尊无二上,示民有君臣之别也。(《礼记·坊记》) 329

为政在人,取人以身,修身以道,修道以仁。(《礼记·中庸》) 337

为上易事也,为下易知也,则刑不烦矣。(《礼记·缁衣》) 346

君民者子以爱之,则民亲之;信以结之,则民不倍;恭以莅之,则民有孙心。(《礼记·缁衣》) 347

上好是物,下必有甚焉者矣。(《礼记·缁衣》) 347

上之所好恶,不可不慎也,是民之表也。(《礼记·缁衣》) 347

上好仁,则下之为仁争先人。(《礼记·缁衣》) 348

长民者,衣服不贰,从容有常,以齐其民,则民德壹。(《礼记·缁衣》) 348

君子不出家而成教于国:孝者,所以事君也;弟者,所以事长也;慈者,所以使众也。(《礼记·大学》) 359

一家仁,一国兴仁;一家让,一国兴让;一人贪戾,一国作乱。其机如此。此谓一言偾事,一人定国。(《礼记·大学》) 360

尧、舜率天下以仁,而民从之;桀、纣率天下以暴,而民从之。其所令反其所好,而民不从。(《礼记·大学》) 360

上老老而民兴孝,上长长而民兴弟,上恤孤而民不倍。(《礼记·大学》) 361

仁者以财发身,不仁者以身发财。(《礼记·大学》) 363

未有上好仁而下不好义者也,未有好义其事不终者也,未有府库财非其财者也。(《礼记·大学》) 364

天无二日,土无二王,国无二君,家无二尊,以一治之也。(《礼记·丧服四制》) 368

君人者,将昭德塞违,以临照百官,犹惧或失之,故昭令德以示子孙。(《左传·桓公二年》) 376

小惠未遍,民弗从也。(《左传·庄公十年》) 381

国君不可以轻,轻则失亲;失亲,患必至。(《左传·僖公五年》) 387

古人有言曰:"知臣莫若君。"(《左传·僖公七年》) 389

民主偷,必死。(《左传·文公十七年》) 408

非德,莫如勤,非勤,何以求人?能勤,有继。(《左传·宣公十一年》) 410

川泽纳污,山薮藏疾,瑾瑜匿瑕,国君含垢,天之道也。(《左传·宣公

十五年》） 413

谋不失利，以卫社稷，民之主也。
（《左传·宣公十五年》） 414

从善如流，宜哉！（《左传·成公八年》） 419

君命无贰，失信不立。（《左传·成公八年》） 419

欲求得人，必先勤之。（《左传·成公十八年》） 424

恤民为德，正直为正，正曲为直，参和为仁。如是，则神听之，介福降之。（《左传·襄公七年》） 425

一人刑善，百姓休和，可不务乎？（《左传·襄公十三年》） 427

社稷之主不可以轻，轻则失众。（《左传·襄公十八年》） 429

在上位者洒濯其心，壹以待人，轨度其信，可明征也，而后可以治人。（《左传·襄公二十一年》） 430

夫上之所为，民之归也。上所不为，而民或为之，是以加刑罚焉，而莫敢不惩。若上之所为，而民亦为之，乃其所也，又可禁乎？（《左传·襄公二十一年》） 430

恕思以明德，则令名载而行之，是以远至迩安。（《左传·襄公二十四年》） 433

君民者，岂以陵民？社稷是主。臣君者，岂为其口实？社稷是养。（《左传·襄公二十五年》） 434

求逞于人，不可；与人同欲，尽济。（《左传·昭公四年》） 449

无宁以善人为则，而则人之辟乎？匹夫为善，民犹则之，况国君乎？（《左传·昭公六年》） 451

弱者吾威之，强者吾辟之，是以使寡人无以立乎天下。（《春秋公羊传·宣公》） 482

礼人而不答，则反其敬。爱人而不亲，则反其仁。治人而不治，则反其知。过而不改，又之，是谓之过。（《春秋穀梁传·僖公二十二年》） 489

大哉尧之为君也！巍巍乎！唯天为大，唯尧则之。荡荡乎！民无能名焉。巍巍乎其有成功也，焕乎其有文章！（《论语·泰伯》） 535

上好礼，则民莫敢不敬；上好义，则民莫敢不服；上好信，则民莫敢不用情。（《论语·子路》） 554

其身正，不令而行；其身不正，虽令不从。（《论语·子路》） 555

苟正其身矣，于从政乎何有？不能正其身，如正人何？（《论语·子路》） 555

叶公问政。子曰："近者说，远者来。"（《论语·子路》） 555

上好礼，则民易使也。（《论语·宪问》） 564

修己以安百姓，尧、舜其犹病诸！（《论语·宪问》） 565

子张问仁于孔子。孔子曰："能行五者于天下为仁矣。""请问之。"曰："恭、宽、信、敏、惠。恭则不侮，宽则得众，信则人任焉，敏则有功，惠则足以

使人。"(《论语·阳货》) 579

尧曰:"咨!尔舜!天之历数在尔躬,允执其中。四海困穷,天禄永终。"(《论语·尧曰》) 591

朕躬有罪,无以万方。万方有罪,罪在朕躬。(《论语·尧曰》) 591

虽有周亲,不如仁人。百姓有过,在予一人。(《论语·尧曰》) 592

先之以敬让,而民不争;导之以礼乐,而民和睦;示之以好恶,而民知禁。(《孝经·三才章》) 603

明王之以孝治天下也,不敢遗小国之臣,而况于公、侯、伯、子、男乎?(《孝经·孝治章》) 604

言思可道,行思可乐,德义可尊,作事可法,容止可观,进退可度,以临其民。(《孝经·圣治章》) 608

颙颙、卬卬,君之德也。(《尔雅·释训》) 618

仁者无敌。(《孟子·梁惠王上》) 625

"天下恶乎定?"吾对曰:"定于一。""孰能一之?"对曰:"不嗜杀人者能一之。"(《孟子·梁惠王上》) 625

推恩足以保四海,不推恩无以保妻子。古之人所以大过人者,无他焉,善推其所为而已矣。(《孟子·梁惠王上》) 627

先王无流连之乐,荒亡之行。(《孟子·梁惠王下》) 629

君子创业垂统,为可继也。若夫成功,则天也。君如彼何哉?强为善

而已矣。(《孟子·梁惠王下》) 631

上有好者,下必有甚焉者矣。(《孟子·滕文公上》) 643

圣王不作,诸侯放恣,处士横议。(《孟子·滕文公下》) 648

爱人不亲,反其仁;治人不治,反其智;礼人不答,反其敬。(《孟子·离娄上》) 654

行有不得者皆反求诸己,其身正而天下归之。(《孟子·离娄上》) 654

人有恒言,皆曰:"天下国家。"天下之本在国,国之本在家,家之本在身。(《孟子·离娄上》) 654

君仁,莫不仁;君义,莫不义;君正,莫不正。一正君而国定矣。(《孟子·离娄上》) 663

君之视臣如手足,则臣视君如腹心;君之视臣如犬马,则臣视君如国人;君之视臣如土芥,则臣视君如寇雠。(《孟子·离娄下》) 665

以善服人者,未有能服人者也;以善养人,然后能服天下。天下不心服而王者,未之有也。(《孟子·离娄下》) 668

禹恶旨酒而好善言。汤执中,立贤无方。文王视民如伤,望道而未之见。武王不泄迩,不忘远。周公思兼三王,以施四事,其有不合者,仰而思之,夜以继日,幸而得之,坐以待旦。(《孟子·离娄下》) 669

禹思天下有溺者,由己溺之也;稷思天下有饥者,由己饥之也。(《孟

子·离娄下》） 672

君子之于物也，爱之而弗仁；于民也，仁之而弗亲。亲亲而仁民，仁民而爱物。（《孟子·尽心上》） 705

国君好仁，天下无敌焉。（《孟子·尽心下》） 706

诸侯之宝三：土地、人民、政事。宝珠玉者，殃必及身。（《孟子·尽心下》） 709

为官（116条）

无教逸欲有邦，兢兢业业，一日二日万几。（《尚书·皋陶谟》） 81

予违汝弼，汝无面从，退有后言。（《尚书·皋陶谟》） 83

工以纳言，时而飏之，格则承之庸之，否则威之。（《尚书·皋陶谟》） 83

股肱喜哉，元首起哉，百工熙哉！（《尚书·皋陶谟》） 84

无总于货宝，生生自庸，式敷民德，永肩一心。（《尚书·盘庚》） 88

凡厥庶民，无有淫朋，人无有比德，惟皇作极。（《尚书·洪范》） 91

无偏无陂，遵王之义；无有作好，遵王之道；无有作恶，遵王之路。无偏无党，王道荡荡；无党无偏，王道平平；无反无侧，王道正直。（《尚书·洪范》） 92

小人难保，往尽乃心，无康好逸豫，乃其乂民。（《尚书·康诰》） 97

如有一介臣，断断猗无他伎，其心休休焉，其如有容。人之有技，若己有之；人之彦圣，其心好之，不啻若自其口出。是能容之，以保我子孙黎民，亦职有利哉！（《尚书·秦誓》） 113

罔违道以干百姓之誉，罔咈百姓

以从己之欲。（《尚书·大禹谟》） 117

克勤于邦，克俭于家，不自满假，惟汝贤。（《尚书·大禹谟》） 120

慎乃有位，敬修其可愿。（《尚书·大禹谟》） 121

惟治乱在庶官。（《尚书·说命中》） 138

不役耳目，百度惟贞。（《尚书·旅獒》） 147

夙夜罔或不勤！（《尚书·旅獒》） 148

有官君子，钦乃攸司，慎乃出令。（《尚书·周官》） 152

令出惟行，弗惟反。（《尚书·周官》） 152

以公灭私，民其允怀。（《尚书·周官》） 152

学古入官，议事以制，政乃不迷。其尔典常作之师，无以利口乱厥官。（《尚书·周官》） 152

位不期骄，禄不期侈。（《尚书·周官》） 154

居宠思危，罔不惟畏，弗畏入畏。（《尚书·周官》） 154

举能其官，惟尔之能；称匪其人，

惟尔不任。(《尚书·周官》) 155

惟日孜孜,无敢逸豫。(《尚书·君陈》) 156

不刚不柔,厥德允修。(《尚书·毕命》) 159

罔曰弗克,惟既厥心;罔曰民寡,惟慎厥事。(《尚书·毕命》) 159

仆臣正,厥后克正;仆臣谀,厥后自圣。后德惟臣,不德惟臣。(《尚书·冏命》) 161

肃肃宵征,夙夜在公。(《诗经·召南·小星》) 167

彼君子兮,不素餐兮!(《诗经·魏风·伐檀》) 183

嗟尔君子,无恒安处!靖共尔位,正直是与。(《诗经·小雅·小明》) 215

嗟尔君子,无恒安息!靖共尔位,好是正直。(《诗经·小雅·小明》) 215

尔之教矣,民胥效矣。(《诗经·小雅·角弓》) 220

敬慎威仪,维民之则。(《诗经·大雅·抑》) 236

夙兴夜寐,洒扫庭内,维民之章。(《诗经·大雅·抑》) 236

质尔人民,谨尔侯度,用戒不虞。(《诗经·大雅·抑》) 237

既明且哲,以保其身。夙夜匪解,以事一人。(《诗经·大雅·烝民》) 242

夙夜在公,在公明明。(《诗经·鲁颂·有駜》) 248

凡小事皆有联。(《周礼·天官冢宰》) 252

以听官府之六计,弊群吏之治。一曰廉善,二曰廉能,三曰廉敬,四曰廉正,五曰廉法,六曰廉辨。(《周礼·天官冢宰》) 252

各共尔职,修乃事,以听王命。其有不正,则国有常刑。(《周礼·地官司徒》) 254

谋人之军师,败则死之;谋人之邦邑,危则亡之。(《礼记·檀弓上》) 286

事君者量而后入,不入而后量。(《礼记·玉藻》) 305

为人臣下者,有谏而无讪,有亡而无疾,颂而无谄,谏而无骄,怠则张而相之,废则扫而更之,谓之社稷之役。(《礼记·玉藻》) 305

在下位不获乎上,民不可得而治矣。(《礼记·中庸》) 338

处其位而不履其事,则乱也。(《礼记·表记》) 345

下之事上也,不从其所令,从其所行。(《礼记·缁衣》) 347

下之事上也,身不正,言不信,则义不壹,行无类也。(《礼记·缁衣》) 349

苟利国家,不求富贵。(《礼记·儒行》) 352

臣无二心,天之制也。(《左传·庄公十四年》) 382

无德而禄,殃也。(《左传·闵公二年》) 386

违命不孝,弃事不忠。(《左传·闵公二年》) 387

公家之利,知无不为,忠也;送往事居,耦俱无猜,贞也。(《左传·僖公九年》) 390

死而成命,臣之禄也。(《左传·宣公十五年》) 414

臣,治烦去惑者也,是以伏死而争。(《左传·成公二年》) 417

侵官,冒也;失官,慢也;离局,奸也。有三罪焉,不可犯也。(《左传·成公十六年》) 423

怨之所聚,乱之本也。多怨而阶乱,何以在位?(《左传·成公十六年》) 423

我以不贪为宝,尔以玉为宝,若以与我,皆丧宝也。不若人有其宝。(《左传·襄公十五年》) 428

大臣不顺,国之耻也。(《左传·襄公十七年》) 429

仕而废其事,罪也。(《左传·襄公二十七年》) 438

临患不忘国,忠也;思难不越官,信也;图国忘死,贞也;谋主三者,义也。(《左传·昭公元年》) 445

无礼而好陵人,怙富而卑其上,弗能久矣。(《左传·昭公元年》) 446

辞不忘国,忠信也;先国后己,卑让也。(《左传·昭公二年》) 447

公事有公利,无私忌。(《左传·昭公三年》) 448

苟利社稷,死生以之。(《左传·昭公四年》) 450

一命而偻,再命而伛,三命而俯。循墙而走,亦莫余敢侮。饘于是,鬻于是,以糊余口。(《左传·昭公七年》) 453

苟有位于朝,无有不共恪。(《左传·昭公十六年》) 457

守道不如守官。(《左传·昭公二十年》) 461

臣义而行,不待命。(《左传·定公四年》) 471

富而能臣,必免于难,上下同之。(《左传·定公十三年》) 473

不守其位而能久者鲜矣。(《左传·哀公五年》) 475

利其禄,必救其患。(《左传·哀公十五年》) 477

以险侥幸者,其求无餍,偏重必离。(《左传·哀公十六年》) 479

不以家事辞王事,以王事辞家事,是上之行乎下也。(《春秋公羊传·哀公》) 483

死君难,臣道也。(《春秋穀梁传·桓公十一年》) 485

君子不以亲亲害尊尊,此《春秋》之义也。(《春秋穀梁传·文公二年》) 490

君不尸小事,臣不专大名,善则称君,过则称己,则民作让矣。(《春秋穀梁传·襄公十九年》) 490

身贤,贤也。使贤,亦贤也。(《春秋穀梁传·襄公二十九年》) 491

子张学干禄。子曰:"多闻阙疑,慎言其余,则寡尤;多见阙殆,慎行其余,则寡悔。言寡尤,行寡悔,禄在其

中矣。"(《论语·为政》) 503

事君尽礼,人以为谄也。(《论语·八佾》) 505

子谓子产:"有君子之道四焉:其行己也恭,其事上也敬,其养民也惠,其使民也义。"(《论语·公冶长》) 515

不在其位,不谋其政。(《论语·泰伯》) 535

所谓大臣者,以道事君,不可则止。(《论语·先进》) 546

子张问政。子曰:"居之无倦,行之以忠。"(《论语·颜渊》) 550

季康子问政于孔子。孔子对曰:"政者,正也。子帅以正,孰敢不正?"(《论语·颜渊》) 550

季康子患盗,问于孔子。孔子对曰:"苟子之不欲,虽赏之不窃。"(《论语·颜渊》) 551

子为政,焉用杀?子欲善而民善矣。君子之德风,小人之德草。草上之风,必偃。(《论语·颜渊》) 551

在邦必闻,在家必闻。(《论语·颜渊》) 551

子路问政。子曰:"先之劳之。"请益。曰:"无倦。"(《论语·子路》) 553

仲弓为季氏宰,问政。子曰:"先有司,赦小过,举贤才。"(《论语·子路》) 553

子夏为莒父宰,问政。子曰:"无欲速,无见小利。欲速则不达,见小利则大事不成。"(《论语·子路》) 555

行己有耻,使于四方,不辱君命,可谓士矣。(《论语·子路》) 556

邦有道,谷。邦无道,谷,耻也。(《论语·宪问》) 558

爱之,能勿劳乎?忠焉,能勿诲乎?(《论语·宪问》) 560

知及之,仁不能守之,虽得之,必失之。知及之,仁能守之,不庄以涖之,则民不敬。(《论语·卫灵公》) 571

事君,敬其事而后其食。(《论语·卫灵公》) 573

陈力就列,不能者止。(《论语·季氏》) 573

危而不持,颠而不扶,则将焉用彼相矣?(《论语·季氏》) 574

鄙夫可与事君也与哉?其未得之也,患得之。既得之,患失之。苟患失之,无所不至矣。(《论语·阳货》) 581

直道而事人,焉往而不三黜?枉道而事人,何必去父母之邦?(《论语·微子》) 584

君子信而后劳其民;未信,则以为厉己也。信而后谏;未信,则以为谤己也。(《论语·子张》) 588

在上不骄,高而不危;制节谨度,满而不溢。高而不危,所以长守贵也。满而不溢,所以长守富也。(《孝经·诸侯章》) 598

富贵不离其身,然后能保其社稷,而和其民人。(《孝经·诸侯章》) 598

君子之事上也,进思尽忠,退思补过,将顺其美,匡救其恶,故上下能相亲也。(《孝经·事君章》) 614

蔼蔼、萋萋，臣尽力也。雕雕喈喈，民协服也。(《尔雅·释训》) 619

苟为后义而先利，不夺不餍。(《孟子·梁惠王上》) 623

庖有肥肉，厩有肥马，民有饥色，野有饿莩，此率兽而食人也。兽相食，且人恶之，为民父母，行政不免于率兽而食人，恶在其为民父母也？(《孟子·梁惠王上》) 624

有官守者，不得其职则去。有言责者，不得其言则去。(《孟子·公孙丑下》) 641

人伦明于上，小民亲于下。(《孟子·滕文公上》) 644

作于其心，害于其事；作于其事，害于其政。(《孟子·滕文公下》) 649

不仁而在高位，是播其恶于众也。(《孟子·离娄上》) 651

事君无义，进退无礼，言则非先王之道者，犹沓沓也。(《孟子·离娄上》) 652

责难于君谓之恭，陈善闭邪谓之敬，吾君不能谓之贼。(《孟子·离娄上》) 652

人不足与适也，政不足间也，惟大人为能格君心之非。(《孟子·离娄上》) 663

为政者，每人而悦之，日亦不足矣。(《孟子·离娄下》) 665

仕非为贫也，而有时乎为贫；娶妻非为养也，而有时乎为养。为贫者，辞尊居卑，辞富居贫。(《孟子·万章下》) 680

位卑而言高，罪也；立乎人之本朝，而道不行，耻也。(《孟子·万章下》) 681

君子居是国也，其君用之，则安富尊荣；其子弟从之，则孝悌忠信。(《孟子·尽心上》) 702

民本(57条)

危以动，则民不与也；惧以语，则民不应也；无交而求，则民不与也；莫之与，则伤之者至矣。(《周易·系辞下》) 64

天聪明，自我民聪明；天明畏，自我民明威。达于上下，敬哉有土。(《尚书·皋陶谟》) 81

天畏棐忱，民情大可见。(《尚书·康诰》) 96

人，无于水监，当于民监。(《尚书·酒诰》) 100

越我民罔尤违，惟人。(《尚书·君奭》) 105

今天相民，作配在下。(《尚书·吕刑》) 112

德惟善政，政在养民。(《尚书·大禹谟》) 117

可爱非君？可畏非民？众非元后，何戴？后非众，罔与守邦？(《尚书·大禹谟》) 121

民可近,不可下。民惟邦本,本固邦宁。(《尚书·五子之歌》) 122

予视天下,愚夫愚妇一能胜予。(《尚书·五子之歌》) 123

民非后,罔克胥匡以生;后非民,罔以辟四方。(《尚书·太甲中》) 130

无轻民事,惟难;无安厥位,惟危。慎终于始。(《尚书·太甲下》) 132

后非民罔使,民非后罔事?无自广以狭人。匹夫匹妇,不获自尽,民主罔与成厥功?(《尚书·咸有一德》)136

天佑下民,作之君,作之师。(《尚书·泰誓上》) 143

惟天惠民,惟辟奉天。(《尚书·泰誓中》) 144

天视自我民视,天听自我民听。(《尚书·泰誓中》) 144

生民保厥居,惟乃世王。(《尚书·旅獒》) 149

惟民生厚,因物有迁。(《尚书·君陈》) 157

思其艰以图其易,民乃宁。(《尚书·君牙》) 160

硕鼠硕鼠,无食我黍!三岁贯女,莫我肯顾。逝将去女,适彼乐土。乐土乐土,爰得我所。(《诗经·魏风·硕鼠》) 184

下民之孽,匪降自天。噂沓背憎,职竞由人。(《诗经·小雅·十月之交》) 207

乃求千斯仓,乃求万斯箱。黍稷稻粱,农夫之庆。报以介福,万寿无疆!(《诗经·小雅·甫田》) 216

民亦劳止,汔可小康。惠此中国,以绥四方。(《诗经·大雅·民劳》)231

好是稼穑,力民代食。稼穑维宝,代食维好。(《诗经·大雅·桑柔》)240

辨十有二壤之物,而知其种,以教稼穑树蓺。(《周礼·地官司徒》) 253

若谷不足,则止余法用,有余则藏之,以待凶而颁之。(《周礼·地官司徒》) 255

民以君为心,君以民为体。心庄则体舒,心肃则容敬。心好之,身必安之;君好之,民必欲之。心以体全,亦以体伤;君以民存,亦以民亡。(《礼记·缁衣》) 349

阻兵,无众;安忍,无亲。众叛、亲离,难以济矣。(《左传·隐公四年》)372

夫民,神之主也。是以圣王先成民而后致力于神。(《左传·桓公六年》) 378

苟利于民,孤之利也。天生民而树之君,以利之也。民既利矣,孤必与焉。(《左传·文公十三年》) 405

命在养民。(《左传·文公十三年》) 405

众之不可以已也。(《左传·成公二年》) 417

圣人与众同欲,是以济事。(《左传·成公六年》) 418

夫民,生厚而用利,于是乎正德以幅之,使无黜嫚,谓之幅利。利过则为败。(《左传·襄公二十八年》) 440

邻于善,民之望也。(《左传·襄公二十九年》) 441

其所善者,吾则行之;其所恶者,吾则改之,是吾师也。(《左传·襄公三十一年》) 443

我闻忠善以损怨,不闻作威以防怨。岂不遽止?然犹防川。大决所犯,伤人必多,吾不克救也。不如小决使道,不如吾闻而药之也。(《左传·襄公三十一年》) 443

无圄犹可,无民,其可乎?(《左传·昭公九年》) 454

抚民者,节用于内,而树德于外,民乐其性,而无寇仇。(《左传·昭公十九年》) 460

民弃其上,不亡,何待?(《左传·昭公二十三年》) 465

无民而能逞其志者,未之有也,国君是以镇抚其民。(《左传·昭公二十五年》) 466

与其害于民,宁我独死。(《左传·定公十三年》) 473

君子之为国也,必有三年之委。(《春秋公羊传·庄公》) 481

民者,君之本也。使人以其死,非正也。(《春秋穀梁传·桓公十四年》) 486

季康子问:"使民敬、忠以劝,如之何?"子曰:"临之以庄,则敬;孝慈,则忠;举善而教不能,则劝。"(《论语·为政》) 504

民可使由之,不可使知之。(《论语·泰伯》) 533

民之于仁也,甚于水火。水火,吾见蹈而死者矣,未见蹈仁而死者也。(《论语·卫灵公》) 572

养生丧死无憾,王道之始也。(《孟子·梁惠王上》) 624

一羽之不举,为不用力焉;舆薪之不见,为不用明焉;百姓之不见保,为不用恩焉。(《孟子·梁惠王上》) 626

明君制民之产,必使仰足以事父母,俯足以畜妻子,乐岁终身饱,凶年免于死亡。然后驱而之善,故民之从之也轻。(《孟子·梁惠王上》) 628

乐民之乐者,民亦乐其乐;忧民之忧者,民亦忧其忧。乐以天下,忧以天下,然而不王者,未之有也。(《孟子·梁惠王下》) 629

春省耕而补不足,秋省敛而助不给。(《孟子·梁惠王下》) 629

民事不可缓也。(《孟子·滕文公上》) 643

不教民而用之,谓之殃民。(《孟子·告子下》) 689

易其田畴,薄其税敛,民可使富也。食之以时,用之以礼,财不可胜用也。(《孟子·尽心上》) 699

圣人治天下,使有菽粟如水火。菽粟如水火,而民焉有不仁者乎?(《孟子·尽心上》) 699

民为贵,社稷次之,君为轻。(《孟子·尽心下》) 708

民心（14条）

烝民乃粒,万邦作乂。(《尚书·皋陶谟》) 82

怨不在大,亦不在小。(《尚书·康诰》) 97

一人三失,怨岂在明?不见是图。(《尚书·五子之歌》) 123

民之所好好之,民之所恶恶之,此之谓民之父母。(《礼记·大学》) 361

得众则得国,失众则失国。(《礼记·大学》) 361

财聚则民散,财散则民聚。(《礼记·大学》) 362

言悖而出者,亦悖而入;货悖而入者,亦悖而出。(《礼记·大学》) 362

不媚,不信。不信,民不从也。(《左传·昭公七年》) 452

众怒不可犯也。(《左传·昭公十三年》) 456

众怒不可蓄也,蓄而弗治,将蕴。蕴蓄,民将生心。生心,同求将合。(《左传·昭公二十五年》) 468

天之所坏,不可支也。众之所为,不可奸也。(《左传·定公元年》) 470

宽则得众,信则民任焉,敏则有功,公则说。(《论语·尧曰》) 592

桀纣之失天下也,失其民也;失其民者,失其心也。(《孟子·离娄上》) 657

得天下有道,得其民,斯得天下矣;得其民有道,得其心,斯得民矣;得其心有道,所欲与之聚之,所恶勿施,尔也。(《孟子·离娄上》) 657

爱民（24条）

以贵下贱,大得民也。(《周易·屯》) 14

君子以教思无穷,容保民无疆。(《周易·临》) 22

损上益下,民说无疆;自上下下,其道大光。(《周易·益》) 38

王司敬民,罔非天胤。(《尚书·高宗肜日》) 89

彼裕我民,无远用戾。(《尚书·洛诰》) 102

君子所其无逸。先知稼穑之艰难,乃逸则知小人之依。(《尚书·无逸》) 103

爱知小人之依,能保惠于庶民,不敢侮鳏寡。(《尚书·无逸》) 103

徽柔懿恭,怀保小民,惠鲜鳏寡。(《尚书·无逸》) 104

惠康小民,无荒宁。(《尚书·文侯之命》) 113

与其杀不辜,宁失不经;好生之德,洽于民心。(《尚书·大禹谟》) 119

天矜于民,民之所欲,天必从之。(《尚书·泰誓上》) 143

古人有言曰:"抚我则后,虐我则

仇。"(《尚书·泰誓下》) 145

何有何亡,黾勉求之。凡民有丧,匍匐救之。(《诗经·邶风·谷风》)172

鸿雁于飞,肃肃其羽。之子于征,劬劳于野。爰及矜人,哀此鳏寡。(《诗经·小雅·鸿雁》) 203

彼有不获稚,此有不敛穧。彼有遗秉,此有滞穗,伊寡妇之利。(《诗经·小雅·大田》) 216

以保息六养万民:一曰慈幼,二曰养老,三曰振穷,四曰恤贫,五曰宽疾,六曰安富。(《周礼·地官司徒》) 253

凡使民,任老者之事,食壮者之食。(《礼记·王制》) 290

君子不尽利,以遗民。(《礼记·坊记》) 331

天之爱民甚矣,岂其使一人肆于民上,以从其淫,而弃天地之性?必不然矣。(《左传·襄公十四年》) 428

视民如子。见不仁者诛之,如鹰鹯之逐鸟雀也。(《左传·襄公二十五年》) 435

使民不安其土,民必忧。(《左传·昭公二十五年》) 468

古之君人者,必时视民之所勤。民勤于力,则功筑罕;民勤于财,则贡赋少;民勤于食,则百事废矣。(《春秋穀梁传·庄公二十九年》) 487

子张曰:"何谓惠而不费?"子曰:"因民之所利而利之,斯不亦惠而不费乎?择可劳而劳之,又谁怨?欲仁而得仁,又焉贪?"(《论语·尧曰》) 593

救民于水火之中,取其残而已矣。(《孟子·滕文公下》) 647

治民(17条)

惟天监下民,典厥义。(《尚书·高宗肜日》) 89

若有疾,惟民其毕弃咎。若保赤子,惟民其康乂。(《尚书·康诰》) 97

矧今民罔迪不适,不迪则罔政在厥邦。(《尚书·康诰》) 98

无忿疾于顽,无求备于一夫。(《尚书·君陈》) 156

辞之辑矣,民之洽矣。辞之怿矣,民之莫矣。(《诗经·大雅·板》) 232

天之牖民,如埙如篪,如璋如圭,如取如携,携无曰益,牖民孔易。(《诗经·大雅·板》) 233

民之罔极,职凉善背。(《诗经·大雅·桑柔》) 241

民之回遹,职竞用力。(《诗经·大雅·桑柔》) 241

男有分,女有归。(《礼记·礼运》) 295

上酌民言,则下天上施;上不酌民言,则犯也;下不天上施,则乱也。(《礼记·坊记》) 330

君子信让以莅百姓,则民之报礼重。(《礼记·坊记》) 330

善则称人,过则称己,则民不争。善则称人,过则称己,则怨益亡。(《礼

记·坊记》) 331

以德报德,则民有所劝。以怨报怨,则民有所惩。(《礼记·表记》) 343

古之治民者,劝赏而畏刑,恤民不倦。(《左传·襄公二十六年》) 436

慎终追远,民德归厚矣。(《论语·学而》) 496

以佚道使民,虽劳不怨。以生道杀民,虽死不怨杀者。(《孟子·尽心上》) 694

霸者之民,欢虞如也。王者之民,皞皞如也。杀之而不怨,利之而不庸,民日迁善而不知为之者。(《孟子·尽心上》) 694

用人(64条)

开国承家,小人勿用。(《周易·师》) 15

臣哉邻哉,邻哉臣哉。(《尚书·皋陶谟》) 82

臣作朕股肱耳目。予欲左右有民,汝翼。予欲宣力四方,汝为。(《尚书·皋陶谟》) 83

迟任有言曰:"人惟求旧,器非求旧,惟新。"(《尚书·盘庚》) 87

人之有能有为,使羞其行,而邦其昌。(《尚书·洪范》) 92

爽邦由哲。(《尚书·大诰》) 96

继自今立政,其勿以憸人,其惟吉士,用劢相我国家。(《尚书·立政》) 107

继自今后王立政,其惟克用常人。(《尚书·立政》) 108

任贤勿贰,去邪勿疑。(《尚书·大禹谟》) 116

德懋懋官,功懋懋赏。(《尚书·仲虺之诰》) 125

殖有礼,覆昏暴。(《尚书·仲虺之诰》) 128

旁求俊彦,启迪后人。(《尚书·太甲上》) 130

任官惟贤材,左右惟其人。臣为上为德,为下为民。其难其慎,惟和惟一。(《尚书·咸有一德》) 135

官不及私昵,惟其能;爵罔及恶德,惟其贤。(《尚书·说命中》) 139

股肱惟人,良臣惟圣。(《尚书·说命下》) 142

惟后非贤不乂,惟贤非后不食。(《尚书·说命下》) 142

建官惟贤,位事惟能。(《尚书·武成》) 146

明王立政,不惟其官,惟其人。(《尚书·周官》) 151

推贤让能,庶官乃和,不和政庞。(《尚书·周官》) 155

简厥修,亦简其或不修。进厥良,以率其或不良。(《尚书·君陈》) 157

赳赳武夫,公侯干城。(《诗经·周南·兔罝》) 165

彼其之子,舍命不渝。(《诗经·郑风·羔裘》) 180

民虽靡膴,或哲或谋,或肃或艾。如彼泉流,无沦胥以败。(《诗经·小雅·小旻》) 208

旅力方刚,经营四方。(《诗经·小雅·北山》) 214

思皇多士,生此王国。王国克生,维周之桢。济济多士,文王以宁。(《诗经·大雅·文王》) 223

鸢飞戾天,鱼跃于渊。岂弟君子,遐不作人。(《诗经·大雅·旱麓》) 225

有冯有翼,有孝有德,以引以翼。(《诗经·大雅·卷阿》) 230

以德诏爵,以功诏禄,以能诏事,以久奠食。(《周礼·夏官司马》) 257

或坐而论道;或作而行之;或审曲、面埶,以饬五材,以辨民器;或通四方之珍异以资之;或饬力以长地财;或治丝麻以成之。(《周礼·冬官考工记》) 258

知者创物,巧者述之。(《周礼·冬官考工记》) 259

以官爵人,德之杀也。(《仪礼·士冠礼》) 265

凡官民材,必先论之,论辨然后使之,任事然后爵之,位定然后禄之。(《礼记·王制》) 289

行爵出禄,必当其位。(《礼记·月令》) 293

选贤与能,讲信修睦,故人不独亲其亲,不独子其子,使老有所终,壮有所用,幼有所长,矜寡孤独废疾者皆有所养。(《礼记·礼运》) 295

德成而上,艺成而下;行成而先,事成而后。(《礼记·乐记》) 318

有国家者贵人而贱禄,则民兴让。(《礼记·坊记》) 330

君子以义度人,则难为人;以人望人,则贤者可知已矣。(《礼记·表记》) 344

大人不亲其所贤,而信其所贱,民是以亲失,而教是以烦。(《礼记·缁衣》) 348

见贤而不能举,举而不能先,命也;见不善而不能退,退而不能远,过也。(《礼记·大学》) 362

臣下竭力尽能以立功于国,君必报之以爵禄,故臣下皆务竭力尽能以立功,是以国安而君宁。(《礼记·燕义》) 366

使能,国之利也。(《左传·文公六年》) 402

不有君子,其能国乎?(《左传·文公十二年》) 404

能贱而有耻,柔而不犯,其知足使也。(《左传·文公十三年》) 404

善人在上,则国无幸民。谚曰:"民之多幸,国之不幸也。"是无善人之谓也。(《左传·宣公十六年》) 415

官人,国之急也。能官人,则民无觎心。(《左传·襄公十五年》) 428

外举不弃仇,内举不失亲。(《左传·襄公二十一年》) 431

君子务在择人。(《左传·襄公二十九年》) 441

善人,国之主也。(《左传·襄公三十年》) 442

能用善人,民之主也。(《左传·昭公五年》) 451

择子莫如父,择臣莫如君。(《左传·昭公十一年》) 455

夫举无他,唯善所在,亲疏一也。(《左传·昭公二十八年》) 469

近不失亲,远不失举,可谓义矣。(《左传·昭公二十八年》) 469

知者虑,义者行,仁者守。(《春秋穀梁传·隐公二年》) 485

举直错诸枉,则民服;举枉错诸直,则民不服。(《论语·为政》) 504

举直错诸枉,能使枉者直。(《论语·颜渊》) 552

骥不称其力,称其德也。(《论语·宪问》) 562

君子不以言举人,不以人废言。(《论语·卫灵公》) 569

君子不施其亲,不使大臣怨乎不以。故旧无大故,则不弃也。(《论语·微子》) 585

所谓故国者,非谓有乔木之谓也,有世臣之谓也。(《孟子·梁惠王下》) 630

国君进贤,如不得已,将使卑逾尊,疏逾戚,可不慎与?(《孟子·梁惠王下》) 630

左右皆曰贤,未可也。诸大夫皆曰贤,未可也。国人皆曰贤,然后察之;见贤焉,然后用之。(《孟子·梁惠王下》) 630

分人以财谓之惠,教人以善谓之忠,为天下得人者谓之仁。(《孟子·滕文公上》) 645

以天下与人易,为天下得人难。(《孟子·滕文公上》) 645

尊贤育才,以彰有德。(《孟子·告子下》) 689

观人(19条)

"小人革面",顺以从君也。(《周易·革》) 42

观其器而知其工之巧,观其发而知其人之知。(《礼记·礼器》) 301

举趾高,心不固矣。(《左传·桓公十三年》) 379

巧言令色,鲜矣仁!(《论语·学而》) 494

视其所以,观其所由,察其所安。人焉廋哉?人焉廋哉?(《论语·为政》) 501

居上不宽,为礼不敬,临丧不哀,吾何以观之哉?(《论语·八佾》) 507

人之过也,各于其党。观过,斯知仁矣。(《论语·里仁》) 509

始吾于人也,听其言而信其行;今吾于人也,听其言而观其行。(《论语·公冶长》) 514

后生可畏,焉知来者之不如今也?四十、五十而无闻焉,斯亦不足畏

也已。(《论语·子罕》) 539
　　幼而不孙弟,长而无述焉,老而不死,是为贼。(《论语·宪问》) 565
　　众恶之,必察焉;众好之,必察焉。(《论语·卫灵公》) 570
　　色厉而内荏,譬诸小人,其犹穿窬之盗也与?(《论语·阳货》) 580
　　乡原,德之贼也。(《论语·阳货》) 581
　　古者民有三疾,今也或是之亡也。古之狂也肆,今之狂也荡;古之矜也廉,今之矜也忿戾;古之愚也直,今之愚也诈而已矣。(《论语·阳货》) 582
　　唯女子与小人为难养也,近之则不孙,远之则怨。(《论语·阳货》) 584
　　年四十而见恶焉,其终也已。(《论语·阳货》) 584
　　美士为彦。(《尔雅·释训》) 621
　　存乎人者,莫良于眸子。眸子不能掩其恶。胸中正,则眸子瞭焉;胸中不正,则眸子眊焉。听其言也,观其眸子,人焉廋哉?(《孟子·离娄上》) 661
　　非之无举也,刺之无刺也,同乎流俗,合乎污世,居之似忠信,行之似廉洁,众皆悦之,自以为是,而不可与入尧、舜之道,故曰"德之贼"也。(《孟子·尽心下》) 712

赏罚(14条)

　　眚灾肆赦,怙终贼刑。钦哉!钦哉!惟刑之恤哉!(《尚书·尧典》) 76
　　无有远迩,用罪伐厥死,用德彰厥善。(《尚书·盘庚》) 88
　　刑期于无刑,民协于中。(《尚书·大禹谟》) 118
　　罚弗及嗣,赏延于世。(《尚书·大禹谟》) 118
　　宥过无大,刑故无小。(《尚书·大禹谟》) 119
　　罪疑惟轻,功疑惟重。(《尚书·大禹谟》) 119
　　惟口起羞,惟甲胄起戎,惟衣裳在笥,惟干戈省厥躬。(《尚书·说命中》) 138
　　功多有厚赏,不迪有显戮。(《尚书·泰誓下》) 145
　　道有升降,政由俗革,不臧厥臧,民罔攸劝。(《尚书·毕命》) 158
　　夫赏,国之典也,藏在盟府,不可废也。(《左传·襄公十一年》) 426
　　"善为国者,赏不僭而刑不滥。"赏僭,则惧及淫人;刑滥,则惧及善人。若不幸而过,宁僭,无滥。与其失善,宁其利淫。无善人,则国从之。(《左传·襄公二十六年》) 436
　　赏罚无章,何以沮劝?(《左传·襄公二十七年》) 438
　　为政者不赏私劳,不罚私怨。(《左传·昭公五年》) 450
　　审行信令,祸福赏罚,以制死生。(《左传·昭公二十五年》) 467

法治（21条）

惟明克允。(《尚书·尧典》) 77

其勿误于庶狱,惟有司之牧夫。(《尚书·立政》) 108

兹式有慎,以列用中罚。(《尚书·立政》) 108

典狱,非讫于威,惟讫于富。(《尚书·吕刑》) 109

虽畏勿畏,虽休勿休。惟敬五行,以成三德。(《尚书·吕刑》) 109

上下比罪,勿僭乱辞。(《尚书·吕刑》) 110

惟察惟法,其审克之。(《尚书·吕刑》) 111

惟齐非齐,有伦有要。(《尚书·吕刑》) 111

非佞折狱,惟良折狱,罔非在中。(《尚书·吕刑》) 111

哀敬折狱。(《尚书·吕刑》) 111

其刑其罚,其审克之。(《尚书·吕刑》) 112

狱货非宝,惟府辜功,报以庶尤。永畏惟罚。(《尚书·吕刑》) 112

不用法者,国有常刑。(《周礼·天官冢宰》) 253

男女之别,国之大节也。(《左传·庄公二十四年》) 383

《康诰》曰："父不慈,子不祗,兄不友,弟不共,不相及也。"(《左传·僖公三十三年》) 401

同罪异罚,非刑也。(《左传·襄公六年》) 424

下而无直,则何谓正矣?(《左传·襄公十年》) 426

民不可逞,度不可改。(《左传·昭公四年》) 450

政不率法,而制于心。民各有心,何上之有?(《左传·昭公四年》) 450

治国制刑,不隐于亲。(《左传·昭公十四年》) 457

子曰："听讼,吾犹人也。必也使无讼乎!"(《论语·颜渊》) 550

以德治国（44条）

君子以振民育德。(《周易·蛊》) 22

天地之大德曰生,圣人之大宝曰位。何以守位?曰仁。何以聚人?曰财。理财正辞,禁民为非曰义。(《周易·系辞下》) 57

王其德之用,祈天永命。(《尚书·召诰》) 101

惟天不畀不明厥德。凡四方小大邦丧,罔非有辞于罚。(《尚书·多士》) 103

德威惟畏,德明惟明。(《尚书·吕刑》) 109

惟德动天,无远弗届。(《尚书·大

禹谟》) 122

克宽克仁，彰信兆民。(《尚书·仲虺之诰》) 126

惇信明义，崇德报功。(《尚书·武成》) 146

皇天无亲，惟德是辅；民心无常，惟惠之怀。(《尚书·蔡仲之命》) 149

祗勤于德，夙夜不逮。(《尚书·周官》) 151

惟孝友于兄弟，克施有政。(《尚书·君陈》) 155

至治馨香，感于神明。黍稷非馨，明德惟馨尔。(《尚书·君陈》) 156

载戢干戈，载櫜弓矢。我求懿德，肆于时夏。(《诗经·周颂·时迈》) 247

大上贵德，其次务施报。(《礼记·曲礼上》) 272

君子先慎乎德。有德此有人，有人此有土，有土此有财，有财此有用。(《礼记·大学》) 361

德者本也，财者末也。外本内末，争民施夺。(《礼记·大学》) 361

以德和民，不闻以乱。以乱，犹治丝而棼之也。(《左传·隐公四年》) 372

鬼神非人实亲，惟德是依。(《左传·僖公五年》) 388

非德，民不和，神不享矣。神所冯依，将在德矣。(《左传·僖公五年》) 389

敬，德之聚也。能敬必有德。德以治民，君请用之。(《左传·僖公三十三年》) 400

忠，德之正也；信，德之固也；卑让，德之基也。(《左传·文公元年》) 401

楚子问鼎之大小、轻重焉。对曰："在德不在鼎。"(《左传·宣公三年》) 409

无德以及远方，莫如惠恤其民，而善用之。(《左传·成公二年》) 417

夫善，众之主也。(《左传·成公六年》) 418

夫令名，德之舆也；德，国家之基也。有基无坏，无亦是务乎！有德则乐，乐则能久。(《左传·襄公二十四年》) 433

德不失民，度不失事。民亲而事有序，其天所启也。(《左传·襄公三十一年》) 442

恃险与马，不可以为固也，从古以然。是以先王务修德音以亨神人，不闻其务险与马也。(《左传·昭公四年》) 448

国无政，不用善，则自取谪于日月之灾。故政不可不慎也。务三而已：一曰择人，二曰因民，三曰从时。(《左传·昭公七年》) 451

为政以德，譬如北辰居其所而众星共之。(《论语·为政》) 499

道之以政，齐之以刑，民免而无耻。道之以德，齐之以礼，有耻且格。(《论语·为政》) 499

非至德，其孰能顺民，如此其大者乎！(《孝经·广至德章》) 612

贼仁者谓之贼，贼义者谓之残，残

贼之人谓之一夫。闻诛一夫纣矣,未闻弑君也。(《孟子·梁惠王下》) 630

君行仁政,斯民亲其上、死其长矣。(《孟子·梁惠王下》) 631

苟为善,后世子孙必有王者矣。(《孟子·梁惠王下》) 631

行仁政而王,莫之能御也。(《孟子·公孙丑上》) 632

万乘之国行仁政,民之悦之,犹解倒悬也。(《孟子·公孙丑上》) 632

先王有不忍人之心,斯有不忍人之政矣。以不忍人之心,行不忍人之政,治天下可运之掌上。(《孟子·公孙丑上》) 637

尧、舜之道,不以仁政,不能平治天下。(《孟子·离娄上》) 650

孔子曰:"仁不可为众也。夫国君好仁,天下无敌。"今也欲无敌于天下而不以仁,是犹执热而不以濯也。(《孟子·离娄上》) 655

不仁者可与言哉?安其危而利其菑,乐其所以亡者。不仁而可与言,则何亡国败家之有?(《孟子·离娄上》) 655

民之归仁也,犹水之就下、兽之走圹也。(《孟子·离娄上》) 657

苟为不畜,终身不得。苟不志于仁,终身忧辱,以陷于死亡。(《孟子·离娄上》) 658

诸侯有行文王之政者,七年之内,必为政于天下矣。(《孟子·离娄上》) 660

君不行仁政而富之,皆弃于孔子者也,况于为之强战?争地以战,杀人盈野;争城以战,杀人盈城,此所谓率土地而食人肉,罪不容于死。故善战者服上刑,连诸侯者次之,辟草莱、任土地者次之。(《孟子·离娄上》) 660

礼乐(95条)

享多仪,仪不及物,惟曰不享。惟不役志于享。凡民惟曰不享,惟事其爽侮。(《尚书·洛诰》) 101

礼从宜,使从俗。(《礼记·曲礼上》) 271

夫礼者,所以定亲疏、决嫌疑、别同异、明是非也。(《礼记·曲礼上》) 271

礼,不妄说人,不辞费。礼不逾节,不侵侮,不好狎。修身践言,谓之善行。(《礼记·曲礼上》) 271

行修言道,礼之质也。(《礼记·曲礼上》) 272

道德仁义,非礼不成;教训正俗,非礼不备;分争辨讼,非礼不决。(《礼记·曲礼上》) 272

鹦鹉能言,不离飞鸟;猩猩能言,不离禽兽。今人而无礼,虽能言,不亦禽兽之心乎?(《礼记·曲礼上》) 272

人有礼则安,无礼则危。故曰:礼者不可不学也。(《礼记·曲礼上》)273

夫礼者,自卑而尊人。(《礼记·曲

礼上》） 273

富贵而知好礼,则不骄不淫;贫贱而知好礼,则志不慑。(《礼记·曲礼上》) 273

礼不下庶人,刑不上大夫。(《礼记·曲礼上》) 282

乐,乐其所自生;礼,不忘其本。(《礼记·檀弓上》) 285

丧礼,哀戚之至也。节哀,顺变也,君子念始之者也。(《礼记·檀弓下》) 287

礼者,君之大柄也。(《礼记·礼运》) 296

礼义也者,人之大端也。(《礼记·礼运》) 297

礼器,是故大备。大备,盛德也。(《礼记·礼器》) 299

君子有礼,则外谐而内无怨。(《礼记·礼器》) 299

忠信,礼之本也;义理,礼之文也。无本不立,无文不行。(《礼记·礼器》) 299

礼也者,合于天时,设于地财,顺于鬼神,合于人心,理万物者也。(《礼记·礼器》) 300

礼也者,犹体也。体不备,君子谓之不成人。设之不当,犹不备也。(《礼记·礼器》) 300

礼也者,物之致也。(《礼记·礼器》) 300

礼也者,反其所自生;乐也者,乐其所自成。(《礼记·礼器》) 301

观其礼乐,而治乱可知也。(《礼记·礼器》) 301

男女有别,然后父子亲;父子亲,然后义生;义生,然后礼作;礼作,然后万物安。无别无义,禽兽之道也。(《礼记·郊特牲》) 302

凡音之起,由人心生也。人心之动,物使之然也。(《礼记·乐记》) 312

感于物而动,故形于声。声相应,故生变,变成方,谓之音。(《礼记·乐记》) 313

乐者,音之所由生也,其本在人心之感于物也。(《礼记·乐记》) 313

凡音者,生人心者也。情动于中,故形于声,声成文,谓之音。(《礼记·乐记》) 313

治世之音安以乐,其政和;乱世之音怨以怒,其政乖;亡国之音哀以思,其民困。(《礼记·乐记》) 314

先王之制礼乐,人为之节。(《礼记·乐记》) 315

乐者为同,礼者为异。同则相亲,异则相敬。(《礼记·乐记》) 315

乐由中出,礼自外作。(《礼记·乐记》) 315

大乐必易,大礼必简。(《礼记·乐记》) 315

乐至则无怨,礼至则不争。揖让而治天下者,礼乐之谓也。(《礼记·乐记》) 315

大乐与天地同和,大礼与天地同节。(《礼记·乐记》) 316

礼者,殊事合敬者也;乐者,异文合爱者也。(《礼记·乐记》) 316

乐者,天地之和也;礼者,天地之序也。(《礼记·乐记》) 316

乐极则忧,礼粗则偏矣。(《礼记·乐记》) 316

乐者,乐也。(《礼记·乐记》) 318

乐也者,动于内者也;礼也者,动于外者也。(《礼记·乐记》) 318

夫乐者,乐也,人情之所不能免也。乐必发于声音,形于动静,人之道也。(《礼记·乐记》) 319

歌之为言也,长言之也。说之,故言之;言之不足,故长言之;长言之不足,故嗟叹之;嗟叹之不足,故不知手之舞之,足之蹈之也。(《礼记·乐记》) 319

凡治人之道,莫急于礼。(《礼记·祭统》) 323

礼之于正国也,犹衡之于轻重也,绳墨之于曲直也,规矩之于方圜也。(《礼记·经解》) 324

安上治民,莫善于礼。(《礼记·经解》) 324

夫礼禁乱之所由生,犹坊止水之所自来也。(《礼记·经解》) 324

民之所由生,礼为大。(《礼记·哀公问》) 325

为政先礼,礼其政之本与!(《礼记·哀公问》) 326

夫礼,所以制中也。(《礼记·仲尼燕居》) 326

治国而无礼,譬犹瞽之无相与,伥伥乎其何之?譬如终夜有求于幽室之中,非烛何见?(《礼记·仲尼燕居》) 327

若无礼,则手足无所错,耳目无所加,进退、揖让无所制。(《礼记·仲尼燕居》) 327

礼也者,理也;乐也者,节也。(《礼记·仲尼燕居》) 327

言而履之,礼也;行而乐之,乐也。(《礼记·仲尼燕居》) 327

礼之所兴,众之所治也;礼之所废,众之所乱也。(《礼记·仲尼燕居》) 327

礼者,因人之情而为之节文,以为民坊者也。(《礼记·坊记》) 328

凡人之所以为人者,礼义也。(《礼记·冠义》) 364

礼义之始,在于正容体,齐颜色,顺辞令。(《礼记·冠义》) 364

君臣正,父子亲,长幼和,而后礼义立。(《礼记·冠义》) 364

男女有别,而后夫妇有义;夫妇有义,而后父子有亲;父子有亲,而后君臣有正。故曰:"昏礼者,礼之本也。"(《礼记·昏义》) 365

夫礼始于冠,本于昏,重于丧、祭,尊于朝、聘,和于乡、射,此礼之大体也。(《礼记·昏义》) 365

古之制礼也,经之以天地,纪之以日月,参之以三光,政教之本也。(《礼记·乡饮酒义》) 366

诸侯相厉以礼,则外不相侵,内不相陵。(《礼记·聘义》) 367

诸侯相厉以轻财重礼,则民作让矣。(《礼记·聘义》) 367

凡礼之大体,体天地,法四时,则阴阳,顺人情,故谓之礼。(《礼记·丧服四制》) 367

礼,经国家,定社稷,序民人,利后嗣者也。(《左传·隐公十一年》) 375

女有家,男有室,无相渎也,谓之有礼。(《左传·桓公十八年》) 380

酒以成礼,不继以淫,义也;以君成礼,弗纳于淫,仁也。(《左传·庄公二十二年》) 382

夫礼,所以整民也。(《左传·庄公二十三年》) 383

礼,国之干也;敬,礼之舆也。不敬,则礼不行,礼不行,则上下昏,何以长世?(《左传·僖公十一年》) 391

无礼不乐,所由叛也。(《左传·文公七年》) 404

平国以礼,不以乱。伐而不治,乱也。以乱平乱,何治之有?无治,何以行礼?(《左传·宣公四年》) 409

礼之于政,如热之有濯也。濯以救热,何患之有?(《左传·襄公三十一年》) 443

忠信,礼之器也;卑让,礼之宗也。(《左传·昭公二年》) 447

礼,其人之急也乎!(《左传·昭公三年》) 448

礼,所以守其国,行其政令,无失其民者也。(《左传·昭公五年》) 451

礼,人之干也。无礼,无以立。(《左传·昭公七年》) 453

礼,无毁人以自成也。(《左传·昭公十二年》) 456

我皆有礼,夫犹鄙我。国而无礼,何以求荣?(《左传·昭公十六年》)458

夫礼,天之经也,地之义也,民之行也。(《左传·昭公二十五年》) 466

礼,上下之纪,天地之经纬也,民之所以生也,是以先王尚之。故人之能自曲直以赴礼者,谓之成人。(《左传·昭公二十五年》) 467

将求于人,则先下之,礼之善物也。(《左传·昭公二十五年》) 468

礼之可以为国也久矣,与天地并。君令臣共,父慈子孝,兄爱弟敬,夫和妻柔,姑慈妇听,礼也。君令而不违,臣共而不贰;父慈而教,子孝而箴;兄爱而友,弟敬而顺;夫和而义,妻柔而正;姑慈而从,妇听而婉:礼之善物也。(《左传·昭公二十六年》) 468

夫礼,死生存亡之体也。将左右周旋,进退俯仰,于是乎取之;朝祀丧戎,于是乎观之。(《左传·定公十五年》) 474

事死如事生,礼也。(《左传·哀公十五年》) 477

礼失则昏,名失则愆。(《左传·哀公十六年》) 478

礼之用,和为贵。先王之道,斯为美,小大由之。有所不行,知和而和,

不以礼节之,亦不可行也。(《论语·学而》) 497

祭如在,祭神如神在。(《论语·八佾》) 505

子谓《韶》,"尽美矣,又尽善也"。(《论语·八佾》) 507

能以礼让为国乎?何有?不能以礼让为国,如礼何?(《论语·里仁》) 510

俎豆之事,则尝闻之矣;军旅之事,未之学也。(《论语·卫灵公》) 565

君子学道则爱人,小人学道则易使也。(《论语·阳货》) 578

君子三年不为礼,礼必坏;三年不为乐,乐必崩。(《论语·阳货》) 582

丧致乎哀而止。(《论语·子张》) 589

丧不过三年,示民有终也。(《孝经·丧亲章》) 615

见其礼而知其政,闻其乐而知其德。(《孟子·公孙丑上》) 635

教化(16条)

观天之神道,而四时不忒,圣人以神道设教,而天下服矣。(《周易·观》) 24

《象》曰:风行地上,观。先王以省方观民设教。(《周易·观》) 24

观乎天文,以察时变;观乎人文,以化成天下。(《周易·贲》) 25

教不伐,以尊贤也。(《礼记·祭义》) 323

入其国,其教可知也。(《礼记·经解》) 324

君子笃于亲,则民兴于仁;故旧不遗,则民不偷。(《论语·泰伯》) 531

天地之经,而民是则之。则天之明,因地之利,以顺天下。是以其教不肃而成,其政不严而治。(《孝经·三才章》) 603

圣人因严以教敬,因亲以教爱。(《孝经·圣治章》) 606

圣人之教,不肃而成,其政不严而治,其所因者本也。(《孝经·圣治章》) 606

教民亲爱,莫善于孝。教民礼顺,莫善于悌。移风易俗,莫善于乐。安上治民,莫善于礼。(《孝经·广要道章》) 610

君子之教以孝也,非家至而日见之也。(《孝经·广至德章》) 611

教以孝,所以敬天下之为人父者也;教以悌,所以敬天下之为人兄者也;教以臣,所以敬天下之为人君者也。(《孝经·广至德章》) 611

谨庠序之教,申之以孝悌之义。(《孟子·梁惠王上》) 628

父子有亲,君臣有义,夫妇有别,长幼有叙,朋友有信。(《孟子·滕文公上》) 645

夫君子所过者化,所存者神,上

下与天地同流,岂曰小补之哉?(《孟子·尽心上》) 695

仁言不如仁声之入人深也,善政不如善教之得民也。善政民畏之,善教民爱之。善政得民财,善教得民心。(《孟子·尽心上》) 695

外交(17条)

比小事大,以和邦国。(《周礼·夏官司马》) 256

久无事,则聘焉。(《仪礼·聘礼》) 266

辞无常,孙而说。(《仪礼·聘礼》) 266

辞多则史,少则不达。辞苟足以达,义之至也。(《仪礼·聘礼》) 266

多货,则伤于德。币美,则没礼。贿,在聘于贿。(《仪礼·聘礼》) 266

入竟而问禁,入国而问俗,入门而问讳。(《礼记·曲礼上》) 282

亲仁善邻,国之宝也。(《左传·隐公六年》) 374

病而乞盟,所丧多矣。(《左传·僖公五年》) 388

招携以礼,怀远以德。德礼不易,无人不怀。(《左传·僖公七年》) 389

天灾流行,国家代有,救灾恤邻,道也。行道有福。(《左传·僖公十三年》) 392

小国之事大国也,德,则其人也;不德,则其鹿也,铤而走险,急何能择?(《左传·文公十七年》) 407

城下之盟,有以国毙,不能从也。(《左传·宣公十五年》) 414

信以行义,义以成命,小国所望而怀也。信不可知,义无所立,四方诸侯,其谁不解体?(《左传·成公八年》) 418

兵交,使在其间可也。(《左传·成公九年》) 419

小所以事大,信也。大所以保小,仁也。背大国,不信;伐小国,不仁。(《左传·哀公七年》) 476

小固不可以敌大,寡固不可以敌众,弱固不可以敌强。(《孟子·梁惠王上》) 627

以大事小者,乐天者也。以小事大者,畏天者也。乐天者保天下,畏天者保其国。(《孟子·梁惠王下》) 628

军事(51条)

能以众正,可以王矣。(《周易·师》) 15

师出以律,否臧凶。(《周易·师》) 15

罔或无畏,宁执非敌。(《尚书·泰誓中》) 145

岂曰无衣?与子同袍。王于兴师,修我戈矛。与子同仇!(《诗经·秦

风·无衣》) 189

王旅啴啴,如飞如翰,如江如汉,如山之苞,如川之流。(《诗经·大雅·常武》) 244

险野人为主,易野车为主。(《周礼·夏官司马》) 256

凡国、都之竟,有沟树之固。郊亦如之。民皆有职焉。若有山川,则因之。(《周礼·夏官司马》) 256

凡兵无过三其身,过三其身,弗能用也而无已,又以害人。故攻国之兵欲短,守国之兵欲长。(《周礼·冬官考工记》) 261

攻国之人众,行地远,食饮饥,且涉山林之阻,是故兵欲短;守国人之寡,食饮饱,行地不远,且不涉山林之阻,是故兵欲长。(《周礼·冬官考工记》) 261

凡为弓,各因其君之躬志虑血气。(《周礼·冬官考工记》) 262

夫兵,犹火也,弗戢,将自焚也。(《左传·隐公四年》) 373

不备不虞,不可以师。(《左传·隐公五年》) 373

仇有衅,不可失也。(《左传·桓公八年》) 378

师克在和,不在众。(《左传·桓公十一年》) 378

疆埸之事,慎守其一,而备其不虞。(《左传·桓公十七年》) 379

夫战,勇气也。一鼓作气,再而衰,三而竭。(《左传·庄公十年》) 381

夫礼、乐、慈、爱,战所畜也。夫民,让事、乐和、爱亲、哀丧,而后可用也。(《左传·庄公二十七年》) 384

师在制命而已。(《左传·闵公二年》) 387

国无小,不可易也。无备,虽众,不可恃也。(《左传·僖公二十二年》) 395

君子不重伤,不禽二毛。古之为军也,不以阻隘也。寡人虽亡国之余,不鼓不成列。(《左传·僖公二十二年》) 395

若爱重伤,则如勿伤;爱其二毛,则如服焉。三军以利用也,金鼓以声气也。利而用之,阻隘可也;声盛致志,鼓儳可也。(《左传·僖公二十二年》) 395

师直为壮,曲为老。(《左传·僖公二十八年》) 398

因人之力而敝之,不仁;失其所与,不知;以乱易整,不武。(《左传·僖公三十年》) 399

劳师以袭远,非所闻也。师劳力竭,远主备之,无乃不可乎!(《左传·僖公三十二年》) 399

勤而无所,必有悖心。(《左传·僖公三十二年》) 400

轻而无礼,必败。轻则寡谋,无礼则脱。入险而脱,又不能谋,能无败乎?(《左传·僖公三十三年》) 400

一日纵敌,数世之患也。(《左传·僖公三十三年》) 400

先人有夺人之心,军之善谋也。逐寇如追逃,军之善政也。(《左传·文公七年》) 404

彼骄我怒,而后可克。(《左传·文公十六年》) 407

戎,昭果毅以听之之谓礼。杀敌为果,致果为毅。易之,戮也。(《左传·宣公二年》) 408

用师,观衅而动。德、刑、政、事、典、礼不易,不可敌也,不为是征。(《左传·宣公十二年》) 410

见可而进,知难而退,军之善政也。兼弱攻昧,武之善经也。(《左传·宣公十二年》) 411

师无成命,多备何为?(《左传·宣公十二年》) 411

宁我薄人,无人薄我。(《左传·宣公十二年》) 412

夫武,禁暴、戢兵、保大、定功、安民、和众、丰财者也,故使子孙无忘其章。(《左传·宣公十二年》) 412

德、刑、详、义、礼、信,战之器也。德以施惠,刑以正邪,详以事神,义以建利,礼以顺时,信以守物。(《左传·成公十六年》) 422

民不知信,进退罪也。人恤所底,其谁致死?(《左传·成公十六年》)423

君师不武,执事不敬,罪莫大焉。(《左传·襄公三年》) 424

兵不戢,必取其族。(《左传·襄公二十四年》) 434

兵,民之残也,财用之蠹,小国之大灾也。(《左传·襄公二十七年》)438

兵之设久矣,所以威不轨而昭文德也。圣人以兴,乱人以废。(《左传·襄公二十七年》) 439

国之不可小,有备故也。(《左传·昭公十八年》) 459

《军志》有之:"先人有夺人之心,后人有待其衰。"(《左传·昭公二十一年》) 464

不让,则不和;不和,不可以远征。(《左传·定公五年》) 472

善为国者不师,善师者不陈,善陈者不战,善战者不死,善死者不亡。(《春秋穀梁传·庄公八年》) 487

善人教民七年,亦可以即戎矣。(《论语·子路》) 558

以不教民战,是谓弃之。(《论语·子路》) 558

天时不如地利,地利不如人和。(《孟子·公孙丑下》) 639

域民不以封疆之界,固国不以山谿之险,威天下不以兵革之利。得道者多助,失道者寡助。寡助之至,亲戚畔之;多助之至,天下顺之。以天下之所顺攻亲戚之所畔,故君子有不战,战必胜矣。(《孟子·公孙丑下》) 639

春秋无义战。(《孟子·尽心下》) 706

征者,上伐下也,敌国不相征也。(《孟子·尽心下》) 706

生态（13条）

仲冬斩阳木,仲夏斩阴木。（《周礼·地官司徒》） 255

春秋之斩木,不入禁。（《周礼·地官司徒》） 255

凡窃木者,有刑罚。（《周礼·地官司徒》） 255

夏日至,令刊阳木而火之;冬日至,令剥阴木而水之。若欲其化也,则春秋变其水火。（《周礼·秋官司寇》） 257

国君春田不围泽,大夫不掩群,士不取麛卵。（《礼记·曲礼下》） 283

天子不合围,诸侯不掩群。（《礼记·王制》） 289

昆虫未蛰,不以火田。不麛,不卵,不杀胎,不殀夭,不覆巢。（《礼记·王制》） 289

天地和同,草木萌动。（《礼记·月令》） 292

毋覆巢,毋杀孩虫、胎、夭、飞鸟。毋麛,毋卵。（《礼记·月令》） 292

毋竭川泽,毋漉陂池,毋焚山林。（《礼记·月令》） 292

树木以时伐焉,禽兽以时杀焉。（《礼记·祭义》） 322

子钓而不纲,弋不射宿。（《论语·述而》） 528

不违农时,谷不可胜食也。数罟不入洿池,鱼鳖不可胜食也。斧斤以时入山林,材木不可胜用也。（《孟子·梁惠王上》） 623

处世（114条）

初九,潜龙,勿用。（《周易·乾》） 2

九五,飞龙在天,利见大人。（《周易·乾》） 3

用九,见群龙无首,吉。（《周易·乾》） 4

居上位而不骄,在下位而不忧,故乾乾因其时而惕,虽危无咎矣。（《周易·乾》） 8

上下无常,非为邪也。进退无恒,非离群也。君子进德修业,欲及时也,故无咎。（《周易·乾》） 8

"亢"之为言也,知进而不知退,知存而不知亡,知得而不知丧。（《周易·乾》） 11

天下随时,随时之义大矣哉!（《周易·随》） 21

《象》曰:明入地中,"明夷"。君子以莅众,用晦而明。（《周易·明夷》） 33

见险而能止,知矣哉!（《周易·蹇》） 36

时止则止,时行则行,动静不失其时,其道光明。（《周易·艮》） 43

君子以思不出其位。（《周易·艮》） 43

君子以思患而豫防之。（《周易·既济》） 46

与天地相似,故不违;知周乎万物,而道济天下,故不过;旁行而不流,乐天知命,故不忧;安土敦乎仁,故能爱。(《周易·系辞上》) 49

君子之道,或出或处,或默或语。(《周易·系辞上》) 52

日往则月来,月往则日来,日月相推而明生焉。寒往则暑来,暑往则寒来,寒暑相推而岁成焉。往者屈也,来者信也,屈信相感而利生焉。尺蠖之屈,以求信也;龙蛇之蛰,以存身也。(《周易·系辞下》) 58

君子藏器于身,待时而动,何不利之有?动而不括,是以出而有获,语成器而动者也。(《周易·系辞下》) 60

德薄而位尊,知小而谋大,力少而任重,鲜不及矣。(《周易·系辞下》)62

知几其神乎!君子上交不谄,下交不渎,其知几乎?几者,动之微,吉之先见者也。君子见几而作,不俟终日。(《周易·系辞下》) 62

无虐茕独。(《尚书·洪范》) 92

五福:一曰寿,二曰富,三曰康宁,四曰攸好德,五曰考终命。(《尚书·洪范》) 95

惟我下民秉为,惟天明畏。(《尚书·多士》) 102

疑谋勿成,百志惟熙。(《尚书·大禹谟》) 117

虑善以动,动惟厥时。(《尚书·说命中》) 139

惟事事,乃其有备,有备无患。(《尚书·说命中》) 140

无已大康,职思其忧。好乐无荒,良士休休。(《诗经·唐风·蟋蟀》)184

今者不乐,逝者其耋。(《诗经·秦风·车邻》) 186

今者不乐,逝者其亡。(《诗经·秦风·车邻》) 186

隰有苌楚,猗傩其枝。夭之沃沃,乐子之无知。(《诗经·桧风·隰有苌楚》) 191

百川沸腾,山冢崒崩。高岸为谷,深谷为陵。哀今之人,胡憯莫惩。(《诗经·小雅·十月之交》) 206

凡百君子,各敬尔身。胡不相畏,不畏于天?(《诗经·小雅·雨无正》) 207

往来行言,心焉数之。(《诗经·小雅·巧言》) 211

匪鹑匪鸢,翰飞戾天;匪鳣匪鲔,潜逃于渊。(《诗经·小雅·四月》)213

不识不知,顺帝之则。(《诗经·大雅·皇矣》) 226

人亦有言:进退维谷。(《诗经·大雅·桑柔》) 240

柔亦不茹,刚亦不吐。不侮矜寡,不畏强御。(《诗经·大雅·烝民》)242

生有益于人,死不害于人。(《礼记·檀弓上》) 287

知为人子,然后可以为人父;知为人臣,然后可以为人君;知事人,然后能使人。(《礼记·文王世子》) 294

货恶其弃于地也,不必藏于己;

力恶其不出于身也,不必为己。(《礼记·礼运》) 296

不疑在躬,不度民械,不愿于大家,不訾重器。(《礼记·玉藻》) 304

君子素其位而行,不愿乎其外。(《礼记·中庸》) 335

素富贵,行乎富贵;素贫贱,行乎贫贱;素夷狄,行乎夷狄;素患难,行乎患难:君子无入而不自得焉。(《礼记·中庸》) 335

在上位不陵下,在下位不援上,正己而不求于人则无怨。(《礼记·中庸》) 335

上不怨天,下不尤人。故君子居易以俟命,小人行险以徼幸。(《礼记·中庸》) 335

居上不骄,为下不倍。国有道,其言足以兴,国无道,其默足以容。(《礼记·中庸》) 341

爱其死以有待也,养其身以有为也。(《礼记·儒行》) 351

往者不悔,来者不豫。(《礼记·儒行》) 352

天地四方者,男子之所有事也。(《礼记·射义》) 366

度德而处之,量力而行之。(《左传·隐公十一年》) 375

谚曰:"心苟无瑕,何恤乎无家。"(《左传·闵公元年》) 386

谚有之曰:"心则不竞,何惮于病。"(《左传·僖公七年》) 389

量力而动,其过鲜矣。(《左传·僖公二十年》) 394

天为刚德,犹不干时,况在人乎?且华而不实,怨之所聚也。犯而聚怨,不可以定身。(《左传·文公五年》) 402

备豫不虞,古之善教也。求而无之,实难。过求,何害?(《左传·文公六年》) 403

《书》曰:"居安思危。"思则有备,有备无患。(《左传·襄公十一年》) 426

事未可知,只成恶名,止也。(《左传·襄公二十七年》) 437

"匪交匪敖",福将焉往?若保是言也,欲辞福禄,得乎?(《左传·襄公二十七年》) 439

夫弗及而忧,与可忧而乐,与忧而弗害,皆取忧之道也,忧必及之。(《左传·昭公元年》) 445

患之所生,污而不治,难而不守,所由来也。(《左传·昭公元年》) 446

君子曰:"弗知实难。"知而弗从,祸莫大焉。(《左传·昭公三年》) 448

凡有血气,皆有争心,故利不可强,思义为愈。义,利之本也。蕴利生孽。姑使无蕴乎!可以滋长。(《左传·昭公十年》) 454

力能则进,否则退,量力而行。(《左传·昭公十五年》) 457

谚曰:"无过乱门。"(《左传·昭公十九年》) 460

作事威克其爱,虽小,必济。(《左传·昭公二十三年》) 464

哀乐而乐哀,皆丧心也。(《左

君子动则思礼,行则思义;不为利回,不为义疚。或求名而不得,或欲盖而名章,惩不义也。(《左传·昭公三十一年》) 470

需,事之下也。(《左传·哀公六年》) 476

行权有道,自贬损以行权,不害人以行权,杀人以自生,亡人以自存,君子不为也。(《春秋公羊传·桓公》) 481

人之于天也,以道受命;于人也,以言受命。不若于道者,天绝之也;不若于言者,人绝之也。(《春秋穀梁传·庄公元年》) 486

信近于义,言可复也。恭近于礼,远耻辱也。因不失其亲,亦可宗也。(《论语·学而》) 497

不患人之不己知,患不知人也。(《论语·学而》) 498

是可忍也,孰不可忍也?(《论语·八佾》) 505

成事不说,遂事不谏,既往不咎。(《论语·八佾》) 506

里仁为美。择不处仁,焉得知?(《论语·里仁》) 507

放于利而行,多怨。(《论语·里仁》) 510

不患无位,患所以立。不患莫己知,求为可知也。(《论语·里仁》) 511

邦有道,不废;邦无道,免于刑戮。(《论语·公冶长》) 513

子曰:"宁武子,邦有道,则知;邦无道,则愚。其知可及也,其愚不可及也。"(《论语·公冶长》) 516

老者安之,朋友信之,少者怀之。(《论语·公冶长》) 517

人之生也直,罔之生也幸而免。(《论语·雍也》) 519

用之则行,舍之则藏,惟我与尔有是夫。(《论语·述而》) 525

其为人也,发愤忘食,乐以忘忧,不知老之将至云尔。(《论语·述而》) 527

好勇疾贫,乱也。人而不仁,疾之已甚,乱也。(《论语·泰伯》) 533

危邦不入,乱邦不居。(《论语·泰伯》) 534

天下有道则见,无道则隐。邦有道,贫且贱焉,耻也;邦无道,富且贵焉,耻也。(《论语·泰伯》) 534

君子敬而无失,与人恭而有礼。四海之内,皆兄弟也。(《论语·颜渊》) 548

子张问明。子曰:"浸润之谮,肤受之愬,不行焉,可谓明也已矣。浸润之谮,肤受之愬,不行焉,可谓远也已矣。"(《论语·颜渊》) 548

夫达也者,质直而好义,察言而观色,虑以下人。在邦必达,在家必达。(《论语·颜渊》) 552

士而怀居,不足以为士矣。(《论语·宪问》) 559

邦有道,危言危行;邦无道,危行言孙。(《论语·宪问》) 559

子贡方人。子曰:"赐也贤乎哉?夫我则不暇。"(《论语·宪问》) 562

不患人之不己知,患其不能也。(《论语·宪问》) 562

贤者辟世,其次辟地,其次辟色,其次辟言。(《论语·宪问》) 563

莫己知也,斯己而已矣。深则厉,浅则揭。(《论语·宪问》) 564

君子哉蘧伯玉!邦有道,则仕;邦无道,则可卷而怀之。(《论语·卫灵公》) 566

君子疾没世而名不称焉。(《论语·卫灵公》) 569

君子恶居下流,天下之恶皆归焉。(《论语·子张》) 589

不知命,无以为君子也。不知礼,无以立也。不知言,无以知人也。(《论语·尧曰》) 594

礼者,敬而已矣。故敬其父,则子悦;敬其兄,则弟悦;敬其君,则臣悦;敬一人,而千万人悦。所敬者寡,而悦者众。(《孝经·广要道章》) 611

仲尼曰:"始作俑者,其无后乎?"(《孟子·梁惠王上》) 625

非其君不事,非其友不友,不立于恶人之朝,不与恶人言。(《孟子·公孙丑上》) 639

枉尺而直寻者,以利言也。如以利,则枉寻直尺而利,亦可为与?(《孟子·滕文公下》) 646

古之人未尝不欲仕也,又恶不由其道。不由其道而往者,与钻穴隙之类也。(《孟子·滕文公下》) 647

无罪而杀士,则大夫可以去;无罪而戮民,则士可以徙。(《孟子·离娄下》) 666

可以取,可以无取,取伤廉;可以与,可以无与,与伤惠;可以死,可以无死,死伤勇。(《孟子·离娄下》) 671

天之生此民也,使先知觉后知,使先觉觉后觉也。予,天民之先觉者也;予将以斯道觉斯民也。非予觉之,而谁也?(《孟子·万章上》) 676

伯夷,目不视恶色,耳不听恶声,非其君不事,非其民不使,治则进,乱则退。(《孟子·万章下》) 677

思天下之民匹夫匹妇有不与被尧、舜之泽者,如己推而内之沟中,其自任以天下之重也。(《孟子·万章下》) 678

柳下惠,不羞污君,不辞小官;进不隐贤,必以其道;遗佚而不怨,厄穷而不悯。(《孟子·万章下》) 678

莫非命也,顺受其正。是故知命者不立乎岩墙之下。尽其道而死者,正命也;桎梏死者,非正命也。(《孟子·尽心上》) 691

尊德乐义,则可以嚣嚣矣。故士穷不失义,达不离道。穷不失义,故士得己焉;达不离道,故民不失望焉。古之人,得志,泽加于民;不得志,修身见于世。穷则独善其身,达则兼善天下。(《孟子·尽心上》) 693

杨子取为我,拔一毛而利天下,不

为也。墨子兼爱,摩顶放踵利天下,为之。子莫执中,执中为近之。执中无权,犹执一也。所恶执一者,为其贼道也,举一而废百也。(《孟子·尽心上》) 701

天下有道,以道殉身;天下无道,以身殉道。未闻以道殉乎人者也。(《孟子·尽心上》) 704

周于利者,凶年不能杀;周于德者,邪世不能乱。(《孟子·尽心下》) 707

经德不回,非以干禄也;言语必信,非以正行也。君子行法,以俟命而已矣。(《孟子·尽心下》) 711

交际(73条)

乐只君子,福履成之。(《诗经·周南·樛木》) 164

投我以木桃,报之以琼瑶。匪报也,永以为好也!(《诗经·卫风·木瓜》) 178

无信人之言,人实迋女。(《诗经·郑风·扬之水》) 182

无信人之言,人实不信。(《诗经·郑风·扬之水》) 182

呦呦鹿鸣,食野之苹。我有嘉宾,鼓瑟吹笙。(《诗经·小雅·鹿鸣》) 195

人之好我,示我周行。(《诗经·小雅·鹿鸣》) 196

天保定尔,以莫不兴。如山如阜,如冈如陵。如川之方至,以莫不增。(《诗经·小雅·天保》) 199

如月之恒,如日之升。如南山之寿,不骞不崩。如松柏之茂,无不尔或承。(《诗经·小雅·天保》) 200

南山有桑,北山有杨。乐只君子,邦家之光。乐只君子,万寿无疆!(《诗经·小雅·南山有臺》) 202

乐只君子,民之父母。(《诗经·小雅·南山有臺》) 202

湛湛露斯,匪阳不晞。厌厌夜饮,不醉无归。(《诗经·小雅·湛露》)203

他人有心,予忖度之。(《诗经·小雅·巧言》) 211

乐酒今夕,君子维宴。(《诗经·小雅·頍弁》) 217

乐只君子,万福攸同。(《诗经·小雅·采菽》) 219

无言不雠,无德不报。(《诗经·大雅·抑》) 238

视尔友君子,辑柔尔颜,不遐有愆。(《诗经·大雅·抑》) 238

投我以桃,报之以李。(《诗经·大雅·抑》) 239

载色载笑,匪怒伊教。(《诗经·鲁颂·泮水》) 249

贤者狎而敬之,畏而爱之。(《礼记·曲礼上》) 269

爱而知其恶,憎而知其善。积而能散,安安而能迁。(《礼记·曲礼上》) 270

礼尚往来。往而不来,非礼也;来

而不往,亦非礼也。(《礼记·曲礼上》) 273

君子不尽人之欢,不竭人之忠,以全交也。(《礼记·曲礼上》) 281

凡奉者当心,提者当带。(《礼记·曲礼下》) 283

不窥密,不旁狎,不道旧故,不戏色。(《礼记·玉藻》) 305

施诸己而不愿,亦勿施于人。(《礼记·中庸》) 334

以德报怨,则宽身之仁也;以怨报德,则刑戮之民也。(《礼记·表记》) 343

君子不以其所能者病人,不以人之所不能者愧人。(《礼记·表记》) 345

君子之接如水,小人之接如醴。君子淡以成,小人甘以坏。(《礼记·表记》) 346

轻绝贫贱,而重绝富贵,则好贤不坚,而恶恶不著也。(《礼记·缁衣》) 350

儒有闻善以相告也,见善以相示也;爵位相先也,患难相死也。(《礼记·儒行》) 353

同弗与,异弗非也。(《礼记·儒行》) 353

其行本方立义,同而进,不同而退。(《礼记·儒行》) 354

君子有诸己而后求诸人,无诸己而后非诸人。所藏乎身不恕,而能喻诸人者,未之有也。(《礼记·大学》) 360

尊让、絜、敬也者,君子之所以相接也。(《礼记·乡饮酒义》) 365

敬让也者,君子之所以相接也。(《礼记·聘义》) 367

周谚有之曰:"山有木,工则度之;宾有礼,主则择之。"(《左传·隐公十一年》) 375

亡人无党,有党必有仇。(《左传·僖公九年》) 391

重怒难任,陵人不祥。(《左传·僖公十五年》) 394

以欲从人,则可;以人从欲,鲜济。(《左传·僖公二十年》) 394

报者倦矣,施者未厌。(《左传·僖公二十四年》) 398

怀必贪,贪必谋人。谋人,人亦谋己。(《左传·宣公十四年》) 412

古人有言曰:"非所怨,勿怨。"(《左传·襄公二十六年》) 436

私仇不及公,好不废过,恶不去善,义之经也。(《左传·哀公五年》) 475

君子周而不比,小人比而不周。(《论语·为政》) 502

事君数,斯辱矣。朋友数,斯疏矣。(《论语·里仁》) 513

我不欲人之加诸我也,吾亦欲无加诸人。(《论语·公冶长》) 514

晏平仲善与人交,久而敬之。(《论语·公冶长》) 515

己所不欲,勿施于人。(《论语·颜渊》) 547

君子成人之美，不成人之恶。小人反是。(《论语·颜渊》) 550

子路问曰："何如斯可谓之士矣？"子曰："切切偲偲，怡怡如也，可谓士矣。朋友切切偲偲，兄弟怡怡。"(《论语·子路》) 558

不逆诈，不亿不信，抑亦先觉者，是贤乎！(《论语·宪问》) 562

或曰："以德报怨，何如？"子曰："何以报德？以直报怨，以德报德。"(《论语·宪问》) 563

可与言而不与之言，失人；不可与言而与之言，失言。知者不失人，亦不失言。(《论语·卫灵公》) 567

君子矜而不争，群而不党。(《论语·卫灵公》) 569

子贡问曰："有一言而可以终身行之者乎？"子曰："其恕乎！己所不欲，勿施于人。"(《论语·卫灵公》) 569

道不同，不相为谋。(《论语·卫灵公》) 573

亲于其身为不善者，君子不入也。(《论语·阳货》) 579

恶称人之恶者，恶居下流而讪上者，恶勇而无礼者，恶果敢而窒者。(《论语·阳货》) 583

恶徼以为知者，恶不孙以为勇者，恶讦以为直者。(《论语·阳货》) 584

无求备于一人。(《论语·微子》) 585

君子尊贤而容众，嘉善而矜不能。(《论语·子张》) 586

我之大贤与，于人何所不容？我之不贤与，人将拒我，如之何其拒人也？(《论语·子张》) 586

君子无众寡，无小大，无敢慢，斯不亦泰而不骄乎？(《论语·尧曰》) 593

老吾老，以及人之老；幼吾幼，以及人之幼。(《孟子·梁惠王上》) 626

内则父子，外则君臣，人之大伦也。父子主恩，君臣主敬。(《孟子·公孙丑下》) 640

死徙无出乡，乡田同井，出入相友，守望相助，疾病相扶持，则百姓亲睦。(《孟子·滕文公上》) 644

中也养不中，才也养不才，故人乐有贤父兄也。如中也弃不中，才也弃不才，则贤不肖之相去，其间不能以寸。(《孟子·离娄下》) 666

仁者爱人，有礼者敬人。爱人者，人恒爱之；敬人者，人恒敬之。(《孟子·离娄下》) 671

用下敬上，谓之贵贵；用上敬下，谓之尊贤。贵贵、尊贤，其义一也。(《孟子·万章下》) 680

欲见贤人而不以其道，犹欲其入而闭之门也。夫义，路也；礼，门也。惟君子能由是路，出入是门也。(《孟子·万章下》) 681

一乡之善士，斯友一乡之善士；一国之善士，斯友一国之善士；天下之善士，斯友天下之善士。以友天下之善士为未足，又尚论古之人。颂其诗，读其书，不知其人，可乎？是以论其世

也。是尚友也。(《孟子·万章下》)681

食而弗爱,豕交之也;爱而不敬,兽畜之也。恭敬者,币之未将者也。恭敬而无实,君子不可虚拘。(《孟子·尽心上》) 702

挟贵而问,挟贤而问,挟长而问,挟有勋劳而问,挟故而问,皆所不答也。(《孟子·尽心上》) 704

交友(14条)

知至至之,可与言几也。知终终之,可与存义也。(《周易·乾》) 7

二人同心,其利断金。同心之言,其臭如兰。(《周易·系辞上》) 52

惠而好我,携手同归。(《诗经·邶风·北风》) 173

嘤其鸣矣,求其友声。相彼鸟矣,犹求友声。矧伊人矣,不求友生?(《诗经·小雅·伐木》) 199

君子之朋友有乡,其恶有方。是故迩者不惑,而远者不疑也。(《礼记·缁衣》) 349

并立则乐,相下不厌;久不相见,闻流言不信。(《礼记·儒行》) 353

可与共学,未可与适道;可与适道,未可与立;可与立,未可与权。(《论语·子罕》) 541

子贡问友。子曰:"忠告而善道之,不可则止,毋自辱焉。"(《论语·颜渊》) 553

君子以文会友,以友辅仁。(《论语·颜渊》) 553

不得中行而与之,必也狂狷乎!狂者进取,狷者有所不为也。(《论语·子路》) 556

益者三友,损者三友。友直,友谅,友多闻,益矣。友便辟,友善柔,友便佞,损矣。(《论语·季氏》) 575

可者与之,其不可者拒之。(《论语·子张》) 586

丁丁、嘤嘤,相切直也。(《尔雅·释训》) 618

不挟长、不挟贵、不挟兄弟而友。友也者,友其德也,不可以有挟也。(《孟子·万章下》) 680

齐家(36条)

《彖》曰:家人,女正位乎内,男正位乎外;男女正,天地之大义也。家人有严君焉,父母之谓也。父父,子子,兄兄,弟弟,夫夫,妇妇,而家道正;正家而天下定矣。(《周易·家人》) 33

家人嗃嗃,悔厉吉;妇子嘻嘻,终吝。(《周易·家人》) 34

古人有言曰:"牝鸡无晨;牝鸡之晨,惟家之索。"(《尚书·牧誓》) 90

元恶大憝,矧惟不孝不友。(《尚书·康诰》) 98

桃之夭夭,灼灼其华。之子于归,

宜其室家。(《诗经·周南·桃夭》)164

死生契阔,与子成说。执子之手,与子偕老。(《诗经·邶风·击鼓》)171

黾勉同心,不宜有怒。(《诗经·邶风·谷风》) 172

德音莫违,"及尔同死"。(《诗经·邶风·谷风》) 172

自伯之东,首如飞蓬。岂无膏沐?谁适为容?(《诗经·卫风·伯兮》) 177

宜言饮酒,与子偕老。琴瑟在御,莫不静好。(《诗经·郑风·女曰鸡鸣》) 180

析薪如之何?匪斧不克。取妻如之何?匪媒不得。(《诗经·齐风·南山》) 183

伐柯如何?匪斧不克。取妻如何?匪媒不得。(《诗经·豳风·伐柯》) 195

常棣之华,鄂不韡韡。凡今之人,莫如兄弟。(《诗经·小雅·常棣》)197

死丧之威,兄弟孔怀。原隰裒矣,兄弟求矣。(《诗经·小雅·常棣》)197

脊令在原,兄弟急难。每有良朋,况也永叹。(《诗经·小雅·常棣》)197

兄弟阋于墙,外御其务。每有良朋,烝也无戎。(《诗经·小雅·常棣》) 198

妻子好合,如鼓瑟琴。兄弟既翕,和乐且湛。(《诗经·小雅·常棣》)198

兄及弟矣,式相好矣,无相犹矣。(《诗经·小雅·斯干》) 205

骍骍角弓,翩其反矣。兄弟昏姻,无胥远矣。(《诗经·小雅·角弓》)219

此令兄弟,绰绰有裕。不令兄弟,交相为瘉。(《诗经·小雅·角弓》)220

刑于寡妻,至于兄弟,以御于家邦。(《诗经·大雅·思齐》) 225

戚戚兄弟,莫远具尔。(《诗经·大雅·行苇》) 228

幼子常视毋诳。(《礼记·曲礼上》) 276

童子不衣裘、裳。(《礼记·曲礼上》) 276

父子笃,兄弟睦,夫妇和,家之肥也。(《礼记·礼运》) 298

内言不出,外言不入。(《礼记·内则》) 302

爱子,教之以义方,弗纳于邪。(《左传·隐公三年》) 370

兄弟致美。救乏、贺善、吊灾、祭敬、丧哀,情虽不同,毋绝其爱,亲之道也。(《左传·文公十五年》) 406

兄弟之不睦,于是乎不吊,况远人,谁敢归之?(《左传·昭公七年》) 452

父母之于子,虽有罪,犹若其不欲服罪然。(《春秋公羊传·文公》) 482

子既生,不免乎水火,母之罪也。羁贯成童,不就师傅,父之罪也。(《春秋穀梁传·昭公十九年》) 491

子子孙孙,引无极也。(《尔雅·释训》) 618

"张仲孝友",善父母为孝,善兄弟

为友。(《尔雅·释训》) 620

教者必以正,以正不行,继之以怒。继之以怒,则反夷矣。"夫子教我以正,夫子未出于正也。"则是父子相夷也。父子相夷,则恶矣。古者易子而教之,父子之间不责善。责善则离,离则不祥莫大焉。(《孟子·离娄上》) 662

责善,朋友之道也;父子责善,贼恩之大者。(《孟子·离娄下》) 673

仁人之于弟也,不藏怒焉,不宿怨焉,亲爱之而已矣。亲之欲其贵也,爱之欲其富也。(《孟子·万章上》) 675

修身(174条)

君子终日乾乾,夕惕若厉,无咎。(《周易·乾》) 2

乐则行之,忧则违之,确乎其不可拔,"潜龙"也。(《周易·乾》) 6

庸言之信,庸行之谨,闲邪存其诚,善世而不伐,德博而化。(《周易·乾》) 6

"终日乾乾",与时偕行。(《周易·乾》) 9

《象》曰:大畜,刚健笃实,辉光日新。其德刚上而尚贤,能健止,大正也。(《周易·大畜》) 27

君子以惩忿窒欲。(《周易·损》) 38

君子以见善则迁,有过则改。(《周易·益》) 39

德言盛,礼言恭;谦也者,致恭以存其位者也。(《周易·系辞上》) 53

天之所助者,顺也;人之所助者,信也。履信思乎顺,又以尚贤也。(《周易·系辞上》) 56

精义入神,以致用也;利用安身,以崇德也。过此以往,未之或知也,穷神知化,德之盛也。(《周易·系辞下》) 59

小人不耻不仁,不畏不义,不见利不劝,不威不惩。小惩而大诫,此小人之福也。(《周易·系辞下》) 60

颜氏之子,其殆庶几乎?有不善未尝不知,知之未尝复行也。(《周易·系辞下》) 63

和顺于道德而理于义,穷理尽性以至于命。(《周易·说卦》) 72

直而温,宽而栗,刚而无虐,简而无傲。(《尚书·尧典》) 78

宽而栗,柔而立,愿而恭,乱而敬,扰而毅,直而温,简而廉,刚而塞,强而义。(《尚书·皋陶谟》) 80

五事:一曰貌,二曰言,三曰视,四曰听,五曰思。貌曰恭,言曰从,视曰明,听曰聪,思曰睿。恭作肃,从作乂,明作哲,聪作谋,睿作圣。(《尚书·洪范》) 90

惟土物爱,厥心臧。(《尚书·酒诰》) 99

节性,惟日其迈。(《尚书·召诰》) 101

民德亦罔不能厥初,惟其终。(《尚书·君奭》) 106

惟圣罔念作狂,惟狂克念作圣。
(《尚书·多方》) 106
责人斯无难,惟受责俾如流,有惟艰哉。(《尚书·秦誓》) 113
儆戒无虞,罔失法度,罔游于逸,罔淫于乐。(《尚书·大禹谟》) 116
人心惟危,道心惟微,惟精惟一,允执厥中。(《尚书·大禹谟》) 120
能自得师者王,谓人莫己若者亡。好问则裕,自用则小。(《尚书·仲虺之诰》) 127
慎乃俭德,惟怀永图。(《尚书·太甲上》) 130
视远惟明,听德惟聪。(《尚书·太甲中》) 131
终始惟一,时乃日新。(《尚书·咸有一德》) 135
有其善,丧厥善;矜其能,丧厥功。(《尚书·说命中》) 139
玩人丧德,玩物丧志。(《尚书·旅獒》) 147
志以道宁,言以道接。(《尚书·旅獒》) 148
不矜细行,终累大德。为山九仞,功亏一篑。(《尚书·旅獒》) 148
必有忍,其乃有济;有容,德乃大。(《尚书·君陈》) 157
我心匪石,不可转也。我心匪席,不可卷也。威仪棣棣,不可选也。(《诗经·邶风·柏舟》) 168
终温且惠,淑慎其身。(《诗经·邶风·燕燕》) 170

不忮不求,何用不臧!(《诗经·邶风·雄雉》) 171
相鼠有皮,人而无仪。人而无仪,不死何为?(《诗经·鄘风·相鼠》)174
我有嘉宾,德音孔昭。视民不恌,君子是则是效。(《诗经·小雅·鹿鸣》) 196
高山仰止,景行行止。(《诗经·小雅·车舝》) 217
如食宜饇,如酌孔取。(《诗经·小雅·角弓》) 221
敬慎威仪,以近有德。(《诗经·大雅·民劳》) 231
抑抑威仪,维德之隅。人亦有言:靡哲不愚。(《诗经·大雅·抑》) 235
慎尔出话,敬尔威仪,无不柔嘉。(《诗经·大雅·抑》) 237
相在尔室,尚不愧于屋漏。无曰不显,莫予云觏。(《诗经·大雅·抑》) 238
温恭朝夕,执事有恪。(《诗经·商颂·那》) 249
凡和,春多酸,夏多苦,秋多辛,冬多咸。(《周礼·天官冢宰》) 253
孝友时格,永乃保之。(《仪礼·士冠礼》) 264
毋不敬,俨若思,安定辞,安民哉!(《礼记·曲礼上》) 269
敖不可长,欲不可从,志不可满,乐不可极。(《礼记·曲礼上》) 269
疑事毋质,直而勿有。(《礼记·曲礼上》) 270

节耆欲,定心气。(《礼记·月令》) 293

四体既正,肤革充盈,人之肥也。(《礼记·礼运》) 298

凡饮,养阳气也;凡食,养阴气也。(《礼记·郊特牲》) 301

毋拔来,毋报往。(《礼记·玉藻》) 306

毋訾衣服成器,毋身质言语。(《礼记·玉藻》) 306

君子乐得其道,小人乐得其欲。以道制欲,则乐而不乱;以欲忘道,则惑而不乐。(《礼记·乐记》) 318

天则不言而信,神则不怒而威,致乐以治心者也。(《礼记·乐记》) 318

临事而屡断,勇也;见利而让,义也。(《礼记·乐记》) 319

君子有三患:未之闻,患弗得闻也。既闻之,患弗得学也。既学之,患弗能行也。(《礼记·杂记下》) 320

心不苟虑,必依于道;手足不苟动,必依于礼。(《礼记·祭统》) 323

清明在躬,气志如神。(《礼记·孔子闲居》) 328

贫而好乐,富而好礼,众而以宁者,天下其几矣!(《礼记·坊记》) 328

君子戒慎乎其所不睹,恐惧乎其所不闻。莫见乎隐,莫显乎微。故君子慎其独也。(《礼记·中庸》) 332

君子遵道而行,半途而废,吾弗能已矣。(《礼记·中庸》) 334

君子之道,辟如行远必自迩,辟如登高必自卑。(《礼记·中庸》) 336

好学近乎知,力行近乎仁,知耻近乎勇。(《礼记·中庸》) 337

成己,仁也;成物,知也。(《礼记·中庸》) 340

唯天下至诚,为能经纶天下之大经,立天下之大本,知天地之化育。(《礼记·中庸》) 341

情欲信,辞欲巧。(《礼记·表记》) 346

儒有博学而不穷,笃行而不倦;幽居而不淫,上通而不困。(《礼记·儒行》) 352

知止而后有定,定而后能静,静而后能安,安而后能虑,虑而后能得。(《礼记·大学》) 355

古之欲明明德于天下者,先治其国;欲治其国者,先齐其家;欲齐其家者,先修其身;欲修其身者,先正其心;欲正其心者,先诚其意;欲诚其意者,先致其知,致知在格物。(《礼记·大学》) 355

物格而后知至,知至而后意诚,意诚而后心正,心正而后身修,身修而后家齐,家齐而后国治,国治而后天下平。(《礼记·大学》) 356

自天子以至于庶人,壹是皆以修身为本。其本乱而末治者否矣。(《礼记·大学》) 356

所谓诚其意者,毋自欺也。如恶恶臭,如好好色,此之谓自谦,故君子必慎其独也!(《礼记·大学》) 356

诚于中,形于外,故君子必慎其独也。(《礼记·大学》) 357

曾子曰:"十目所视,十手所指,其严乎!"(《礼记·大学》) 357

富润屋,德润身,心广体胖,故君子必诚其意。(《礼记·大学》) 357

所谓修身在正其心者:身有所忿懥,则不得其正;有所恐惧,则不得其正;有所好乐,则不得其正;有所忧患,则不得其正。(《礼记·大学》) 358

心不在焉,视而不见,听而不闻,食而不知其味。此谓修身在正其心。(《礼记·大学》) 358

好人之所恶,恶人之所好,是谓拂人之性,菑必逮夫身。(《礼记·大学》) 363

夫德,俭而有度,登降有数。(《左传·桓公二年》) 377

俭,德之共也;侈,恶之大也。(《左传·庄公二十四年》) 383

怀与安,实败名。(《左传·僖公二十三年》) 396

耳不听五声之和为聋,目不别五色之章为昧,心不则德义之经为顽,口不道忠信之言为嚚。(《左传·僖公二十四年》) 397

介人之宠,非勇也。损怨益仇,非知也。以私害公,非忠也。(《左传·文公六年》) 403

古人有言曰:"畏首畏尾,身其余几。"(《左传·文公十七年》) 407

仁而不武,无能达也。(《左传·宣公四年》) 410

贪色为淫,淫为大罚。(《左传·成公二年》) 417

君子勤礼,小人尽力,勤礼莫如致敬,尽力莫如敦笃。(《左传·成公十三年》) 420

大上有立德,其次有立功,其次有立言。(《左传·襄公二十四年》) 433

君子之近琴瑟,以仪节也,非以慆心也。(《左传·昭公元年》) 446

尤人而效之,非礼也。(《左传·定公六年》) 472

与其素厉,宁为无勇。(《左传·定公十二年》) 473

骄近乱,替近疾。(《左传·定公十五年》) 474

失志为昏,失所为愆。(《左传·哀公十六年》) 478

复言,非信也;期死,非勇也。(《左传·哀公十六年》) 479

学而时习之,不亦说乎?有朋自远方来,不亦乐乎?人不知而不愠,不亦君子乎?(《论语·学而》) 494

弟子入则孝,出则弟,谨而信,泛爱众而亲仁。行有余力,则以学文。(《论语·学而》) 495

贤贤易色;事父母,能竭其力;事君,能致其身;与朋友交,言而有信。虽曰未学,吾必谓之学矣。(《论语·学而》) 496

君子不重则不威,学则不固。主忠信。无友不如己者。过,则勿惮改。

(《论语·学而》) 496

子贡曰:"贫而无谄,富而无骄,何如?"子曰:"可也。未若贫而乐,富而好礼者也。"(《论语·学而》) 498

见贤思齐焉,见不贤而内自省也。(《论语·里仁》) 511

以约失之者鲜矣。(《论语·里仁》) 512

子曰:"巧言、令色、足恭,左丘明耻之,丘亦耻之。匿怨而友其人,左丘明耻之,丘亦耻之。"(《论语·公冶长》) 517

不迁怒,不贰过。(《论语·雍也》) 517

冉求曰:"非不说子之道,力不足也。"子曰:"力不足者,中道而废。今女画。"(《论语·雍也》) 518

子谓子夏曰:"女为君子儒,无为小人儒!"(《论语·雍也》) 518

樊迟问知。子曰:"务民之义,敬鬼神而远之,可谓知矣。"问仁。曰:"仁者先难而后获,可谓仁矣。"(《论语·雍也》) 520

德之不修,学之不讲,闻义不能徙,不善不能改,是吾忧也。(《论语·述而》) 522

志于道,据于德,依于仁,游于艺。(《论语·述而》) 523

三人行,必有我师焉。择其善者而从之,其不善者而改之。(《论语·述而》) 527

子曰:"盖有不知而作之者,我无

是也。多闻,择其善者而从之;多见而识之;知之次也。"(《论语·述而》) 529

恭而无礼则劳,慎而无礼则葸,勇而无礼则乱,直而无礼则绞。(《论语·泰伯》) 531

君子所贵乎道者三:动容貌,斯远暴慢矣;正颜色,斯近信矣;出辞气,斯远鄙倍矣。(《论语·泰伯》) 532

士不可以不弘毅,任重而道远。(《论语·泰伯》) 533

兴于诗,立于礼,成于乐。(《论语·泰伯》) 533

如有周公之才之美,使骄且吝,其余不足观也已。(《论语·泰伯》) 534

狂而不直,侗而不愿,悾悾而不信,吾不知之矣。(《论语·泰伯》) 535

子曰:"譬如为山,未成一篑,止,吾止也。譬如平地,虽覆一篑,进,吾往也。"(《论语·子罕》) 539

吾见其进也,未见其止也。(《论语·子罕》) 539

法语之言,能无从乎?改之为贵。巽与之言,能无说乎?绎之为贵。说而不绎,从而不改,吾末如之何也已矣。(《论语·子罕》) 540

子张问善人之道。子曰:"不践迹,亦不入于室。"(《论语·先进》) 546

博学于文,约之以礼,亦可以弗畔矣夫。(《论语·颜渊》) 550

先事后得,非崇德与?攻其恶,无攻人之恶,非修慝与?一朝之忿,忘其身,以及其亲,非惑与?(《论语·颜

渊》） 552

刚、毅、木、讷近仁。（《论语·子路》） 558

见利思义，见危授命，久要不忘平生之言，亦可以为成人矣。（《论语·宪问》） 560

夫子时然后言，人不厌其言；乐然后笑，人不厌其笑；义然后取，人不厌其取。（《论语·宪问》） 560

群居终日，言不及义，好行小慧，难矣哉！（《论语·卫灵公》） 568

君子病无能焉，不病人之不己知也。（《论语·卫灵公》） 568

巧言乱德。小不忍，则乱大谋。（《论语·卫灵公》） 570

益者三乐，损者三乐。乐节礼乐，乐道人之善，乐多贤友，益矣。乐骄乐，乐佚游，乐晏乐，损矣。（《论语·季氏》） 576

饱食终日，无所用心，难矣哉！不有博弈者乎？为之，犹贤乎已。（《论语·阳货》） 583

往者不可谏，来者犹可追。（《论语·微子》） 585

士见危致命，见得思义，祭思敬，丧思哀，其可已矣。（《论语·子张》） 585

君子正其衣冠，尊其瞻视，俨然人望而畏之，斯不亦威而不猛乎？（《论语·尧曰》） 593

行成于内，而名立于后世矣。（《孝经·广扬名章》） 612

修身慎行，恐辱先也。（《孝经·感应章》） 614

"如切如磋"，道学也。"如琢如磨"，自修也。"瑟兮僩兮"，恂栗也。"赫兮烜兮"，威仪也。"有斐君子，终不可谖兮"，道盛德至善，民之不能忘也。（《尔雅·释训》） 620

"其虚其徐"，威仪容止也。（《尔雅·释训》） 621

夫志，气之帅也；气，体之充也。夫志，至焉；气，次焉。故曰："持其志，无暴其气。"（《孟子·公孙丑上》） 633

志壹则动气，气壹则动志也。（《孟子·公孙丑上》） 633

"敢问何谓浩然之气？"曰："难言也。其为气也，至大至刚，以直养而无害，则塞于天地之间。其为气也，配义与道；无是，馁也。是集义所生者，非义袭而取之也。行有不慊于心，则馁矣。我故曰告子未尝知义，以其外之也。必有事焉而勿正，心勿忘，勿助长也。"（《孟子·公孙丑上》） 633

善与人同，舍己从人，乐取于人以为善。（《孟子·公孙丑上》） 639

取诸人以为善，是与人为善者也，故君子莫大乎与人为善。（《孟子·公孙丑上》） 639

自暴者，不可与有言也；自弃者，不可与有为也。言非礼义，谓之自暴也；吾身不能居仁由义，谓之自弃也。（《孟子·离娄上》） 658

居下位而不获于上，民不可得而治也。获于上有道，不信于友，弗获于上矣;信于友有道,事亲弗悦,弗信于友矣;悦亲有道,反身不诚,不悦于亲矣;诚身有道,不明乎善,不诚其身矣。(《孟子·离娄上》) 659

恭者不侮人,俭者不夺人。(《孟子·离娄上》) 661

事,孰为大?事亲为大。守,孰为大?守身为大。不失其身而能事其亲者,吾闻之矣;失其身而能事其亲者,吾未之闻也。孰不为事?事亲,事之本也。孰不为守?守身,守之本也。(《孟子·离娄上》) 662

人有不为也,而后可以有为。(《孟子·离娄下》) 667

君子深造之以道,欲其自得之也。自得之则居之安,居之安则资之深,资之深则取之左右逢其原,故君子欲其自得之也。(《孟子·离娄下》) 668

原泉混混,不舍昼夜,盈科而后进,放乎四海。有本者如是,是之取尔。苟为无本,七八月之间雨集,沟浍皆盈,其涸也,可立而待也。故声闻过情,君子耻之。(《孟子·离娄下》) 669

孔子曰:"操则存,舍则亡;出入无时,莫知其乡。"惟心之谓与?(《孟子·告子上》) 684

仁,人心也;义,人路也。舍其路而弗由,放其心而不知求,哀哉!(《孟子·告子上》) 685

学问之道无他,求其放心而已矣。(《孟子·告子上》) 685

人之于身也,兼所爱。兼所爱,则兼所养也。(《孟子·告子上》) 685

体有贵贱,有小大。无以小害大,无以贱害贵。养其小者为小人,养其大者为大人。(《孟子·告子上》) 685

耳目之官不思,而蔽于物,物交物,则引之而已矣。心之官则思,思则得之,不思则不得也。(《孟子·告子上》) 685

夫道,若大路然,岂难知哉?人病不求耳。(《孟子·告子下》) 688

天将降大任于是人也,必先苦其心志,劳其筋骨,饿其体肤,空乏其身,行拂乱其所为,所以动心忍性,曾益其所不能。(《孟子·告子下》) 689

尽其心者,知其性也。知其性,则知天矣。存其心,养其性,所以事天也。夭寿不贰,修身以俟之,所以立命也。(《孟子·尽心上》) 691

求则得之,舍则失之,是求有益于得也,求在我者也。求之有道,得之有命,是求无益于得也,求在外者也。(《孟子·尽心上》) 692

万物皆备于我矣。反身而诚,乐莫大焉。强恕而行,求仁莫近焉。(《孟子·尽心上》) 692

人不可以无耻。无耻之耻,无耻矣。(《孟子·尽心上》) 693

耻之于人大矣,为机变之巧者,无所用耻焉。不耻不若人,何若人有?(《孟子·尽心上》) 693

无为其所不为,无欲其所不欲,如此而已矣。(《孟子·尽心上》) 696

日月有明,容光必照焉。流水之为物也,不盈科不行;君子之志于道也,不成章不达。(《孟子·尽心上》) 700

人能无以饥渴之害为心害,则不及人不为忧矣。(《孟子·尽心上》)701

有为者辟若掘井,掘井九轫而不及泉,犹为弃井也。(《孟子·尽心上》) 702

杀一无罪,非仁也;非其有而取之,非义也。居恶在?仁是也;路恶在?义是也。居仁由义,大人之事备矣。(《孟子·尽心上》) 702

可欲之谓善,有诸己之谓信,充实之谓美,充实而有光辉之谓大,大而化之之谓圣,圣而不可知之之谓神。(《孟子·尽心下》) 709

人皆有所不忍,达之于其所忍,仁也;人皆有所不为,达之于其所为,义也。人能充无欲害人之心,而仁不可胜用也;人能充无穿逾之心,而义不可胜用也;人能充无受尔汝之实,无所往而不为义也。士未可以言而言,是以言餂之也;可以言而不言,是以不言餂之也。是皆穿逾之类也。(《孟子·尽心下》) 710

言近而指远者,善言也;守约而施博者,善道也。(《孟子·尽心下》) 710

养心莫善于寡欲。(《孟子·尽心下》) 712

其为人也寡欲,虽有不存焉者,寡矣;其为人也多欲,虽有存焉者,寡矣。(《孟子·尽心下》) 712

圣人(32条)

吾十有五而志于学,三十而立,四十而不惑,五十而知天命,六十而耳顺,七十而从心所欲,不逾矩。(《论语·为政》) 500

夫子之道,忠恕而已矣。(《论语·里仁》) 511

子之燕居,申申如也,夭夭如也。(《论语·述而》) 523

甚矣吾衰也!久矣吾不复梦见周公!(《论语·述而》) 523

子食于有丧者之侧,未尝饱也。(《论语·述而》) 524

子于是日哭,则不歌。(《论语·述而》) 524

富而可求也,虽执鞭之士,吾亦为之。如不可求,从吾所好。(《论语·述而》) 525

子之所慎:齐,战,疾。(《论语·述而》) 525

子曰:"饭疏食饮水,曲肱而枕之,乐亦在其中矣。不义而富且贵,于我如浮云。"(《论语·述而》) 526

子不语怪、力、乱、神。(《论语·述而》) 527

子温而厉,威而不猛,恭而安。(《论语·述而》) 530

子罕言利与命与仁。(《论语·子罕》) 536

大哉孔子！博学而无所成名。(《论语·子罕》) 536

子绝四：毋意，毋必，毋固，毋我。(《论语·子罕》) 536

吾少也贱，故多能鄙事。君子多乎哉？不多也。(《论语·子罕》) 536

吾不试，故艺。(《论语·子罕》) 537

凤鸟不至，河不出图，吾已矣夫！(《论语·子罕》) 537

仰之弥高，钻之弥坚。瞻之在前，忽焉在后。(《论语·子罕》) 537

孔子于乡党，恂恂如也，似不能言者。其在宗庙朝廷，便便言，唯谨尔。(《论语·乡党》) 541

朝，与下大夫言，侃侃如也；与上大夫言，訚訚如也。君在，踧踖如也，与与如也。(《论语·乡党》) 542

厩焚。子退朝，曰："伤人乎？"不问马。(《论语·乡党》) 544

莫春者，春服既成，冠者五六人，童子六七人，浴乎沂，风乎舞雩，咏而归。(《论语·先进》) 546

不怨天，不尤人，下学而上达。知我者其天乎！(《论语·宪问》) 563

子贡曰："譬之宫墙，赐之墙也及肩，窥见室家之好。夫子之墙数仞，不得其门而入，不见宗庙之美，百官之富。得其门者或寡矣。"(《论语·子张》) 590

仲尼不可毁也。他人之贤者，丘陵也，犹可逾也。仲尼，日月也，无得而逾焉。人虽欲自绝，其何伤于日月乎？多见其不知量也。(《论语·子张》) 590

夫子之不可及也，犹天之不可阶而升也。(《论语·子张》) 591

自有生民以来，未有孔子也。(《孟子·公孙丑上》) 634

麒麟之于走兽，凤凰之于飞鸟，泰山之于丘垤，河海之于行潦，类也。圣人之于民，亦类也。出于其类，拔乎其萃，自生民以来，未有盛于孔子也。(《孟子·公孙丑上》) 635

规矩，方员之至也；圣人，人伦之至也。(《孟子·离娄上》) 652

仲尼不为已甚者。(《孟子·离娄下》) 667

可以速而速，可以久而久，可以处而处，可以仕而仕，孔子也。(《孟子·万章下》) 679

孔子之谓集大成。集大成也者，金声而玉振之也。金声也者，始条理也；玉振之也者，终条理也。始条理者，智之事也；终条理者，圣之事也。智，譬则巧也；圣，譬则力也。由射于百步之外也，其至，尔力也；其中，非尔力也。(《孟子·万章下》) 679

君子(93条)

《象》曰:天行健,君子以自强不息。(《周易·乾》) 4

《文言》曰:"元"者,善之长也;"亨"者,嘉之会也;"利"者,义之和也;"贞"者,事之干也。君子体仁足以长人,嘉会足以合礼,利物足以和义,贞固足以干事。君子行此四德者,故曰"乾:元、亨、利、贞"。(《周易·乾》) 5

君子进德修业。忠信,所以进德也。修辞立其诚,所以居业也。(《周易·乾》) 7

君子以成德为行,日可见之行也。(《周易·乾》) 10

君子学以聚之,问以辩之,宽以居之,仁以行之。(《周易·乾》) 10

《象》曰:地势坤。君子以厚德载物。(《周易·坤》) 12

君子敬以直内,义以方外,敬义立而德不孤。(《周易·坤》) 13

君子以果行育德。(《周易·蒙》) 15

君子以俭德辟难,不可荣以禄。(《周易·否》) 17

唯君子为能通天下之志。(《周易·同人》) 18

君子以类族辨物。(《周易·同人》) 18

君子以裒多益寡,称物平施。(《周易·谦》) 20

君子尚消息盈虚,天行也。(《周易·剥》) 26

《象》曰:水洊至,习坎。君子以常德行,习教事。(《周易·坎》) 29

君子以非礼弗履。(《周易·大壮》) 33

君子以同而异。(《周易·睽》) 36

《象》曰:雷雨作,解。君子以赦过宥罪。(《周易·解》) 37

《象》曰:地中生木,升。君子以顺德,积小以高大。(《周易·升》) 40

险以说,因而不失其所亨,其唯君子乎!(《周易·困》) 41

《象》曰:泽无水,困。君子以致命遂志。(《周易·困》) 41

君子以慎辨物居方。(《周易·未济》) 46

君子知微知彰,知柔知刚,万夫之望。(《周易·系辞下》) 62

君子安其身而后动,易其心而后语,定其交而后求。君子修此三者,故全也。(《周易·系辞下》) 64

瞻彼淇奥,绿竹猗猗。有匪君子,如切如磋,如琢如磨。(《诗经·卫风·淇奥》) 174

淑人君子,其仪一兮。其仪一兮,心如结兮。(《诗经·曹风·鸤鸠》)192

岂弟君子,无信谗言。(《诗经·小雅·青蝇》) 217

博闻强识而让,敦善行而不怠,谓之君子。(《礼记·曲礼上》) 281

君子之爱人也以德,细人之爱人也以姑息。(《礼记·檀弓上》) 285

骚骚尔则野,鼎鼎尔则小人,君子盖犹犹尔。(《礼记·檀弓上》) 286

君子远庖厨,凡有血气之类,弗身践也。(《礼记·玉藻》) 302

君子上不僭上,下不偪下。(《礼记·杂记下》) 319

君子反古复始,不忘其所由生也。(《礼记·祭义》) 321

君子有其事必有其治。(《礼记·仲尼燕居》) 326

君子辞贵不辞贱,辞富不辞贫,则乱益亡。(《礼记·坊记》) 329

君子与其使食浮于人也,宁使人浮于食。(《礼记·坊记》) 329

君子之道费而隐。(《礼记·中庸》) 334

君子不可以不修身;思修身,不可以不事亲;思事亲,不可以不知人;思知人,不可以不知天。(《礼记·中庸》) 337

君子内省不疚,无恶于志。(《礼记·中庸》) 342

君子隐而显,不矜而庄,不厉而威,不言而信。(《礼记·表记》) 342

君子不失足于人,不失色于人,不失口于人。(《礼记·表记》) 342

君子慎以辟祸,笃以不揜,恭以远耻。(《礼记·表记》) 342

君子庄敬日强,安肆日偷。(《礼记·表记》) 343

君子不自大其事,不自尚其功,以求处情;过行弗率,以求处厚;彰人之善,而美人之功,以求下贤。(《礼记·表记》) 345

君子有大道,必忠信以得之,骄泰以失之。(《礼记·大学》) 363

君子之喜怒,以已乱也。(《左传·宣公十七年》) 415

君子有远虑,小人从迩。(《左传·襄公二十八年》) 440

君子务知大者、远者,小人务知小者、近者。(《左传·襄公三十一年》) 444

君子在位可畏,施舍可爱,进退可度,周旋可则,容止可观,作事可法,德行可象,声气可乐,动作有文,言语有章,以临其下,谓之有威仪也。(《左传·襄公三十一年》) 444

君子非无贿之难,立而无令名之患。(《左传·昭公十六年》) 458

君子不食奸,不受乱,不为利疚于回,不以回待人,不盖不义,不犯非礼。(《左传·昭公二十年》) 461

君子之行也,度于礼:施取其厚,事举其中,敛从其薄。(《左传·哀公十一年》) 476

君子笃于礼而薄于利,要其人而不要其土。(《春秋公羊传·宣公》) 482

君子见人之厄则矜之,小人见人之厄则幸之。(《春秋公羊传·宣公》) 482

君子之善善也长,恶恶也短。恶恶止其身,善善及子孙。(《春秋公羊

传·昭公》》 483

君子恶恶,疾其始;善善,乐其终。(《春秋穀梁传·僖公十七年》) 488

君子不推人危,不攻人厄。(《春秋穀梁传·僖公二十二年》) 489

君子不器。(《论语·为政》) 501

君子无所争。(《论语·八佾》) 505

君子去仁,恶乎成名?君子无终食之间违仁,造次必于是,颠沛必于是。(《论语·里仁》) 508

君子之于天下也,无适也,无莫也,义之与比。(《论语·里仁》) 510

君子怀德,小人怀土;君子怀刑,小人怀惠。(《论语·里仁》) 510

君子喻于义,小人喻于利。(《论语·里仁》) 511

子曰:"赤之适齐也,乘肥马,衣轻裘。吾闻之也:君子周急不继富。"(《论语·雍也》) 518

质胜文则野,文胜质则史。文质彬彬,然后君子。(《论语·雍也》) 519

宰我问曰:"仁者,虽告之曰'井有仁焉',其从之也?"子曰:"何为其然也?君子可逝也,不可陷也,可欺也,不可罔也。"(《论语·雍也》) 520

君子博学于文,约之以礼,亦可以弗畔矣夫。(《论语·雍也》) 521

君子坦荡荡,小人长戚戚。(《论语·述而》) 530

可以托六尺之孤,可以寄百里之命,临大节而不可夺也,君子人与?君子人也。(《论语·泰伯》) 532

君子不忧不惧。(《论语·颜渊》) 547

君子易事而难说也。说之不以道,不说也。及其使人也,器之。小人难事而易说也。说之虽不以道,说也。及其使人也,求备焉。(《论语·子路》) 557

君子上达,小人下达。(《论语·宪问》) 561

子路问君子。子曰:"修己以敬。"曰:"如斯而已乎?"曰:"修己以安人。"(《论语·宪问》) 564

君子义以为质,礼以行之,孙以出之,信以成之。君子哉!(《论语·卫灵公》) 568

君子谋道不谋食。(《论语·卫灵公》) 571

君子忧道不忧贫。(《论语·卫灵公》) 571

君子不可小知而可大受也,小人不可大受而可小知也。(《论语·卫灵公》) 572

君子贞而不谅。(《论语·卫灵公》) 572

君子有三戒:少之时,血气未定,戒之在色;及其壮也,血气方刚,戒之在斗;及其老也,血气既衰,戒之在得。(《论语·季氏》) 576

君子有三畏:畏天命,畏大人,畏圣人之言。小人不知天命而不畏也,狎大人,侮圣人之言。(《论语·季氏》) 576

君子有九思：视思明，听思聪，色思温，貌思恭，言思忠，事思敬，疑思问，忿思难，见得思义。(《论语·季氏》) 577

君子有三变：望之俨然，即之也温，听其言也厉。(《论语·子张》) 588

子张曰："何谓五美？"子曰："君子惠而不费，劳而不怨，欲而不贪，泰而不骄，威而不猛。"(《论语·尧曰》) 592

君子之事亲孝，故忠可移于君；事兄悌，故顺可移于长；居家理，故治可移于官。(《孝经·广扬名章》) 612

君子之于禽兽也，见其生，不忍见其死；闻其声，不忍食其肉。是以君子远庖厨也。(《孟子·梁惠王上》) 626

焉有君子而可以货取乎？(《孟子·公孙丑下》) 641

君子所以异于人者，以其存心也。君子以仁存心，以礼存心。(《孟子·离娄下》) 671

君子有终身之忧，无一朝之患也。乃若所忧则有之：舜，人也；我，亦人也。舜为法于天下，可传于后世，我由未免为乡人也，是则可忧也。忧之如何？如舜而已矣。(《孟子·离娄下》) 671

君子可欺以其方，难罔以非其道。(《孟子·万章上》) 674

君子亦仁而已矣，何必同？(《孟子·告子下》) 688

君子有三乐，而王天下不与存焉。父母俱存，兄弟无故，一乐也。仰不愧于天，俯不怍于人，二乐也。得天下英才而教育之，三乐也。君子有三乐，而王天下不与存焉。(《孟子·尽心上》) 697

广土众民，君子欲之，所乐不存焉；中天下而立，定四海之民，君子乐之，所性不存焉。(《孟子·尽心上》) 698

君子所性，虽大行不加焉，虽穷居不损焉，分定故也。君子所性，仁、义、礼、智根于心。其生色也睟然，见于面，盎于背，施于四体，四体不言而喻。(《孟子·尽心上》) 698

君子之言也，不下带而道存焉；君子之守，修其身而天下平。(《孟子·尽心下》) 711

人格（23条）

夫"大人"者，与天地合其德，与日月合其明，与四时合其序，与鬼神合其吉凶，先天而天弗违，后天而奉天时。(《周易·乾》) 11

天地养万物，圣人养贤以及万民，颐之时大矣哉！(《周易·颐》) 28

大人以继明照于四方。(《周易·离》) 30

富有之谓大业，日新之谓盛德。(《周易·系辞上》) 50

唯仁人为能爱人，能恶人。(《礼记·大学》) 362

仁人之言，其利博哉！（《左传·昭公三年》） 447

不仁者不可以久处约，不可以长处乐。仁者安仁，知者利仁。（《论语·里仁》） 507

唯仁者能好人，能恶人。（《论语·里仁》） 508

知者乐水，仁者乐山。知者动，仁者静。知者乐，仁者寿。（《论语·雍也》） 520

夫仁者，己欲立而立人，己欲达而达人。能近取譬，可谓仁之方也已。（《论语·雍也》） 521

知者不惑，仁者不忧，勇者不惧。（《论语·子罕》） 541

有德者必有言，有言者不必有德。（《论语·宪问》） 559

仁者必有勇，勇者不必有仁。（《论语·宪问》） 559

仁者不忧，知者不惑，勇者不惧。（《论语·宪问》） 561

夫天未欲平治天下也，如欲平治天下，当今之世，舍我其谁也？（《孟子·公孙丑下》） 642

居天下之广居，立天下之正位，行天下之大道。得志与民由之，不得志独行其道。富贵不能淫，贫贱不能移，威武不能屈，此之谓大丈夫。（《孟子·滕文公下》） 647

大人者，不失其赤子之心者也。（《孟子·离娄下》） 667

盛德之士，君不得而臣，父不得而子。（《孟子·万章上》） 675

伯夷，圣之清者也；伊尹，圣之任者也；柳下惠，圣之和者也；孔子，圣之时者也。（《孟子·万章下》） 679

先名实者，为人也；后名实者，自为也。（《孟子·告子下》） 688

形色，天性也。惟圣人然后可以践形。（《孟子·尽心上》） 703

仁者以其所爱及其所不爱，不仁者以其所不爱及其所爱。（《孟子·尽心下》） 705

圣人，百世之师也，伯夷、柳下惠是也。故闻伯夷之风者，顽夫廉，懦夫有立志；闻柳下惠之风者，薄夫敦，鄙夫宽。奋乎百世之上，百世之下，闻者莫不兴起也。（《孟子·尽心下》） 708

修德（77条）

君子以多识前贤往行，以畜其德。（《周易·大畜》） 28

"不恒其德"，无所容也。（《周易·恒》） 32

《易》之兴也，其于中古乎？作《易》者，其有忧患乎？是故《履》，德之基也；《谦》，德之柄也；《复》，德之本也；《恒》，德之固也；《损》，德之修也；《益》，德之裕也；《困》，德之辨也；《井》，德之地也；《巽》，德之制也。《履》和而至，《谦》尊而光，《复》小而辨于物，《恒》杂而不厌，《损》先难而后易，

《益》长裕而不设,《困》穷而通,《井》居其所而迁,《巽》称而隐。《履》以和行,《谦》以制礼,《复》以自知,《恒》以一德,《损》以远害,《益》以兴利,《困》以寡怨,《井》以辩义,《巽》以行权。(《周易·系辞下》) 65

德惟一,动罔不吉;德二三,动罔不凶。(《尚书·咸有一德》) 134

人不易物,惟德其物!(《尚书·旅獒》) 146

恭俭惟德,无载尔伪。(《尚书·周官》) 154

作德,心逸日休;作伪,心劳日拙。(《尚书·周官》) 154

资富能训,惟以永年。惟德惟义,时乃大训。不由古训,于何其训。(《尚书·毕命》) 159

无念尔祖,聿修厥德。永言配命,自求多福。(《诗经·大雅·文王》)223

人亦有言:德輶如毛,民鲜克举之。(《诗经·大雅·烝民》) 243

弃尔幼志,顺尔成德。(《仪礼·士冠礼》) 264

敬尔威仪,淑慎尔德。(《仪礼·士冠礼》) 264

何谓人义?父慈、子孝、兄良、弟弟、夫义、妇听、长惠、幼顺、君仁、臣忠,十者谓之人义。(《礼记·礼运》) 296

仁者,义之本也,顺之体也,得之者尊。(《礼记·礼运》) 298

大德必得其位,必得其禄,必得其名,必得其寿。(《礼记·中庸》) 336

仁者,人也,亲亲为大;义者,宜也,尊贤为大。(《礼记·中庸》) 337

苟不至德,至道不凝焉。(《礼记·中庸》) 341

仁者右也,道者左也。仁者人也,道者义也。(《礼记·表记》) 343

仁有数,义有长短小大。(《礼记·表记》) 344

仁之为器重,其为道远。举者莫能胜也,行者莫能致也。(《礼记·表记》) 344

取数多者,仁也。(《礼记·表记》) 344

中心安仁者,天下一人而已矣。(《礼记·表记》) 344

恭近礼,俭近仁,信近情,敬让以行,此虽有过,其不甚矣。(《礼记·表记》) 345

温良者,仁之本也。敬慎者,仁之地也。宽裕者,仁之作也。孙接者,仁之能也。礼节者,仁之貌也。言谈者,仁之文也。歌乐者,仁之和也。分散者,仁之施也。(《礼记·儒行》) 354

为人君,止于仁;为人臣,止于敬;为人子,止于孝;为人父,止于慈;与国人交,止于信。(《礼记·大学》) 358

多行不义,必自毙。(《左传·隐公元年》) 370

不义不暱,厚将崩。(《左传·隐公元年》) 370

不务令德,而欲以乱成,必不免矣。(《左传·隐公四年》) 373

恕而行之,德之则也,礼之经也。(《左传·隐公十一年》) 376

子父不奸之谓礼,守命共时之谓信。违此二者,奸莫大焉。(《左传·僖公七年》) 390

死而不义,非勇也。共用之谓勇。(《左传·文公二年》) 401

多行无礼,弗能在矣!(《左传·文公十五年》) 406

孝敬、忠信为吉德,盗贼、藏奸为凶德。(《左传·文公十八年》) 408

不背本,仁也;不忘旧,信也;无私,忠也;尊君,敏也。仁以接事,信以守之,忠以成之,敏以行之。事虽大,必济。(《左传·成公九年》) 419

信以守礼,礼以庇身,信礼之亡,欲免得乎?(《左传·成公十五年》)421

《志》曰:"能敬无灾。"又曰:"敬逆来者,天所福也。"(《左传·昭公三年》) 448

奔死免父,孝也;度功而行,仁也;择任而往,知也;知死不辟,勇也。(《左传·昭公二十年》) 460

违强陵弱,非勇也;乘人之约,非仁也;灭宗废祀,非孝也;动无令名,非知也。(《左传·定公四年》) 471

大德灭小怨,道也。(《左传·定公五年》) 472

与不仁人争明,无不胜。(《左传·哀公十六年》) 478

周仁之谓信,率义之谓勇。(《左传·哀公十六年》) 478

德厚者流光,德薄者流卑。(《春秋穀梁传·僖公十五年》) 488

其为人也孝弟,而好犯上者,鲜矣;不好犯上,而好作乱者,未之有也。君子务本,本立而道生。孝弟也者,其为仁之本与!(《论语·学而》) 494

见义不为,无勇也。(《论语·为政》) 504

人而不仁,如礼何?人而不仁,如乐何?(《论语·八佾》) 505

苟志于仁矣,无恶也。(《论语·里仁》) 508

朝闻道,夕死可矣。(《论语·里仁》) 509

德不孤,必有邻。(《论语·里仁》) 513

求仁而得仁,又何怨?(《论语·述而》) 526

子曰:"仁远乎哉?我欲仁,斯仁至矣。"(《论语·述而》) 529

克己复礼为仁。一日克己复礼,天下归仁焉。(《论语·颜渊》) 547

非礼勿视,非礼勿听,非礼勿言,非礼勿动。(《论语·颜渊》) 547

主忠信,徙义,崇德也。(《论语·颜渊》) 549

樊迟问仁。子曰:"居处恭,执事敬,与人忠。虽之夷狄,不可弃也。"(《论语·子路》) 556

当仁,不让于师。(《论语·卫灵公》) 572

道听而涂说,德之弃也。(《论

语·阳货》) 581

君子义以为上,君子有勇而无义为乱,小人有勇而无义为盗。(《论语·阳货》) 583

执德不弘,信道不笃,焉能为有?焉能为亡?(《论语·子张》) 586

大德不逾闲,小德出入可也。(《论语·子张》) 588

未有仁而遗其亲者也,未有义而后其君者也。(《孟子·梁惠王上》)623

今恶辱而居不仁,是犹恶湿而居下也。(《孟子·公孙丑上》) 636

夫仁,天之尊爵也,人之安宅也。(《孟子·公孙丑上》) 638

不仁不智,无礼无义,人役也。(《孟子·公孙丑上》) 638

爱无差等,施由亲始。(《孟子·滕文公上》) 646

杨朱、墨翟之言盈天下。天下之言不归杨则归墨。杨氏为我,是无君也;墨氏兼爱,是无父也。无父无君,是禽兽也。(《孟子·滕文公下》) 649

天子不仁,不保四海;诸侯不仁,不保社稷;卿大夫不仁,不保宗庙;士庶人不仁,不保四体。(《孟子·离娄上》) 653

今恶死亡而乐不仁,是犹恶醉而强酒。(《孟子·离娄上》) 654

仁,人之安宅也;义,人之正路也。旷安宅而弗居,舍正路而不由,哀哉!(《孟子·离娄上》) 658

仁之实,事亲是也;义之实,从兄是也;智之实,知斯二者弗去是也;礼之实,节文斯二者是也;乐之实,乐斯二者,乐则生矣,生则恶可已也,恶可已,则不知足之蹈之手之舞之。(《孟子·离娄上》) 664

非礼之礼,非义之义,大人弗为。(《孟子·离娄下》) 666

人之所以异于禽兽者几希,庶民去之,君子存之。舜明于庶物,察于人伦,由仁义行,非行仁义。(《孟子·离娄下》) 669

非仁无为也,非礼无行也。如有一朝之患,则君子不患矣。(《孟子·离娄下》) 672

有天爵者,有人爵者。仁、义、忠、信,乐善不倦,此天爵也;公、卿、大夫,此人爵也。古之人修其天爵,而人爵从之。今之人修其天爵,以要人爵;既得人爵,而弃其天爵,则惑之甚者也,终亦必亡而已矣。(《孟子·告子上》) 686

仁之胜不仁也,犹水胜火。(《孟子·告子上》) 687

五谷者,种之美者也;苟为不熟,不如荑稗。夫仁,亦在乎熟之而已矣。(《孟子·告子上》) 687

仁也者,人也。合而言之,道也。(《孟子·尽心下》) 708

动容周旋中礼者,盛德之至也。(《孟子·尽心下》) 711

行善去恶(19条)

积善之家必有余庆,积不善之家必有余殃。(《周易·坤》) 13

君子以遏恶扬善,顺天休命。(《周易·大有》) 19

善不积不足以成名,恶不积不足以灭身。(《周易·系辞下》) 61

小人以小善为无益而弗为也,以小恶为无伤而弗去也,故恶积而不可掩,罪大而不可解。(《周易·系辞下》) 61

惠迪吉,从逆凶,惟影响。(《尚书·大禹谟》) 115

惟上帝不常,作善降之百祥,作不善降之百殃。(《尚书·伊训》) 129

德无常师,主善为师。善无常主,协于克一。(《尚书·咸有一德》) 135

吉人为善,惟日不足;凶人为不善,亦惟日不足。(《尚书·泰誓中》) 143

树德务滋,除恶务本。(《尚书·泰誓下》) 145

为善不同,同归于治;为恶不同,同归于乱。(《尚书·蔡仲之命》) 149

不僭不贼,鲜不为则。(《诗经·大雅·抑》) 239

善则得之,不善则失之矣。(《礼记·大学》) 362

善不可失,恶不可长。(《左传·隐公六年》) 374

不十年侈,其恶不远,远恶而后弃。善亦如之,德远而后兴。(《左传·昭公四年》) 449

为善者不改其度,故能有济也。(《左传·昭公四年》) 450

怀恶而讨不义,君子不予也。(《春秋公羊传·昭公》) 483

怀恶而讨,虽死不服。(《春秋穀梁传·昭公四年》) 491

见善如不及,见不善如探汤。(《论语·季氏》) 577

鸡鸣而起,孳孳为善者,舜之徒也;鸡鸣而起,孳孳为利者,跖之徒也。欲知舜与跖之分,无他,利与善之间也。(《孟子·尽心上》) 700

中和(12条)

自作不和,尔惟和哉;尔室不睦,尔惟和哉。(《尚书·多方》) 107

喜怒哀乐之未发,谓之中;发而皆中节,谓之和。中也者,天下之大本也;和也者,天下之达道也。致中和,天地位焉,万物育焉。(《礼记·中庸》) 332

中庸其至矣乎!民鲜能久矣!(《礼记·中庸》) 332

天下、国、家可均也,爵禄可辞也,白刃可蹈也,中庸不可能也。(《礼记·中庸》) 333

君子和而不流,强哉矫!中立而

不倚,强哉矫!(《礼记·中庸》) 333

和如羹焉,水、火、醯、醢、盐、梅,以烹鱼肉,燀之以薪,宰夫和之,齐之以味,济其不及,以泄其过。君子食之,以平其心。(《左传·昭公二十年》) 461

声亦如味,一气,二体,三类,四物,五声,六律,七音,八风,九歌,以相成也。(《左传·昭公二十年》) 462

若以水济水,谁能食之? 若琴瑟之专一,谁能听之?(《左传·昭公二十年》) 463

《关雎》乐而不淫,哀而不伤。(《论语·八佾》) 506

中庸之为德也,其至矣乎! 民鲜久矣。(《论语·雍也》) 521

过犹不及。(《论语·先进》) 545

君子和而不同,小人同而不和。(《论语·子路》) 557

孝道(70条)

凯风自南,吹彼棘心。棘心夭夭,母氏劬劳。(《诗经·邶风·凯风》)171

恩斯勤斯,鬻子之闵斯。(《诗经·豳风·鸱鸮》) 193

我日斯迈,而月斯征。夙兴夜寐,毋忝尔所生。(《诗经·小雅·小宛》) 208

蓼蓼者莪,匪莪伊蒿。哀哀父母,生我劬劳。(《诗经·小雅·蓼莪》)212

父兮生我,母兮鞠我。拊我畜我,长我育我。顾我复我,出入腹我。欲报之德,昊天罔极!(《诗经·小雅·蓼莪》) 212

永言孝思,孝思维则。(《诗经·大雅·下武》) 226

孝子不匮,永锡尔类。(《诗经·大雅·既醉》) 228

凡为人子之礼,冬温而夏清,昏定而晨省。(《礼记·曲礼上》) 274

夫为人子者,出必告,反必面;所游必有常,所习必有业。恒言不称老。(《礼记·曲礼上》) 274

听于无声,视于无形。(《礼记·曲礼上》) 275

孝子不服暗,不登危,惧辱亲也。(《礼记·曲礼上》) 275

父母存,不许友以死。不有私财。(《礼记·曲礼上》) 275

事亲有隐而无犯,左右就养无方,服勤至死,致丧三年。(《礼记·檀弓上》) 284

君子有终身之忧,而无一朝之患。(《礼记·檀弓上》) 285

父母有过,下气怡色,柔声以谏。(《礼记·内则》) 302

亲老,出不易方,复不过时。(《礼记·玉藻》) 303

君子生则敬养,死则敬享,思终身弗辱也。(《礼记·祭义》) 320

孝子之有深爱者必有和气,有和气者必有愉色,有愉色者必有婉容。(《礼记·祭义》) 321

孝有三:大孝尊亲,其次弗辱,其

下能养。(《礼记·祭义》) 321

父母爱之,喜而弗忘;父母恶之,惧而无怨。(《礼记·祭义》) 322

父母全而生之,子全而归之,可谓孝矣。不亏其体,不辱其身,可谓全矣。(《礼记·祭义》) 322

不辱其身,不羞其亲,可谓孝矣。(《礼记·祭义》) 322

君子弛其亲之过,而敬其美。(《礼记·坊记》) 331

从命不忿,微谏不倦,劳而不怨,可谓孝矣。(《礼记·坊记》) 331

夫孝者,善继人之志,善述人之事者也。(《礼记·中庸》) 336

孝,礼之始也。(《左传·文公二年》) 402

丧,亲之终也。虽不能始,善终可也。(《左传·文公十五年》) 405

为人子者,患不孝,不患无所。(《左传·襄公二十三年》) 432

父在,观其志;父没,观其行;三年无改于父之道,可谓孝矣。(《论语·学而》) 497

孟武伯问孝。子曰:"父母唯其疾之忧。"(《论语·为政》) 500

子游问孝。子曰:"今之孝者,是谓能养。至于犬马,皆能有养。不敬,何以别乎?"(《论语·为政》) 501

事父母几谏,见志不从,又敬不违,劳而不怨。(《论语·里仁》) 511

父母在,不远游,游必有方。(《论语·里仁》) 512

父母之年,不可不知也。一则以喜,一则以惧。(《论语·里仁》) 512

人未有自致者也,必也亲丧乎!(《论语·子张》) 589

夫孝,德之本也,教之所由生也。(《孝经·开宗明义章》) 596

身体发肤,受之父母,不敢毁伤,孝之始也。(《孝经·开宗明义章》) 596

立身行道,扬名于后世,以显父母,孝之终也。(《孝经·开宗明义章》) 596

夫孝,始于事亲,中于事君,终于立身。(《孝经·开宗明义章》) 596

爱亲者,不敢恶于人;敬亲者,不敢慢于人。(《孝经·天子章》) 597

爱敬尽于事亲,而德教加于百姓,刑于四海。盖天子之孝也。(《孝经·天子章》) 597

以孝事君则忠,以敬事长则顺。忠顺不失,以事其上,然后能保其禄位,而守其祭祀。盖士之孝也。(《孝经·士章》) 600

用天之道,分地之利,谨身节用,以养父母。此庶人之孝也。(《孝经·庶人章》) 601

自天子至于庶人,孝无终始,而患不及者,未之有也。(《孝经·庶人章》) 601

甚哉,孝之大也!(《孝经·三才章》) 602

夫孝,天之经也,地之义也,民之行也。(《孝经·三才章》) 602

生则亲安之,祭则鬼享之,是以天下和平,灾害不生,祸乱不作。(《孝经·孝治章》) 605

天地之性,人为贵。人之行,莫大于孝。(《孝经·圣治章》) 605

夫圣人之德,又何以加于孝乎?(《孝经·圣治章》) 605

亲生之膝下,以养父母日严。(《孝经·圣治章》) 606

父子之道,天性也,君臣之义也。(《孝经·圣治章》) 607

父母生之,续莫大焉。君亲临之,厚莫重焉。(《孝经·圣治章》) 607

不爱其亲而爱他人者,谓之悖德;不敬其亲而敬他人者,谓之悖礼。(《孝经·圣治章》) 607

孝子之事亲也,居则致其敬,养则致其乐,病则致其忧,丧则致其哀,祭则致其严,五者备矣,然后能事亲。(《孝经·纪孝行章》) 608

事亲者,居上不骄,为下不乱,在丑不争。(《孝经·纪孝行章》) 609

士有争友,则身不离于令名;父有争子,则身不陷于不义。(《孝经·谏诤章》) 613

故当不义,则子不可以不争于父;臣不可以不争于君;故当不义则争之。从父之令,又焉得为孝乎!(《孝经·谏诤章》) 613

孝悌之至,通于神明,光于四海,无所不通。(《孝经·感应章》) 614

生事爱敬,死事哀戚,生民之本尽矣,死生之义备矣,孝子之事亲终矣。(《孝经·丧亲章》) 616

哀哀,悽悽,怀报德也。(《尔雅·释训》) 619

君子不以天下俭其亲。(《孟子·公孙丑下》) 641

道在迩而求诸远,事在易而求诸难。人人亲其亲,长其长,而天下平。(《孟子·离娄上》) 659

不孝有三,无后为大。(《孟子·离娄上》) 664

不得乎亲,不可以为人;不顺乎亲,不可以为子。(《孟子·离娄上》) 665

养生者不足以当大事,惟送死可以当大事。(《孟子·离娄下》) 667

世俗所谓不孝者五:惰其四支,不顾父母之养,一不孝也;博弈好饮酒,不顾父母之养,二不孝也;好货财,私妻子,不顾父母之养,三不孝也;从耳目之欲,以为父母戮,四不孝也;好勇斗很,以危父母,五不孝也。(《孟子·离娄下》) 672

父母爱之,喜而不忘;父母恶之,劳而不怨。(《孟子·万章上》) 673

为不顺于父母,如穷人无所归。(《孟子·万章上》) 674

大孝终身慕父母。(《孟子·万章上》) 674

孝子之至,莫大乎尊亲;尊亲之至,莫大乎以天下养。为天子父,尊之至也;以天下养,养之至也。(《孟子·万章上》) 676

诚信（14条）

尔无不信，朕不食言。（《尚书·汤誓》） 86

民兴胥渐，泯泯棼棼，罔中于信，以覆诅盟。（《尚书·吕刑》） 109

口惠而实不至，怨菑及其身。是故君子与其有诺责也，宁有已怨。（《礼记·表记》） 346

苟信不继，盟无益也。（《左传·桓公十二年》） 379

我无尔诈，尔无我虞。（《左传·宣公十五年》） 414

信者，言之瑞也，善之主也。（《左传·襄公九年》） 425

求逞志而弃信，志将逞乎？志以发言，言以出信，信以立志，参以定之。（《左传·襄公二十七年》） 438

匹夫一为不信，犹不可，单毙其死。若合诸侯之卿，以为不信，必不捷矣。（《左传·襄公二十七年》） 439

君子有信，其有以知之矣。（《左传·昭公二年》） 447

君子之言，信而有征，故怨远于其身。小人之言，僭而无征，故怨咎及之。（《左传·昭公八年》） 453

谚曰："民保于信。"（《左传·定公十四年》） 474

人之所以为人者，言也。人而不能言，何以为人？言之所以为言者，信也。言而不信，何以为言？信之所以为信者，道也。信而不道，何以为道？道之贵者时，其行势也。（《春秋穀梁传·僖公二十二年》） 489

人而无信，不知其可也。（《论语·为政》） 504

君子不亮，恶乎执？（《孟子·告子下》） 689

谦逊（17条）

天道下济而光明，地道卑而上行。天道亏盈而益谦，地道变盈而流谦，鬼神害盈而福谦，人道恶盈而好谦。谦，尊而光，卑而不可逾，君子之终也。（《周易·谦》） 19

"劳谦君子"，万民服也。（《周易·谦》） 20

君子以虚受人。（《周易·咸》） 31

劳而不伐，有功而不德，厚之至也。语以其功下人者也。（《周易·系辞上》） 53

汝惟不矜，天下莫与汝争能；汝惟不伐，天下莫与汝争功。（《尚书·大禹谟》） 120

满招损，谦受益，时乃天道。（《尚书·大禹谟》） 122

骄淫矜侉，将由恶终。（《尚书·毕命》） 159

民之靡盈，谁夙知而莫成？（《诗经·大雅·抑》） 239

君子贵人而贱己,先人而后己,则民作让。(《礼记·坊记》) 330

不临深而为高,不加少而为多。(《礼记·儒行》) 353

让,礼之主也。(《左传·襄公十三年》) 426

让,德之主也。让之谓懿德。(《左传·昭公十年》) 454

骄而不亡者,未之有也。(《左传·定公十三年》) 473

子曰:"奢则不孙,俭则固。与其不孙也,宁固。"(《论语·述而》) 530

以能问于不能,以多问于寡;有若无,实若虚,犯而不校。(《论语·泰伯》) 532

君子于其所不知,盖阙如也。(《论语·子路》) 554

君子泰而不骄,小人骄而不泰。(《论语·子路》) 557

谨慎(15条)

危者使平,易者使倾。其道甚大,百物不废。惧以终始,其要无咎,此之谓《易》之道也。(《周易·系辞下》) 71

敕天之命,惟时惟几。(《尚书·皋陶谟》) 84

慎厥终,惟其始。(《尚书·仲虺之诰》) 127

慎厥初,惟厥终,终以不困;不惟厥终,终以困穷。(《尚书·蔡仲之命》) 150

心之忧危,若蹈虎尾,涉于春冰。(《尚书·君牙》) 160

不敢暴虎,不敢冯河。人知其一,莫知其他。战战兢兢,如临深渊,如履薄冰。(《诗经·小雅·小旻》) 208

温温恭人,如集于木。惴惴小心,如临于谷。战战兢兢,如履薄冰。(《诗经·小雅·小宛》) 209

令仪令色,小心翼翼。(《诗经·大雅·烝民》) 242

夙兴夜处,小心畏忌,不惰其身,不宁。(《仪礼·士虞礼》) 267

不登高,不临深。不苟訾,不苟笑。(《礼记·曲礼上》) 275

生在敬戒,不在富也。(《左传·襄公二十二年》) 432

君子之于物,无所苟而已。(《春秋穀梁传·僖公十六年》) 488

季文子三思而后行。子闻之,曰:"再,斯可矣。"(《论语·公冶长》) 515

暴虎冯河,死而无悔者,吾不与也。必也临事而惧,好谋而成者也。(《论语·述而》) 525

战战兢兢,如临深渊,如履薄冰。(《论语·泰伯》) 531

操守(28条)

不事王侯,高尚其事。(《周易·蛊》) 22

《象》曰:泽灭木,大过。君子以独立不惧,遁世无闷。(《周易·大过》)29

君子以立不易方。(《周易·恒》) 32

临财毋苟得,临难毋苟免,很毋求胜,分毋求多。(《礼记·曲礼上》)270

国有道,不变塞焉,强哉矫！国无道,至死不变,强哉矫！(《礼记·中庸》) 334

世治不轻,世乱不沮。(《礼记·儒行》) 353

《前志》有之,曰:"圣达节,次守节,下失节。"(《左传·成公十五年》) 421

君子死,冠不免。(《左传·哀公十五年》) 477

富与贵,是人之所欲也;不以其道得之,不处也。贫与贱,是人之所恶也;不以其道得之,不去也。(《论语·里仁》) 508

士志于道,而耻恶衣恶食者,未足与议也。(《论语·里仁》) 509

子曰:"贤哉,回也！一箪食,一瓢饮,在陋巷,人不堪其忧,回也不改其乐。贤哉,回也！"(《论语·雍也》)518

子曰:"善人,吾不得而见之矣;得见有恒者,斯可矣。亡而为有,虚而为盈,约而为泰,难乎有恒矣。"(《论语·述而》) 528

笃信好学,守死善道。(《论语·泰伯》) 534

三军可夺帅也,匹夫不可夺志也。(《论语·子罕》) 540

衣敝缊袍,与衣狐貉者立,而不耻者,其由也与？(《论语·子罕》) 540

岁寒,然后知松柏之后雕也。(《论语·子罕》) 541

君子固穷,小人穷斯滥矣。(《论语·卫灵公》) 565

直哉史鱼！邦有道,如矢;邦无道,如矢。(《论语·卫灵公》) 566

志士仁人,无求生以害仁,有杀身以成仁。(《论语·卫灵公》) 567

不曰坚乎,磨而不磷;不曰白乎,涅而不缁。(《论语·阳货》) 579

无恒产而有恒心者,惟士为能。(《孟子·梁惠王上》) 627

曾子曰:"晋、楚之富,不可及也。彼以其富,我以吾仁;彼以其爵,我以吾义。吾何慊乎哉？"(《孟子·公孙丑下》) 640

志士不忘在沟壑,勇士不忘丧其元。(《孟子·滕文公下》) 646

非其义也,非其道也,禄之以天下,弗顾也;系马千驷,弗视也。非其义也,非其道也,一介不以与人,一介不以取诸人。(《孟子·万章上》) 676

圣人之行不同也,或远或近,或去或不去,归絜其身而已矣。(《孟子·万鱼,我所欲也,熊掌亦我所欲也。二者不可得兼,舍鱼而取熊掌者也。生亦我所欲也,义亦我所欲也。二者不可得兼,舍生而取义者也。(《孟子·告子上》) 684

生亦我所欲,所欲有甚于生者,故不为苟得也;死亦我所恶,所恶有甚于死者,故患有所不辟也。(《孟子·告子上》) 684

大匠不为拙工改废绳墨,羿不为拙射变其彀率。君子引而不发,跃如也。中道而立,能者从之。(《孟子·尽心上》) 704

修己(23条)

威如之吉,反身之谓也。(《周易·家人》) 35

《象》曰:山上有水,蹇。君子以反身修德。(《周易·蹇》) 36

《象》曰:洊雷,震。君子以恐惧修省。(《周易·震》) 42

尔克永观省,作稽中德。(《尚书·酒诰》) 99

天非虐,惟民自速辜。(《尚书·酒诰》) 100

天作孽,犹可违;自作孽,不可逭。(《尚书·太甲中》) 131

善则称人,过则称己。(《礼记·祭义》) 322

人之所忌,其气焰以取之,妖由人兴也。人无衅焉,妖不自作。人弃常,则妖兴,故有妖。(《左传·庄公十四年》) 382

善败由己,而由人乎哉?(《左传·僖公二十年》) 394

礼以顺天,天之道也。己则反天,而又以讨人,难以免矣。(《左传·文公十五年》) 406

祸福无门,唯人所召。(《左传·襄公二十三年》) 432

君子贵其身,而后能及人,是以有礼。(《左传·昭公二十五年》) 466

吾日三省吾身:为人谋而不忠乎?与朋友交而不信乎?传不习乎?(《论语·学而》) 495

内省不疚,夫何忧何惧?(《论语·颜渊》) 547

躬自厚而薄责于人,则远怨矣。(《论语·卫灵公》) 568

君子求诸己,小人求诸人。(《论语·卫灵公》) 569

自反而缩,虽千万人,吾往矣。(《孟子·公孙丑上》) 632

祸福无不自己求之者。(《孟子·公孙丑上》) 636

仁者如射,射者正己而后发,发而不中,不怨胜己者,反求诸己而已矣。(《孟子·公孙丑上》) 638

枉己者,未有能直人者也。(《孟子·滕文公下》) 646

吾未闻枉己而正人者也,况辱己

以正天下者乎?(《孟子·万章上》)677

身不行道,不行于妻子;使人不以道,不能行于妻子。(《孟子·尽心下》)707

人病舍其田而芸人之田,所求于人者重,而所以自任者轻。(《孟子·尽心下》) 711

改过(16条)

"不远之复",以修身也。(《周易·复》) 27

用人惟己,改过不吝。(《尚书·仲虺之诰》) 126

唯君子能好其正,小人毒其正。(《礼记·缁衣》) 349

长恶不悛,从自及也。(《左传·隐公六年》) 374

一之谓甚,其可再乎?(《左传·僖公五年》) 388

尤而效之,罪又甚焉。(《左传·僖公二十四年》) 397

人谁无过?过而能改,善莫大焉。(《左传·宣公二年》) 409

能补过者,君子也。(《左传·昭公七年》) 453

子曰:"已矣乎!吾未见能见其过而内自讼者也。"(《论语·公冶长》)517

过而不改,是谓过矣。(《论语·卫灵公》) 571

小人之过也必文。(《论语·子张》) 588

君子之过也,如日月之食焉。过也,人皆见之;更也,人皆仰之。(《论语·子张》) 589

子路,人告之以有过,则喜。(《孟子·公孙丑上》) 638

古之君子,过则改之;今之君子,过则顺之。(《孟子·公孙丑下》) 641

古之君子,其过也如日月之食,民皆见之;及其更也,民皆仰之。今之君子,岂徒顺之?又从为之辞。(《孟子·公孙丑下》) 642

人恒过,然后能改。(《孟子·告子下》) 690

言行(46条)

君子以言有物而行有恒。(《周易·家人》) 34

艮其辅,言有序,悔亡。(《周易·艮》) 43

言天下之至赜而不可恶也,言天下之至动而不可乱也。(《周易·系辞上》) 51

言出乎身,加乎民;行发乎迩,见乎远。言行,君子之枢机。枢机之发,荣辱之主也。言行,君子之所以动天地也,可不慎乎?(《周易·系辞上》)51

乱之所生也,则言语以为阶。君

不密则失臣,臣不密则失身,几事不密则害成。是以君子慎密而不出也。(《周易·系辞上》) 54

将叛者其辞惭,中心疑者其辞枝,吉人之辞寡,躁人之辞多,诬善之人其辞游,失其守者其辞屈。(《周易·系辞下》) 72

非知之艰,行之惟艰。(《尚书·说命中》) 140

中冓之言,不可详也!所可详也,言之长也!(《诗经·鄘风·墙有茨》) 173

莫高匪山,莫浚匪泉。君子无易由言,耳属于垣。(《诗经·小雅·小弁》) 210

巧言如簧,颜之厚矣。(《诗经·小雅·巧言》) 211

慎尔言也,谓尔不信。(《诗经·小雅·巷伯》) 211

匪言勿言,匪由勿语。(《诗经·小雅·宾之初筵》) 219

白圭之玷,尚可磨也;斯言之玷,不可为也!(《诗经·大雅·抑》) 237

无易由言,无曰苟矣。莫扪朕舌,言不可逝矣。(《诗经·大雅·抑》) 237

凡言,非对也,妥而后传言。与君言,言使臣;与大人言,言事君;与老者言,言使弟子;与幼者言,言孝弟于父兄;与众言,言忠信慈祥;与居官者言,言忠信。(《仪礼·士相见礼》) 265

言语之美,穆穆皇皇。(《礼记·玉藻》) 307

君子约言,小人先言。(《礼记·坊记》) 330

君子不动而敬,不言而信。(《礼记·中庸》) 342

君子道人以言,而禁人以行,故言必虑其所终,而行必稽其所敝,则民谨于言而慎于行。(《礼记·缁衣》) 348

人苟或言之,必闻其声;苟或行之,必见其成。(《礼记·缁衣》) 350

言从而行之,则言不可饰也;行从而言之,则行不可饰也。(《礼记·缁衣》) 350

过言不再,流言不极。(《礼记·儒行》) 352

《志》有之:"言以足志,文以足言。"不言,谁知其志?言之无文,行而不远。(《左传·襄公二十五年》) 435

非知之实难,将在行之。(《左传·昭公十年》) 455

子贡问君子。子曰:"先行其言而后从之。"(《论语·为政》) 502

古者言之不出,耻躬之不逮也。(《论语·里仁》) 512

君子欲讷于言而敏于行。(《论语·里仁》) 513

御人以口给,屡憎于人。(《论语·公冶长》) 514

夫人不言,言必有中。(《论语·先进》) 545

驷不及舌。(《论语·颜渊》) 549

君子名之必可言也,言之必可行也。君子于其言,无所苟而已矣。(《论

语·子路》） 554

言必信,行必果。(《论语·子路》) 556

其言之不怍,则为之也难。(《论语·宪问》) 561

君子耻其言而过其行。(《论语·宪问》) 561

子张问行。子曰:"言忠信,行笃敬,虽蛮貊之邦,行矣。言不忠信,行不笃敬,虽州里,行乎哉?"(《论语·卫灵公》) 566

辞达而已矣。(《论语·卫灵公》) 573

侍于君子有三愆:言未及之而言谓之躁,言及之而不言谓之隐,未见颜色而言谓之瞽。(《论语·季氏》) 576

君子一言以为知,一言以为不知,言不可不慎也。(《论语·子张》) 590

非法不言,非道不行;口无择言,身无择行。(《孝经·卿大夫章》) 599

言满天下无口过,行满天下无怨恶。(《孝经·卿大夫章》) 600

王顾左右而言他。(《孟子·梁惠王下》) 629

人之易其言也,无责耳矣。(《孟子·离娄上》) 664

言人之不善,当如后患何?(《孟子·离娄下》) 667

大人者,言不必信,行不必果,惟义所在。(《孟子·离娄下》) 667

言无实不祥,不祥之实,蔽贤者当之。(《孟子·离娄下》) 668

说大人则藐之,勿视其巍巍然。(《孟子·尽心下》) 712

日常礼仪(43条)

无彝酒。(《尚书·酒诰》) 99

德将无醉。(《尚书·酒诰》) 99

醉而不出,是谓伐德。饮酒孔嘉,维其令仪。(《诗经·小雅·宾之初筵》) 218

长者问,不辞让而对,非礼也。(《礼记·曲礼上》) 274

立必正方,不倾听。长者与之提携,则两手奉长者之手。(《礼记·曲礼上》) 276

从于先生,不越路而与人言。(《礼记·曲礼上》) 276

登城不指,城上不呼。(《礼记·曲礼上》) 277

将适舍,求毋固。将上堂,声必扬。(《礼记·曲礼上》) 277

凡与客入者,每门让于客。(《礼记·曲礼上》) 277

将即席,容毋怍。(《礼记·曲礼上》) 278

正尔容,听必恭,毋剿说,毋雷同。(《礼记·曲礼上》) 278

侍坐于所尊敬,毋余席。(《礼记·曲礼上》) 278

毋侧听,毋噭应,毋淫视,毋怠荒。(《礼记·曲礼上》) 278

游毋倨,立毋跛,坐毋箕,寝毋伏。(《礼记·曲礼上》) 279

离坐离立,毋往参焉。离立者不出中间。(《礼记·曲礼上》) 279

贫者不以货财为礼,老者不以筋力为礼。(《礼记·曲礼上》) 279

共食不饱,共饭不泽手。(《礼记·曲礼上》) 280

毋抟饭,毋放饭,毋流歠,毋咤食。(《礼记·曲礼上》) 280

侍饮于长者,酒进则起,拜受于尊所。(《礼记·曲礼上》) 280

长者赐,少者、贱者不敢辞。(《礼记·曲礼上》) 281

赐人者不曰"来取",与人者不问其所欲。(《礼记·曲礼上》) 281

邻有丧,舂不相;里有殡,不巷歌。(《礼记·曲礼上》) 282

君子戒慎,不失色于人。(《礼记·曲礼上》) 282

凡视,上于面则敖,下于带则忧,倾则奸。(《礼记·曲礼下》) 284

父之齿随行,兄之齿雁行,朋友不相逾。(《礼记·王制》) 291

轻任并,重任分,斑白者不提挈。(《礼记·王制》) 292

凡尝远食,必顺近食。(《礼记·玉藻》) 303

君子之容舒迟,见所尊者齐遫。(《礼记·玉藻》) 303

燕居告温温。(《礼记·玉藻》) 303

立容辨,卑毋谄,头颈必中。(《礼记·玉藻》) 304

尊长于己逾等,不敢问其年。(《礼记·玉藻》) 304

执虚如执盈,入虚如有人。(《礼记·玉藻》) 307

凡洗必盥。(《礼记·玉藻》) 307

饮酒之节,朝不废朝,莫不废夕。(《礼记·乡饮酒义》) 365

赠死不及尸,吊生不及哀,豫凶事,非礼也。(《左传·隐公元年》) 370

入公门,鞠躬如也,如不容。立不中门,行不履阈。(《论语·乡党》) 542

食不厌精,脍不厌细。(《论语·乡党》) 543

食饐而餲,鱼馁而肉败,不食。色恶,不食。臭恶,不食。失饪,不食。不时,不食。割不正,不食。不得其酱,不食。(《论语·乡党》) 543

肉虽多,不使胜食气。惟酒无量,不及乱。(《论语·乡党》) 543

食不语,寝不言。(《论语·乡党》) 544

席不正,不坐。(《论语·乡党》) 544

寝不尸,居不客。(《论语·乡党》) 544

车中不内顾,不疾言,不亲指。(《论语·乡党》) 545

学习（69条）

君子以朋友讲习。(《周易·兑》) 45

夫《易》，彰往而察来，而微显阐幽，开而当名辨物，正言断辞则备矣。其称名也小，其取类也大。其旨远，其辞文，其言曲而中，其事肆而隐。因贰以济民行，以明失得之报。(《周易·系辞下》) 64

《易》之为书也，不可远，为道也屡迁，变动不居，周流六虚，上下无常，刚柔相易，不可为典要，唯变所适。(《周易·系辞下》) 70

《易》之为书也，广大悉备。有天道焉，有人道焉，有地道焉。(《周易·系辞下》) 70

诗言志，歌永言，声依永，律和声。八音克谐，无相夺伦，神人以和。(《尚书·尧典》) 78

惟学，逊志务时敏，厥修乃来。允怀于兹，道积于厥躬。(《尚书·说命下》) 141

惟敩学半，念终始典于学，厥德修罔觉。(《尚书·说命下》) 142

不学墙面，莅事惟烦。(《尚书·周官》) 153

君子作歌，维以告哀。(《诗经·小雅·四月》) 214

日就月将，学有缉熙于光明。(《诗经·周颂·敬之》) 248

画缋之事，杂五色。(《周礼·冬官考工记》) 260

玉不琢，不成器；人不学，不知道。(《礼记·学记》) 307

虽有嘉肴，弗食，不知其旨也；虽有至道，弗学，不知其善也。(《礼记·学记》) 308

学然后知不足，教然后知困。知不足，然后能自反也；知困，然后能自强也。故曰：教学相长也。(《礼记·学记》) 308

夫然后足以化民易俗，近者说服而远者怀之，此大学之道也。(《礼记·学记》) 308

君子之于学也，藏焉，修焉，息焉，游焉。(《礼记·学记》) 309

大学之法：禁于未发之谓豫，当其可之谓时，不陵节而施之谓孙，相观而善之谓摩。(《礼记·学记》) 309

时过然后学，则勤苦而难成。(《礼记·学记》) 309

独学而无友，则孤陋而寡闻。(《礼记·学记》) 310

君子知至学之难易，而知其美恶，然后能博喻。(《礼记·学记》) 311

善学者，师逸而功倍，又从而庸之；不善学者，师勤而功半，又从而怨之。(《礼记·学记》) 311

博学之，审问之，慎思之，明辨之，笃行之。(《礼记·中庸》) 338

人一能之己百之，人十能之己千

之。果能此道矣，虽愚必明，虽柔必强。（《礼记·中庸》） 339

大学之道，在明明德，在亲民，在止于至善。（《礼记·大学》） 354

《诗》《书》，义之府也；礼、乐，德之则也；德、义，利之本也。（《左传·僖公二十七年》） 398

《春秋》之称，微而显，志而晦，婉而成章，尽而不污，惩恶而劝善。（《左传·成公十四年》） 420

学而后入政，未闻以政学者也。（《左传·襄公三十一年》） 444

不害而不学，则苟而可。（《左传·昭公十八年》） 459

夫学，殖也，不学将落。（《左传·昭公十八年》） 459

君子曷为为《春秋》？拨乱世，反诸正，莫近诸《春秋》。（《春秋公羊传·哀公》） 483

就师学问无方，心志不通，身之罪也。（《春秋穀梁传·昭公十九年》）492

君子食无求饱，居无求安，敏于事而慎于言，就有道而正焉，可谓好学也已。（《论语·学而》） 498

诗三百，一言以蔽之，曰："思无邪。"（《论语·为政》） 499

温故而知新，可以为师矣。（《论语·为政》） 501

学而不思则罔，思而不学则殆。（《论语·为政》） 502

攻乎异端，斯害也已。（《论语·为政》） 503

知之为知之，不知为不知，是知也。（《论语·为政》） 503

子贡问曰："孔文子何以谓之'文'也？"子曰："敏而好学，不耻下问，是以谓之'文'也。"（《论语·公冶长》） 514

知之者不如好之者，好之者不如乐之者。（《论语·雍也》） 519

述而不作，信而好古，窃比于我老彭。（《论语·述而》） 522

默而识之，学而不厌，诲人不倦，何有于我哉？（《论语·述而》） 522

子在齐闻《韶》，三月不知肉味，曰："不图为乐之至于斯也。"（《论语·述而》） 526

加我数年，五十以学《易》，可以无大过矣。（《论语·述而》） 527

我非生而知之者，好古，敏以求之者也。（《论语·述而》） 527

子曰："圣人，吾不得而见之矣；得见君子者，斯可矣。"（《论语·述而》） 528

子曰："若圣与仁，则吾岂敢？抑为之不厌，诲人不倦，则可谓云尔已矣。"（《论语·述而》） 530

三年学，不至于谷，不易得也。（《论语·泰伯》） 534

学如不及，犹恐失之。（《论语·泰伯》） 535

入太庙，每事问。（《论语·乡党》） 544

古之学者为己，今之学者为人。（《论语·宪问》） 561

子曰:"吾犹及史之阙文也。有马者借人乘之,今亡矣夫!"(《论语·卫灵公》) 570

人能弘道,非道弘人。(《论语·卫灵公》) 570

吾尝终日不食,终夜不寝,以思,无益,不如学也。(《论语·卫灵公》) 571

耕也,馁在其中矣;学也,禄在其中矣。(《论语·卫灵公》) 571

生而知之者上也,学而知之者次也;困而学之,又其次也;困而不学,民斯为下矣。(《论语·季氏》) 577

不学诗,无以言。(《论语·季氏》) 578

不学礼,无以立。(《论语·季氏》) 578

好仁不好学,其蔽也愚。好知不好学,其蔽也荡。好信不好学,其蔽也贼。好直不好学,其蔽也绞。好勇不好学,其蔽也乱。好刚不好学,其蔽也狂。(《论语·阳货》) 579

诗,可以兴,可以观,可以群,可以怨。迩之事父,远之事君。多识于鸟兽草木之名。(《论语·阳货》) 580

虽小道,必有可观者焉,致远恐泥,是以君子不为也。(《论语·子张》) 587

日知其所亡,月无忘其所能,可谓好学也已矣。(《论语·子张》) 587

博学而笃志,切问而近思,仁在其中矣。(《论语·子张》) 587

百工居肆以成其事,君子学以致其道。(《论语·子张》) 587

仕而优则学,学而优则仕。(《论语·子张》) 588

学不厌,智也;教不倦,仁也。(《孟子·公孙丑上》) 634

博学而详说之,将以反说约也。(《孟子·离娄下》) 668

说《诗》者,不以文害辞,不以辞害志。以意逆志,是为得之。(《孟子·万章上》) 675

羿之教人射,必志于彀;学者亦必志于彀。大匠诲人,必以规矩;学者亦必以规矩。(《孟子·告子上》) 687

尽信《书》,则不如无《书》。(《孟子·尽心下》) 706

师教(26条)

蒙以养正,圣功也。(《周易·蒙》) 14

时观而弗语,存其心也。(《礼记·学记》) 308

大学之教也,时教必有正业,退息必有居学。(《礼记·学记》) 308

君子既知教之所由兴,又知教之所由废,然后可以为人师也。(《礼记·学记》) 310

君子之教喻也,道而弗牵,强而弗抑,开而弗达。(《礼记·学记》) 310

知其心,然后能救其失也。教也

者,长善而救其失者也。(《礼记·学记》) 310

善歌者,使人继其声;善教者,使人继其志。(《礼记·学记》) 311

凡学之道,严师为难。师严然后道尊,道尊然后民知敬学。(《礼记·学记》) 311

非诸人,行诸己,非教之道也。(《礼记·祭统》) 323

子在陈,曰:"归与!归与!吾党之小子狂简,斐然成章,不知所以裁之。"(《论语·公冶长》) 516

中人以上,可以语上也;中人以下,不可以语上也。(《论语·雍也》) 519

子曰:"自行束脩以上,吾未尝无诲焉。"(《论语·述而》) 523

不愤不启,不悱不发。举一隅不以三隅反,则不复也。(《论语·述而》) 524

子以四教:文、行、忠、信。(《论语·述而》) 528

与其进也,不与其退也,唯何甚?人洁己以进,与其洁也,不保其往也。(《论语·述而》) 529

吾有知乎哉?无知也。有鄙夫问于我,空空如也。我叩其两端而竭焉。(《论语·子罕》) 537

夫子循循然善诱人,博我以文,约我以礼,欲罢不能。既竭吾才,如有所立卓尔。虽欲从之,末由也已。(《论语·子罕》) 538

子曰:"回也非助我者也,于吾言无所不说。"(《论语·先进》) 545

子曰:"求也退,故进之。由也兼人,故退之。"(《论语·先进》) 546

不曰"如之何,如之何"者,吾末如之何也已矣。(《论语·卫灵公》) 568

有教无类。(《论语·卫灵公》) 573

四体不勤,五谷不分,孰为夫子?(《论语·微子》) 585

人之患在好为人师。(《孟子·离娄上》) 664

君子之所以教者五:有如时雨化之者,有成德者,有达财者,有答问者,有私淑艾者。此五者,君子之所以教也。(《孟子·尽心上》) 703

贤者以其昭昭,使人昭昭;今以其昏昏,使人昭昭。(《孟子·尽心下》) 708

夫子之设科也,往者不追,来者不拒。(《孟子·尽心下》) 710

天道(21条)

复,其见天地之心乎。(《周易·复》) 26

天地之道恒久而不已也。(《周易·恒》) 31

日月得天而能久照,四时变化而能久成。圣人久于其道而天下化成。观其所恒,而天地万物之情可见矣。(《周易·恒》) 31

正大而天地之情可见矣!(《周易·大壮》) 32

降年有永有不永,非天夭民,民中绝命。(《尚书·高宗肜日》) 89

惟命不于常。(《尚书·康诰》) 98

天惟纯佑命则。(《尚书·君奭》) 106

钦崇天道,永保天命。(《尚书·仲虺之诰》) 128

天道福善祸淫。(《尚书·汤诰》) 128

惟吉凶不僭在人,惟天降灾祥在德。(《尚书·咸有一德》) 134

维天之命,於穆不已。(《诗经·周颂·维天之命》) 246

春作夏长,仁也;秋敛冬藏,义也。(《礼记·乐记》) 316

著不息者天也,著不动者地也,一动一静者,天地之间也。(《礼记·乐记》) 317

天地之道,寒暑不时则疾,风雨不节则饥。(《礼记·乐记》) 317

天有四时,春秋冬夏,风雨霜露,无非教也。(《礼记·孔子闲居》) 328

天之生物,必因其材而笃焉。(《礼记·中庸》) 336

栽者培之,倾者覆之。(《礼记·中庸》) 336

天地之道,博也厚也,高也明也,悠也久也。(《礼记·中庸》) 340

万物并育而不相害,道并行而不相悖,小德川流,大德敦化,此天地之所以为大也。(《礼记·中庸》) 341

天之假助不善,非祚之也,厚其凶恶而降之罚也。(《左传·昭公十一年》) 455

天何言哉?四时行焉,百物生焉,天何言哉?(《论语·阳货》) 582

人性(44条)

休兹知恤,鲜哉!(《尚书·立政》) 107

惟天地万物父母,惟人万物之灵。(《尚书·泰誓上》) 142

民之无良,相怨一方。受爵不让,至于己斯亡。(《诗经·小雅·角弓》) 220

天生烝民,有物有则。民之秉彝,好是懿德。(《诗经·大雅·烝民》) 241

人亦有言:柔则茹之,刚则吐之。(《诗经·大雅·烝民》) 242

人喜则斯陶,陶斯咏,咏斯犹,犹斯舞。(《礼记·檀弓下》) 288

墟墓之间,未施哀于民而民哀;社稷宗庙之中,未施敬于民而民敬。(《礼记·檀弓下》) 288

中国戎夷五方之民,皆有性也,不可推移。(《礼记·王制》) 291

何谓人情?喜、怒、哀、惧、爱、恶、欲,七者弗学而能。(《礼记·礼运》) 296

饮食男女,人之大欲存焉;死亡贫

苦,人之大恶存焉。故欲恶者,心之大端也。(《礼记·礼运》) 296

人者,其天地之德,阴阳之交,鬼神之会,五行之秀气也。(《礼记·礼运》) 297

人者,天地之心也,五行之端也,食味、别声、被色而生者也。(《礼记·礼运》) 297

人生而静,天之性也。感于物而动,性之欲也。(《礼记·乐记》) 314

天之所生,地之所养,无人为大。(《礼记·祭义》) 322

夫悲哀在中,故形变于外也;痛疾在心,故口不甘味,身不安美也。(《礼记·问丧》) 350

仁、义、礼、知,人道具矣。(《礼记·丧服四制》) 367

夫小人之性,衅于勇,啬于祸,以足其性,而求名焉者,非国家之利也,若何从之?(《左传·襄公二十六年》) 437

人心之不同,如其面焉。(《左传·襄公三十一年》) 444

哀有哭泣,乐有歌舞,喜有施舍,怒有战斗;喜生于好,怒生于恶。(《左传·昭公二十五年》) 467

生,好物也;死,恶物也;好物,乐也;恶物,哀也。哀乐不失,乃能协于天地之性,是以长久。(《左传·昭公二十五年》) 467

困兽犹斗,况人乎?(《左传·定公四年》) 471

人各有能有不能。(《左传·定公五年》) 472

达心则其言略,懦则不能强谏。(《春秋穀梁传·僖公二年》) 488

鸟之将死,其鸣也哀。人之将死,其言也善。(《论语·泰伯》) 531

子曰:"吾未见好德如好色者也。"(《论语·子罕》) 538

爱之欲其生,恶之欲其死。既欲其生,又欲其死,是惑也。(《论语·颜渊》) 549

贫而无怨难,富而无骄易。(《论语·宪问》) 560

已矣乎!吾未见好德如好色者也。(《论语·卫灵公》) 567

性相近也,习相远也。(《论语·阳货》) 578

唯上知与下愚不移。(《论语·阳货》) 578

饥者易为食,渴者易为饮。(《孟子·公孙丑上》) 632

人皆有不忍人之心。(《孟子·公孙丑上》) 636

无恻隐之心,非人也;无羞恶之心,非人也;无辞让之心,非人也;无是非之心,非人也。(《孟子·公孙丑上》) 637

恻隐之心,仁之端也;羞恶之心,义之端也;辞让之心,礼之端也;是非之心,智之端也。人之有是四端也,犹其有四体也。有是四端而自谓不能者,自贼者也。谓其君不能者,贼其君者也。凡有四端于我者,知皆扩而充之矣,若火之始然,泉之始达。苟能充之,足以保四海;苟不充之,不足以事父母。(《孟子·公孙丑上》) 637

人亦孰不欲富贵?(《孟子·公孙丑下》) 642

人少,则慕父母;知好色,则慕少艾;有妻子,则慕妻子;仕则慕君,不得于君则热中。(《孟子·万章上》) 674

人性之无分于善不善也,犹水之无分于东西也。(《孟子·告子上》)682

人性之善也,犹水之就下也。人无有不善,水无有不下。(《孟子·告子上》) 682

恻隐之心,人皆有之;羞恶之心,人皆有之;恭敬之心,人皆有之;是非之心,人皆有之。恻隐之心,仁也;羞恶之心,义也;恭敬之心,礼也;是非之心,智也。仁、义、礼、智,非由外铄我也,我固有之也,弗思耳矣。(《孟子·告子上》) 682

口之于味也,有同耆焉;耳之于声也,有同听焉;目之于色也,有同美焉。至于心,独无所同然乎?心之所同然者何也?谓理也,义也。(《孟子·告子上》) 683

欲贵者,人之同心也。人人有贵于己者,弗思耳。(《孟子·告子上》) 686

人之所不学而能者,其良能也;所不虑而知者,其良知也。孩提之童,无不知爱其亲者;及其长也,无不知敬其兄也。亲亲,仁也;敬长,义也。无他,达之天下也。(《孟子·尽心上》) 696

饥者甘食,渴者甘饮,是未得饮食之正也,饥渴害之也。(《孟子·尽心上》) 701

口之于味也,目之于色也,耳之于声也,鼻之于臭也,四肢之于安佚也,性也。有命焉,君子不谓性也。仁之于父子也,义之于君臣也,礼之于宾主也,知之于贤者也,圣人之于天道也,命也。有性焉,君子不谓命也。(《孟子·尽心下》) 709

情思(51条)

关关雎鸠,在河之洲。窈窕淑女,君子好逑。(《诗经·周南·关雎》)163

求之不得,寤寐思服。悠哉悠哉,辗转反侧。(《诗经·周南·关雎》)163

采采卷耳,不盈顷筐。嗟我怀人,寘彼周行。(《诗经·周南·卷耳》)163

南有乔木,不可休思。汉有游女,不可求思。汉之广矣,不可泳思。江之永矣,不可方思。(《诗经·周南·汉广》) 165

未见君子,忧心忡忡。(《诗经·召南·草虫》) 166

陟彼南山,言采其薇。未见君子,我心伤悲。(《诗经·召南·草虫》)166

何彼襛矣?华如桃李。(《诗经·召南·何彼襛矣》) 167

有女怀春,吉士诱之。(《诗经·召南·野有死麕》) 167

耿耿不寐,如有隐忧。(《诗经·邶风·柏舟》) 168

我心匪鉴,不可以茹。(《诗经·邶风·柏舟》) 168

忧心悄悄,愠于群小。(《诗经·邶风·柏舟》) 169

日居月诸,胡迭而微?心之忧矣,如匪浣衣。静言思之,不能奋飞。(《诗经·邶风·柏舟》) 169

心之忧矣,曷维其已!(《诗经·邶风·绿衣》) 169

我思古人,实获我心!(《诗经·邶风·绿衣》) 170

燕燕于飞,差池其羽。之子于归,远送于野。瞻望弗及,泣涕如雨。(《诗经·邶风·燕燕》) 170

手如柔荑,肤如凝脂,领如蝤蛴,齿如瓠犀,螓首蛾眉。巧笑倩兮,美目盼兮。(《诗经·卫风·硕人》) 175

于嗟女兮,无与士耽。士之耽兮,犹可说也。女之耽兮,不可说也。(《诗经·卫风·氓》) 176

女也不爽,士贰其行。士也罔极,二三其德。(《诗经·卫风·氓》) 176

夙兴夜寐,靡有朝矣。(《诗经·卫风·氓》) 176

总角之宴,言笑晏晏。信誓旦旦,不思其反。(《诗经·卫风·氓》) 177

彼黍离离,彼稷之苗。行迈靡靡,中心摇摇。知我者,谓我心忧;不知我者,谓我何求。悠悠苍天,此何人哉?(《诗经·王风·黍离》) 178

一日不见,如三月兮!(《诗经·王风·采葛》) 179

一日不见,如三秋兮!(《诗经·王风·采葛》) 179

岂不尔思?畏子不敢。(《诗经·王风·大车》) 179

縠则异室,死则同穴。谓予不信,有如皦日。(《诗经·王风·大车》)179

风雨如晦,鸡鸣不已。既见君子,云胡不喜?(《诗经·郑风·风雨》)181

青青子衿,悠悠我心。纵我不往,子宁不嗣音?(《诗经·郑风·子衿》) 181

野有蔓草,零露漙兮。有美一人,婉如清扬。(《诗经·郑风·野有蔓草》) 182

无思远人,劳心忉忉。(《诗经·齐风·甫田》) 183

今夕何夕,见此良人?子兮子兮,如此良人何?(《诗经·唐风·绸缪》) 185

岂无他人?维子之好。(《诗经·唐风·羔裘》) 185

悠悠苍天,曷其有极?(《诗经·唐风·鸨羽》) 186

言念君子,温其如玉。(《诗经·秦风·小戎》) 187

言念君子,载寝载兴。厌厌良人,秩秩德音。(《诗经·秦风·小戎》)187

蒹葭苍苍,白露为霜。所谓伊人,

在水一方。(《诗经·秦风·蒹葭》)187

彼苍者天,歼我良人!如可赎兮,人百其身!(《诗经·秦风·黄鸟》)188

未见君子,忧心靡乐。如何如何?忘我实多!(《诗经·秦风·晨风》) 189

月出皎兮,佼人僚兮。舒窈纠兮,劳心悄兮。(《诗经·陈风·月出》)190

有美一人,伤如之何?寤寐无为,涕泗滂沱。(《诗经·陈风·泽陂》)190

岂不尔思?我心忧伤!(《诗经·桧风·羔裘》) 191

七月流火,九月授衣。春日载阳,有鸣仓庚。女执懿筐,遵彼微行,爰求柔桑。春日迟迟,采蘩祁祁。女心伤悲,殆及公子同归。(《诗经·豳风·七月》) 192

我徂东山,慆慆不归。我来自东,零雨其濛。(《诗经·豳风·东山》)194

王事靡盬,我心伤悲。(《诗经·小雅·四牡》) 196

昔我往矣,杨柳依依。今我来思,雨雪霏霏。行道迟迟,载渴载饥。我心伤悲,莫知我哀!(《诗经·小雅·采薇》) 200

王事多难,不遑启居。岂不怀归?畏此简书。(《诗经·小雅·出车》)201

踧踧周道,鞫为茂草。我心忧伤,惄焉如捣。假寐永叹,维忧用老。心之忧矣,疢如疾首。(《诗经·小雅·小弁》) 209

念彼共人,涕零如雨。岂不怀归?畏此罪罟!(《诗经·小雅·小明》) 215

淑人君子,怀允不忘。(《诗经·小雅·鼓钟》) 216

心乎爱矣,遐不谓矣?中心藏之,何日忘之!(《诗经·小雅·隰桑》)222

何草不黄?何日不行?何人不将,经营四方?(《诗经·小雅·何草不黄》) 222

匪兕匪虎,率彼旷野。哀我征夫,朝夕不暇。(《诗经·小雅·何草不黄》) 222

世情(31条)

一人行,三则疑也。(《周易·损》) 38

上慢下暴,盗思伐之矣。慢藏诲盗,冶容诲淫。(《周易·系辞上》) 54

恐沉于众,若火之燎于原,不可向迩,其犹可扑灭?(《尚书·盘庚》) 87

世禄之家,鲜克由礼。(《尚书·毕命》) 158

人之多言,亦可畏也。(《诗经·郑风·将仲子》) 180

丧乱既平,既安且宁。虽有兄弟,不如友生。(《诗经·小雅·常棣》)198

天生烝民,其命匪谌。靡不有初,鲜克有终。(《诗经·大雅·荡》) 233

良冶之子,必学为裘;良弓之子,必学为箕。(《礼记·学记》) 312

人莫不饮食也,鲜能知味也。(《礼记·中庸》) 333

好而知其恶,恶而知其美者,天下鲜矣!(《礼记·大学》) 359

谚有之曰:"人莫知其子之恶,莫知其苗之硕。"(《礼记·大学》) 359

骄、奢、淫、泆,所自邪也。(《左传·隐公三年》) 371

夫宠而不骄,骄而能降,降而不憾,憾而能眕者,鲜矣。(《左传·隐公三年》) 371

肉食者鄙,未能远谋。(《左传·庄公十年》) 381

盗憎主人,民恶其上。(《左传·成公十五年》) 421

古人有言曰:"杀老牛莫之敢尸。"(《左传·成公十七年》) 423

君子劳心,小人劳力。(《左传·襄公九年》) 425

小人怀璧,不可以越乡。(《左传·襄公十五年》) 429

古人有言曰:"其父析薪,其子弗克负荷。"(《左传·昭公七年》) 452

同恶相求,如市贾焉,何难?(《左传·昭公十三年》) 456

君子而不仁者有矣夫,未有小人而仁者也。(《论语·宪问》) 559

若民,则无恒产,因无恒心。苟无恒心,放辟邪侈,无不为已。(《孟子·梁惠王上》) 627

天下有达尊三:爵一,齿一,德一。朝廷莫如爵,乡党莫如齿,辅世长民莫如德。(《孟子·公孙丑下》) 641

民之为道也,有恒产者有恒心,无恒产者无恒心。苟无恒心,放辟邪侈,无不为已。(《孟子·滕文公上》) 643

阳虎曰:"为富不仁矣,为仁不富矣。"(《孟子·滕文公上》) 643

劳心者治人,劳力者治于人;治于人者食人,治人者食于人,天下之通义也。(《孟子·滕文公上》) 644

吾闻出于幽谷迁于乔木者,未闻下乔木而入于幽谷者。(《孟子·滕文公上》) 645

有不虞之誉,有求全之毁。(《孟子·离娄上》) 664

君子之泽五世而斩,小人之泽五世而斩。(《孟子·离娄下》) 670

富岁,子弟多赖;凶岁,子弟多暴,非天之降才尔殊也,其所以陷溺其心者然也。(《孟子·告子上》) 683

行之而不著焉,习矣而不察焉,终身由之而不知其道者,众也。(《孟子·尽心上》) 693

哲理(23条)

乾:元,亨,利,贞。(《周易·乾》) 2

大哉乾乎! 刚健中正,纯粹精也。(《周易·乾》) 10

《文言》曰:坤至柔而动也刚,至静而德方,后得主而有常,含万物而化光。坤道其顺乎,承天而时行。(《周

易·坤》) 12

否终则倾，何可长也？(《周易·否》) 18

日中则昃，月盈则食；天地盈虚，与时消息，而况于人乎？况于鬼神乎？(《周易·丰》) 44

一阴一阳之谓道，继之者善也，成之者性也。仁者见之谓之仁，知者见之谓之知，百姓日用而不知，故君子之道鲜矣。(《周易·系辞上》) 49

生生之谓易。(《周易·系辞上》) 51

《易》有太极，是生两仪。两仪生四象。四象生八卦。(《周易·系辞上》) 55

形而上者谓之道，形而下者谓之器。(《周易·系辞上》) 57

《易》穷则变，变则通，通则久。(《周易·系辞下》) 58

夫乾，天下之至健也，德行恒易以知险。夫坤，天下之至顺也，德行恒简以知阻。(《周易·系辞下》) 71

立天之道曰阴与阳，立地之道曰柔与刚，立人之道曰仁与义。(《周易·说卦》) 72

道不远人，人之为道而远人，不可以为道。(《礼记·中庸》) 334

诚者，天之道也；诚之者，人之道也。(《礼记·中庸》) 338

诚则明矣，明则诚矣。(《礼记·中庸》) 339

诚者物之终始，不诚无物。是故君子诚之为贵。诚者非自成己而已也，所以成物也。(《礼记·中庸》) 340

至诚无息。(《礼记·中庸》) 340

天地之道，可壹言而尽也。(《礼记·中庸》) 340

独阴不生，独阳不生，独天不生，三合然后生。(《春秋穀梁传·庄公三年》) 486

死生有命，富贵在天。(《论语·颜渊》) 548

道之将行也与，命也；道之将废也与，命也。(《论语·宪问》) 563

诚者，天之道也；思诚者，人之道也。至诚而不动者，未之有也；不诚，未有能动者也。(《孟子·离娄上》) 659

莫之为而为者，天也；莫之致而至者，命也。(《孟子·万章上》) 676

事理(101条)

上九，亢龙，有悔。(《周易·乾》) 3

同声相应，同气相求；水流湿，火就燥；云从龙，风从虎；圣人作而万物睹；本乎天者亲上，本乎地者亲下，则各从其类也。(《周易·乾》) 9

天地变化，草木蕃。天地闭，贤人隐。(《周易·坤》) 14

天地交而万物通也，上下交而其志同也。内阳而外阴，内健而外顺，内君子而外小人，君子道长，小人道消

也。(《周易·泰》) 16

无平不陂,无往不复。(《周易·泰》) 16

天地不交而万物不通也,上下不交而天下无邦也;内阴而外阳,内柔而外刚,内小人而外君子,小人道长,君子道消也。(《周易·否》) 17

其德刚健而文明,应乎天而时行,是以元亨。(《周易·大有》) 18

天地感而万物化生,圣人感人心而天下和平。观其所感,而天地万物之情可见矣。(《周易·咸》) 30

天地睽而其事同也。男女睽而其志通也。万物睽而其事类也。睽之时用大矣哉!(《周易·睽》) 35

损益盈虚,与时偕行。(《周易·损》) 38

益动而巽,日进无疆;天施地生,其益无方。凡益之道,与时偕行。(《周易·益》) 39

天地相遇,品物咸章也。(《周易·姤》) 40

《彖》曰:归妹,天地之大义也。天地不交而万物不兴。归妹,人之终始也。(《周易·归妹》) 44

天尊地卑,乾坤定矣。卑高以陈,贵贱位矣。动静有常,刚柔断矣。(《周易·系辞上》) 47

方以类聚,物以群分。(《周易·系辞上》) 47

乾以易知,坤以简能;易则易知,简则易从;易知则有亲,易从则有功;有亲则可久,有功则可大;可久则贤人之德,可大则贤人之业。易简而天下之理得矣。天下之理得,而成位乎其中矣。(《周易·系辞上》) 48

夫《易》,圣人之所以极深而研几也。唯深也,故能通天下之志;唯几也,故能成天下之务,唯神也,故不疾而速,不行而至。(《周易·系辞上》) 55

书不尽言,言不尽意。(《周易·系辞上》) 56

天下同归而殊途,一致而百虑。(《周易·系辞下》) 58

天地絪缊,万物化醇;男女构精,万物化生。(《周易·系辞下》) 63

有天地然后有万物,有万物然后有男女,有男女然后有夫妇,有夫妇然后有父子,有父子然后有君臣,有君臣然后有上下,有上下然后礼义有所错。(《周易·序卦》) 73

若网在纲,有条而不紊。(《尚书·盘庚》) 87

若升高,必自下,若陟遐,必自迩。(《尚书·太甲下》) 132

弗虑胡获?弗为胡成?(《尚书·太甲下》) 133

若药弗瞑眩,厥疾弗瘳;若跣弗视地,厥足用伤。(《尚书·说命上》) 137

若作和羹,尔惟盐梅。(《尚书·说命下》) 140

同力,度德,同德,度义。(《尚书·泰誓上》) 143

就其深矣,方之舟之。就其浅矣,

泳之游之。(《诗经·邶风·谷风》)172

莫赤匪狐,莫黑匪乌。(《诗经·邶风·北风》) 173

溯洄从之,道阻且长。(《诗经·秦风·蒹葭》) 188

迨天之未阴雨,彻彼桑土,绸缪牖户。(《诗经·豳风·鸱鸮》) 194

伐柯伐柯,其则不远。(《诗经·豳风·伐柯》) 195

他山之石,可以攻玉。(《诗经·小雅·鹤鸣》) 205

人亦有言:颠沛之揭,枝叶未有害,本实先拨。(《诗经·大雅·荡》) 234

谁能执热,逝不以濯?(《诗经·大雅·桑柔》) 239

凡沟必因水势,防必因地势。善沟者水漱之,善防者水淫之。(《周礼·冬官考工记》) 262

天下无生而贵者也。(《仪礼·士冠礼》) 264

医不三世,不服其药。(《礼记·曲礼下》) 283

古之人有言曰:"狐死正丘首,仁也。"(《礼记·檀弓上》) 285

丧事欲其纵纵尔,吉事欲其折折尔。(《礼记·檀弓上》) 286

凡居民材,必因天地寒暖燥湿,广谷大川异制。民生其间者异俗。(《礼记·王制》) 290

五方之民,言语不通,嗜欲不同。(《礼记·王制》) 291

天不爱其道,地不爱其宝,人不爱其情。(《礼记·礼运》) 299

天时有生也,地理有宜也,人官有能也,物曲有利也。(《礼记·礼器》) 300

大德不官,大道不器,大信不约,大时不齐。(《礼记·学记》) 312

和,故百物皆化;序,故群物皆别。(《礼记·乐记》) 316

方以类聚,物以群分,则性命不同矣。(《礼记·乐记》) 317

化不时则不生,男女无辨则乱升,天地之情也。(《礼记·乐记》) 317

凡事豫则立,不豫则废。(《礼记·中庸》) 337

言前定则不跲,事前定则不困,行前定则不疚,道前定则不穷。(《礼记·中庸》) 338

祸福将至:善,必先知之;不善,必先知之。(《礼记·中庸》) 339

规、矩取其无私,绳取其直,权、衡取其平。(《礼记·深衣》) 351

物有本末,事有终始,知所先后,则近道矣。(《礼记·大学》) 355

无丧而戚,忧必雠焉。无戎而城,仇必保焉。(《左传·僖公五年》) 387

辅车相依,唇亡齿寒。(《左传·僖公五年》) 388

欲加之罪,其无辞乎?(《左传·僖公十年》) 391

皮之不存,毛将安傅?(《左传·僖公十四年》) 392

死之短长,时也。(《左传·文公

民生在勤,勤则不匮。(《左传·宣公十二年》) 411

古人有言曰:"虽鞭之长,不及马腹。"(《左传·宣公十五年》) 413

知难而有备,乃可以逞。(《左传·成公元年》) 415

《史佚之志》有之,曰:"非我族类,其心必异。"(《左传·成公四年》) 418

美疢不如恶石。夫石犹生我;疢之美,其毒滋多。(《左传·襄公二十三年》) 432

象有齿以焚其身,贿也。(《左传·襄公二十四年》) 434

举棋不定,不胜其耦。(《左传·襄公二十五年》) 436

服美不称,必以恶终。(《左传·襄公二十七年》) 437

善人富谓之赏,淫人富谓之殃。(《左传·襄公二十八年》) 440

末大必折,尾大不掉。(《左传·昭公十一年》) 456

心之精爽,是谓魂魄。魂魄去之,何以能久?(《左传·昭公二十五年》) 466

三折肱知为良医。(《左传·定公十三年》) 473

尊不亲小事,卑不尸大功。(《春秋穀梁传·隐公五年》) 485

朽木不可雕也,粪土之墙不可杇也。(《论语·公冶长》) 514

苟有过,人必知之。(《论语·述而》) 529

子在川上,曰:"逝者如斯夫!不舍昼夜。"(《论语·子罕》) 538

苗而不秀者有矣夫!秀而不实者有矣夫!(《论语·子罕》) 539

季路问事鬼神。子曰:"未能事人,焉能事鬼?"曰:"敢问死。"曰:"未知生,焉知死?"(《论语·先进》) 545

文犹质也,质犹文也。虎豹之鞟犹犬羊之鞟。(《论语·颜渊》) 549

工欲善其事,必先利其器。(《论语·卫灵公》) 567

人无远虑,必有近忧。(《论语·卫灵公》) 567

日月逝矣,岁不我与。(《论语·阳货》) 578

夫子言之,于我心有戚戚焉。(《孟子·梁惠王上》) 626

权,然后知轻重;度,然后知长短。(《孟子·梁惠王上》) 627

齐人有言曰:"虽有智慧,不如乘势。虽有镃基,不如待时。"(《孟子·公孙丑上》) 631

助之长者,揠苗者也,非徒无益,而又害之。(《孟子·公孙丑上》) 634

彼一时,此一时也。(《孟子·公孙丑下》) 642

夫物之不齐,物之情也。(《孟子·滕文公上》) 645

不以规矩,不能成方员。(《孟子·离娄上》) 649

沧浪之水清兮,可以濯我缨;沧浪

之水浊兮，可以濯我足。(《孟子·离娄上》) 656

嫂溺不援，是豺狼也。男女授受不亲，礼也；嫂溺，援之以手者，权也。(《孟子·离娄上》) 661

天下溺，援之以道，嫂溺，援之以手，子欲手援天下乎？(《孟子·离娄上》) 662

先立乎其大者，则其小者弗能夺也。(《孟子·告子上》) 686

不揣其本而齐其末，方寸之木可使高于岑楼。(《孟子·告子下》) 688

有诸内，必形诸外。(《孟子·告子下》) 689

困于心，衡于虑，而后作；征于色，发于声，而后喻。(《孟子·告子下》)690

生于忧患而死于安乐也。(《孟子·告子下》) 691

人之有德、慧、术、知者，恒存乎疢疾。独孤臣孽子，其操心也危，其虑患也深，故达。(《孟子·尽心上》) 696

孔子登东山而小鲁，登泰山而小天下。故观于海者难为水，游于圣人之门者难为言。(《孟子·尽心上》)699

观水有术，必观其澜。(《孟子·尽心上》) 699

居移气，养移体，大哉居乎！(《孟子·尽心上》) 702

于不可已而已者，无所不已。于所厚者薄，无所不薄也。其进锐者，其退速。(《孟子·尽心上》) 705

梓、匠、轮、舆能与人规矩，不能使人巧。(《孟子·尽心下》) 706

物理（24条）

夫玄黄者，天地之杂也，天玄而地黄。(《周易·坤》) 14

日月丽乎天，百谷草木丽乎土。(《周易·离》) 30

天地解而雷雨作，雷雨作而百果草木皆甲坼。(《周易·解》) 37

七月在野，八月在宇，九月在户，十月蟋蟀入我床下。(《诗经·豳风·七月》) 193

池之竭矣，不云自频。泉之竭矣，不云自中。(《诗经·大雅·召旻》)245

冬夏致日，春秋致月，以辨四时之叙。(《周礼·春官宗伯》) 256

天有时，地有气，材有美，工有巧：合此四者，然后可以为良。材美工巧，然而不良，则不时、不得地气也。(《周礼·冬官考工记》) 259

天有时以生，有时以杀；草木有时以生，有时以死；水有时以凝，有时以泽：此天时也。(《周礼·冬官考工记》) 259

钟大而短，则其声疾而短闻；钟小而长，则其声舒而远闻。(《周礼·冬官考工记》) 260

鼓大而短，则其声疾而短闻；鼓小而长，则其声舒而远闻。(《周礼·冬官

考工记》) 260

凡天下之地势,两山之间必有川焉,大川之上必有涂焉。(《周礼·冬官考工记》) 262

凉风至,白露降,寒蝉鸣。(《礼记·月令》) 293

天地合,而后万物兴焉。(《礼记·郊特牲》) 301

天地不合,万物不生。(《礼记·哀公问》) 326

天降时雨,山川出云。(《礼记·孔子闲居》) 328

今夫山,一卷石之多,及其广大,草木生之,禽兽居之,宝藏兴焉。(《礼记·中庸》) 340

创巨者其日久,痛甚者其愈迟。(《礼记·三年问》) 351

凡生天地之间者,有血气之属必有知,有知之属莫不知爱其类。(《礼记·三年问》) 351

深山大泽,实生龙蛇。(《左传·襄公二十一年》) 431

松柏之下,其草不殖。(《左传·襄公二十九年》) 441

长木之毙,无不摽也;国狗之瘈,无不噬也。(《左传·哀公十二年》) 477

听远音者,闻其疾而不闻其舒;望远者,察其貌而不察其形。(《春秋穀梁传·桓公十四年》) 485

天油然作云,沛然下雨,则苗浡然兴之矣。(《孟子·梁惠王上》) 625

苟得其养,无物不长;苟失其养,无物不消。(《孟子·告子上》) 683

风物(11条)

东门之杨,其叶牂牂。昏以为期,明星煌煌。(《诗经·陈风·东门之杨》) 189

伐木丁丁,鸟鸣嘤嘤。出自幽谷,迁于乔木。(《诗经·小雅·伐木》)199

春日迟迟,卉木萋萋。仓庚喈喈,采蘩祁祁。(《诗经·小雅·出车》)201

萧萧马鸣,悠悠旆旌。(《诗经·小雅·车攻》) 203

沔彼流水,朝宗于海。(《诗经·小雅·沔水》) 204

鹤鸣于九皋,声闻于天。(《诗经·小雅·鹤鸣》) 204

秩秩斯干,幽幽南山。如竹苞矣,如松茂矣。(《诗经·小雅·斯干》)205

维南有箕,不可以簸扬。维北有斗,不可以挹酒浆。维南有箕,载翕其舌。维北有斗,西柄之揭。(《诗经·小雅·大东》) 213

有鸟高飞,亦傅于天。(《诗经·小雅·菀柳》) 221

凤皇鸣矣,于彼高冈。梧桐生矣,于彼朝阳。(《诗经·大雅·卷阿》)230

美哉轮焉! 美哉奂焉!(《礼记·檀弓下》) 289